朝鮮・中国と日本古代大臣制

「大臣・大連制」についての再検討

黒田達也 著

京都大学学術出版会

目次

第二部　朝鮮・中国の制と「大臣制」

序

　近年、日本前近代史研究では総じて「社会史」系分野が脚光を浴びる反面、古代史では一九七〇〜八〇年代に盛んであった律令官制形成史における中国・朝鮮の官制等との関係という対外関係を重視した研究は等閑に付されているように見える。この視点のみならず、律令官制形成史は、全体として、有効な研究成果が極めて乏しいというのが現状であるように思う。制度形成史ということでは天皇制に関する研究でも状況は同様である。律令天皇制については、かつてと同程度とまでは言えないにしても、一定の積み重ねが続けられており、律令制下における天皇の役割などが明確にされてきているが、律令制前代の天皇（大王）については、いまだに曖昧模糊としている。天皇制研究での天皇制形成史の研究は立ち遅れていると言わざるを得ない。それらの理由は、一言で言うならば、研究関心の問題によるということになるのかもしれない。

「国家」がかつてのような社会構成体論や法制史・経済史などでとらえきれないことはもちろんであり、社会の様々な要素・要因等を含めて国家論が再構築されなければならないことは、いまさら言うまでもない。事実、「国家論」とまでは言い得ないにしても、律令国家をはじめとする日本古代国家の諸側面、古代の各時期間における制度等の相違面などが明らかにされてきている。それらの成果は一九九三年から刊行されはじめた『岩波講座日本通史』以後の様々な歴史書に反映されており、明らかになった史実は十年前と比べると格段に増加している。しかし、国家の政治体制や構造がAからBへ、さらにBからCへなどと変化したことは事実として理解し得ても、その変化・変遷の事情・理由はどうかとなれば、なかなか見えてこないのが実情である。事情・理由を説明している（あるいはそれに関わる）史料に乏しいことが、明らかにされていない主な原因であろう。ましてや律令官制形成史・天皇制形成史ともなれば、国内史料はほとんど語ってくれない。律令官制形成史・天皇制形成史研究の現状は、極言すれば、現在知られている国内史料だけでは新しい見解を出し難いのに対し、開拓されていないあるいは開拓途上の分野では様々な発見・発言が可能ということに関わるようにも思う。

しかし、律令官制形成史研究においては、朝鮮・中国関係史料を検討対象とすれば状況が異なってくるであろうし、また、読み慣れた（見慣れた）国内史料でも、見方を転換したり、先入観を排して白紙の段階から見直せば、新たな研究視角が得られるはずである。本書の各論文はこのような考えから出発したものであり、検討の中心を「大化前代」におけるわが国独自の政治形態とされる「大臣・大連制」に置いている。各論文の内容は次に記す通りであるが、『古事記』『日本書紀』（以下本書では『記』『紀』等と略記する）の記述を主たる史料として検討し、「大臣・大連制」を否定して「大臣（オホマヘツキミ）―マヘツキミ制」を提起するとともに、朝鮮・中国関係史料から「大臣―マヘツキミ制」と朝鮮の制との共通性、および中国の制（大臣）との関係を検討して、「大臣―マヘツキミ制」が推古朝の冠位十二階制の施行によって確立したこと、それには古代朝鮮の権力集中形態・官制や中国の制（大臣）との関係を考えるべきことを論じている。

第一部

第一部は、「大臣・大連制」の再検討を目的とし、そのためにいくつかの視角から問題を検討している。先ず、「大臣」の訓《よ》みおよびその意味する内容について考え、最高官ないしは最高権力者を意味する「大臣」を如何に訓むべきであるかを検討する（第一章）。二つ目の視角は、大臣に比肩するとされている大連に叙任されたことが伝えられる物部氏と大伴氏の『記』『紀』に記されている伝承の検討である（第二章・第三章）。この結果から次には、蘇我政権成立前の大和政権の権力形態の分析の課題が設定される（第三章）。

第一章

「大臣・大連制」についての疑問を提起したものである。『紀』の継体・欽明各条には「大臣」がわが国の最高官であることを示す記述や、大連よりも大臣の方が上位のものであることを示唆する記述がある。そこで、『紀』等の「臣」「大臣」の古訓や用法から「大臣」の訓みを検討し、官職としての「大臣」の訓みは「オホオミ」ではなく「オホマヘツキミ」が元来のものであることを明らかにし、「大臣」という職名は臣姓氏族の代表者という意味のものではなく、議政官である特殊身分の「マヘツキミ」の代表者というところからのものであること、「大臣・大連制」に替わって「大臣―マヘツキミ制」を想定すべきことを論じた。

第二章

「大臣・大連制」という執政形態が存在しなかったとすれば、物部氏が蘇我氏に対抗し得る有力勢力であったことを示すほとんど唯一の伝承である『紀』の「崇仏論争」をどのようにとらえるべきかということについて論じたものである。百済からの献仏あるいは仏像の伝来と「崇仏論争」は、わが国と百済との関係が悪化している時に行われ、その後は友好関係が復活していること、「排仏」は経論や新羅からの仏像には及ばず百済からの仏教に限定されており、物部氏（本書では基本的に物部連氏を「物部氏」と表現する）や中臣氏は仏教の受容そのものに反対しているのではなく、百済からの仏教に異を唱えているとみられるのであり、蘇我氏による親百済政策が、わが国が朝鮮半島から影響力を後退させる原因となったと主張していること、物部氏・中臣氏の「排仏」的行動は『紀』編纂段階の左大臣石上麻呂・右大臣藤原不比等にとって祖先顕彰的性格のものであり、「崇仏論争」をもって大連物部氏が大きな勢力を有していたとすることはできないことを指摘した。また、百済系・蘇我氏系仏教受容を容認した欽明・用明については、それぞれに関わる「広庭」「橘」を有する斉明の朝倉橘広庭宮が神の忿《いかり》で被害を受けたという斉明紀の記述によって批判されていることを述べた。

第三章

物部氏の位置付けと「大臣・大連制」という権力形態の存在を否定する場合に問題となる他方の大連大伴氏の位置付けを検討するとともに、用明死没前後の争乱が否定し得ないものであるとすれば蘇我氏系と抗争した勢力が何であったかを、六世紀初頭以後蘇我政権成立までの政治過程のなかで検討したものである。大伴氏の伝承で一定信憑性のあるものは継体段階以後のものであり、そこでは蘇我氏に従属的な氏族として現われている。一方の物部氏は、石上神宮の管掌、物部や物部の伴造氏族の始祖伝承（『新撰姓氏録』）、魂振《たまふり》の呪術、氏名を和珥氏系と同じくする同族の存在などにおいて、和珥氏との共通性や近親関係が想定されるのであり、后妃との関係からみて、和珥氏配下にあったことが想定される。中臣氏も「崇仏論争」における物部氏との関係や和珥氏系の中臣臣の存在からして、和珥氏の下にあったことが推測される。蘇我氏を中心とする勢力と物部・中臣両氏との紛争は、当時の蘇我氏・和珥氏二大勢力の衝突が改作されたものと想定されることを論じた。この二大勢力衝突の前史として、継体―宣化朝と安閑朝との対立、その結果としての許勢(巨勢)氏・多氏の衰退・没落により、欽明朝では蘇我・和珥両氏による政治運営がなされたこと、当初は蘇我氏が外政、和珥氏が内政を分掌していたが、吉備などへの屯倉の設置を契機として蘇我氏が内政にも密接に関係しはじめたことが、両派の衝突に至らしめることになった原因であることを想定した。また、「大連」とは、執政官ではなく、『礼記』の東夷の子少連・大連の故事に因んで、喪礼に関わるものとして置かれたものと考えられることも指摘した。

第二部

第二部は、律令官制成立過程での中国・朝鮮の制との関係が自明のことになっていることから、第一部で想定される「大臣―マヘツキミ制」と朝鮮三国の制や中国の制との関係について検討している。朝鮮三国の官位制・権力形態とわが国の冠位十二階制・権力形態との共通性について先ず考える(第四章・第五章)。次に、百済の中央官制との関係が指摘されている天武朝の官制を検討し、律令官制成立過程における朝鮮(とりわけ百済)の官制の影響を考える(第六章)。次いで、「大臣」なる最高官の名称そのものについて、中国における「大臣」の実例を検討し、それが最高官名となった事情を考える(第七章)。最後に、中国の官制の朝鮮への影響について、具体的に百済の中央官制を取り上げて検討する(第八章)。

第四章

新羅には「十七等」の官位があったと中国史書や『三国史記』に伝えられる。しかし、第一位の伊伐飡から第五位大阿飡については、それらを官位とすれば、官人の位が降下している見過ごすことができない例があるとともに、これら五官位を官職と解釈すべき史料も存在する。しかし、これらは律令官職ではなく、統一新羅段階では中国の散官の如きものとみられること、それらは官位としては大阿飡で一括されること、新羅の官位は十三階であったと考えるべきことを論じた。

第五章

孝徳朝前代のわが国の権力形態は「大臣―マヘツキミ制」であるが、マヘツキミは第一位・第二位の冠位大徳・小徳の官人で構成されていた。高句麗では、『翰苑』所収「高麗記」に官位と思しきものが十六階記されているが、その第一位大対盧～第五位衣頭大兄は、新羅と同様、官職とみるべきものであり、それらには官位主簿の官人が任じられていた。また、対盧という特殊身分の官人を示す呼称が存在し、それには第一位および第二位大使者の官人が任じられていたこと、大対盧はその代表であることを論じた。百済の佐平（左平）も第一位の官位ではなく身分的呼称であり、第二位とされる達率以下が官位であること、佐平は達率と次の官位恩率の官人が任じられたと想定されること、上佐平は官職名ではなく、佐平を上・中・下に区分した一つの身分的呼称であり、官職名としては大佐平が相応しいことを論じた。新羅の「和白」は、一人でも反対者がいれば議決しないという『新唐書』の記述からすれば、慶州貴族の合議組織ではあっても、雑多な官位の者が参加していたとは考え難いこと、大阿飡の官位の者も含めて阿飡と表現していると考えられるものがあることから、和白は第一位大阿飡・第二位阿飡の官人で構成されていたと推測し得ること、しからば、上大等は慶州貴族（大等）の代表ではあるが、議決機関たる和白との関係では大阿飡・阿飡の官人の代表という位置付けになる。このような高句麗の大対盧―対盧、百済の大佐平―佐平、新羅の上大等―和白は、わが国の冠位十二階制段階の大臣―マヘツキミと共通するものであることを論じた。また、朝鮮三国の官位とわが冠位十二階は中国の正四品以下に位置付けられること、高句麗の大対盧は「大臣」とも表記され得るものであり、わが国の最高官大臣と共通することを指摘した。

第六章

天武朝の官制が、大宝令の官制とはもとより、浄御原令のそれともかなり異なるという早川庄八氏の指摘を再検討し、批判的に発展させることを企図したものである。天武朝における官司太（大）政官は納言ではなく官職太（大）政官によって構成されており、官職太政官の官人が刑官・民官の長官を兼ねていたこと、納言については、納言と伝えられる官人とともにそれであったことが想定し得る者の検討を通じて、納言の官人が多くの重要官司の長官を兼任していたが、納言が属する官司は設置されておらず、浄御原令で初めて官司内に位置付けられたこと、天武朝では太政官と「六官」との統属関係は明確ではなく、法官・理官・大蔵・兵政官・宮内官・大弁官が並立的に存在しており、浄御原令制への過渡的な形態であったこと、浄御原令制で太政官と中官（中務）とが並立し、隋・唐の制に倣って太政官の下に左弁官・右弁官を通じて法官・理官・民官と兵政官・刑官・大蔵がそれぞれ位置付けられたことを論じた。また、天武朝の重要官司は、宮内官と大弁官を除くと、一般行政に関係するものは五官司となるが、これは朝鮮三国が共通して五官を有していたことと関係すること、五官司と百済の「六佐平」とにかなりの共通性が見られること、新羅の律令官制とも職掌上の対応関係が見出されるとともに、和白構成者が重要官司の長官であったことは納言が重要官司の長官を兼ねていたと想定されることと共通することなどから、天武朝の官制が朝鮮の制の影響を受けたものであったことを指摘した。

第七章

わが国および高句麗の大臣の源流を中国に求めることができるかどうかを考察したものである。「大臣」には漠然と高官を意味するものもあるが、一定の範囲の官人を示す用法もあることから、『史記』から『新唐書』に至る中国正史に見える「大臣」を含む表現、比二千石以上および三品以上の官職の品階の変遷、「大臣」と記されている官人の実例を検討し、前漢段階では秩比二千石以上の官職にある官人、後漢では中二千石以上の官職にある官人、魏以後では三品以上の官職にある官人と考えられることを論じた。また、大臣蘇我馬子が冠位を超越した存在であったこと、大対盧は、官位制の枠内のものではあるが、すべての官人の上に立つ存在ということから、外見上は三品官以上のものであること、冠位十二階成立段階は高句麗と友好関係にあったことから、中国の「大臣」を基にすでに成立していた高句麗の「大臣」が、わが国の最高執政官の名称として導入されたことを指摘した。

第八章

百済の中央官制である「六佐平」と「二十二部司」について、中国北周の制との関係を検討した。本来佐平は定員五人であり、内臣・内頭・内法・衛士・朝廷の五佐平は北周天官府所属の納言中大夫・太府中大夫・宗師中大夫・宮伯中大夫・御正上大夫と職掌を共通にすること、二十二部司も北周の官と関係するが、内官十二部司は天官府の冢宰を除く十三の統属関係に基づき天官府以外の官府所属官の職掌をも取り入れたものであり、外官十部司は地・春・夏・秋・冬五官府を基に部司の数を十とし、五官府所属官をそれらの職掌によってまとめたり不要のものを捨象したりして形成されたものであること、また、六世紀前後の百済の中央官制が五佐平二十二部司であることと地方行政区画が五方二十二檐魯であったこととは対応しているが、二十二檐魯が大きく五方にまとめられ、王都も五部に分けられる「五部五方」の制も、『周礼』鄭玄注に周王支配の百里が六郷に区分され各郷が五州から成っていたとあることと関係することを論じた。

第三部

第三部は、「大臣制」成立前の政治体制への補論の意味を有するものである。一つは、『紀』に各天皇の時代に大臣・

大連として位置付けられている者に、それなりの事情があるか否かについて、五世紀中葉以後の政治過程の検討を通じて考え、伝説的時代の大臣・大連についても、当該時代に位置付けられている理由を検討したものである（第九章）。いま一つは、和珥氏に関する説話・伝承の検討を通じて、第三章で析出した和珥氏の役割を補説するものである（第十章）。

第九章

大臣・大連の任命が雄略朝に始まる如くに『紀』に記されていること、また、それ以前にも「大臣」「大連」が付される人名が位置付けられていることの理由について、当時の政治過程とともに検討しようとしたものである。雄略没から孝徳没に至る『記』『紀』の各天皇の在位年数はすべて当年称元法で理解できること、雄略の死から欽明即位に至るまでに、清寧―飯豊と仁賢・顕宗との対立、仁賢と顕宗との対立、武烈と継体との対立、継体―宣化と安閑との対立、という大和政権の分裂が想定されること、『紀』の雄略条以降に見える大臣は、すべての人名が実在人物のそれとは必ずしも見做し得ないが、それぞれの時代の有力者とみて良いと考えられること、大伴氏が雄略〜宣化朝の朝廷内の第一人者の如く『紀』に伝えられているのは、蘇我氏に替わって大伴氏が位置付けられたことによるとみられること、履中紀以前に見える大臣武内宿禰も葛城氏や和珥氏が大和政権の有力構成氏族であった時代を反映するものであり、大連として現われている物部氏は、雄略紀以降の場合と同様に、和珥氏の伝承が改変されたものであることを論じながら、『紀』における大臣・大連の計画的配置が、全体として見れば造作ではあるが、一定の史実に基づきながらそれを改作するかたちでなされたものであることを指摘した。また、推古以後の紀年の検討のなかで、『紀』の皇極・孝徳関係の紀年は、古人の即位が隠蔽されているとみられることなど、かなりの変改が加えられていることも論じた。

第十章　Ⅰ

皇族反乱伝承は有力氏族の消長とともに王統譜の形成・変改と密接に関係していること、タギシミミの乱、タケハニヤスヒコの乱、サホヒコの乱、カゴサカ・オシクマの乱、オホヤマモリの乱、スミノエノナカの乱は履中・反正系から雄略系に王統が移る際の争乱が基になっていること、マユワの変は雄略が安康を殺したことが変改されたものであることなどを論じた。

第十章　Ⅱ

朝廷による地方平定説話には和珥氏が大きく関わっており、それには一定の史実が反映されていること、原初的な説話は垂仁朝でヒコユムスミ・ヌナカハミミの丹波・東海派遣、次いでヤマトタケルの西征・東征が行われ、その後に毛野（東山道）や吉備にその地を支配するためにミモロワケやワカタケルヒコが派遣され、それぞれの後裔はその地に土着したというものであったことを論じた。

第十章　Ⅲ

木梨軽皇子に関わる伝承・系譜には孝徳・古人・大友関係のものが投影されているが、安康前後に和珥（春日）氏が抑圧されたことが背景にあること、物部氏は和珥氏系の伝承を自氏のものとして取り込んでいるが、自氏が勢力を失ったなどとするわけにはいかず、キナシノカル説話が造作されたことを論じた。

終章では、「大臣―マヘツキミ制」の形成は蘇我氏系と和珥氏系との争乱後であるが、その原型として葛城系諸氏族間の合議体の存在が考えられること、大臣二員制は乙巳の変後ではなく、蘇我本宗家が上宮王家を滅ぼして権力の集中を企図するなかで、蝦夷とともに入鹿が大臣となったことに始まることを論じている。

本書での課題は、要するところ、朝鮮・中国との関係で、律令制形成前のわが国の権力集中形態を明らかにすることと、具体的な律令官制形成過程研究のためのいくつかの素材・研究視角を提示することに、ほとんどとどまる。しかし、その一方で、本書では補論的位置を占めるにすぎないが、具体相・実態を示す有効な史料をほとんど欠く推古期以前の政治史の一研究方法として、説話・伝承の復元研究を提示している。本書の主要課題はもとより、説話・伝承関係についても検討・議論を期待したい。

第一部　「大臣・大連制」についての疑問

第一章　日本古代の「大臣」

はじめに

孝徳朝前代に官司制が形成されつつあったことは、古く井上光貞[1]・直木孝次郎[2]両氏の先駆的研究以来、部制・国造制・屯倉制等地方支配制度について、次第に明らかにされてきてはいるが、権力中枢部については、大王・大后・大兄・大臣・大連・大夫などの存在と、それらの性格・職掌が若干指摘されるにすぎない。

大臣は大和周辺を本拠とし独自の政治的基盤を保有して王権と関わりを持つ臣姓氏族を代表し、大連は王権と直結し大王家の家政機関を構成する連姓伴造を代表して、相並ぶ最高執政官とされ[3]、両者の背後に大王家に対して歴史的関係を異にする二つの畿内貴族の集団が、新羅の和白や加羅諸国の旱岐層の会議のような形態で、主として会議のかたちをとって組織されていたが、二つの集団は畿外に対する関係から合体されるようになり、それぞれの代表の地位のみが継承されることになったなどともされる[4]。また、大夫は大臣・大連の下で参議・奏請にあたる有力官人＝貴族

であるとされる。(5)

大夫についてはともかくとしても、大臣と大連とを相並ぶ対等の最高執政官と考えることができるかどうか、臣姓氏族と連姓氏族との相違を大王との関わり方に求めることについては、必ずしも自明のことではないように思われる。先ず、大臣と大連との関係についてであるが、たしかに、『紀』の大臣・大連任官記事やいわゆる「崇仏論争」に関する記述では、両者が対等であった如くであり、また、継体即位段階の大伴金村のように、大連が大臣よりも上位にあったかのように記されている場合もあるが、次のような記載も見られる。

新羅、以大臣為上臣。（継体紀二十三年四月是月条注）

佐魯麻都、雖是韓腹、位居大連。廁日本執事之間、入栄班貴盛之例。而今反着新羅奈麻礼冠。（欽明紀五年三月条）

前者では、注記者は、新羅の上臣がわが国の大臣に当たるとしている。すなわち、上臣（上大等）は新羅の最高官であるから、大臣をわが国の最高官とみていることになる。ここに大連が見えず、大臣についてのみ記されているのは、注記段階には大臣に並ぶ大連が存在しなかったことによると、一応考えられなくもない。しかし、大臣と大連とを併記する崇峻即位以前の記し方とは異質なものを感じさせるのである。後者の方では、佐魯麻都が「任那日本府」の大連であったとしているが、佐魯麻都は「日本府」にいた的臣・吉備臣・河内直等の下位であったと考えられるのであり、欽明紀五年十一月条には、

於是、吉備臣・旱岐等曰、大王所述三策、亦協愚情而已。今願、帰以敬諮日本大臣謂在任那日本府之大臣也安羅王・加羅王、倶遣使同奏天皇。

とあって、「日本府」の大臣は吉備臣よりも上位であるから、「日本府」では大臣の方が大連よりもかなり上位の存在

であったと考えられる。[7] この関係を大和政権中枢部の権力構造に直結させることは憚られるとしても、見過ごすことのできない史料であろう。

次に臣姓氏族と連姓氏族の性格の相違についてである。地名を氏名とする氏族は連姓よりも臣姓の方が多かったこと、連姓氏族に伴造系が多いことは認め得るとしても、臣姓氏族にも伴造的職掌を持っていたとみられるものがいくつもあり、地名を氏名とする連姓氏族も少なくない。したがって、大王との関わり方で両者を明確に分けることはできないのではないかと思う。天武朝での改姓で朝臣姓を与えられたのは臣姓・君姓氏族がほとんどであり、連姓氏族では中臣・物部両氏のみが朝臣姓であるのに対し、宿禰姓は諸会臣を除いてすべて連姓氏族である。また、天智称制期のいわゆる「甲子の宣」に見える「大氏」「小氏」は、それぞれ天武朝で朝臣姓・宿禰姓を与えられるものと考えられている。[8] してみれば、臣姓氏族と連姓氏族とは対等の関係ではなく、前者の方が後者よりも上位の存在であり、臣・連というカバネは氏族の格に基づいて与えられたとみる方が良いのではなかろうか。

大臣・大連の背後に歴史的関係を異にする二つの畿内貴族の集団があったとするためには、傍証たり得るものが必要であろう。また、たとえ大臣・大連が臣姓氏族・連姓氏族のそれぞれの代表であったとしても、相並ぶ存在と断定することはできないと思われる。

以上、いわゆる「大臣・大連制」なるものについての若干の疑問を述べたのであるが、通説は、これからしても、意外に論拠薄弱なものと言えよう。そこで本章では「大臣」がどのようなものであったかということについて、特に古訓の面から考えることにしたい。

一　「臣」の訓み

「大臣」は一般に「オホオミ」と訓まれているが、『紀』の古訓では、二つばかりの例外を除いて、すべて「オホマヘツキミ」「オホマチキミ」ないしその系統である。成書として現存する『日本書紀私記』や「私記」の集大成とも言い得る『釈日本紀』も同様である。本居宣長は「大連」の「連」がカバネであり、「大臣」の「臣」もカバネであることから、「オホマチキミ」などの訓を後世のものとし、本来は「オホオミ」であるとしたが、これが「大臣」を「オホオミ」と訓む現在の通説の最初期のもののようである。[9] しかし、『紀』の講書・訓読は養老年間から行われて平安時代に至っているのであるから、最初の古訓を有する『岩崎文庫本』でも平安中期を溯るものではないとはいえ、『紀』の古訓に奈良時代の訓みを反映するものがあるとみて、まず誤りはないであろう。そこで本節では「大臣」の訓みについて考える前提として、「臣」の古訓[10]について見ておくことにしたい。

『紀』の「臣」の用法は、aカバネ、b氏名・人名、c自分自身に対する呼称、d臣下・官人を表わす語、に類別できる。これらに付されている訓は、aは多くは「オミ」「オム」「ヲフ」[11]、bは「オミ」「ミ」、cは多くは「ヤツカレ」「ヤツコ」「ヤツコラマ」「オノ」[12]、dは「マチキミ」「オミ」「ヤツコ」などである。このような「臣」の用法とそれに対する訓は、ひとり『紀』にとどまるものではなく、『記』『令義解』『先代旧事本紀』『釈日本紀』などにも共通する。「大臣」の訓みとの関係ではaとdとが問題になるが、aは「オミ」が本来の訓みとして確定できると思われるので、dに属する次に挙げる「臣」の用例それぞれについて訓を見ておこう。

(1)大臣　(2)群臣　(3)諸臣　(4)臣下　(5)人臣　(6)君臣

(7)王臣　(8)臣子　(9)侍臣　(10)忠臣　(11)龍臣　(12)小臣
(13)重臣　(14)内臣　(15)宰臣　(16)棟梁之臣　(17)博物之臣　(18)股肱臣
(19)日本臣　(20)日本府臣　(21)諸倭臣　(22)陪臣　(23)一臣　(24)二臣
(25)三臣　(26)四臣　(27)余臣　(28)上臣・下臣

(1)の訓は、前述のように、ほとんどが「オホマチキミ」系統である。この「臣」に「マチ」「キミ」「ヘツキミ」などの訓が付されている場合があるが、古訓が必ずしも完全な訓みを付しているわけではないことからして、「マチキミ」や「マヘツキミ」を略記したものと考えられる。例外は、雄略紀即位前条の「円大臣」に『宮内庁書陵部禁中本』が「オホオネ」と訓を付していること、皇極紀元年二月丁未条の「大臣伊梨柯須彌」に『刊本』が「オホオミ」「オホキオミ」、同条の高句麗の「大臣」(伊梨柯須彌以外)に『刊本』が「オム」、『岩崎文庫本』が「オホヲミ」「オム」(後者は「臣」のみ)と訓んでいることである。

(2)の訓には「キムタチ」「マチキタチ」「マチヰタチ」「マチ」「マ」などもあるが、これらは「マチキミ(ム)タチ」の省略もしくは誤記とみられるので、これについての訓はすべて「マチキミ(ム)タチ」ということになる。

(3)にはしばしば「大夫達」なる表記がなされているが、これは「マチキミタチ」を表わしていると考えられるので、(2)と同様に「マチキミタチ」と訓まれているのがほとんどということになる。例外は、推古紀十三年四月辛酉朔条・同二十九年二月己丑朔条の「諸臣」の「臣」に『岩崎文庫本』が「ヲン」「ヲム」と訓じていること、推古紀十六年八月壬子条の「皇子諸王諸臣」の「諸臣」に『北野神社所蔵兼永本』が「モロ〱ノオホキミ」と訓じていることである。後者については、「オホマチキミ」の省略か、あるいは「諸王」に付されるべきであったのが誤って下の「諸臣」に付されたかのいずれかとみられる。

(4)は『刊本』が神功紀摂政前条に「オノラ」、欽明紀十六年八月条に「大夫達」と記している。前者は群臣の奏中で群臣が自分たちを指して言ったもので、cの「臣」の用法と同様のものであり、dからは区別すべきものであろう。(5)(6)(7)の「臣」はほとんど「ヤツコ」と訓まれているが、これらは君に対する臣というところからの訓であろう。例外は雄略紀即位前条（安康三年八月）の円大臣の言中の「人臣」の「臣」に『刊本』が「キミ」と記していることだけであるが、「マチキミ」なる訓との関係で注目しておきたい。

(8)は欽明紀二十三年六月条の詔中で「君父」に対するものとして見え、『刊本』が「ヤツコラ」と訓している。これは君に対する臣というところからの訓であろうが、雄略紀即位前条・武烈紀即位前条の歌謡に「飫彌能古」、武烈紀即位前条・天智紀十年十二月癸酉条の歌謡に「於彌能古」という表現が見えるので、「オ（ヲ）ミノコ」とも訓まれるものであったと考えられる。

(9)～(28)の「臣」にはすべて「マチキミ」系統の訓が付されている。(10)には「ヒト」[13]、(16)(20)には「ヤツコ」[14]、(23)には「ヲミ」[15]という訓もあるが、「ヤツコ」は君臣関係の重視によるものであり、「ヒト」は抽象的な概念である。

以上の用例のほか、単独の「臣」には「マチキミ」「オミ」「ヤツコ」の三系統の訓がある。

以上のように、dに属する「臣」の訓は「マチキミ」「オミ」「ヤツコ」の三系統に分かれるが、「ヤツコ」なる訓は君・王に対する臣下という漠然としたものであり、官職名としての「大臣」の訓みを考える場合には相応しくないものであろう。したがって、「マチキミ」と「オミ」とに限定して考察を進めることにする。

『万葉集』には次の歌謡が載せられている。

大夫之　鞆乃音為奈利　物部乃　大臣　楯立良思母　（七六番歌、和銅五年天皇御製）

物部乃　臣之壮士者　大王之　任乃随意　聞跡云物曾　（三六九番歌）

七六番歌の「大臣」は字数からして「オホマヘツキミ」と訓むべきであり[16]、三六九番歌の「臣」は「オミ」と訓むべきであろう。また、景行紀十八年七月甲午条の歌謡に「魔幣菟耆瀰」が見え、前述のように、雄略紀即位前条等の歌謡に「オ（ヲ）ミノコ」の用例が見えることからすると、「臣」を「マヘツキミ」「オミ」と訓むことは、少なくとも奈良時代初期には溯ると考えられる。さらに、『翰苑』巻三十蕃夷部倭国条に引く「括地志」は大徳を「麻卑兜吉寐」としている。「括地志」は、そこに十二階の冠位が『隋書』『通典』と同じ順序で記されていることから、孝徳朝以前のわが国に関する中国の知識による記述とみられるので、「マヘツキミ」という語の存在は、冠位十二階段階にまで溯らせることができる。孝徳紀大化二年三月甲申条のいわゆる「大化薄葬令」には「上臣」「下臣」が見えるが、この下に大仁以下の冠位が記されていることから、それらが小徳以上の官人を指していることは明らかであり、このような「臣」の用法が他に見られず、冠位十二階に則ったものであることからして、孝徳朝初頭には存在した表現とみられる。この「臣」には、前述のように、「マチキミ」なる訓が付されているが、「マチキミ」は「マヘツキミ」の転訛であるから、「括地志」の記述を勘案すれば、この古訓は当時の訓みをかなり正確に伝えていると思われるのである。

しかし、三六九番歌の「臣」が天皇に対する臣下一般を意味すると考えられるのに対し[17]、七六番歌の「大臣」は当時の右大臣石上麻呂で、官職を指したものである。また、「大化薄葬令」の「上臣」「下臣」は上級官人を意味するものである。訓みを異にする三つの「臣」はそれぞれの内容が異なるのである。そこで次に、「臣」がどのような内容を表わす語として『紀』で用いられているかについて考えることにしたい。

二　「臣」の『日本書紀』における用法

官人を表わす「臣」の意味するところが推測し得る表現をまとめると、次の五つになるようである。

①臣連伴造国造　②群臣〔及〕百寮[18]　③群臣〔及〕伴造[19]　④群臣〔及〕百姓[20]　⑤上臣・下臣

①の「臣」がカバネとしての「臣」の応用で、上級官人を示すものであることは言うまでもない。

②については、中国正史にも「群臣百僚」「臣僚」という表現がいたるところに見られ、これらでは「群臣」は「百僚」と同義で、表現を異にしたにすぎないようであるので、ここの「群臣」も官人一般を意味するものと言えるかもしれない。しかし、中国正史に見られる「公卿群臣」の如き表現がわが国の史料に全く見当たらないことは問題となる。また、「群臣及百寮」の「及」も問題である。「諸王卿及八十諸部[21]」「二三卿大夫及官人数百[22]」「群臣及百姓」等の表現に見られるように、「及」は異なるものを結ぶ役割を果たしており、「及」の上にあるものは下のものよりも多くは上位のものである。奈良時代の詔勅には「親王等王等臣等百官人等[23]」「親王等諸王等諸臣等百官人等[24]」などの表現が見られるが、このような表現は「臣」と「百官人」とを区別したものと思われる。したがって、「臣」は「百寮」「百官人」等と表現される者より上位の官人を表わすと考えられる。しからば、この②の用法における「臣」は、「群卿百寮[25]」「卿大夫及百寮諸人等[26]」「公卿百寮[27]」「公卿大夫及百寮諸人[28]」などの表現と比較して、「卿」「卿大夫」「公卿」「公卿大夫」と同様に、上級官人を示すものとして用いられていると考えるべきであろう。

③の「臣」は、①の表現と比較できるものであるが、上級官人としての「臣連」を指しているとみられる。

④からは官人全体を意味する「臣」の用法が考えられ、⑤は、前述のように、小徳以上の冠位を有する上級官人を

表わすものである。

以上より、『紀』における官人を表わす「臣」の用法は、内容が明らかでないものを除いて、上級官人を表わすものと官人一般を示すものとに大別し得る。そして前者は「卿」「公卿」等と同義のもの、「臣連」を意味するもの、小徳以上の官人を表わすもの、という三種に分かれる。官人全体を示す表現が「臣連伴造国造」系統から「群卿百寮」系統に変化したことが指摘されているところからすれば、「臣連」および小徳以上の官人を意味する用法から「卿」「公卿」等と同義の用法へと、「臣」の表わすところが変化したとも考えられる。しかし、天武紀十一年三月辛酉条に見える詔には、「親王以下、至于諸臣、被給食封、皆止之、更返於公。」とあり、この詔中では「臣」は大宝令制下の五位以上の官人を指しているようであるが[30]、一方、小徳以上は五位以上に当たるとみられる[31]。この点においては、「臣」の示す内容は一貫していると言い得る。また、前述のように、「群臣百寮」なる表現では「群臣」は上級官人、「百寮」は下級官人をそれぞれ表わしており、「臣連伴造国造」という表現は、族制的なものではあるが、「臣連」で上級官人、「伴造国造」で下級官人を示すものであって、この点も一貫しているとみられると思われる。

しからば、「群臣百寮」や「臣連伴造国造」などの表現では漠然としているが、上級官人を表わす「臣」は大宝令制下の五位以上に相当する官人を示すと、一応考えることができるように思われる。④のような官人一般を表わす「臣」は、官位令に「諸王諸臣」のものとして初位以上の位階が記されているので、八世紀には存在したことは明らかであるが、『紀』が対象としている時代に実際に用いられていたことを直接示す史料は見当たらない。このことはともかく、『紀』では五位以上に相当する官人を示すと思われる「臣」と官人一般を意味する「臣」とが並存する。このような二種類の「臣」が同じ訓みであったとは考え難いのではなかろうか。

上級官人を意味する「臣」の訓はすべて「マチキミ」系統であり、それと断定し得ない「臣」にも「マチキミ」と訓が付されているものが多く、本来「マチキミ」と訓まれるべきではないと思われる「臣」まで「マチキミ」とされている場合がある。これに対し、「諸王諸臣及天下百姓」[32]の「臣」に「ヲム」なる訓が付され[33]、また、前述のように、臣下一般を表わすとみられる「臣子」は「オミノコ」と訓まれたようである。これらのことは、官人一般を表わす「臣」が「オミ」、上級官人を意味する「臣」が「マヘツキミ」と訓まれたことを示しているのではないかと思われる。

そこで「大臣」の訓みであるが、「オホマヘツキミ」とすれば「マヘツキミ」の大なる者(代表者)、「オホオミ」であるとすれば官人全体の大なる者、あるいは臣姓者中の大なる者、となり、三種の解釈が可能である。これらのうちいずれを取るべきであろうか。次にあらためて「大臣」の訓みについて考えることにしよう。

三 「大臣」の訓み

第一節で見たように、「大臣」の訓はほとんどが「オホマチキミ」系統であるが、雄略紀即位前条と皇極紀元年二月丁未条だけが例外である。ここではこれらを手がかりとして考えたい。

先ず雄略紀即位前条の「円大臣」であるが、これは履中紀二年十月条に現われる「円大使主」と同一人物とみられる。人名や称号としての「使主」に付されている訓は、「円大使主」に『刊本』が「オホキミ」としているほかは、すべて「オミ」系統であり、顕宗紀即位前条では「日下部連使主」に注して、「使主、日下部連之名也。使主、此云於瀰。」とあって、「使主」が「オミ」と訓まれたことは疑い得ぬところである。わが国の大臣についての唯一の例外である「円大臣」の「オホオネ」なる訓が「オホオミ」の転訛もしくは誤記であるならば、これは「円大臣」が「円大使主」とも記され、また安康記に「都夫良意富美」等とあるところからの訓みではないかと考えられる。その逆に、「円大使主」

に付されている「オホキミ」は、「円大使主」が「円大臣」とも見え、この「大臣」を「オホマチキミ」と訓んだところからのものではなかろうか。

「使主」は、人名のほかに、カバネや称号としても現われる。「使主」をカバネとする氏族は、『新撰姓氏録』によればほとんどが渡来系[34]で、このほかに所伝を有さないほどの弱小氏族であり、「大使主」と「大臣」との関係を考える場合、人名に含まれるものと同様、重要なものではないであろう。称号としての「使主」を有する者もまた多くは渡来系である。それ以外では、中臣烏賊津使主[35]、和珥臣祖日触使主[36]・米餅搗大使主命[37](鏽着大使主)[38]、坂本臣祖根使主[39]・小根使主[40]、出雲醜大使主命[41]らが知られる。これらの人々は実在しなかった可能性が大きいが、連姓氏族の中臣氏や物部氏にも「使主」を称する者のいたことが伝えられていることは、それが渡来系の人々に多く見られることとあいまって、「使主」が臣姓氏族に限られる称号ではなかったことを示すと考えられる。根使主が安康記で「根臣」、出雲醜大使主命が『先代旧事本紀』天孫本紀に「出雲醜大臣命」とあることから、「使主」が「臣」に、「大使主」が「大臣」に通ずるものであることはわかる。しかし、「円大臣」の「大臣」が「オホオミ」と訓むべきものであるとしても、この「大臣」を臣姓氏族の代表者とすることはできないと思う。

また、『記』で「大臣」と「意富美」とが一体のものとしては現われず、別個に、互いに独立して現われていることも問題である。いく度か現われる建内宿禰や宗賀稲目には「大臣」とあり、「意富美」とは記されていず、その逆に、都夫良は「大臣」とは記されていないのである。「大臣」の訓みが『記』編纂段階とそれ以前とで異なり、元は「オホオミ」と訓んでいたのであれば、古い訓み、伝統的訓みを残そうとしている『記』に、「大臣」に直接関係するかたちで、何らかの注記等があって然るべきであるとも思われる。

したがって、雄略紀即位前条の「円大臣」は、執政官としての「大臣」を「オホオミ」と訓んだとする根拠とはなり得ないと考える。

次に皇極紀元年二月丁未条に見える高句麗の「大臣」についてである。この訓から「大臣」の訓として「オホオミ」があったとすることは可能である。高句麗の「大臣」は次の高句麗使人のことばの中に見える。

去年六月、弟王子薨。秋九月、大臣伊梨柯須彌弑大王、并殺伊梨渠世斯等百八十余人。仍以弟王子児為王。以己同姓都須流金流為大臣。

これは『旧唐書』高麗伝の、泉蓋蘇文が建武王を殺して自ら莫離支になったという記述に関係する。この「莫離支」は「大莫離支」の誤記であり、皇極紀の「以己同姓都須流金流為大臣」は、大莫離支となった蓋蘇文が同族を莫離支にしたと理解すべきであるという指摘もある。[42] この説の当否はいずれにせよ、「大臣」の訓はそのこととは分離させて考えるべきである。皇極紀では大臣が大臣を任命したとしているのであり、大臣伊梨柯須彌がより上位の官職に移ったなどとは記されていないのである。わが国では、皇極朝以前では大臣は一人とされ、孝徳朝で左大臣・右大臣各一人、天智朝および持統朝以後では太政大臣・左大臣・右大臣各一人であり、また、上級官職の者が下級官職の任官に関係するのが普通であろうから、訓みを付した者が高句麗の大臣とわが国の大臣とが性格を異にすると考えたことは当然あり得ることであろう。ここで「オホオミ」と訓じているのは、高句麗の「大臣」を官職ではなく、上級官人を表わす身分的呼称と考えたことによるのではなかろうか。

以上のように、「大臣」が本来「大使主」とも表記されるようなものであったとしても、「使主」は臣姓氏族に特有のものではなく、広範に用いられた称号であり、また、高句麗の「大臣」に対する訓からは「オホオミ」は官職を表わすものではないと考えられるのである。さらに、「大臣」が本来臣姓者中の最有力者であり、後に官人全体の中の最有力者になったとしても、前節でみたように、奈良時代においては「オミ」なる語は官人一般を表わすものであったと考えられることから、その訓みが「オホオミ」から「オホマヘツキミ」へと変化する理由も見出し難いと思う。[43] したがって、執政官としての「大臣」はもとより「オホマヘツキミ」と訓まれたと考えるべきであると思われる。

四　『日本書紀』における大臣・大連の配置

前節での結論に従えば、いわゆる「大臣・大連制」なるものの存在も疑わしいことになると思われる。そこで、『紀』における大臣・大連がどの天皇の時代に配置されているかということから、いま少し疑問を呈しておくことにしたい。表1－1は『紀』に見える大臣・大連をその記述の主張するままにまとめたものである。ただし、蘇我連については『公卿補任』の所伝をも採用した。この表から明らかになることを挙げれば、次のようになる。

a　蘇我氏は稲目から赤兄まで六人が宣化〜天智の十一朝で大臣となっているが、大連も雄略〜用明十一朝に任官記事を有する者六人が現われている。

b　大伴氏は雄略〜欽明九朝に二人が、物部氏は雄略朝と仁賢〜用明朝計九朝に四人が、それぞれ大連に任官されている。

c　蘇我氏は稲目が宣化朝で大臣に任官されてから天智死後の壬申の乱で赤兄が配流されるまで十一朝に仕えたことになっているが、一方、大伴氏は室屋が允恭紀に登場して以後欽明朝で失脚するまで十一朝であり、物部氏も雄略朝で目が大連となってから守屋が崇峻即位前に滅ぼされるまで十一朝となっている。

d　実在性の希薄な武内宿禰や蘇我氏以外の大臣も含めると、臣姓の大臣は赤兄までで十二人になるが、任官記事を有さない大連や連姓の大臣を含めると、大連系も十二人である。

表 1-1 『紀』に見える大臣・大連

天皇	大臣	大連
11 垂仁		物部十千根
12 景行	↑	
13 成務		
14 仲哀	武内宿禰○	
15 応神		
16 仁徳	↓	
17 履中		物部伊莒弗
18 反正		
19 允恭		（大伴室屋）
20 安康	葛城円	
21 雄略	↑（蘇我韓子）	↑ 物部目○
22 清寧	平群真鳥○	
23 顕宗		大伴室屋○
24 仁賢	↓	
25 武烈		↓↑
26 継体	↓ 許勢男人○	＝物部麁鹿火○
27 安閑		大伴金村○ 物部木蓮子
28 宣化	↑ 蘇我稲目○	↓
29 欽明	↓	↓ ↓＝物部尾輿○
30 敏達	↑	物部贄子
31 用明	蘇我馬子○	↓＝物部守屋○
32 崇峻		
33 推古	↓	
34 舒明	蘇我蝦夷○	
35 皇極	↓	
36 孝徳	左大臣 阿倍倉梯麻呂○ → 巨勢徳陀古○ 右大臣 蘇我倉山田石川麻呂○→	大伴長徳○
37 斉明	蘇我連（～天智称制期）	
38 天智	左大臣 蘇我赤兄○	右大臣 中臣金○ （物部熊）
39 天武		
40 持統	（太政大臣 高市皇子） （右大臣 丹比 嶋）	

＊ ○は任命記事を有する者

e　蘇我氏以外の臣姓の大臣は武内宿禰を含めると六人で、蘇我氏出自の大臣の数に一致しているが、任官記事を有さない大連と連姓大臣も計六人となっている。

f　物部氏は八人が大連として登場しているが、これは蘇我氏の六人に阿倍倉梯麻呂と巨勢徳陀古とを加えた数に一致し、任官記事を有する者と有さない者とは同数である。

g　武内宿禰は景行〜仁徳朝の大臣として現われているが、物部十千根・伊莒弗の二大連は垂仁紀・履中紀に、武内宿禰を挟むかたちで、位置付けられている。

h　蘇我氏では稲目が登場する宣化紀から七代溯った雄略紀に韓子が見え、その間氏族員が現われないのに対し、大伴氏では金村が失脚した欽明朝から七代後の孝徳朝に長徳が右大臣として現われ、物部氏では守屋が滅ぼされてから七代後の天智朝に熊が登場している。

以上のような『紀』における大臣・大連の現われ方は『紀』編纂段階での作為を感じさせるものである。とりわけ、蘇我氏の六人の大臣がその基準になっているように思われるのである。とすれば、「大連」なるものの存在も疑わしくなるのであるが、しかし、律令制下に喪葬儀礼に関与した大連・少連が存在したこと[44]からすれば、律令制前代に大連が存在したことは充分推測し得るところである。とはいえ、この大連と『紀』に登場する大連とは、少なくとも通説に基づく上では、職掌・性格を異にするものと言わなければならない。

むすび

「大臣・大連制」なる制度の存在については、以上に述べたように、大きな疑義があると言わねばならない。むしろ、

「大臣（オホマヘツキミ）―臣（マヘツキミ）」という権力体制を想定すべきように思われる。しかし、大伴氏や物部氏が大きな勢力を有していたとする伝承があり、とりわけ物部氏の場合は「崇仏論争」で蘇我氏と全面的に対立・抗争したという所伝を有している。これらの問題が解決されなければ、本章で述べたところが確固たるものとなり得ない。また、「大臣―マヘツキミ」という権力形態では、高句麗の大対盧、新羅の上大等、百済の大佐平や上佐平、および中国の「大臣」と、わが国の大臣との関係を考えなければならない。以下、本書の課題である。

注

（1）井上光貞「部民の研究」（『日本古代史の諸問題』所収、思索社、一九四八年）。
（2）直木孝次郎「人制の研究」（『日本古代国家の構造』所収、青木書店、一九五八年）。
（3）上田正昭「大和国家の構造」（岩波講座『日本歴史』2所収、一九六二年）。
（4）吉田晶「古代国家の形成」（岩波講座『日本歴史』2所収、一九七五年）。
（5）関晃「大化前後の大夫について」（『山梨大学学芸学部研究報告』一〇、一九五九年）。
（6）日本古典文學大系『日本書紀』下、頭注（関晃氏執筆）。
（7）「任那日本府」の実在性は不問にしても、大臣・大連に関する編者の認識が窺われるように思う。
（8）日本古典文學大系『日本書紀』下、天智紀三年二月丁卯条、頭注（青木和夫氏執筆）。
（9）『古事記伝』二十九之巻。これによれば賀茂真淵も同様に考えていたというが、多和文庫所蔵『賀茂真淵書入本古事記』には成務条の「故建内宿禰為大臣」の「大臣」に「オホオミ」と記している。
（10）『紀』の古訓は『新訂増補國史大系日本書紀』による。
（11）仁徳紀即位前条の「出雲臣之祖淤宇宿禰」の「臣」に『刊本』が「ヤツコラマ」と訓を付しているのが唯一の例外である。
（12）安康紀即位前条の物部大前宿禰の言中の「臣」に『北野神社所蔵兼永本』が「マチキムタチ」、同元年二月戊辰条の坂本根使主の言中の「臣」に『宮内庁書陵部所蔵禁中本』が「マチキミ」とそれぞれ訓を付しているのが例外である。
(13)允恭紀七年十二月壬戌朔条の「忠臣」に『刊本』が「タ、シキヒト」と訓を付す。
(14)欽明紀五年十一月条の「日本府臣」の「臣」に『刊本』が「ヤツコ」と訓を付す。
(15)垂仁紀七年七月乙亥条の「一臣」の「臣」に『熱田神宮所蔵本』が「ヲミ」と訓を付す。
(16)『古事記伝』も同様である。
(17)日本古典文學大系『万葉集』一、頭注。
(18)この表現にまとめられるのは、「群臣百寮(允恭紀元年十二月条、推古紀十二年四月戊辰条、天武紀五年正月庚子朔条)」、「群臣及百寮(神功紀摂政前条、仁徳紀十二年八月己酉条)」、「群臣百寮及天下人民(天武紀四年二月癸巳条)」、「諸王諸臣及百寮者(天武紀八年正月戊子条)」、「諸王諸臣及百寮人(天武紀八年二月乙卯条)」、「親王諸王及百官人等(天武紀八年十二月戊申条)」である。
(19)皇極紀二年十月己酉条に「群臣伴造」、孝徳紀大化二年三月辛巳条に「群臣及伴造」とある。
(20)この表現にまとめられるのは、「群臣及百姓(履中紀即位前条)」、「諸臣百姓(欽明紀十六年八月条)」、「諸王諸臣及天下百姓(推古紀二十九年二月癸巳条)」である。
(21)崇神紀七年八月己酉条。
(22)仲哀紀二年三月丁卯条。
(23)『続日本紀』天平勝宝元年七月甲午条。
(24)『続日本紀』天平元年八月癸亥条。
(25)崇神紀四年十月壬午条等。
(26)天武紀五年七月戊辰条等。
(27)持統紀四年正月戊寅朔条等。
(28)天武紀四年五月壬戌条等。
(29)黛弘道「冠位十二階考」(『東京大学教養学部人文科学科紀要』一七、一九五九年)。
(30)天武紀十三年閏四月丙戌条の詔中にも「亦装束有闕者、親王以下逮于諸臣、並罰之。大山位以下者可罰々之、可杖々之。」

とあり、ここでも「臣」は大宝令制下の五位以上を示している。
（31）武光誠「冠位十二階の再検討」（『日本歴史』三四六、一九七七年）。
（32）推古紀二十九年二月癸巳条。
（33）『北野神社所蔵兼永本』。
（34）和泉国神別に末使主が見えるが、山城国諸蕃の末使主と本来同系であったと思われる。
（35）神功紀摂政前条、允恭紀七年十二月壬戌朔条。
（36）応神紀二年三月壬子条。
（37）『新撰姓氏録』左京皇別下小野朝臣・櫟井臣・和安部臣各条、山城国皇別和邇部条、大和国皇別布留宿禰条、摂津国皇別井代臣・津門首・物部各条、河内国皇別物部条。
（38）『新撰姓氏録』未定雑姓右京中臣臣条。
（39）安康紀元年二月戊辰朔条、雄略紀十四年四月甲午朔条。
（40）雄略紀十四年四月甲午朔条。
（41）『新撰姓氏録』河内国神別勇山連条。
（42）請田正幸「高句麗莫離支考」（『朝鮮歴史論集』上巻所収、龍溪書舍、一九七九年）。
（43）上田正昭氏は大臣がマヘツキミと深く関係していたことが「オホオミ」から「オホマヘツキミ」へと変わった理由とされている（前掲注（3）論文）。
（44）『令義解』職員令諸陵司条。

第二章　「崇仏論争」をめぐって

はじめに

欽明紀十三年十月条、敏達紀十三〜十四年条、用明紀二年四月条に見える、いわゆる「崇仏論争」は、物部氏が蘇我氏に比肩し得る有力豪族であったという通説の大きな根拠をなすものであろう。

「崇仏論争」の原型が如何なるものであれ、『紀』に物部氏が「排仏」派の頭目として登場していることは、物部氏の「滅亡」が「崇仏論争」を契機とするものであったと『紀』が主張していることになる。しかし、物部氏と中臣氏とが仏敵としてのみ現われているとする一般の理解には疑問があるのではなかろうか。『紀』編纂段階の左大臣は物部氏の後裔石上麻呂、右大臣は中臣氏の後裔藤原不比等であり、彼らが自氏の不利になるような記述の挿入を許したとは考え難いように思われるからである。[1]『紀』の「崇仏論争」の原型をなすと考えられている『元興寺伽藍縁起并流記資材帳』（以下『元興寺縁起』と略記）には物部・中臣両氏は具体的な名前では登場していないのであり、『紀』編纂段階でことさらに両氏が登場させられた理由が判然としないように思われる。「崇仏論争」関係記事の挿入の背景として、物部・中臣両氏が「排仏」に実際に関係したこと以外の理由を求めなければならないのではなかろうか。

そこで本章では、従来ほとんど追究されていないと思われる「崇仏論争」関係記事の位置付けを中心に検討し、そこにおける物部氏の役割について考えることにしたい(2)。

一 「崇仏論争」関係記事の位置付け

『紀』における朝鮮関係記事では、百済とは友好、新羅とは不和・対立という記述が多い。このことは、『三国史記』新羅本紀の倭国・倭人関係記事にも共通することからして、わが国と百済・新羅との関係を反映しているとみられる。しかし、当然のことと考えられるかもしれないが、例外の記述もいくつか見られる。しかも、仏教受容をめぐる紛争を記述する欽明紀・敏達紀に見られるのである。以下、『紀』の叙述に従って、その実態を見ることにしよう。

欽明元年～二年三月条

立后・納妃・皇子女・大伴金村失脚記事などが中心であり、対外関係では元年八月条に高句麗・百済・新羅・任那が遣使し、貢職を修めたことが見えるだけである。

欽明二年四月～五年十一月条

朝鮮関係記事で占められており、任那復建問題に関する記事が中心である。ここでは百済と新羅とが対立関係にあり、その中で欽明が百済聖明王に任那復建を再三詔し、聖明王も復建を上申しているのであるが、その一方、新羅とわが国との間に直接の対立があったことを示す記述は見られない。二年四月条に任那旱岐らが先に新羅と任那の復建について議したとあること、同七月条に安羅日本府が新羅と計っていることを聞いた百済が日本府の河内直を責めたとあること、五年二月条に日本府が百済に答えたことばに、印奇臣を新羅へ、津守連を百済へ派遣するので、勅するまで新羅・百済へ往くなと詔された、印奇臣は日本臣と任那執事とが新羅へ行き天皇の勅を聞けと言った、津守連は自分が百済へ遣されたのは下韓の百済郡令・城主を追い出すためであると言い、百済へ行って天皇の勅を聴けとは聞かなかった、などとあることは、任那復建についてはわが国が新羅とも計ったことを示すものである。津守連のことばや、四年十一月甲午条で任那に在る百済郡令・城主を日本府の支配下に附けよという天皇の詔に百済が反対していることなどからすれば、むしろ、わが国と百済との関係が冷却化していたことを示すとすべきではないかと思う。

欽明五年十二月〜七年是歳条

朝鮮関係記事が中心であるが、目立つ記述は、六年九月条に百済が天皇のために丈六仏像を造ったとあることと、六年是年条・七年是歳条の高麗大乱記事だけである。

欽明八年四月〜十三年五月乙亥条

十三年四月条を除いて、百済と高句麗・新羅との対立、百済からわが国への援軍派遣要請の記述である。しかし、わが国は百済のために援軍そのものを派遣していない。九年十月条に、「遣三百七十人於百済、助築城於得爾辛。」、十一年二月庚寅条に、「重詔曰、朕聞、北敵強暴、故賜矢卅具。庶防一処。」とあり、わが国が百済を支援した記述になっていることは明らかであるが、十二年是歳条までは高句麗のみが問題であり、新羅は問題とはなっていない。次いで十三年五月乙亥条に百済・加羅・安羅がわが国へ遣使して高句麗・新羅の攻撃に対する援軍を乞うたことが記されているが、「今百済王・安羅王・加羅王、与日本府臣等、倶遣使奏状聞訖。亦宜共任那、并心一力。猶尚若茲、必蒙上天擁護之福、亦頼可畏天皇之霊也。」と詔しているだけである。

以上、仏教受容以前の欽明紀の朝鮮関係記事を見てきた。そこで明らかになったことは、わが国は任那復建問題については百済とだけではなく、新羅とも計ろうとしており、六年九月条の百済での造仏記事以前はむしろ百済と不和ないし対立的であり、それ以後は百済とは友好的関係となり、高句麗と対立する百済を支援しているが、まだ新羅とは対立していない、ということである。

ところが、このような朝鮮に対するわが国の姿勢は、十三年十月条の百済からの献仏関係記事・「崇仏論争」を経て一変している。十四年正月乙亥条には百済からの援軍要請記事が見えるが、同年六月条ではそれに応えて内臣を派遣したことが記され、十五年五月戊子条には内臣が舟師を率いて百済へ渡ったことが見え、同年十二月条には有至臣（＝内臣）の軍士によって新羅の函山城を抜いたことが百済使によって伝えられたことが記されている。そして、二十二年是歳条に新羅使者が百済の下に列して引導されたために怒って帰国し、新羅がわが国に備えて阿羅波斯山に築城したことが見え、二十三年正月条に新羅が任那官家を打ち滅ぼしたことが記されている。すなわち、百済からの献仏以後、百済との友好関係が進展する一方で、新羅との関係が悪化したという記述になっているのである。

次に敏達紀の叙述内容に移ることにしよう。

八年十月条までは百済・高句麗・新羅とわが国との間に対立があったことを示す記述は見られないが、六年十一月庚午朔条に百済王が経論等を献じたとあり、八年十月条に新羅が仏像を送ったことが見えた後、九年六月条と十一年十月条とに、わが国が新羅の朝貢使を追い返した記事が見える。

十二年条は火葦北国造阿利斯登の子達率日羅に関する説話である。日羅が阿倍目らに語ったことばに、

㈠　爾乃、以能使使於百済、召其国王。若不来者、召其太佐平・王子等来。即自然心生欽伏。後応問罪。

㈡　百済人謀言、有船三百。欲請筑紫。若其実請、宜陽賜予。然則百済、欲新造国、必先以女人小子載船而至。国家、望於此時、壱伎・対馬、多置伏兵、候至而殺。莫翻被詐。毎於要害之所、堅築塁塞矣。

とあること、日羅を送ってきた百済の恩率・参官が徳爾らに、「計吾過筑紫許、汝等偸殺日羅者、吾具白王、当賜高爵。身及妻子、垂栄於後。」と語って日羅を殺させたことは、百済がわが国と対立関係に入ろうとしていたことを示していると考えられる。そして、その翌年に百済から石像・仏像がもたらされるが、以後、用明紀の「崇仏論争」をも経て、崇峻・推古両紀に見られるように、百済とは友好関係、新羅とは非友好関係という記述になっている。

欽明・敏達・用明各紀の仏教・仏像受容記事と「崇仏論争」記事とは、わが国と百済・新羅との関係が変化する中心に位置していると言えるのではなかろうか。すなわち、欽明紀六年九月条の百済が天皇のために丈六仏像を造ったという記事は百済との関係の正常化への契機、同十三年十月条の百済からの仏像・経典等の献上および「崇仏論争」は百済への全面支援・対新羅関係悪化・任那官家滅亡の契機、敏達紀六年十一月庚午朔条の百済からの経論等の献上は対新羅関係悪化の契機、同十三年九月条の百済からの石像・仏像伝来と同十四年二月条・用明紀二年四月条の「崇仏論争」とは対百済関係正常化への契機として、それぞれ位置付けられていると考えられるのである。任那日本府の官人として現われている的臣について、欽明紀五年三月条の百済からの上表文中では、「的臣等、猶住安羅、任那之国、恐難建立。宜早退却。」と言っているのに対し、同十四年八月丁酉条の百済の上表文では、「別的臣敬受天勅、来撫臣蕃。夙夜乾々、勤修庶務。由是、海表諸蕃、皆称其善。謂当万歳、粛清海表。不幸云亡。深用追痛。」とあって、評価が正反対となっている。これは献仏・「崇仏論争」を契機として、百済との友好関係が復活したことを端的に物語るものであろう。このような百済からの献仏記事や「崇仏論争」の位置付けは、『紀』編者による作為を推測させるのである。

継体紀では、任那四県割譲記事等[3]、百済とは終始友好関係であり、筑紫国造磐井の「反乱」の背後に新羅が存在したとしていることなどから[4]、総じて新羅とは不和ないし対立関係にあったとしていると考えられる。安閑紀では元年五月条に百済が遣使上表したことが見えるだけである。宣化紀では二年十月壬辰朔条に、新羅が任那を寇したので、大伴狭手彦を遣して、任那を鎮め、百済を救わせたことが見えるので、百済との友好関係、新羅との対立関係を想定することができる。

継体〜宣化紀の百済との友好関係、新羅との非友好関係から、欽明紀前半の両国との関係への転換の間には欽明紀元年九月己卯条のいわゆる大伴金村大連の失脚があり、その失脚は物部尾輿の奏言に関わっている。欽明紀後半の新羅・高句麗との非友好関係から敏達紀の友好関係への推移の間には蘇我稲目大臣の死がある。舒明紀〜斉明紀前半では朝鮮三国との間には非友好的な記述は見られず、斉明紀の後半で、百済が新羅・唐連合軍によって滅ぼされたことで新羅と対立関係に入ったという記述が見られる。そして、舒明紀以後の友好関係的記述の前には蘇我馬子大臣の死がある。

以上のような『紀』の記述を見ると、編者の意図が垣間見られるように思われる。すなわち、①わが国が大伴金村大連の指導下で百済と結んだために任那諸国の一部の離反を招き、②金村失脚後、百済だけとではなく他国とも友好関係を結んだが、百済からの献仏等を契機として従来の路線が復活したことで任那の滅亡を招来し、③その百済との関係を追求した蘇我稲目が死んだことにより、三国との友好関係が復活し、むしろ百済との関係は悪化した。④しかし、百済から経論や石像・仏像などがもたらされたことから、対百済関係のみを重視する外交がまたもや復活し、⑤最終的に百済が滅んだことによって、朝鮮半島におけるわが国の影響力は全くなくなることになった、ということではなかろうか。大伴氏や蘇我氏による親百済政策が半島からの影響力の衰退・消滅の原因である、ということであるように思われる。

このように考えることに大過なしとすれば、「崇仏論争」において物部・中臣両氏が仏教受容に反対しているのは「正義」であり、また祖先顕彰的性格を有する、とすべきように思われるが、従来の朝鮮関係記事についての理解や「崇仏論争」に関する見解・所説と大きく相違することになる。もし、私見の如くであるならば、武烈紀以前の記事にも何らかの反映があって然るべきである。そこで、武烈紀以前の記事をどのように解すべきであるかということについて、述べておくことにしたい。

武烈紀以前でも、新羅がわが国と友好関係にあったとする記述は少なく、ほとんどが「闕貢」ないしそれに関係することによる対立関係となっている。この部分の記事それ自体はほとんどが史実ではなく、『紀』編纂段階での作為であり、それなりの目的を持って造作されたものと考えられるが、編纂段階では新羅と対立関係にはなかったのであるから、ことさらに新羅との関係を悪化させようとするが如き記述をしたとは考え難いのではなかろうか。このような発想から、武烈紀以前の対新羅関係記事を概観しよう。

神功紀

摂政前(仲哀九年)十月条に神功の征討により新羅王波沙寐錦が服し、微叱己知波珍干岐を質として送り貢献したこと、摂政五年三月己酉条にその質が逃げ帰ったこと、四十七年四月条に千熊長彦を遣して新羅が百済の貢物を自国の貢物として朝貢したことを責めたこと、四十九年三月条に上毛野君の祖荒田別・鹿我別を将軍として新羅を撃たせたこと、六十二年条に新羅が朝貢しなかったために葛城襲津彦を遣して撃たせたことが記されている。

応神紀

七年九月条に高麗人・百済人・任那人とともに新羅人も来朝したこと、十四年是歳条に百済から来帰した弓月君の多くの人夫が新羅のために加羅国にとどまっているので葛城襲津彦を遣したこと、十六年八月条に襲津彦が帰還しないので平群木菟宿禰・的戸田宿禰を加羅に遣して新羅王を罪に服させたこと、三十一年八月条に新羅調使の停の失火によって多数の船が焚かれたので新羅王が匠者を貢したことが見える。

仁徳紀

十七年九月条に的臣祖砥田宿禰・小泊瀬造祖賢遣臣を新羅に遣して闕貢を問い、新羅が貢献したこと、五十三年五月条に上毛野君祖竹葉瀬を遣して闕貢を問わせ、その弟田道を遣して新羅を撃たせたことが見える。

允恭紀

三年正月辛酉朔条に新羅に遣使して良医を求め、八月条に医が至って天皇の病を治めたこと、四十二年十一月条に新羅弔使が還る時に采女に通《たわ》けたと疑われ、大泊瀬皇子に禁固・推問されたことによって貢物・船数を減じたことが記されている。

雄略紀

七年是歳条に吉備上道臣田狭が任那で叛して援を求めて新羅に入ろうとしたこと、新羅が事《つか》えないので田狭の子弟君と吉備海部直赤尾とを遣して新羅を罰しようとしたこと、八年二月条に天皇が即位して以後新羅が朝貢せず高麗と修好し、高麗が新羅を守っていたが、高麗が偽り守ることを知った新羅王が任那王に救を求め、任那王が膳臣斑鳩・吉備臣小梨・難波吉士赤目子を勧めて新羅を救わせたこと、九年三月条に天皇が新羅を親征しようとしたが神の戒でやめ、紀小弓宿禰・蘇我韓子宿禰・大伴談連・小鹿火宿禰らを派遣し、五月条に紀大磐宿禰が父小弓宿禰の死を聞いて新羅へ向かったが小鹿火・韓子と対立し、韓子が大磐を殺そうとして反《かえ》って殺されたことが見え、また、二十三年八月丙子条に征新羅将軍吉備臣尾代が見える。

以上によれば、新羅征討や新羅との交渉などが成功していないのは葛城襲津彦や蘇我韓子宿禰らが派遣された時である。蘇我氏は、推古紀三十二年十月癸卯朔条の馬子の奏に、「葛城県者、元臣之本居也。故因其県為姓名。」とあり、『上宮聖徳法王帝説』に「葛木臣」、『聖徳太子伝暦』に「蘇我葛木臣」とあることなどからして、葛城氏の後裔を称していたと考えられるので、新羅との外交関係は、蘇我氏系が派遣された時は失敗していると『紀』が主張しているとみられるのではなかろうか。

ほかの場合においては、吉備弟君の場合を除いて成功しているが、闕貢等があったとされていること自体、問題であろう。神功〜仁徳紀では蘇我氏の祖武内宿禰が大臣として現われており、雄略紀では大伴室屋が大連として実権を握り、新羅征討軍を派遣したように記されている。一方、允恭紀の記述は新羅との友好関係を示すものであるが、五年七月己丑条では、物部氏の同族とされる尾張氏の吾襲が、葛城襲津彦の孫玉田宿禰（雄略紀七年是歳条分注では襲津彦の子とある）が殯宮大夫でありながらその場にいず、酒宴していたことを告げたことによって、玉田宿禰が誅されたことが見え、また舎人としてではあるが、中臣烏賊津使主も七年十二月条で皇后忍坂大中姫の妹弟姫（衣通郎姫）を喚《め》すために活躍している。允恭紀末尾に新羅との不和の原因が生じたことが記されているが、これは允恭死後のことであり、また雄略に関係するものである。

このように見てくると、武烈紀以前の対朝鮮関係記事について一つの想定が可能となるように思う。すなわち、武烈紀以前の記述も継体紀以後のそれと共通するものであり、蘇我氏や大伴氏が親百済政策・反新羅政策を採り、物部氏や中臣氏はそれに反対したということで一貫していると言えるのではなかろうか。神功紀以後の朝鮮関係記事は、継体紀以後の記述の前提となっていると考えられる。

二 「崇仏論争」記事の実態

「崇仏論争」をめぐる紛争は、石上・藤原両氏にとって祖先顕彰的性格を有するものとして『紀』に載せられていると前節で想定したことについて、本節では「崇仏論争」の性格を明らかにすることを通じて論ずることにしたい。

最初に注目したいことは、崇仏問題をめぐる紛争が、百済から仏像などがもたらされたことを契機として起こっているということである。欽明紀十四年五月戊辰朔条に河内国泉郡茅渟海中から得た樟木で仏像を二軀造ったこと、敏達紀六年十一月庚午朔条に百済が大別王に付して経論・僧侶・造寺工・造仏工等を献上したこと、同八年十月条に新羅が仏像を送ってきたことが見えるが、これらの時には紛争は生じていないのである。

次に、欽明紀十三年十月条では、百済聖明王は釈迦仏金銅像一軀・幡蓋若干・経論若干巻を献じているが、物部尾輿大連と中臣鎌子は有司をして仏像を難波の堀江に流し棄て、伽藍を焼かせても、経論は問題としていない。敏達紀十四年条でも、物部弓削守屋大連が行ったことは、塔・仏像・仏殿を焼き、余の仏像を難波の堀江に棄て、蘇我馬子大臣とそれに従う善信らの尼を訶責《せ》めたことであって、ここでも経論については触れられていない。一方、『元興寺縁起』では、余臣が稲目の死後、堂舎を焼き切り、仏像・経教を難波江に流した、とある。『紀』で「排仏」派が経論を問題としなかったかのようになっているのは注目されるであろう。棄てられた仏像は百済からもたらされたものであり、伽藍・塔・仏殿は蘇我氏の建立によるものであって、前節で見たように、百済からの献仏は対朝鮮関係の変化の契機として位置付けられていることと関係を有すると考えられるからである。

また、欽明紀十三年十月条・敏達紀十四年二〜三月条には、「崇仏」「排仏」いずれの場合にも災が起こったことが記されている。「崇仏」に対する国神の怒り、「排仏」に対する仏神の怒りの双方が起こったとしているのである。一方、『元興寺縁起』では、欽明朝・敏達朝のいずれの場合も、「排仏」に対する仏神の怒りのみが記されているようである。[5]『紀』では国神が仏神を受容することに反対し、『元興寺縁起』では反対しなかった、ということになるであろう。

以上のように、「崇仏論争」では百済から献上された仏像が問題となっており、同じく百済から献じられた経論・僧侶等や、国内で造られた仏像、新羅から献じられた仏像等は直接問題とはされていないのである。「排仏」と言う場合には、経論や僧侶が仏像にもまして排斥を被るべきものであると考えられるにもかかわらず、『紀』の実態はこのようなものなのである。「仏」の教えである経論やそれを普及する僧侶、寺等を造る造寺工、仏像を造る造仏工らが弾圧・排斥されていないということは、物部・中臣両氏が仏教の受容そのものに反対しているのではない、ということにならないであろうか。仏教の受容そのものに反対したというのであれば、国内で造られた仏像や新羅から献上された仏像が問題となっていないことも不可解なことであろう。[6]

物部・中臣両氏は蘇我氏とつながる百済系の仏教の受容に反対し、国神も百済系仏神の崇拝に反対している、と考えられるのである。『聖徳太子伝暦』に、敏達八年十月に新羅から送られた仏像が藤原氏の氏寺である興福寺にあるという伝承が記されているが、この記述をそのまま史実と認めることはできないとしても、このような伝承が生まれたことは、以上の想定を、間接的にではあるが、支持するものであろう。

用明紀二年四月丙午条における「崇仏論争」では、仏像は問題ではなく、仏法そのものが問題となっている。しかもここでは、天皇が仏法に帰依するか否かが問題であり、以前の「崇仏論争」とは様相を異にしている。用明は磐余河上で新嘗をしたその日に病を得て宮に還入り、群臣に、「朕思欲帰三宝。卿等議之。」と詔したが、群臣が入朝して議した時に、物部守屋大連と中臣勝海とは、「何背国神、敬他神也。由来不識若斯事矣。」と言い、蘇我馬子大臣は、「可随詔而奉助。詎生異計。」と言っている。疾病を癒すために仏法に頼るという記事はこのほかに十一箇所に亘って見えるが、[7]なかでも、天武紀朱鳥元年六月甲申条の、伊勢王と官人等とを飛鳥寺に遣して、衆僧に「近者、朕身不和。願、頼三宝之威、以身体欲得安和。是以、僧正・僧都及衆僧、応誓願。」と勅したという記事はその典型であり、得度・読経・造仏記事が多い。『紀』ではこれらのほかに、請雨・止雨等のために仏法が利用されたことも見えるが、[8]その数は少ない。このことからすれば、『続日本紀』においても同様であるが、疾病を癒すことが仏法の大きな役割とされていた（期待されていた）と考えられる。しからば、用明紀二年四月丙午条で物部・中臣両氏が用明の仏法への帰依に反対していることは、両氏が天皇の意に逆らう「逆臣」であったと『紀』が主張しているかの如くにもみられる。次にこのことについて検討を加えることにしよう。

疾病平癒のために仏法を利用するという記事の大半の九項が天武紀に集中しているが、皇后の病のために薬師寺を興し百僧を度すというもの（九年十一月癸未条）以外はすべて天皇の病に関係するものである。他は推古紀二十二年八月条の大臣蘇我馬子の病のために男女千人を出家させるという記述と、持統紀十一年六月辛卯条の天皇の病のため所願仏像を始めて造るという記事である。天皇の疾病平癒のために仏法が用いられるのは、『紀』に従う限り、天武の段階に始まっている。それ以前の段階でも、天皇や皇族によって仏法が用いられたことを示す記述は見られる。崇峻紀即位前（用明二年）七月条の物部守屋を滅ぼそうとして廐戸皇子が四天王像を作って誓を発したという記事、孝徳紀白雉二年十二月晦条の味経宮で二千百余の僧尼に一切経や安宅・土側等の経を読ませ難波長柄豊碕宮に遷ったという記事などがそれである。しかし、疾病平癒を目的とするものは見られない。

このような『紀』の記し方は史実を反映しているのではなかろうか。宮廷に初めて仏法が導入されたのが舒明朝であり[9]、推古紀二年二月丙寅朔条にもいわゆる「仏法興隆詔」が出されたことが記されており、『紀』編纂段階で仏法が疾病平癒のために用いられていた[10]ことからすれば、天武紀よりも前の条に仏法による疾病平癒の記述があっても良さそうにも思われる。天武紀以後と天智紀以前とでは、仏法に対する扱い方が異なっているのではなかろうか。

天武紀五年是夏条には大旱のため諸神祇と三宝とに祈ったが雨が降らなかったという記述があり、同十二年七月条と持統紀二年七月条とには百済僧道蔵が雨乞いをして雨が降ったという記事が見える。一方、皇極紀元年七月条には、大寺南庭に仏菩薩像・四天王像を厳して（飾って）衆僧に大雲経を読ませ、大臣蘇我蝦夷は香鑪を執《と》り焼香をして発願したが、微雨を得るにとどまったとあり、翌八月甲申朔条には、天皇が南淵河上で四方を拝し天を仰いで祈ったことで大雨が降ったことが見える。天武・持統両紀では請雨は神祇に対して行うのが一般ではあるが、仏法も同様に用いられていることが前記のところでわかる。これに対して皇極紀では神祇が仏法に勝っている。皇極紀の当該部分は一般的には天皇の権威が大臣のそれに勝ることを示そうとしたものと解されており、筆者もこのような解釈自体に反対し異論を挟むつもりはないが、ここに衆僧が登場していることからして、神祇と仏法との優劣をも示そうとしたものと解すべきように思う。

天武・持統両紀と皇極紀とを比較すれば、請雨については、前者は神祇と仏法とが対等的であるのに対し、後者は仏法の方が劣っている、ということになるであろう。このことは、前者の段階が国家仏教の時代であり、後者の段階は氏族仏教の時期であった[11]ということによる『紀』編者の書き分けによるとも思われるが、蘇我氏主導の仏教が天武・持統期のそれに劣ることを示そうとしているようにも思われる。このように考えられるとすれば、用明紀二年四月丙午条に対する解釈も従来とは異なったものとなる。すなわち、用明は「背国神」き、それに劣る「他神」を敬おうとしていることになり、これに対して物部守屋と中臣勝海とが反対しているということになると思われる。疾病平癒を仏法に専ら頼ろうとしている天武紀でも、最終段階の朱鳥元年八月丁丑条で神祇に祈ったことが見えるのであるから、なおさらである。

以上のように、物部・中臣両氏は仏法そのものの受容や、天皇が仏法に頼ろうとしていること自体に反対しているのではない、と考えられるのである。しかし、このようないわば百済系＝蘇我氏系仏教に対し、欽明は、「朕従昔来、未曾得聞如是微妙之法。然朕不自決。」と、聖明王の表を聞いて歓喜し踊躍して使者に詔した、とある（十三年十月条）ように、肯定的であり、用明はまさにそれに頼ろうとしたと伝えられている。物部・中臣両氏のいわゆる「排仏」が祖先顕彰的性格を有するものであるならば、このような欽明・用明の態度・姿勢が『紀』のどこかで批判されているような記述がなされていて良いはずである。欽明・用明両紀にはそれらしきものは認められないようであるが、筆者はそれを斉明紀七年五月癸卯条の、「天皇遷居于朝倉橘広庭宮。是時、斮除朝倉社木、而作此宮之故、神忿壊殿。亦見宮中鬼火。由是、大舎人及諸近侍、病死者衆。」という記述に求めたいと思う。その理由は、欽明の名（謚号）である「天国排開広庭天皇」の「広庭」と、用明の「橘豊日天皇」の「橘」とを有する「朝倉橘広庭宮」が神の怒りで殿舎が壊され、大舎人など病死者が多かったと記されていることである。「橘広庭」は美称と思われるが、表2-1に掲げた歴代天皇の宮号を基にして、これについて検討することにしたい。なお、『紀』は表2-1以外に神功の磐余稚桜宮を記すが、履中の宮号と一致するということもあり、省略に従った。

歴代の宮号の多くは地名に基づくものである。明確に地名に基づくとは言えないものでも、宮とされるものが存在したと伝えられる地域の形状を反映したものが多いと言い得る。

表 2-1 『記』『紀』に見る歴代天皇の宮号

天皇	古事記	日本書紀	天皇	古事記	日本書紀
神武	畝火之白檮原宮	橿原宮	継体		樟葉宮
綏靖	葛城高岡宮	〔葛城〕高丘宮			筒城宮
安寧	片塩浮穴宮	〔片塩〕浮孔宮			弟国宮
懿徳	軽之境岡宮	〔軽〕曲峡宮		伊波礼之玉穂宮	磐余玉穂宮
孝昭	葛城掖上宮	〔掖上〕他心宮	安閑	勾之金箸宮	勾金橋宮
孝安	葛城室之秋津嶋宮	〔室〕秋津嶋宮	宣化	檜坰之廬入野宮	檜隈廬入野宮
孝霊	黒田廬戸宮	〔黒田〕廬戸宮	欽明	師木嶋大宮	磯城嶋金刺宮
孝元	軽之堺原宮	〔軽〕境原宮			泊瀬柴籬宮
開化	春日之伊邪河宮	〔春日〕率川宮	敏達		百済大井宮
崇神	師木之水垣宮	〔磯城〕瑞籬宮		他田宮	〔訳語田〕幸玉宮
垂仁	師木之玉垣宮	〔纏向〕珠城宮	用明	池辺宮	池辺雙槻宮
景行	纏向之日代宮	〔纏向〕日代宮	崇峻	倉椅柴垣宮	倉橋宮
		高穴穂宮	推古		豊浦宮
成務	志賀高穴穂宮			小治田宮	小墾田宮
仲哀	穴門之豊浦宮 筑紫訶志比宮	穴門豊浦宮 橿日宮	舒明	岡本宮	〔飛鳥〕岡本宮 田中宮
応神	軽島之明宮	明宮			厩坂宮
仁徳	難波之高津宮	〔難波〕高津宮			百済宮
履中	伊波礼之若桜宮	磐余稚桜宮	皇極		小墾田宮
反正	多治比之柴垣宮	〔丹比〕柴籬宮			飛鳥板蓋宮
允恭	遠飛鳥宮		孝徳		難波長柄豊碕宮
安康	石上之穴穂宮	〔石上〕穴穂宮	斉明		飛鳥川原宮
雄略	長谷朝倉宮	泊瀬朝倉宮			後飛鳥岡本宮
清寧	伊波礼之甕栗宮	磐余甕栗宮			朝倉橘広庭宮
顕宗	近飛鳥宮	近飛鳥八釣宮	天智		近江大津宮
仁賢	石上広高宮	石上広高宮	天武		飛鳥浄御原宮
武烈	長谷之列木宮	泊瀬列城宮	持統		新益京（藤原京）

美称あるいはそれとおぼしきもの[12]を有する宮号は、崇神・垂仁・応神・履中・反正・仁賢・武烈・用明・崇峻・天武のそれと、継体の磐余玉穂宮、欽明の泊瀬柴籬宮、敏達の訳語田幸玉宮、斉明の朝倉橘広庭宮である。これらを眺めてみると、崇神と垂仁の宮は同じ磯城で、欽明の磯城島金刺宮も磯城であり、履中・継体は清寧と同じ磐余、仁賢は安康と同じ石上、武烈は雄略と同じ泊瀬である。欽明の泊瀬柴籬宮は泊瀬が雄略・武烈と、柴籬が反正と共通する。また、天武の宮号に付される飛鳥には多くの宮があったことは言うまでもない。他の宮号については重複するところは見当たらない[13]。

継体以後の宮の位置はほぼ信頼し得るとみられるが、そのうち、欽明〜崇峻と斉明・天武に関するものに美称が付されている。欽明〜用明の宮は『記』では美称らしきものは付されておらず、「法隆寺金堂薬師如来像光背銘」には用明の宮号は「池辺大宮」とあり、「天寿国曼荼羅繍帳」では欽明の宮号を「斯帰斯麻宮」としていることからして、これらの宮号には本来美称が付されていなかったと考えられる。崇峻については、欽明〜用明とは逆に『記』の宮号に美称が付されているのであるが、これも本来倉橋宮であったと思われる。天武の宮号は、天武十五年七月戊午に「朱鳥」と元号が建てられた時に同時に定められている。この建元が天皇の疾病平癒を祈ってのことであるとすれば、「飛鳥浄御原宮」なる宮号も同じ性格を有すると考えられるのではなかろうか。また、飛鳥には岡本宮・板蓋宮・川原宮等も営まれたのであるから、これらと区別する目的もあったのかも知れない。しかし、これらの宮号が地名・地形や宮の構造などによるものであるのに対し、「浄御原」はそのようなものでないことは明らかである。

してみれば、継体以降の宮号で、特殊な天武の場合を除くと、美称を有するものは斉明の朝倉橘広庭宮だけということになる。継体以前の宮号で、美称あるいはそれに類するものが付されているものは、前述のように、それらの地域に複数の宮が営まれたとされていることから、それらを区別するために付されたことも考えられる。このような理由が見当たらないのは継体以後の宮号ではあるが、欽明・敏達は天智・天武の祖に当たり、用明は神聖化されつつあった聖徳太子の父であることによるのでもあろうか。ともあれ、天武の宮号を除いて、元から宮号に美称等が付されていたとすることはできないように思われる。天武の如き特殊な場合ではない斉明の段階で美称を有する宮号が付けられたとは考え難いのである。持統以後、とりわけ『紀』編纂段階で付された美称とすべきものと考えられる。

天智・天武の父である舒明の宮号に美称がなく、斉明の場合も「朝倉宮」が本来のものとみられることからして、「橘広庭」は単なる美称とは考え難いのではなかろうか。そこで、この美称を欽明と用明の諡号に基づくものと考えるならば、欽明・用明両紀で国神の怒りが直接には天皇に対しては現われていないのであるが、斉明紀七年五月癸卯条で朝倉橘広庭宮に仮託して国神の両天皇に対する怒りを表わしているとみられるのである。神が天皇に対して怒りを表わしたというのは、このほかに、仲哀が神の怒りによって崩じたというものだけである。仲哀の死の記事については、その意図するところは明瞭ではないが、一般的に神が天皇に対して怒りを発するというような記述は極めて異例のものと言うべきであろう。この斉明紀の記述でも、宮・大舎人・近侍に対してであり、直接天皇に対してのものではない。欽明・用明両紀で神の怒りが記されていないのは、このような『紀』の記述・編纂方針に基づくものと思われる。

斉明の朝倉宮が神の難にあったのは、この宮が新羅・唐連合軍によって滅ぼされた百済を再興するために朝鮮出兵を行う拠点とされようとしたことと関係があるのではなかろうか。欽明~用明紀の親百済・反新羅政策と共通するのである。推古紀以後で、欽明・用明に対する神の怒りを反映させようとするには、この斉明七年五月条が最適であったことにより、前記の如き神の怒りを作為したと考えられる。

むすび

以上二節に亘って検討した結果をまとめると次のようになる。

㈠『紀』において「崇仏論争」は対朝鮮関係の変転、親百済・反新羅政策の復活という重要な時期の出来事として位置付けられている。

㈡ そしてそれは、蘇我氏・大伴氏による失政であり、わが国の勢力・影響力が朝鮮半島から後退し、消滅するということの契機・原因として作為されたものである。

㈢ 物部・中臣両氏による「排仏」は仏法そのものの受容を排撃するというものではなく、蘇我氏と結びついた百済系仏神の導入に反対するというものであり、その仏神に共感を示した欽明やそれに帰依しようとした用明に対する国神の怒りは、斉明紀七年五月癸卯条の神の忿による朝倉橘広庭宮の破壊や大舎人などの病死というかたちで象徴されている。

㈣ この「崇仏論争」は、まさに石上・藤原両氏にとって祖先顕彰的性格を有する記事である。

「崇仏論争」については、孝徳紀大化元年八月癸卯条に見える大寺での僧尼への詔にも、『元興寺縁起』と同じく、蘇我稲目・馬子のみが仏法を信じ、余臣は信じなかったなどとあるので、何らかの紛争があり、蘇我氏が仏法受容に大きな役割を果たしたこと、この意味で仏教界から礼賛を受ける存在であったことは認め得る。欽明・敏達紀にも蘇我氏が称えられるような記述があるが、これに対して敏達紀十四年三月丙戌条の物部守屋による排仏後の、「天皇与大連、卒患於瘡。」「又発瘡死者、充盈於国。……老少竊相語曰、是焼仏像之罪矣。」という記述は守屋が悪者扱いされていると解釈できぬこともない。しかし、瘡を患ったのが原因となって天皇が死したとされているのであるから、天皇も、破仏を許した悪者ということになることからすれば、少々問題がある。敏達は天智・天武の曾祖父であるからである。『元興寺縁起』では敏達自らが破仏を行ったとしており、『紀』はそれを変改しているのであるが、天皇も仏罰を被ったと『紀』編者が作為できるであろうか。敏達紀十四年条は、

馬子の石像礼拝→疫病で死者衆《おお》し→疫病を鎮めるために破仏→瘡による死者充盈→天皇没

となっている。馬子が自分の患疾のために百済からもたらされた弥勒石像を礼拝したために疫病で多く死者が出、疾病を鎮めるために破仏したところ仏神の怒りで瘡を病んで多くの死者が出、天皇まで死んでしまったということである。要するに、敏達紀十四年条の叙述は、奈良時代初頭には原型が出来上がっていたとみられる「崇仏論争」を基にしながらも、敏達の死の原因を馬子の崇仏に求めていると思われるのであり、物部氏は、仏敵は仏敵であるが、天皇まで死に至らしめる蘇我氏とつながる百済系仏教を弾圧した、という位置付けであると考えられる。

このように考えることに大過なしとすれば、『紀』に見える「崇仏論争」はかなり大きな潤色を受けており、「崇仏論争」の原型における物部・中臣両氏の役割は、あったとしても大きなものではなかったということになると思われる。すなわち、「崇仏論争」に物部氏が蘇我氏に対抗する氏族として登場していることをもって、物部氏が蘇我氏に比肩し得る有力豪族であったとする論拠とはなし得ないということである。

しかしながら、用明死後に皇位継承をめぐる争いがあったという『紀』の所伝は史実とすべきであろう。とすれば、泊瀬部皇子（崇峻）を擁立しようとする蘇我氏に対抗する勢力が存在したことも当然疑い得ない。その中心は『紀』の主張する物部氏と考えるべきであろうか。しかし、もしそうであるならば、物部守屋滅亡の直接の原因を、実体のない用明紀の「崇仏論争」に求めていること自体が問題と思われるのである。

注

(1)『紀』編纂の黒幕的存在として藤原不比等が想定される(上田正昭『藤原不比等』、朝日新聞社、一九七六年など)とすれば、なおさらのことであろう。

(2)本章での分析視角は野田嶺志「物部氏に関する基礎的考察」(『史林』五一―二、一九六八年)のそれに負うところが大きい。

(3)継体紀六年十二月条。同七年十一月乙卯条には百済にさらに己汶・滞沙を賜うたことが見える。

(4)継体紀二十一年六月甲午条。

(5)『元興寺縁起』には欽明段階での排仏の際に「神火」が出たとある。「神火」は一般的には神の怒りによるとすべきであるが、ここでは仏神を弾圧したことによると解すべきである。

(6)その他、敏達紀六年十一月庚午朔条の百済からの経論・僧侶等の献上の後、日羅説話に見られるように、百済と対立関係に入ろうとしたような記述になっていることも注目すべきである。ここでは仏像がもたらされていないからである。

(7)推古紀二十二年八月条、天武紀九年十一月癸未条、同九年十一月丁酉条、同十四年九月丁酉条、同朱鳥元年三月丙午条、朱鳥元年五月癸亥条、朱鳥元年六月甲申条、朱鳥元年七月是月条、朱鳥元年八月己巳朔条、朱鳥元年八月庚午条、持統紀十一年六月辛卯条。

(8)請雨は皇極紀元年七月庚辰条・天武紀五年是夏条・同十二年七月条・持統紀二年七月丙子条、止雨は持統紀五年六月条に見える。

(9)田村圓澄『飛鳥・白鳳仏教論』(雄山閣、一九七五年)。

(10)『続日本紀』大宝二年十二月乙巳条。

(11)田村圓澄、前掲注(9)著書。

(12)例えば反正の柴籬宮は、柴で垣を造っている宮という意味の宮号であり、厳密には美称とは言い難いが、立派さを表現しようとしたものとみられるので、このようなものも美称の中に含めた。

(13)ただし、垂仁の宮号は『記』と『紀』とで若干異なる。『紀』では垂仁と景行とが纏向となる。纏向は磯城に含まれる地域である。

第三章　六世紀中葉前後の大和政権の権力形態

はじめに

通説では、六世紀初頭に大伴氏らによって継体が擁立され、しばらくは大伴氏主導の体制が続くが、欽明朝初頭に継体朝における「任那四県割譲」の問題（外交問題）を原因として大伴金村が失脚し、その後蘇我氏と物部氏とが大臣・大連として政界を主導したとされる。これは、基本的には、『紀』の記述に基づくものであり、后妃の関係のみからしても、『紀』の記述には疑われるところがある。

大伴氏出自后妃は、崇峻妃の小手子（糠手の女）だけで、それも『紀』のみに伝えられるにすぎない。物部氏も伝説時代の孝元妃・開化后イカガシコメ（『記』は伊迦賀色許売命、『紀』は伊香色謎命、ただし『記』は穂積氏出自とする。以下『記』『紀』に共通する人名の漢字での表記の順はこれにならう）を除けば、安閑妃宅媛（木蓮子大連の女）だけであり、これも『記』には見えない。これに対し、蘇我氏や和珥氏系は数多くの后妃ないしそれに準ずる者が伝えられ、それらの所生が天皇（大王）にもなっていることは、周知のところである。

このような状況については、大伴氏や物部氏が伴造であり、大王の后妃を出し得るような身分ではなかったことによるというような説明もなされる。しかし、大伴氏や物部氏よりも身分が低い采女のような者でも子女を生めば妃として扱われているのであり、また、后妃を出し得る身分でなかったのであれば、そもそも崇峻妃や安閑妃として大伴氏・物部氏出自の女が、『紀』のみであるにせよ、伝えられている理由が問われなければならない。崇峻妃ヲテコの場合は、妃となった頃（欽明朝ないし敏達朝頃か？）には、『紀』によれば、大伴氏はすでに昔日の勢力を失っていたのであるから、なおさらのことである。従来の説明に問題があることは明らかであろう。

また、前章で述べたように、「崇仏論争」における物部氏の役割が作為によるものであり、「大連」も、第一章でみたように、蘇我氏の六人の大臣との関係で『紀』に記された可能性がある。

そこで本章では、蘇我政権成立以前の権力形態がどのようなものであったか、ということについて、「大連」なるものの実態も含めて、検討することにしたい。

一　物部氏関係の伝承

前章で物部氏に関わる「崇仏論争」について考えたので、先ず、物部氏の伝承について見ておくことにしたい。物部氏が有力豪族であったことを示すものは、大連叙任記事と伝説時代の伝承とを除けば、次のようなものである。

㈠　履中紀二年十月条

平群木菟宿禰・蘇賀満智宿禰・物部伊莒弗大連・円大使主が共に国事を執った。

(二) 允恭記、安康紀即位前(允恭四十二年)十月条

群臣が安康についたためにキナシノカル(木梨之軽王・太子、木梨軽皇子)が大前小前宿禰(『記』)・物部大前宿禰(『紀』)の家に逃げ匿れた。

(三) 雄略紀元年三月是月条

春日和珥臣深目の女童女君所生の春日大娘を物部目大連が天皇に皇女として認めさせ、また、ヲミナキミを妃とさせた。

(四) 欽明紀十三年十月条(崇仏論争)

蘇我稲目が仏法崇拝を主張したのに対し、物部尾輿と中臣鎌子が反対した。

(五) 敏達紀十四年三月条(崇仏論争)

蘇我馬子が仏法を興したことに対し、物部守屋が中臣勝海と弾圧した。

(六) 敏達紀十四年八月条

敏達の殯宮での誄をめぐって、蘇我馬子と物部守屋とが対立した。

(七) 用明紀元年五月条

物部守屋が三輪君逆を殺したことをめぐって、守屋と蘇我馬子とが対立した。

(八) 用明紀二年四月条(崇仏論争)

用明が仏法に帰依しようとすることに対して、蘇我馬子と物部守屋・中臣勝海とが対立した。

(九) 崇峻紀即位前条

蘇我馬子らが物部守屋らを滅ぼした。

以上の九記事のうち、㈣〜㈨の六記事は欽明以降にかけられているものであり、欽明以降ともなれば、『紀』の記述には信憑性のあるものも現われる。これら六記事に共通するのは蘇我氏に対立・対抗するものとして物部氏が現われているということである。逆に言えば、対立者・対抗者を交じえずに物部氏が蘇我氏に比肩するような有力豪族であったことを示すようなものは、大連叙任記事以外には見当たらないということになる。守屋の滅亡とともに物部氏が所持していたすべての記録類が湮滅されたことも考えられるかも知れない。しかし、物部氏が族滅されたのであればともかく、そうでないのであるから、蘇我氏と対抗したこと以外で政権を左右する有力豪族であったことを示す記述が『紀』に見られないのは、『紀』編纂段階に物部氏の後裔たる石上麻呂が左大臣であっただけに、非常に奇異な感を我々に抱かせるのである。

しかも、蘇我氏との対立にしても、前章でみたように、「崇仏論争」における物部氏の『紀』に見えるような役割は造作によるものと考えられるのであるから、㈥㈦のみが残されるにすぎないことになる。壬申の乱後、『紀』編纂段階を経て、奈良時代中期に至るまで、蘇我氏系（石川氏）には議政官が出ていない。このような蘇我氏であるにもかかわらず、稲目や馬子の事績が『紀』に見えるのである。蘇我氏と対立・抗争したということでしか自己主張し得なかった物部氏の六世紀段階の勢力は推して知るべしと言うべきではなかろうか。

物部氏は五世紀後半前後から台頭したとも言われているので、㈠㈡㈢の所伝も掲げたが、いずれも説話的である（第九章・第十章Ⅲ）。㈠には平群氏や蘇我氏の伝説的祖先名が見え、㈡にはキナシノカルが同母妹のカルノオホイラツメ（軽大郎女、軽大娘皇女）と奸《たわ》けたことなどによって太子の地位を剥奪されたり、群臣に背かれたりしたという史実とは見做し難い説話の中に見えるものである。㈢に現われる春日大娘皇女は、『記』では雄略条に雄略皇女としては記されず、仁賢条で初めて雄略皇女（春日大郎女）として現われていることから、本来雄略皇女とされていなかったとすべきである。㈠〜㈢の説話のいずれもが、史実に基づいたものとは考え難いのであるが、六世紀段階の所伝ですら有力氏族であったことを直接示すものが残されていないことからしても、それらは造作されたもの以外の何ものでもないと考えられる。

結局のところ、物部氏が大きな勢力を有していたことを示す所伝はすべて作為されたもの、ないしはその可能性が大きいものと言わざるを得ないのである。しからば、㈨のいわゆる「物部戦争」とはどのようなものであったのか、全国的に膨大な分布を見せる物部と物部氏との関係はどうか、ということが、先ず問題となるであろう。

二　物部氏と和珥氏

先ず「物部戦争」についてである。用明紀二年四月条や崇峻紀即位前条に具体的な人名が多数記されていることからも、用明の死から崇峻即位までの間に朝廷を二分するような争乱があったことは史実とみて良いと思われる。その一方が蘇我氏およびその与党であることは明らかであるが、他方が問題である。

『紀』は政治的意図の下で「崇仏論争」を朝鮮関係記事の中に密接に位置付けているが、同時に「物部氏滅亡」の原因ともしている。「崇仏論争」においては、当初より蘇我氏と物部・中臣両氏との対立が強調され、それが用明の病死を直接の契機として、両派の激突となったとする。しかるに、その一方で、敏達紀十四年八月己亥条は、敏達の殯宮での誄について馬子と守屋とが嘲りあったことが怨恨の原因であるとしている。

いずれも「物部氏滅亡」を説明するために作為されたものとみなければならないが、敏達紀の所伝の方を本来のものとすべきように思う。「崇仏論争」において、蘇我・物部両氏の対立が強調されているのであるから、ことさらに敏達の殯宮において両者の対立が芽生えたとする必要はないからである。この敏達の殯宮での出来事に関する説話は、敏達死後に大王位をめぐる争い、豪族間における主導権争いが顕然化したという史実に基づくものであったことにより、「崇仏論争」記事が作為された後でもとどめられることになったのではなかろうか。『紀』はこの主導権争いを蘇我氏対物部氏としている。しかし、ここに問題がある。

蘇我氏に対抗し得る有力氏族を考えるために継体〜崇峻の各天皇と婚姻関係を結んだ氏族を先ず見てみよう。表3−1は継体〜崇峻の后妃をまとめたものである。

継体妃を出している三尾君・尾張連・坂田君・阿倍臣・茨田連、および宣化妃大河内稚子媛の出自氏族とみられる凡河内直は、阿倍氏以外はその後中央で活躍したことは伝えられていない。しかし、これら諸氏は継体が近江から越前にかけての地域と深い関係を有していたことや、継体朝の成立に際して一定の役割を果たしたことと関係すると考えられる。阿倍氏は、宣化朝で大（火）麻呂が大夫となったと伝えられる（宣化紀元年二月壬申朔条）が、継体妃を出したということについては、『紀』がハエヒメを和珥氏出自としていることから疑われる。[1] 許勢男人大臣の女サテヒメ・カガリヒメと物部木蓮子大連の女ヤカヒメとが安閑妃として『紀』に伝えられるが、後者は『先代旧事本紀』天孫本紀の物部氏関係系譜にすら見えない者であり、その史実性が疑われる。許勢（巨勢）氏は壬申の乱でいったん衰退したが、『紀』編纂段階には麻呂・邑治（祖父）が中納言になっているので、この段階で安閑妃を造作したと考えられなくもない。しかし、男人が継体朝で「大臣」と表現されるような地位の者であったことは『続日本紀』天平勝宝三年二月己卯条に見える雀部朝臣真人の奏[2]からも信憑性が見出されると思われるので、その女が安閑妃となったことはあり

表 3-1　継体～崇峻の后妃

	古事記		日本書紀	
継体	皇　族	手白髪命（仁賢皇女）	皇　族	手白香皇女（仁賢女）
	尾張連	目子郎女（凡連の妹）	尾張連	目子媛（草香女）
	三尾君	若比売 倭比売（加多夫の妹）	三尾君	稚子媛（角折妹） 倭媛（堅楲女）
	息長氏	麻組郎女（真手王の女）	息長氏	麻績娘子（真手王女）
	坂田氏	黒比売（大俣王の女）	坂田氏	広媛（大跨王女）
	阿倍臣	波延比売		
			和珥臣	荑媛（河内女）
			茨田連	関媛（小望女）
			不　明	広媛（根王女）
安閑			皇　族	春日山田皇女（仁賢女）
			許勢臣	紗手媛（男人女） 香々有媛（男人女）
			物部連	宅媛（木蓮子女）
宣化	皇　族	橘之中比売命（仁賢皇女）	皇　族	橘仲皇女（仁賢女）
	河　内	川内之若子比売	河　内	大河内稚子媛
欽明	皇　族	石比売命（宣化皇女） 小石比売命（宣化皇女）	皇　族	石姫（宣化女） 稚綾姫皇女（宣化女） 日影皇女（宣化女）
	春日臣	糠子郎女（日爪の女）	春日臣	糠子（日抓女）
	蘇我氏	岐多斯比売（稲目の女） 小兄比売（岐多斯比売の姨）	蘇我氏	堅塩媛（稲目女） 小姉君（稲目女）
敏達	皇　族	豊御食炊屋比売命（欽明皇女）	皇　族	豊御食炊屋姫尊（欽明女）
	息長氏	比呂比売命（真手王の女）	息長氏	広姫（真手王女）
	春日臣	老女子郎女（中若子の女）	春日臣	老女子夫人（仲君女）
	伊勢大鹿首	小熊子郎女	伊勢大鹿首	菟名子夫人（小熊女）
用明	皇　族	間人穴太部王（欽明皇女）	皇　族	穴穂部間人皇女（欽明女）
	蘇我氏	意富芸多志比売（稲目の女）	蘇我氏	石寸名（稲目女）
	当麻之倉首	飯女之子（比呂の女）		
			葛城直	広子（磐村女）
崇峻			大伴連	小手子（糠手女）

得ることと考えられる。息長氏は、皇親系氏族として（このことは坂田氏も同様）、継体と敏達とに妃を納《い》れているが、中央における顕著な動きは見られない。敏達妃の伊勢大鹿首出自ウナコは采女であろう。

和珥氏は継体・欽明・敏達に妃を納れているだけでなく、和珥氏出自后妃所生の皇女がまた后妃になるという形態の場合もある。継体后タシラカ・安閑后カスガノヤマダ(3)・宣化后タチバナノナカがそれである。欽明はタシラカ所生、敏達はタチバナノナカ所生の宣化皇女イシヒメ（イハノヒメ）と欽明との間の子である。されば、継体→欽明→敏達→オシサカノヒコヒトノオホエ（忍坂日子人太子、押坂彦人大兄皇子）と続く継体の嫡系は、和珥氏との関係が深いとみることができるのではなかろうか。これに対して、用明・崇峻・推古は蘇我氏の系統である。このような和珥氏は朝廷内で大きな勢力を有していたと考えるのが自然であろう。たしかに、葛城・蘇我両氏や後の藤原氏のように、その氏族出自の女の所生子が大王・天皇になるというかたちとは異なる形態ではあるが、その勢力は無視し得ないと思われる。用明以後には和珥氏系の后妃が見えないが、このことは葛城氏や蘇我氏の場合と同様、和珥氏が敏達朝より後のある時期に没落したことを示すと考えるべきであろう。后妃のみからすれば、継体朝から敏達朝まで最も有力であったともみられる和珥氏が没落するについては、それなりの原因があったとするのが妥当と思われる。

葛城・平群・蘇我各氏の没落については『紀』に記述があるが、和珥氏については全く触れられるところがない。しかし、用明以後に和珥氏が后妃を出していないことは、蘇我政権成立直前の「物部戦争」によって物部氏が没落したと伝えられていることと時期的に符節を合わせているかの如くである。そこで次に、和珥氏と物部氏との関係を検討することにしよう。

和珥氏が物部氏と同様に石上神宮に関係していたことは、垂仁紀三十九年十月条の五十瓊敷命が石上神宮の神宝を主《つかさど》ったという記述の注に、神の乞によって石上神宮の一千口の大刀を物部首の祖である春日臣族の市河に治めさせた、と記されていることに明らかである。また、この伝承によれば、物部首を通じて和珥氏（春日氏）が物部を管掌していたことになろう。実際に、『新撰姓氏録』には、物部氏（物部連、石上朝臣）と同祖とする物部だけでなく、和珥氏（大春日朝臣）―物部首（布留宿禰）に始祖を結ぶ物部も載せられている。[4] 和珥氏は物部を管掌することにおいても、物部連と同様の役割を有していたと言い得る。

また、物部連は、『先代旧事本紀』に記されているように、「魂振」の呪術を伝えていたが、和珥氏の場合も同様であったようである。宮廷で行われる鎮魂祭は猿女・石上・皇室固有のそれぞれの呪術が融合したものと考えられている[5]が、和珥氏の同族である小野朝臣と和邇部朝臣は、『類聚三代格』巻一弘仁四年十月二十八日付官符に見られるように、九世紀前半においても猿女を貢上していたのであり、このことは和珥氏が石上の魂振の呪術に関係していたことの名残とみられるのである。

その他、和珥・物部両氏の同族にも注意されるところがある。和珥氏同族大宅臣と物部連同族大宅首[6]という、ともに大和国添上郡大宅郷を本貫としたと思われる氏族が存在し、摂津国武庫郡都刀郷を本貫としたとみられる津門首には和珥氏同族とするもの[7]と物部連同族と伝えるもの[8]との二流が知られるが、ほかにも和珥・物部両氏の同族には本貫が相近接するものがかなり多い。

以上の事実は和珥氏と物部連との密接な関係を示すものではないかと思われる。雄略紀元年三月是月条の物部目大連の上言によってカスガノオホイラツメが初めて皇女と認められ、その生母春日和珥臣深目の女ヲミナキミも妃とされたという伝承も、このような両氏の関係を示唆するものであろう。また、『先代旧事本紀』天孫本紀は『記』『紀』が応神妃でウヂノワキイラツコ（宇遅能和紀郎子、菟道稚郎子皇子）の生母としている和珥臣遠祖日触使主の女宮主宅媛（『記』は丸邇之比布礼能意富美の女宮主矢河枝比売）を物部多遅麻連公の女物部山無媛連公に変改している。この変改は、こと皇妃に関わることであるから、何らの根拠もなく行われたとみるべきではなく、前述の両氏の関係からしても、それなりの理由に基づいていたとすべきではなかろうか。「天孫本紀」は『記』『紀』が穂積氏の遠祖とするウツシコヲ（内色許男命、欝色雄命）とその妹で孝元后のウツシコメ（内色許売命、欝色謎命）とを物部連の系譜に組み入れているが、これは物部連と穂積氏とが同族であるということに基づく作為・変改であろう。和珥氏の所伝の変改も、この場合と同様の理由によるとみることができるのではなかろうか。すなわち、物部連は和珥氏と同族ないしはそれに準ずるような関係にあったのではないかと考えられるのである。

后妃の多さと勢力・権力の大きさとが比例関係にあるとなし得るならば、和珥氏は物部連よりもはるかに有力であり、両氏の共通性からして、和珥氏が物部連を統轄したということになるであろう。しかし、孝徳朝の左・右大臣とされる巨勢徳陀古・大伴長徳の関係者は后妃として伝えられていないのであるから、后妃数のみからでは和珥・物部両氏の上下関係は強く主張し得るものでもない。北は陸奥から南は薩摩まで膨大な分布を示す物部が物部連と多く関係するならば、それだけ物部連が大きな勢力を有した証拠になると言い得るかもしれない。そこで、全国的に分布する物部とは如何なるものであったかということについて考えることにしたい。

大和政権が地方を制圧するために物部の軍団が派遣され、その際同時に霊剣フツノミタマおよびフツヌシノ神の崇拝およびその社を各地に分布させていったなどとも考えられていること[9]からすれば、それらの神・社を奉祭するために、物部が置かれたとみることもあるいは可能であろう。しかし、一部の地域でこのようなことが実際に行われたとしても、それだけでは物部の全国的分布を説明しきれない。また、地方制圧のために物部が設置されたとすることも、出雲[10]などの一部の地域で想定し得るとしても、弱小豪族しか存在しなかったと考えられる地域にまで物部が分布していることを説明し得ないと思われる。そこで、従来とは少々異なる視点からみてみることにしよう。

そこで注目されるのが践祚大嘗祭における物部の役割についてである。

『延喜式』では「雑色人」が、『貞観儀式』では「物部人」が、それぞれ苗代の植付けから抜穂に至る一切の行事に従事している。このことから物部が農耕儀礼に直接関係していたことが指摘されている[11]。また、践祚大嘗祭が、食物供献を媒介とした服属儀礼であるニイナメ＝ヲスクニ儀礼が簡略化されて一代に一度行われるようになったものであり、ニイナメ＝ヲスクニ儀礼が屯倉支配の媒介として行われたことも指摘されるところである[12]。屯倉が本来大和政権による地方制圧のために設置された宅・家であったとしても[13]、食物の供献が服属儀礼となる限り、中央へ供献する稲米との関係を有するようになったことは容易に推測し得るところである。したがって、践祚大嘗祭の前身であるニイナメ＝ヲスクニ儀礼にも、物部が関係していたと考えられるのではなかろうか。

大嘗祭では郡司大・少領の女が物部人の一人として造酒児となっている。郡領の一族が物部人となっていることは全国的な物部の分布の理由を示唆するところがある。律令制前においても、ニイナメ＝ヲスクニ儀礼が服属儀礼である限り、地方族長が稲米を供献する儀礼に関与する物部は、族長の一族もしくはその支配下にあったものと考えるべきであろう。そして、この儀礼のための稲米は当然神聖なものでなければならなかったはずである。石上の魂振の呪術は生命力を強化するためのものであり、物部連などによって率いられていた中央の物部はそのような呪術に関わるものであったとみられるが、地方の物部もまた同様の呪術を期待されていたと思われる。ニイナメ＝ヲスクニ儀礼で物部が大王に供献する稲米を扱うことに関係することは、その稲米を食べる大王の再生・強化につながると考えられたのではなかろうか。物部人が大嘗祭の抜穂式に関係しているのはそのためであろう。全国に広範に物部が分布しているのは、大和政権による地方制圧を背景としたニイナメ＝ヲスクニ儀礼を遂行するためであり、また、屯倉の分布と物部の分布とが密接な関係にあるのはそのためとみられる。

したがって、地方に分布する物部は、各地方ごとに族長の下に統率・組織されており、中央の物部連や物部首の直接の支配下にあったとは考えられないのである。『新撰姓氏録』の物部の始祖伝承からして、畿内やその周辺の物部には物部連や物部首に直属するものがあったことは確かであるが、地方の物部の大半は国造等地方族長の支配下にあったものであり、物部の膨大な分布を根拠として、物部連の強大さを説くことはできないと思われる。

ところで、物部の中央伴造として物部連と物部首の二氏が伝えられていることについては、どのように考えられるであろうか。物部を統轄する中央伴造が二系統存在したとしても、このこと自体は必ずしも問題ではない[14]。それよりも『紀』が石上の祭祀を掌った者として、垂仁八十七年二月辛卯条に物部十千根大連を挙げ、その直前の三十九年十月条注に物部首の始祖市河を「一云」として記していることの方が問題である。

臣下が石上神宮を管掌することになった由縁についての伝承が二つあったとしても、一方を正伝、他方を別伝・異伝と記していることは、石上の祭祀に直接関わったのが一氏であること、石上神宮に関係する物部を管掌した伴造が一氏であることを示すと考えられる。天武紀十二年九月丁未条の物部首への連賜姓、十三年十一月戊申朔条の物部連への朝臣賜姓、同年十二月己卯条の布留連への宿禰賜姓については、物部首→物部連（十二年九月）→布留連→布留宿禰（十三年十二月）と、物部連→物部朝臣（十三年十一月）→石上朝臣、という二系統の改氏姓を想定するのが一般であろう。しかし、石上神宮に関係した物部の伴造が一氏であったとすれば、

物部首 → 物部連（十二年九月） → 物部朝臣（十三年十一月） → 石上朝臣
　　　　　　　　　　　　　　　 ↳ 布留連 → 布留宿禰（十三年十二月）

という改氏姓が想定されるのではなかろうか。すなわち、天武朝で物部氏が石上氏と布留氏の二系統に分氏したとい

うことである。したがって、本来の物部氏は首姓であり、和珥氏の同族という始祖系譜を有していたと考えられるのである。

以上のようにみてくると、物部氏に替わって新たに和珥氏が権力者として浮かび上がってくるのであり、蘇我氏系（派）と和珥氏系（派）との対立・抗争がいわゆる「物部戦争」であったと考えられる。物部氏は、和珥氏の下で、物部を率いながら石上神宮の祭祀等に携わったものであろう。なお、物部が大和政権への服属がかなり遅れた地域にまで分布しているのは、和珥氏没落後においても、ニイナメ＝ヲスクニ儀礼および屯倉と物部との関係がそのまま継続されたことによるとみられる。

三　大伴氏関係の伝承

『紀』における大伴氏関係の伝承は、少なくとも継体条以降においては、実録的な記録に基づくとみられるものがかなりあり、この意味で物部氏の場合とは大きく異なると言い得る。大まかに見て、欽明紀元年条以前においては、その氏上的人物は臣下第一人者として登場しているが、それ以後は、有力者ではあるが蘇我氏や物部氏ほどではない。この『紀』の記し方が史実か否かが問題であるので、伝説時代および大連叙任記事を除いた允恭〜推古紀の所伝について見ておくことにしよう。

(1)　允恭紀十一年三月丙午条

詔により、大伴室屋連が衣通郎姫のために諸国造に科して藤原部を定める。

(2)　雄略紀二年七月条
百済池津媛が石川楯に婬《たわ》けたので、大伴室屋大連に詔して焼き殺させる。

(3)　雄略紀七年是歳条
大伴大連室屋に詔して、東漢直掬に命じ新漢陶部高貴らを上桃原・下桃原・真神原三所に遷居させる。

(4)　雄略紀九年三月条
紀小弓宿禰・蘇我韓子宿禰・大伴談連・小鹿火宿禰らを遣して新羅を伐たせる。小弓、天皇に婦をもらえるよう大伴室屋大連に憂陳する。談や同姓津麻呂ら戦死する。

(5)　雄略紀九年五月条
采女大海、小弓宿禰の葬所のための良地を大伴室屋大連に請う。小鹿火宿禰、角国に留住することを室屋に請う。

(6)　雄略紀二十三年八月丙子条
大伴室屋大連と東漢掬直とに遺詔する。

(7)　清寧紀即位前（雄略二十三年）八月条
星川皇子謀反。大伴室屋大連、東漢掬直に遺詔に従って皇太子（清寧）を奉るべしと言い、軍士を発して星川皇子らを燔殺す。

(8)　清寧紀即位前（雄略二十三年）十月壬申条
大伴室屋大連、臣連を率いて皇太子に璽を奉る。

(9)　清寧紀二年二月条

天皇、子がないことにより、大伴室屋大連を諸国に遣して、白髪部舎人・白髪部膳夫・白髪部靫負を置く。

(10) 顕宗紀即位前（清寧二年）十一月条
天皇、大臣・大連とはかり、播磨国司来目部小楯に億計・弘計二王を赤石に迎えさせる。

(11) 顕宗紀元年正月己巳朔条
大臣・大連ら、弘計王に奏言して、即位を請う。

(12) 武烈紀即位前（仁賢十一年）八月条
太子（武烈）と大伴金村連とが計策し、金村が平群鮪臣を殺す。

(13) 武烈紀即位前（仁賢十一年）十一月戊子条
太子と大伴金村連とが謀り、金村が平群真鳥大臣を燔殺す。

(14) 武烈紀即位前（仁賢十一年）十二月条
大伴金村連、賊（真鳥）を平定し訖り、政を太子に返して、即位を請う。

(15) 武烈紀三年十一月条
大伴室屋大連に詔して、信濃国男丁に城像を水派邑に作らせる。

(16) 継体紀即位前（武烈八年）十二月壬子条
大伴金村大連、仲哀五世孫倭彦王を天皇に立てようと議り、大臣・大連ら皆随う。

(17) 継体紀元年正月甲子条
大伴金村大連、男大迹王を天皇にしようと議り、物部麁鹿火大連・許勢男人大臣ら同意する。

(18) 継体紀元年二月甲午条

大伴金村大連が男大迹王に即位を要請し、即位する。
⒆継体紀元年二月庚子条
大伴大連、手白香皇女を皇后とすることを奏請し、天皇が承認。
⒇継体紀六年十二月条
百済の奏請により、大伴大連金村が謨《はか》りを同じくして天皇に奏し、任那国の上哆唎・下哆唎・娑陀・牟婁四県を賜う。金村と哆唎国守穂積臣押山とが百済の賂を受けたとの流言あり。
(21)継体紀二十一年六月甲午条
筑紫国造磐井叛逆。天皇、大伴大連金村・物部大連麁鹿火・許勢大臣男人らに誰を将とすべきかをはかる。大伴大連ら、みな麁鹿火を推す。
(22)継体紀二十三年四月戊子条
任那王己能末多干岐が来朝し、新羅の来侵に対する救助を大伴大連金村に啓す。
(23)安閑紀元年十月甲子条
子がないことで名が絶えてしまうのでどうすれば良いかという天皇の大伴大連金村への勅に答え、屯倉を后妃のために立てることを奏し、施行する。
(24)安閑紀元年閏十二月壬午条
三嶋への行幸に大伴大連金村が従う。金村をして県主飯粒に良田を問わせる。
(25)安閑紀二年九月丙辰条
大連に、難波大隈島と媛島松原とに牛を放し、名を後世にのこそうと勅す。

(26) 宣化紀二年十月壬辰朔条

新羅が任那を寇したため、大伴金村大連に詔して、その子磐と狭手彦とを遣して任那を助けさせる。磐は筑紫にとどまりその国政を執り、狭手彦は任那を鎮め、百済を救う。

(27) 欽明紀元年九月己卯条

難波祝津宮への幸に大伴大連金村・許勢臣稲持・物部大連尾輿らが従う。どれぐらいの軍卒で新羅を伐てるかとの天皇の問に対し、尾輿らが継体六年に金村が百済に任那四県を賜ったので、新羅がずっと怨んでいるなどと奏す。この時、金村は疾と称して住吉宅に居たので、天皇が青海夫人勾子を遣し慰問する。

(28) 欽明紀二十三年八月条

天皇、大将軍大伴連狭手彦を遣して高麗を伐たせる。狭手彦、百済の計を用いて高麗を打ち破り、珍宝等を持ち還り、天皇に七織帳を奉献し、蘇我稲目宿禰大臣に甲二領・金飾刀二口・銅鏤鍾三口・五色幡二竿と美女媛・従女吾田子とを送る。

(29) 敏達紀十二年是歳条

朝廷、大伴糠手子連を遣して、日羅らを慰労する。阿倍目臣・物部贄子連・大伴糠手子連を阿斗桑市の館に遣し、日羅に国政を問う。………贄子大連・糠手子連に詔して、日羅を小郡西畔丘前に葬らせる。大伴糠手子連、妻子を石川百済村に、水手らを石川大伴村に、徳爾ら（日羅を殺した者）を縛って百済河田村に置くことを議る。

(30) 用明紀二年四月丙午条

物部守屋大連が使者を遣して、群臣が我を謀ろうとしているのを聞き、このために阿都へ退いたと蘇我馬子大臣に言った。馬子大臣はこの語を、使者を遣して、大伴毗羅夫連に述べ、毗羅夫連は弓箭皮楯を執り、大臣の槻曲家で昼夜離れず大臣を守護《まも》る。

(31) 崇峻紀即位前（用明二年）七月条
蘇我馬子宿禰大臣が諸皇子・群臣と物部守屋大連を滅ぼさんと謀る。大伴連嚙・阿倍臣人・平群臣神手・坂本臣糠手・春日臣（闕名）は軍兵を率い、志紀郡から渋河家に到る。

(32) 崇峻紀元年三月条
大伴糠手連の女小手子を妃とする。蜂子皇子と錦代皇女を生む。

(33) 崇峻紀三年是歳条
大伴狭手彦連の女善徳や大伴狛夫人らが尼に度される。

(34) 崇峻紀四年十一月壬午条
紀男麻呂宿禰・巨勢猿臣・大伴嚙連・葛城烏奈良臣を大将軍として、筑紫に出居させる。

(35) 崇峻紀五年十一月乙巳条注〔或本云〕
大伴嬪小手子、寵の衰えを恨み、蘇我馬子宿禰へ人を使し、天皇が猪の頸を断《き》るようにいつか朕の思う人を断ろうと言ったこと、内裏に大きな兵仗を集めていることを伝える。

(36) 推古紀九年三月戊子条
大伴連嚙を高麗に、坂本臣糠手を百済に遣して、急に任那を救えと詔す。

(37) 推古紀十年六月己酉条
大伴連嚙・坂本臣糠手、百済より至る。

(38) 推古紀十六年八月壬子条

唐客（裴世清）を朝庭に召す。阿倍鳥臣が書を受け、大伴囓連がそれを承けて大門前の机上に置く。

(39)　推古紀十八年十月丁酉条

新羅・任那の客らが朝庭を拝す。大伴咋連・蘇我豊浦蝦夷臣・坂本糠手臣・阿倍鳥子臣四大夫が両国客らの使旨を聞き、大臣に啓す。

(40)　推古紀三十一年是歳条

大徳境部臣雄摩侶・小徳中臣連国を大将軍、小徳河辺臣禰受・小徳物部依網連乙等・小徳波多臣広庭・小徳近江脚身臣飯蓋・小徳平群臣宇志・小徳大伴連（闕名）・小徳大宅臣軍を副将軍として新羅を征討する。

以上の要約で明らかなように、大伴氏は欽明~推古朝においても、欽明朝初年以前の記述に見られるような朝廷内の最大勢力ではないが、有力氏族として現われている。推古朝では、(39)で大伴咋が「四大夫」の筆頭として現われているように、大伴氏は蘇我氏に次ぐほどの有力氏となっている。このことは、『紀』の記述からしても、欽明朝初年の段階で大伴氏が勢力を失ったとは言えないことを意味しているのではなかろうか。大連として、最大勢力を誇るほどのものではないというだけのことである。このことからすれば、大伴氏出自の小手子が崇峻妃として伝えられていることも頷けるところがあると言い得る。

欽明紀以降の大伴氏に関する所伝で注目されるものは(28)と(30)とである。いずれも大伴氏と蘇我氏との密接な関係を示すものであり、とりわけ(30)では大伴氏が蘇我氏に従属していたことを想わせるものとなっている。『紀』編纂段階で大伴御行・安麻呂は大納言となっている。このような大伴氏が「逆臣」たる蘇我氏に従属していたかの如き所伝は、それだけに信頼に足るものと思われる。(27)で大伴金村の失政に対する攻撃に蘇我稲目が加わっていないことも、(27)そのものが造作であるとしても、蘇我・大伴両氏の関係を象徴するものではなかろうか。問題はこのような蘇我・大伴両氏の関係が「金村失脚」以後に生じたものかどうかということである。

宣化紀以前の大伴氏関係の所伝で、朝廷内の第一人者として位置付けられていることから名が出ているにすぎないとみられるもの以外を類別すれば、次のようになる。

a　部の設置……………(1)(9)
b　屯倉の設置…………(23)(24)
c　東漢直との関係……(3)(6)(7)
d　新羅征討……………(4)(26)
e　平群氏討伐…………(12)(13)
f　任那四県割譲………(20)

eの平群氏討伐説話は、『記』では清寧条に見え、意祁・袁祁二王が平群臣の祖志毘を誅したことになっており、平群真鳥や大伴金村は登場していない。『紀』では、国政を専擅して日本に王たらんとした大臣平群真鳥を誅したことにより、大伴金村が最大の実権者となったという筋書きであり、金村が擁立・補佐した武烈は「悪帝」である。平群氏が国政を専擅したと伝えられるほどの権力を有していたか否か[15]は別としても、このような『紀』の記し方は、fの任那四県割譲における金村の悪役的記述と同様、作為を想わせるものである。金村と「悪帝」武烈という関係については、大伴室屋と「大悪天皇」雄略[16]との結びつきと類似すると言い得る。さらに言えば、『記』は袁祁王が平群臣の祖志毘と争った女を菟田首等の女大魚とするのに対し、『紀』が武烈が平群鮪と物部麁鹿火大連の女影媛を争い、鮪を金村が殺し、影媛が鮪が殺されたことで嘆き悲しんだとしていることは、大伴氏と物部氏との対立を彷彿とさせるものであり、(27)の伝承と通ずるものと思われる。大伴氏による平群氏討伐は作為されたものとすべきであろう。

ｆの任那四県割譲それ自体は、倭国による朝鮮南部任那の支配が考え難いことと関係して、史実とは見做し得ないものであることはいまや通説化していると言い得る。ただし、百済が「四県」を併合するに際して、大和政権に外交上の承認を求めたことはあり得ると思う。しかし、その承認が大伴金村の主導によるということについてはどうであろうか。「四県割譲」の際に金村が百済から賂を受けたという噂があったとされていること、物部麁鹿火が百済の使者に「割譲」を許す旨を宣する使となったが、妻の諫に従って疾と称して宣使とならなかったと記されていることは、大伴氏を悪、物部氏を善としていることにほかならない。安閑はこの「割譲」に反対したとされているが、「割譲」の主犯たる金村と対立など全くしておらず、逆に、(23)(24)に見られるように、両者の関係は友好的である。これらからすれば、「割譲」を金村が主導したという所伝は、物部氏系による造作とみるべきではなかろうか。

ｄの新羅征討に大伴氏が関係していることは、大伴氏が軍事氏族であることから、当然ではあり、一定の史実に基づいた記述と言えなくもない。しかし、大伴氏にとっては決して名誉な所伝とは考え難い。(4)では大伴談と津麻呂が戦死し、しかも内紛によって征討は失敗している。これがたとえ史実に基づいた記述であるとしても、このような不名誉な所伝があえて正史に記されたことに政治的意図を感じざるを得ないのである。(26)については、それ自体には問題がないとしても、任那を鎮め百済を救った大伴狭手彦が、(28)で天皇には七織帳のみを献じ、蘇我稲目にはいくつもの珍宝等を送ったとあることは、問題であるように思う。七織帳が如何に珍宝であったとしても、天皇が狭手彦に高句麗を伐たせたと明記しているのであるから、高句麗で得た珍宝等は天皇に献ずるのが筋である。しかるに、稲目に多くの珍宝等を送っているのであるから、史実性は別として、『紀』の叙述上における不自然さを指摘せざるを得ないからである。

cの東漢直との関係については、東漢氏が、蘇我氏に従属する以前に、大伴氏の配下にあったことも考えられている[17]。しかし、(3)はこのことを示すものとは断定できないように思われる。渡来人の遷居を東漢掬に行わせるよう実権者とされる大伴室屋に詔するのは当然のことと言い得るからである。これに対し、(6)(7)は大伴氏と東漢氏とのつながりを示しているものの如くである。ただし、(6)の場合も、雄略が室屋と掬とだけに遺詔したと記されている理由が問われる。室屋が最高実権者であり、その配下に掬など東漢氏がいたことによると一応説明はできるであろう。しかし、東漢氏が大伴氏に従属していたのであれば、室屋にのみ遺詔すれば良いと思われるのであり、ことさらに掬も遺詔に与ったとする必要はないのではなかろうか。無論、室屋の方が格が上であるが、(6)では両者は並立の関係で遺詔されていると考えるべきではなかろうか。しからば、室屋の場合は最高実権者として遺詔に与っているとみられるが、掬についてはどのような理由によると考えられるであろうか。雄略紀二年十月是月条に、「天皇、以心為師。誤殺人衆。天下誹謗言、大悪天皇也。唯所愛寵、史部身狭村主青・檜隈民使博徳等也。」とあり、渡来人身狭村主青や檜隈民使博徳等が愛寵されたことが特記されている。このことからすれば、雄略によって重く用いられた渡来人の代表として東漢掬が遺詔に関わっていると思われる。(7)は(6)を受けての記述であり、しかも室屋は掬に「宜従遺詔奉皇太子。」と言ってはいるが、掬に星川皇子らを殺させたなどとは記されていないのである。

　bの屯倉の設置の(23)は、aの部の設置の(9)と目的を同じくする。いずれも天皇に子がないことにより、天皇の名を後代に残すためにそれらを設置したとされている。しかし、(9)の場合は清寧の名を後世に伝えることになるとしても、(23)で后妃のために屯倉を立てることが安閑の名を残すことになる理由は不明である。また、(24)は三島竹村屯倉設置の説話であるが、安閑紀元年七月辛巳朔条の皇后春日山田皇女のために天皇が大河内直味張に良田を奉るよう宣したのに味張が欺誑《あざむ》いて献じなかったことの後日譚であり、(23)と一対をなすものである。后妃のために屯倉を設置するというのは、この安閑紀のみに見られる所伝である。安閑紀にはこれらのほか、元年四月癸丑朔条に伊甚屯倉、元年閏十二月是月条に武蔵の横渟屯倉等四つの屯倉、二年五月甲寅条に筑紫の穂波屯倉以下二十六の屯倉の設置が伝えられている。后妃のための屯倉設置の所伝は、このような安閑紀における屯倉設置記事の集中と関係するものではなかろうか。

aの部の設置の(1)では藤原部を衣通郎姫の部（「名代」に当たるもの）としている。允恭紀でソトホシノイラツメが藤原宮に住んだとあること、応神記末尾の系譜で忍坂之大中津比売命の妹として見える藤原之琴節郎女が、ソトホシノイラツメと「藤原」を共通にしており、「コトフシ」が「ソトホシ」と相似通うことから、ソトホシノイラツメと藤原部との関係は、一見すれば、古くからのもののようではある。しかし、本来、ソトホシノイラツメとフヂハラノコトフシノイラツメとは別人であり、前者は『記』に迦具漏比売所生応神皇女と見える忍坂大中比売（本来の允恭（允恭に当たる者）の后）の同母妹（登富志郎女）で景行・応神・仁徳の原型オシロワケの女、後者は『釈日本紀』所引「上宮記」一云系譜に見える践坂（ホムサカ）大中比弥王の妹で垂仁皇子としてホムツワケ（品牟都和気命、誉津別命・王・皇子）の女や孫として位置付けられており、後に（「天皇記」段階で）、継体の父方の祖がホムツワケから応神に変更されるとともに、践坂大中比弥王に替わってオシサカノオホナカツヒメが位置付けられたと考えられる。[18] このような系譜の変改によって、ソトホシノイラツメが「藤原」と関係する（フヂハラノコトフシノイラツメと一致する）ことになったとみられるのである。藤原部が実際に存在し、また、オシサカノオホナカツヒメの妹としてフヂハラノコトフシノイラツメが位置付けられているにもかかわらず、允恭記には、「為太后御名代定刑部、為太后之弟田井中比売御名代定河部也。」とあっても藤原部の設置が記されていないことも、不審の材料となるが、ともかく、ソトホシノイラツメのために藤原部を置いたという伝承は、七世紀前半以降に造作されたものと解されるのである。

⑼の白髪部の設置については⒆継体紀元年二月庚子条の大伴金村の奏言にも、「白髪天皇無嗣、遣臣祖父大伴大連室屋、毎州安置三種白髪部、言三種者、一白髪部舎人、二白髪部供膳、三白髪部靱負也。以留後世之名。」とあり、室屋との関係を伝えている。これに対して『記』では、清寧条に、「此天皇無皇后、亦無御子。故御名代定白髪部。」とある一方、雄略条にも、「為白髪太子之御名代、定白髪部。」とあって、白髪部設置についての二説を伝えるが、いずれの場合にも室屋や大伴氏などとの関係は記されていない。このことは、室屋が白髪部の設置に関係したという『紀』の所伝の本来性を疑わしめるものであろう。

ところで、⑴と⑼の所伝には共通するところがある。一つは、言うまでもないことであるが、大伴室屋が関係していること、二つはソトホシノイラツメが雄略の生母オシサカノオホナカツヒメの妹であり、清寧は雄略皇子であって、いずれも雄略と関係する者の部であること、三つはソトホシノイラツメ・清寧ともに子がない、もしくは子が伝えられていないことである。三つ目の事項については㉓㉔の屯倉の設置と相通ずるものであることは言うまでもないが、清寧・安閑という子のない天皇のために部や屯倉の設置を行っていることは、示唆的である。しかも、安閑紀二年四月丁丑朔条に、大伴氏との関係は記されていないが、勾舎人部・勾靱部が置かれたとあることは、⑼の白髪部舎人・白髪部膳夫・白髪部靱負を置いたという記事との関係を想わせる。⑴⑼㉓㉔は、子のない天皇・后妃のために大伴氏が部や屯倉を設置したという造作に基づく一連の説話ではなかろうか。この造作の際に清寧とソトホシノイラツメとに関係することになったのは、それらが室屋が最高実権者とされている時の天皇雄略の縁者として位置付けられていることによることも考えられる。また、「三種白髪部」の設置は、安閑に関わる勾舎人部・勾靱部を基に作為されたものではなかろうか。

以上のように、宣化紀以前の大伴氏に関係する所伝で、朝廷の第一人者とされていることから名が出ているにすぎないとみられるもの以外は、史実とはみられないもの、ないしはそこまでは断定し得ないが、作為性を多分に有するものと思われる。大伴氏が宣化朝以前において最大の実力を有するような存在であったのであれば、上述のような作為などは必要がなかったのではなかろうか。物部氏関係の所伝よりは豊富で、また、史実性も有するとは言い得るが、宣化紀以前についていては、物部氏の場合と状況が通ずるところがある。欽明紀以降の所伝に見られる蘇我氏との関係と同様に、それ以前も大伴氏は蘇我氏とつながっていたとすべきではないかと思う。

四　大連

第二・第三節における検討によって、和珥氏—物部氏、蘇我氏—大伴氏という関係が想定されることになった。そこで問題となるのが大伴・物部両氏が任じられたと伝えられる「大連」である。

第一章で指摘したように、「大臣」は「オホオミ」と訓まれる臣姓氏族の代表者の身分的呼称や官ではなく、「マヘツキミ」と呼ばれる有力者たちの長で「オホマヘツキミ」と訓まれるものである。したがって、「大連」は、「オホムラジ」と訓まれるべきものであるとしても、この訓みから短絡的に連姓氏族の代表者と考えることにも問題があると思う。大連を大臣と並ぶ執政官とする通説は、『紀』における大臣・大連任官記事と、「大臣」を「オホオミ」と訓むことに立脚しているのであろう。しかし、いずれも成立し難い論拠であることは既述の通りである。「大連」は、連姓との関係や、それに任じられた氏族との関係よりも、何よりも先ず「大連」そのものの職掌を表わす史料に注目しなければならないのではなかろうか。

「大連」の職掌を表わす国内史料は、『令義解』(『令集解』も)職員令諸陵司条の「土部十人。掌賛相凶礼。」を解した、

謂。凶礼者、送終之礼。即土師宿禰年位高進者為大連、其次為少連。並紫衣刀剣。(下略)

という記述だけのようである。

この記述から、令制下で土師氏の長老・高位者が大連・少連として、喪送儀礼に関わったことが知られる。土師氏が喪礼に関係する氏族であったことにより、大連・少連が喪礼に関係する職となったとみるよりは、「為大連」「為少連」とあることからすれば、もとより大連・少連が喪礼に関係するものであり、土師氏がその職掌により、大連・少連になったと考えるべきであろう。

そこで注目されるのは、『礼記』巻十二雑記下二十一の、

孔子曰、少連・大連善居喪。三日不怠、三月不解、期悲哀、三年憂。東夷之子也。

という記載である。『令義解』に見えるわが大連・少連は職名的であり、『礼記』の方は人名であるという相違はあるが、いずれも喪に関係していることにおいて共通性が見られるからである。あるいは、土師氏の年位高進者は、喪礼の際に臨時官たる大連・少連に任じられたわけではなく、『礼記』の大連・少連に擬せられたということも考えられる。いずれにしても、このような共通性は、『礼記』の伝承に基づいて、喪礼に大連・少連が関係することになったことを示すと思われる。

問題は、大連・少連が喪礼に関わるものとしてわが国に導入された時期についてである。継体朝に五経博士が百済から派遣されているので、六世紀前半には『礼記』が伝来していたことが想定されること、六世紀前後の「人制」[19]が『周礼』に見える「酒人」等を基にして成立したと考えられる[20]ことからすれば、この頃に『礼記』に見える「東夷之子」である大連・少連の故事に基づいて、大連・少連に擬したものを喪礼に関わらせることが始まったとみることができるのではなかろうか。これは殯が行われるようになった[21]こととも関係するものであろう。「大連」が執政官の称でも

あったのであれば、二種類の全く性格を異にする大連が同時期に存在したことになるが、このようなことは考え難い。「大連」は、それが執政官であったことを直接示す史料が見当たらないことからして、もとより喪礼に関わるものであった可能性の方が大きいとみられる。雄略紀および継体〜欽明紀に大伴・物部両氏から大連が任じられたことが記されていることは、この大連・少連に対応すると言えないであろうか。しからば、大伴・物部両氏が喪礼に関係していたか否かが問われることになる。

物部氏が呪術的であることは、魂振の呪術を伝えていること、同族に巫部連[22]などがあることによって明らかである。魂振は使者を蘇生させる呪術であるから、喪礼と関係すると言い得る。また、物部が令制下で刑部省囚獄司や衛門府等に属して死刑執行を果たしている[23]ことも、喪礼との関係でとらえることができるように思われる。

これに対して、大伴氏は、同族にも祭祀・呪術や喪礼に関係する氏族が伝えられず、呪術的色彩は希薄である。しかし、神武紀即位前戊午年九月条に、「時勅道臣命、今以高皇産霊尊、朕親作顕斎。(注略)用汝為斎主、授以厳媛之号。」とあることは、大伴氏と祭祀との関係を示すものである。しかも、高皇産霊尊の霊を神武に憑依させる儀式[24]に大伴氏の祖道臣命が斎主とされたというのである。物部氏の魂振は死者を蘇えらせるというものであるが、これは死者の霊を蘇えらせて他人に憑依させることを意味すると思われる。霊を憑依させるということにおいては、道臣命は物部氏と共通性を有していることになるのではなかろうか。喪送の儀礼には死者を葬るだけではなく、その霊魂を神として祀る要素もあることからすれば、両者の共通性はなおさらのことになると思う。

大伴氏については必ずしも喪礼との関係は明瞭というわけではないが、大連になったと伝えられる氏族と喪礼との関係は一定指摘し得ると思われる。物部氏は和珥氏の下で、大伴氏は蘇我氏の下で、大連や少連として喪礼・殯に関与したと考えられる。

五　和珥氏と蘇我氏

以上のように、和珥氏と物部氏、蘇我氏と大伴氏という統属関係が六世紀前半段階で想定されるのであるが、そのほかにも和珥・蘇我両氏それぞれと関係を有した氏族が存在したことが考えられる。

先ず和珥氏との関係が考えられるものについてである。中臣氏が物部氏と関係していたことは「崇仏論争」関係記事に示唆されているが、『中臣氏系図延喜本系』によれば、「中臣姓始」と記される常磐が物部氏の同族物部尋来津橋首[25]の女を娶り、その間の子可多能祜も物部氏同族の陜井麻呂古連の女を娶っていること、『新撰姓氏録』右京神別上に物部氏同族として中臣習宜朝臣と中臣熊凝朝臣とが見えることは、物部・中臣両氏の密接さを示すものであろう。また、『記』『紀』神武条に、神武の軍を救うために、中臣氏の祖タケミカヅチ（建御雷神、武甕槌神）が石上神宮の神宝たるフツノミタマ（布都御魂、韴霊）なる剣を降したと記されていること、『先代旧事本紀』陰陽本紀には、「建甕槌之男神、亦名建布都神。亦名豊布都神。今坐常陸国鹿島大神、即石上布都大神是也。」とあり、中臣氏の祖と石上の祭神とを同一としていることは、中臣氏と和珥氏・物部氏との関係を示すものであり、『新撰姓氏録』未定雑姓・右京には和珥氏と同族とする中臣臣も見えている。中臣氏は、物部氏と同様、和珥氏の配下に組織されていたとみて良いと思われる。その他、尾張氏は物部氏の同族という伝承から、三輪氏も、崇神記に祖であるオホタタネコ（意富多多泥古、大田田根子）の父として中臣氏の祖と同名の建甕槌命が記されていること[26]、『先代旧事本紀』神祇本紀に大田田根子の伯父阿田賀田須命が和邇君などの祖とあることから、和珥氏との関係が想定される。

蘇我氏との統属関係が推定される大伴氏以外の氏族についてはどうであろうか。東漢氏については言うまでもなく、蘇我氏と同族関係やそれに近い関係にある孝元に始祖を結ぶ諸氏も当然推測し得るところである。それらのほかでは、中臣氏と並ぶ神祇祭祀関係氏族である忌部氏が、その本拠が蘇我氏と関係の深い大和国高市郡忌部とみられること[27]、『古語拾遺』に蘇我氏の下で斎蔵を管理していたという伝承が記されていることから、挙げることができると思われる。

六世紀中葉前後の大和政権は大きく和珥氏系(派)と蘇我氏系(派)とに分かれており、両勢力の均衡の上に王権が存在したのではなかろうか。有力豪族の代表者たちによる「マヘツキミ合議制」が存在していたとしても、それは和珥氏と蘇我氏をそれぞれの代表とする二元的な権力構造に規制されていたと考えられる。この二元的構造が止揚されたのが用明死後の争乱とみられるが、両者の対立には如何なる原因が考え得るであろうか。

近年、部民制成立の画期として欽明朝前後が重視され、蘇我氏が大きな役割を果たしたと考えられるようになってきている。しかし、表3-2にまとめたように、『記』『紀』には部の中央伴造の系譜は多くは記されていないが、『新撰姓氏録』や『先代旧事本紀』によれば、その多くが物部・尾張両氏の同族とする始祖伝承を有しているのに対し、蘇我氏あるいはそれと関係する氏族と同祖と伝えるものが少ないことは無視し得ない。『記』『紀』等に、蘇我氏の同族に境部臣(舒明紀即位前条)、巨勢氏の同族に雀部臣・軽部臣(孝元記)、膳氏の同族に稚桜部臣(履中紀三年十一月辛未条)・宍人臣(『新撰姓氏録』左京皇別上)、多氏の同族に雀部臣(神武記)という臣姓の部の管掌氏族がいたことが伝えられているが、それらに対応する境部(坂合部)連・雀部造・軽部造・稚桜部造・宍人造という中央伴造も知られる[28]。連・造は中央伴造として相応しいカバネであるが、それら以外に臣姓のものが存在したことについては、それなりの理由があったとしなければなるまい。蘇我氏などが同族を伴造とした後に連・造姓の伴造がその下に設置されたとは考え難いように思う。しかも、臣姓の中央伴造は、伝えられる限りでは、膳臣と宍人臣とを除けば[29]、四氏すべて名代の伴造なのである。名代は王族と直接つながるものであるから、その伴造を兼ねることは王族との関係を強めることにな

表 3-2 『新撰姓氏録』『先代旧事本紀』（旧）所載の部に関係する氏族

〈皇別〉	
多臣系	小子部連（左京上・和泉），雀部臣（和泉），薗部（右京下）
和珥臣系	壬生臣（河内），羽束首（摂津），猪甘首（未定雑姓和泉），丈部（左京下）
吉備系	真髪部（右京下），椋椅部首（未定雑姓和泉）
阿倍臣系	膳臣（左京上，摂津国皇別は高橋朝臣），狭々城山君（左京上・摂津），完人朝臣（左京上），若桜部朝臣（右京上），阿閉間人臣（右京上），杖部造（右京上），日下連（河内），坂合部連（摂津），坂合部首（大和），膳大伴部（左京上），音太部（右京上・大和），伊賀水取（摂津），三宅人（摂津）
巨勢臣系	雀部臣（左京上・摂津），鵜甘部首（未定雑姓和泉）
平群臣系	馬工連（大和），額田首（河内），韓海部首（未定雑姓摂津）
蘇我臣系	御炊朝臣（右京上）
紀臣系	丈部首（和泉），掃守田首（右京上・和泉）
内臣系	山公（大和）
上毛野君系	車持公（左京下・摂津），大網公（左京下），軽部君（和泉），韓矢田部造（摂津），葛原部（和泉），丹比部（和泉），〔壬生部公（未定雑姓和泉：崇神の後とする）〕
息長君系	坂田酒人真人（左京），息長丹生真人（右京），酒人小川真人（未定雑姓右京）
その他	磯城津彦命系：猪使連（右京上）・新田部宿禰（左京上）；比古由牟須美命系：忍海部（河内）；彦坐王系：日下部連（山城・摂津・河内），依羅宿禰（摂津），酒人造（河内），日下部首（和泉），日下部（河内・和泉），大私部（右京下）；伊許婆夜和気王系：阿保朝臣（＝建部君，右京下）；五十日帯日子王系：山公（和泉）；鐸石別命系：稲城壬生公（左京下）；神櫛皇子系：酒部公（右京下・和泉）；日本武尊系：建部君（右京下）；誉屋別命系：間人宿禰（左京上），間人造（山城）；大山守命系：日置朝臣（右京下）；安康系：孔王部首（未定雑姓河内）
〈神別〉	
物部連系	若湯坐宿禰（左京上・摂津），弓削宿禰（左京上），穂積朝臣・穂積臣（左京上），舂米宿禰（左京上），氷宿禰（左京上・河内），矢田部連（左京上）・矢田部造（摂津）・矢田部首（河内）・矢田部（大和），箭集宿禰（右京上）・矢集連（左京上），依羅連（左京上・右京上），物部依羅連（河内），水取連（左京上・右京上），衣縫造（左京上）・衣縫（和泉），軽部造（左京上），猪名部造（左京上）・為奈部首（未定雑姓摂津），采女朝臣（右京上）・采女臣（和泉），巫部宿禰（右京上・摂津）・巫部連（山背・和泉），長谷置始連（右京上），若桜部造（右京上・和泉），宇治宿禰（山城）・宇治部連（河内・和泉），宇治山守連（山城），奈癸私造（山城），真髪部造（山城），額田臣（山城），錦部首（山城），長谷山直（大和），長谷部造（大和），佐夜部首（摂津），績組造（河内），網部（和泉），椋椅部連（未定雑姓摂津），日下部（河内），高橋連（右京上・山城・河内），若倭部（左京下） 漆部連（旧），六人部連（旧），佐夜部直（旧），鏡作小軽女連（旧），田部連（旧），刑部垣連（旧），刑部造（旧），鳥部連（旧），依羅田部連（旧）
尾張連系	伊福部宿禰（左京下・大和）・伊福部連（大和）・五百木部連（河内），伊福部（山城），湯母武田連（左京下），石作連（左京下・摂津・和泉），石作（山城），檜前舎人連（左京下），大炊刑部造（左京下・右京下），刑部首（摂津），忍坂連（未定雑姓左京），坂合部宿禰（左京下），丹比宿禰（右京下）・丹比連（河内・和泉），襷多治比宿禰（河内），六人部連（山城・摂津），六人部（右京下），身人部連（河内），蝮王部首（大和），蝮部（摂津），水主直（山城），工造（大和），若犬養宿禰（河内・和泉），網津守連（和泉），凡海連（未定雑姓右京），丹比須布（左京下），但馬海直（左京下），山首（未定雑姓摂津），子部（右京下），若倭部（右京下），三富部（山城），笛吹（河内） 大蝮壬部連（旧），津守連（旧），若倭部連（旧），葛木厨直（旧），神服連（旧），海部直（旧），笛連（旧），山代水主雀部連（旧），軽部造（旧），蘇宜部首（旧），大海部直（旧）
中臣連系	中臣酒人宿禰（左京上），神奴連（摂津）
大伴連系	高志壬生連（右京上），佐伯日奉造（右京上：大伴大田宿禰同祖とある）
出雲臣系	土師宿禰（摂津・和泉）・土師連（右京下・山城・大和・摂津・和泉），贄土師連（大和），山直（和泉），真髪部（未定雑姓和泉）
凡河内直系	額田部湯坐連（左京下・河内），額田部河田連（大和），額田部（左京下），三枝部連（大和）・三枝部造（左京下），薦集造（未定雑姓摂津），
高魂命系	日奉造（左京中），弓削宿禰（左京下・河内），斎部宿禰（右京上），玉祖宿禰（右京上・河内），忌玉作（右京上）

る。連・造姓伴造と始祖を異にする臣姓伴造は、連・造姓伴造の設置後に、何らかを契機として新たに置かれたものと考えるべきであろう。

連・造姓伴造の多くが和珥氏と関係する物部・尾張両氏の同族と伝えられていること[30]からすれば、部民制は和珥氏を中心として推進されたことが、先ず想定される。しからば、和珥氏が倒されたことを契機として、物部（石上）氏の同族とされる軽部造・稚桜部造の上に、もしくはそれらとは別に、王族とのつながりを深めるために、軽部臣・稚桜部臣が設置されたということが推定される。多氏に関係する境部（坂合部）と雀部の伴造については別の解釈が必要であるが、巨勢氏系の雀部臣は多氏の没落との関係や、多氏と巨勢氏の相互のつながりとの関係（第九章）で解し得るように思う。境部（坂合部）の伴造には、多氏系以外に、阿倍氏系と尾張氏系がある。尾張氏系の坂合部連は、尾張氏と和珥氏との関係から、多氏没落後に和珥氏系によって組織されたと考えることができる。また、阿倍氏は、本来は系譜的にも多氏と密接な関係を有していたことが推測されるが[31]、元の多氏との関係から、坂合部連を同族化したことが考えられる。

また、前述のように、地方に分布する物部は、各地方ごとに統率・組織され、屯倉と切り離せない関係にあった。このことは、物部連の同族として穂積臣・舂米連・田部連が伝えられていることとも関係して、屯倉の設置も和珥氏が中心になって推進したことを物語っているのではなかろうか。

以上のように、和珥氏は部民制・屯倉制推進の中心であったと思われるのであるが、これに対して蘇我氏の場合はどうであろうか。

『紀』所載の崇峻朝成立以前の蘇我氏に関する所伝は、⑴外交関係記事、⑵屯倉設置記事、⑶宗教関係記事、⑷渡来人との関係を示す記事、⑸大臣任官記事、に大別し得る。⑶の「崇仏論争」関係記事（大伴氏関係所伝の⑽⑾を含む）等と(5)大臣任官記事を除けば、外政に多かれ少なかれ関係するものである。

東漢氏は蘇我氏と密接な関係にあったが、前述のように、それ以前に大伴氏と関係を有していたとみる説もある。しかし、東漢氏の本拠は蘇我氏の勢力圏とみられる大和国高市郡檜隈周辺であり、大伴氏の本拠とは離れたところにある。雄略朝段階では、高市郡の周辺まで勢力圏としていたとみられる葛城氏はすでに昔日の勢力を失っており、一方、蘇我氏はこの雄略朝頃に渡来したとも考えられているが、[32]『古語拾遺』によれば、この頃から東漢氏を統率していたという。東漢氏も雄略朝前後に百済から渡来したと考えられており、したがって、渡来当初より蘇我氏によって統率されていたとみるのが良いように思う。また、雄略朝において外交関係で活躍したと伝えられる身狭村主青や檜隈民使博徳などは、その姓から、蘇我氏の本拠周辺に居住していたと考えられ、その他雄略朝に渡来したと伝えられる才伎の多くも高市郡に住した。蘇我氏が外政に大きな役割を果たしていたことは認め得るところであろう。

(2)は欽明紀十六年七月壬午条の「遣蘇我大臣稲目宿禰・穂積磐弓臣等、使于吉備五郡置白猪屯倉。」、同十七年七月己卯条の「遣蘇我大臣稲目宿禰等於備前児島郡置屯倉。以葛城山田直瑞子為田令。」、同年十月条の「遣蘇我大臣稲目宿禰等於倭国高市郡、置韓人大身狭屯倉、(注略)高麗人小身狭屯倉、紀国置海部屯倉。」、敏達紀三年十月丙申条の「遣蘇我馬子大臣於吉備国増益白猪屯倉与田部。即以田部名籍授于白猪史膽津。」という記事である。白猪屯倉設置の前年十二月に百済聖明王は新羅と戦って戦死したが、欽明紀十六年二月条に百済王子余昌・恵が聖明王の戦死を告げたことが見え、この記事に続いてすぐ白猪屯倉の設置が記されている。吉備への屯倉の設置は吉備政権の制圧との関係もあったであろうが、この時期に屯倉設置が行われたのは、朝鮮半島における状況の変化によると考えるべきではなかろうか。また、韓人大身狭屯倉と高麗人小身狭屯倉の設置は渡来人の統率との関係でとらえることができるのではなかろうか。

以上のようにみると、和珥氏＝内政、蘇我氏＝外政という政務分掌が想定されるのである。物部氏の同族として采女臣が伝えられていることは、采女が族長層から貢上されることからして、部民制・屯倉制を通じて和珥氏が地方制圧に大きな役割を果たしたことを傍証するものである。なお、『古語拾遺』長谷朝倉朝条に蘇我麻智宿禰が斎蔵・内蔵・大蔵の三蔵を検校したことが記され、雄略朝で蘇我氏が財政を管掌していたかのようであるが、この記述は、朝廷のクラの制度が整う六～七世紀段階に、クラの出納・管鎰保管・帳簿勘録等の庶務を担当する渡来人集団を率いてその職務を遂行した蘇我氏の活動が、雄略朝前後の時代のこととして伝承化されたと解するのが良いようである。[33]

和珥氏を中心とする勢力と蘇我氏を中心とする勢力との対立・抗争の原因として、和珥氏によって推進されていた部民制・屯倉制に、朝鮮問題を契機として蘇我氏が屯倉の設置に新たに関与することになり、この屯倉設置を足掛かりとして蘇我氏が外政とともに内政に対しても直接の関わりを有するようになったことにより、両者間に緊張が生じたことが考えられる。この両者の抗争は大王位をめぐって表面化したとみられるが、次にその過程を検討することにしよう。

敏達死後の用明朝における出来事として伝えられているのは、ほとんどが物部守屋滅亡に至る過程の説明と考えざるを得ないものである。『紀』の記述に従って、主要なものを挙げると次のようになる。

(1) 敏達紀十四年八月己亥条
敏達の殯宮での誄に関わって蘇我馬子と物部守屋との間に怨恨が生じる。

(2) 用明紀元年五月条
①穴穂部皇子、炊屋姫を奸そうとして殯宮に入ろうとするが、三輪君逆のために果たせず。

②穴穂部皇子、馬子と守屋とに逆を斬らんと言い、両大臣が承諾する。
③穴穂部皇子、守屋と兵を率い、磐余池辺を囲む。↓守屋、逆を討つ。
④馬子、計略を聞き、穴穂部皇子のもとへ詣き、諫める。

(3) 用明紀二月四月丙午条

①天皇、得病。↓「崇仏論争」
②守屋、阿都に退き、中臣勝海、家に衆を集め、守屋を助ける。
③勝海、彦人皇子像と竹田皇子像とを作り、厭う。
④勝海、彦人皇子に帰付する。
⑤勝海、彦人皇子のもとより退くところを舎人迹見赤檮に殺される。

(4) 崇峻紀即位前条

①用明二年五月

大連元欲去余皇子等而立穴穂部皇子為天皇。及至於今望因遊猟而謀替立、密使人於穴穂部皇子曰、願与皇子将馳猟於淡路。謀泄。

②用明二年六月庚戌

馬子ら、穴穂部皇子を殺させる。

③用明二年六月辛亥

馬子ら、宅部皇子を殺させる。

④用明二年七月条

守屋滅亡。

(2)-③が用明を穴穂部皇子らが殺した事件であることはすでに指摘されるところであるが[34]、これと関係するのは(4)-①と思われる。(4)-①は守屋がもと擁立しようとしていた穴穂部皇子に替えて彦人皇子のような者を擁立しようとしたことを示すとも解されている[35]。しかし、当時の大王たる用明を替えて穴穂部皇子を立てることを謀ろうとしたと考える方が良いのではなかろうか。『紀』によれば、用明の死の直後からは、馬子と守屋との間に武力衝突に至るような緊張関係が続いていたとされており、淡路に馳猟して「謀替立」というのは、用明死後のこととすれば、不自然であるからである。「密使人於穴穂部皇子」という記述はこのように解して、初めて意味が通じると思われる。そこで、(4)-①を(2)-③の前に置くならば、逆を斬ることを承諾した馬子が(2)-②、大王を替立つという謀を聞いたので(4)-①の「謀泄」は馬子に泄れたということとみられる)、急遽、穴穂部皇子のもとへ馳せた(2)-④ことになり、話の筋道が通ってくるのである。次に(3)-③から(3)-④に中臣勝海が変わった原因は「俄而知事難済」であるが、この「事難済」を彦人皇子と竹田皇子とを厭い殺すことが難しいというように解せば、何故そのことが彦人皇子に帰付することになるのかが不明となるので、(4)-②③を(3)-④の前に位置付け、穴穂部皇子らが殺されたので、彦人皇子に帰付したとみるのが良いと思われる。

以上の理解を前提として、敏達死後の経過をまとめれば、次のようになる[36]。

乙巳(五八五)年　敏達没→用明即位、彦人皇子立太子

丙午(五八六)年　穴穂部皇子らによる用明殺害→蘇我馬子らによる穴穂部皇子・宅部皇子殺害→反蘇我氏勢力による彦人皇子擁立

丁未（五八七）年　馬子らによる彦人皇子殺害（「物部戦争」）

ここで用明即位と彦人皇子立太子とを同時の如く見做しているのは、用明紀二年四月丙午条に「太子彦人皇子」とあり、用明朝が和珥氏系と蘇我氏系との一応の妥協によって成立したとみられるからである。また、丙午年の用明殺害に続いて穴穂部・宅部両皇子殺害を位置付けたのは、『紀』が丙午年の事件を用明元年条と二年条とに分載しているとみられるのであるが、用明の死に関わる(4)-①の直後に穴穂部・宅部両皇子の殺害が記されていることによる。

前述のように、欽明朝では和珥・蘇我両氏による共同執政体制が形成されていたとみられるが、このことを象徴するのが敏達朝における和珥氏系の大王他田、蘇我氏系の太子（大兄）橘の体制[37]である。この敏達朝で両勢力の対立が芽生え、敏達の死によってそれが表面化するのであるが、大王橘・太子（大兄）彦人の体制による用明朝の成立で両者の衝突が一応回避されたとみられる。しかし、用明は蘇我稲目の女堅塩媛所生で、后妃の関係においても全く和珥氏系とは関係を有さず、また、彦人は和珥氏につながるとはいえ、用明の妹炊屋姫所生の敏達皇女小墾田を妃としている（敏達紀五年三月戊子条）こと、(3)-③で中臣勝海が彦人を厭っていることから、蘇我氏が取り込みを計っていたと思われるのであり、従来とは状況が大きく異なることになった。このような状況下で、和珥氏は蘇我氏系とはいえ、用明とは生母を異にする小姉君所生の穴穂部皇子を支持することによって、蘇我氏系勢力の分断を謀ろうとしたのではなかろうか。これは彦人皇子に対する牽制でもあったとみられるように思う。

用明謀殺はこのような和珥・蘇我両氏の対立の中で引き起こされたものである。ここで馬子らは穴穂部皇子を殺すが、和珥氏などは彦人皇子を擁立する。これに対して、馬子らは、小姉君系の離脱による蘇我氏系の分裂を防ぐために、用明謀殺にも関係したとみられる[38]泊瀬部皇子の擁立に踏み切ったと考えられる。このようにして、和珥氏系勢力―押坂彦人大兄皇子と蘇我氏系勢力―泊瀬部皇子・炊屋姫との間で行われた主導権をめぐる争乱が、いわゆる「物部戦争」であり、この結果、和珥氏が没落・分氏し[39]、蘇我氏主導の一元的権力形態の成立に至ったと考えられるのである。

ところで、「物部戦争」をこのようにとらえる場合、物部守屋討滅軍として、守屋を討ったのが、泊瀬部皇子・竹田皇子・廐戸皇子・難波皇子・春日皇子・蘇我馬子宿禰大臣・紀男麻呂宿禰・巨勢臣比良夫・膳臣賀拕夫・葛城臣烏那羅、志紀郡より渋河家に到ったのが、大伴連囓・阿倍臣人・平群臣神手・坂本臣糠手・春日臣、とあるように、討滅軍に春日氏（和珥氏）系の老女子夫人所生の敏達皇子難波・春日と春日臣とが見えていることが問題となる。しかし、五皇子のうち難波と春日は、竹田とともに、この後姿を現わさない。竹田はこの争乱の後、若くして没したという推測が可能のようであるが[40]、難波と春日については、『紀』の記述からは、現われない理由は不明である。また、春日氏は同族の小野氏と大宅氏は推古朝でそれぞれ妹子が遣隋使、軍が新羅を征討する副将軍の一人として現われているが、春日氏自体は、その後、天武紀十三年十一月戊申朔条で「大春日臣」として朝臣姓を賜ったことが見えるにすぎない。しかも、春日氏出自の者のみ名が知られず、「闕名」と注記されている。守屋討滅軍に現われる氏族でこのような状況であるものはほかにはなく、異例である。討滅軍の春日氏以外の構成氏族は、蘇我・紀・巨勢・葛城・平群・坂本という武内宿禰系（葛城系）氏族、膳・阿倍という武内宿禰系と同じく孝元に始祖を結ぶ氏族、および蘇我氏と密接な関係にあった大伴氏であり、すべて蘇我氏と同系ないしはそれと密接な関係にあるものということになる。このように、皇子も含めて、春日（和珥）氏系の者のみが例外的な状態であることは、彼らが討滅軍に加わっていたのではなく、逆に討滅の対象であったことを示唆しているように思われるのである。

むすび

本章で述べてきたことをまとめて言えば、六世紀中葉前後（欽明〜敏達朝）においては、和珥氏と蘇我氏とが二大勢力として、前者が内政、後者が外政をそれぞれ主導し、物部氏と大伴氏はそれぞれ和珥氏と蘇我氏の下で喪礼の際に『礼記』に見える大連・少連の役割を果たし、神祇祭祀に関わる中臣氏・忌部氏もそれぞれ和珥氏・蘇我氏の下にあったが、朝鮮関係の問題を契機として蘇我氏が内政に関与しだしたことによって両勢力の間に対立が生じ、いわゆる「物部戦争」を経て、蘇我氏のみの主導による権力形態が成立した、ということである。

この蘇我氏主導の権力形態は、「大臣（オホマヘツキミ）」の下に有力氏族の代表者が「マヘツキミ（臣・大夫）」として参議するものであった(41)と思われ、「大臣―マヘツキミ制」と呼称することができる。このような権力集中形態が、わが国独自のものか、それとも、朝鮮あるいは中国にその源流を求め得るものであるのか、ということについては、第二部において検討したい。

注

（1）荑媛所生円娘皇女と同名の者が和珥氏（『記』）ないし大宅氏（『紀』）出自津野媛所生の反正皇女として見えていることはこのことを示唆している（拙著『古代の天皇と系譜』、校倉書房、一九九〇年、第二章一）。
（2）ただし、男人は雀部臣で、安閑朝の大臣となっている。

（3）『紀』は春日山田皇女を安閑后としているが、本来は仁賢紀・安閑紀にその別名などとして記されている赤見皇女（山田赤見皇女）が安閑后で、春日山田皇女は欽明皇女としての位置付けが正確とみられることは、前掲注（1）拙著第二章一で述べた。
（4）摂津国皇別、河内国皇別、和泉国皇別。
（5）松前健「鎮魂祭の原像と形成」（『日本書紀研究』第七冊所収、塙書房、一九七三年）。
（6）『新撰姓氏録』左京神別上・右京神別上。
（7）『新撰姓氏録』摂津国皇別。
（8）『新撰姓氏録』河内国神別。
（9）松前健、前掲注（5）論文。
（10）門脇禎二『出雲の古代史』（日本放送出版協会、一九七六年）。
（11）本位田菊士「物部氏・物部の基盤についての試論」（『ヒストリア』七一、一九七六年）。
（12）岡田精司「大化前代の服属儀礼と新嘗――食国（ヲスクニ）の背景――」（『日本史研究』六〇・六一、一九六二年）。
（13）舘野和己「屯倉制の成立――その本質と時期――」（『日本史研究』一九〇、一九七八年）。
（14）後述のように、ほかにもいくつかの例がある。
（15）平群氏の奥津城と考えられている平群谷の古墳は六世紀に入って有力化していることから、『紀』の記述に疑問も呈されている（辰巳和弘「平群氏に関する基礎的考察」、『古代学研究』六四・六五、一九七二年）。
（16）雄略紀二年十月是月条。
（17）上田正昭『大和朝廷』（角川書店、一九六六年）。なお、後述。
（18）前掲注（1）拙著第一章七。拙稿「継体祖先および息長氏始祖の系譜についての再考」（大阪府立工業高等専門学校『研究紀要』四〇、二〇〇六年）
（19）直木孝次郎「人制の研究」（『日本古代国家の構造』所収、青木書店、一九五八年）。
（20）角林文雄「武烈～欽明朝の再検討」（『史学雑誌』八八―一一、一九七九年）。
（21）和田萃「殯の基礎的考察」（『史林』五二―五、一九六九年）。

（22）『新撰姓氏録』右京神別上・山城国神別・摂津国神別、『先代旧事本紀』天孫本紀。
（23）『令義解』職員令囚獄司条・衛門府条・獄令徒流囚条、『延喜式』刑部省条・囚獄司条。
（24）日本古典文學大系『日本書紀』上、頭注（坂本太郎氏執筆）。
（25）『新撰姓氏録』未定雑姓・右京には物部氏と同族とする尋来津首が見える。
（26）『先代旧事本紀』神祇本紀には大田田根子の四世の祖として見える。
（27）上田正昭「部民制の構造」（『日本史研究』五三、一九六一年）。
（28）坂合部（境部）連と雀部造は神武記に多氏同族、稚桜部造は履中紀三年十一月辛未条に物部氏同族とあり、軽部造は『記』『紀』には見えないが『新撰姓氏録』左京神別上に見え、「石上（物部氏）同祖」とある。宍人造は、老が天武紀十年四月庚戌条に連姓を賜ったことが見えるが、祖先伝承のみならず氏族名も他に所見がない。
（29）その他、阿倍氏も、同族に膳臣とともに敢臣があることからして、本来「饗（アヘ）」と関係する伴造的性格を有する豪族であった可能性がある。
（30）表3－2の皇別に記した部に関係する氏族には和珥臣系以外にも和珥氏との関係が想定できるものが少なからず見られるように思う。以下、その理由を略記しておきたい。阿倍氏は多氏との関係が本来のものとみられる（注（31）拙稿）が、「天皇記」段階で蘇我氏（葛城）系と関係して位置付けられる前に和珥氏系によってその祖がヤマトタケルの子とされていたことが考えられる（注（1）拙著第二章二）。内臣の祖ウマシウチノスクネ（味師内宿禰、甘美内宿禰）は兄とされるタケシウチノスクネ（建内宿禰、武内宿禰）とともに本来和珥氏系であったとみられる（拙稿「蘇我氏関係系譜の原型をめぐって」、大阪府立工業高等専門学校『研究紀要』二九、一九九五年）。吉備系の祖稚武彦命（『紀』）は現系譜に先立ってヤマトタケルの子とされていたこと、毛野系の祖彦狭嶋王も同様であったこと、息長氏は和珥氏と密接な関係の系譜が設定されていたことが想定される（注（1）拙著第二章二）。その他の比古由牟須美命は、彦坐王と同様、和珥氏に関わる者であり（拙稿「『ヒコ＋某』形式の人・神名とその特徴」、大阪府立工業高等専門学校『研究紀要』二五、一九九一年）、五十日帯日子王は和珥氏によって本来アマタラシヒコ（和珥氏系の祖）の弟、ヤマトタラシヒコ（孝安の原型の一つ）の兄として位置付けられていたことが考えられる者である（注（1）拙著第一章二）。
（31）拙稿「多氏と王統譜」（大阪府立工業高等専門学校『研究紀要』三〇、一九九六年）。

(32) 門脇禎二「蘇我氏の出自について――百済の木劦満致と蘇我満智――」(『日本のなかの朝鮮文化』一二、一九七一年)。
(33) 加藤謙吉『蘇我氏と大和王権』(吉川弘文館、一九八三年)。
(34) 岸雅裕「用明・崇峻期の政治過程」(『日本史研究』一四八、一九七五年)。
(35) 例えば、岸雅裕、前掲注(34)論文など。
(36) 年代は岸雅裕前掲注(34)論文に依拠しながら、拙稿「蘇我政権成立前史の一研究」(大阪府立工業高等専門学校『研究紀要』一八、一九八四年)で検討を加えたものである。
(37) 岸雅裕、前掲注(34)論文。
(38) 用明紀元年五月条(2)―③に「或本云、穴穂部皇子与泊瀬部皇子相計而遣守屋大連。」と注記されている。
(39) 岸俊男氏も、原因・契機は示されていないが、この頃に和珥氏が分氏しはじめたとされている(「ワニ氏に関する基礎的考察」、『律令国家の基礎構造』所収、吉川弘文館、一九六〇年)。
(40) 廐戸皇子が「立太子」されたことは、推古所生の竹田皇子がすでに没していたことと関係すると考えられる。
(41)「マヘツキミ=大夫」については、関晃「大化前後の大夫について」(『山梨大学学芸学部研究報告』一〇、一九五九年)。

第二部　朝鮮・中国の制と「大臣制」

第四章　新羅の「十七等官位」制

はじめに

『三国史記』新羅本紀（以下「史羅紀」と略記）[1]儒理尼師今九年条と同職官志上とに「十七等官位」に関する記述が見られる。この十七等官位を儒理尼師今九年（西暦三二年）の制定とする「史羅紀」や「職官志」上の伝承が信用し得ないものであることは言うまでもないが、真興王代の碑文にその多くが現われているので、六世紀中葉前後には「十七等」のうちの大半が存在していたと考えて良いと思われる。[2]

「職官志」上では、大阿飡以上の五官位は真骨者のみに与えられるもので、執事部中侍（侍中）や兵部令等の重要官司の長官は、これらの官位を有する者が任じられたとされている。しかし、「職官志」がある時期の事実を伝えているとしても、実例を見れば、官位制成立後のいずれの時期においても、この記述が当てはまるとは言えないようである。しかも、さらに、宮崎市定氏によってつとに、大阿飡以上が大阿飡として一括されていた時代があったのではないかと推測されている。[3] この宮崎説はほとんど顧みられていないように思われるが、極めて重要な問題提起であると思う。宮崎説の論拠は次の五つにまとめることができる。

㈠『高麗史』第一高麗世記では、阿干（阿湌）と大阿干（大阿湌）とが新羅の最古の官人に対する呼称であることが指摘されている。

㈡「史羅紀」訖解尼師今条に、急利が阿湌の位で後世の伊伐湌の職を行い、それから位が上って伊湌となったとあるが、この伊湌は後世ならば大阿湌のはずである。

㈢『紀』大化三年条に「大阿湌金春秋」とあるが、「史羅紀」ではそれより五年溯った善徳十一年の条に伊湌と見えている。

㈣「職官志」によれば、阿湌は四重阿湌まで、大奈麻は九重まで、奈麻は七重まであり、一つの位が数等に分かれている。

㈤『釈日本紀』第十三に「奈麻礼の冠、私記に曰く、案ずるに新羅国七位の冠なり」とある。

以上の論拠のうち、㈡は、「史羅紀」景徳王十一年三月条に、原神と龍方とが第九位の級湌から第五位大阿湌になったとあることからして、有効なものとはなり得ない。また、第六位阿湌・第十位大奈麻・第十一位奈麻がそれぞれ数等に分かれていることから大阿湌も数等に分かれていたとされる㈣も、阿湌・大奈麻・奈麻が数等に分かれていたのが身分制との関係によるものであり、[4] 性格を異にするものであることから、正当とは言えないであろう。しかし、㈠㈢㈤の三つの論拠は、検討に値する極めて有効なものであると考えられる。

そこで、本章では、宮崎氏が大阿湌以上の五官位を一括し得ると推測されたことについて、具体例に従って検討することによって、新羅の「官位」とされるものの一端なりとも明らかにしてみることにしたい。

一　新羅官人の官位の降下

一般的には、官人は低い官位から高い官位へと昇進し、官位が下がることはめったにないことと考えられる。しかるに、「史羅紀」では、たとえ一時的なことであったとしても、官位が降下している官人や新羅王の父・祖あるいは王妃の父というような縁者で、前出の官位よりも後に記されている官位の方が低い者がいく人か知られる。表4－1はそのような官人とその官位の推移についてまとめたものである。

金庾信については、「史羅紀」では大角干→伊湌→大角干→太大角干という順序で現われているが、「職官志」上では太宗七年の百済滅亡に関する論功行賞で大角干を授けられたとあり、後者の記述によれば、大角干となったのは伊湌で上大等に叙任された太宗七年正月よりも後のことになるので、太宗二年十月条の「大角干」は、後に大角干となったという事実から誤って記されたものという可能性はある。

金文王は伊湌→迊湌→伊湌、金愷元は伊湌→大阿湌→伊湌という順で現われ、また、金仁泰も、「史羅紀」文武王八年十月二十二日条の「伊湌将軍等並為角干」という記事から、この時に伊湌から角干に移ったように見えるので、角干→伊湌→角干として現われているとすべきかもしれない。彼らの最初の官位は追記もしくは誤記のようにも解し得るかもしれないが、しかし、いずれも太宗二年三月にそれらに叙されたとあるので、金庾信の場合ほどその可能性は大きくないと考えられる。

金智鏡は文王らとともに伊湌となり、文武王七年七月に波珍湌、同八年三月に波珍湌で中侍に任じられている。中侍（侍中）任官記事のほとんどにそれらの官人の官位が記されているが、このことは中侍（侍中）に叙任された者に関

表 4-1　官位の降下が見られる新羅官人

官人名	大角干	角干	伊飡	迊飡	波珍飡	大阿飡	阿飡
文忠		④文武 8. 6	②太宗 5. 正°	③太宗 8. 2	①太宗 2. 正		
金文王			①太宗 2. 3° ③文武 5. 2	②太宗 8. 2			
金仁泰		①太宗 2. 3°	②文武 8. 6				
金智鏡			①太宗 2. 3°		②文武 7. 7 ③文武 8. 3 ④文武 8. 6		
金愷元			①太宗 2. 3 ④神文 3. 5°			②文武 7. 7° ③文武 8. 6	
金庾信	①太宗 2. 10 ③文武 7. 8 ④文武 8. 6		②太宗 7. 正				
日原						①文武 7. 7	②文武 8. 6
良図					④文武 9. 5	①太宗 8. 2 ③文武 8. 6	②文武 2. 2
真福		③神文元. 8	①文武 5. 2	②文武 8. 6			
金俊邕	〔昭聖条〕				②元聖 6.	元聖 7. 10 ①元聖 5. °	
金彦昇	〔憲徳条〕	④哀荘元. °	③元聖 11.	①元聖 10. 2 ②元聖 7. °		①元聖 6. °	②哀荘前紀
金均貞			②憲徳 14. 3			①哀荘 3. 12	③興徳 10. 2
金雄元			①憲徳 3. 2	②憲徳 14. 3			
金祐徴						①憲徳 14. 3 ②興徳 3. 正	③僖康元. ④僖康 2. 4 ⑤閔哀元. 2
金舒玄		①太宗		②文武			
金礼英		①憲徳	②神武				
忠恭		①憲徳 14. 3				②閔哀	
金啓明					①文聖 10.		②景文元.

（備考）a. 年月に「°」を付したものは，その時点での叙任であることを示す。

b. 真福の③は「舒弗邯」として現われている。

c. 金庾信は④の後，文武 8 年 10 月に太大角干となり，同 9 年 5 月条にも太大角干で現われている。

d. 日原は①の前の太宗 7 年 9 月条に沙飡で現われている。

e. なお，表には見えないが，金龍樹（春）は真平王 44 年 2 月・善徳王 4 年 10 月各条では伊飡として現われているが，金庾信伝では真平王 51 年段階で波珍飡として見えている。また，金三光も，「史羅紀」では神文王 3 年 2 月段階で波珍飡となっているのに対し，金庾信伝では文武王 13 年にすでに伊飡であったとしている。『三国史記』全体の記述からすればこれらを含めるべきとも思うが，本紀と列伝というように記載場所が異なるので，表からは省いた。

する記録が『三国史記』編纂段階まで残っていたことを示すと考えられるのであり、智鏡が伊飡から波珍飡に移ったとする所伝は信頼するに足るものと思われる。

真福は文武王五年二月に伊飡で中侍となり、その後迊飡で現われている。伊飡となる以前の段階で迊飡であり、文武王五年以後、角干となるまでの間の官位が『三国史記』編纂段階まで伝わっていなかったとしても、次節で述べるように、編者は「十七等官位」を、遅くとも文武王の段階においては「位」としてとらえていると思われるので、伊飡となる前の官位をことさらに文武王八年六月段階の官位として記したとは考えられないように思う。したがって真福が伊飡から迊飡となったという所伝は信憑性があると考えられる。

文忠は、太宗二年正月に中侍を免じられて伊飡となり、その後迊飡で現われている。中侍から伊飡となったという所伝は中侍関係記事とみて良いと思われるのであり、後に迊飡で現われていることについては真福の場合と同様に考えられるので、これも否定し得る所伝ではないであろう。

日原は沙飡→大阿飡→阿飡、良図は大阿飡→阿飡→大阿飡→波珍飡、金祐徴は大阿飡→阿飡、とそれぞれ移ったように記されているが、大阿飡と阿飡との相違は「大」字の有無だけであるので、大阿飡と阿飡のいずれかが誤記であるという可能性は必ずしも否定できるものではない。しかし、金祐徴については、二回大阿飡で登場した後、三回連続して阿飡で現われているのであり、他の二人の場合とは事情を異にすると思われる。したがって、単純な誤記とは即断できるものではなく、また、後に王（神武王）となるような有力者であるから、阿飡が第六位の官位であるとすれば、これまた理解に苦しむことになる。この祐徴の問題については後で再考することとし、ここでは、問題を孕む伝承とするにとどめておくことにしたい。

金俊邕（後の昭聖王）は、元聖王条では七年十月段階で大阿飡であるのに対し、昭聖王条所載の経歴では、元聖王六年に波珍飡となっていたとある。これについては、いずれかが誤伝・誤記である可能性を否定することができず、官位が下がったことを示すものとすることは保留しておかなければならない。

金彦昇（後の憲徳王）は、元聖王十年二月条で迊飡、哀荘王条では阿飡兵部令で摂政したとあるが、憲徳王条所載の経歴では、元聖王七年に迊飡、同十一年に伊飡で宰相となり、哀荘王元年に角干、同二年に御龍省私臣となり、まもなく上大等となったとある。相違するところは阿飡と角干だけと考えて良いであろう。哀荘王条・憲徳王条のいずれかが誤伝・誤記であるのか、伊飡→阿飡→角干、あるいは伊飡→角干→阿飡と移ったのか、というようなことが考えられるであろうが、ここでは不明としておかなければならない。

金均貞は大阿飡から伊飡を経て、阿飡で上大等となっている。官位が下がったことになるが、このように見做すことに問題がないというわけでもない。阿飡で最高官職たる上大等に任じられたと伝えられているのはこの均貞だけであるが、前述の金彦昇も、哀荘王条と憲徳王条のそれぞれの所伝を混合すれば、阿飡で上大等であったかの如くである。しかし、彦昇は、その一方で、伊飡から角干となってから上大等に任じられたという所伝もあるので、阿飡が角干の誤伝や誤記であるという可能性は否定し去れない。このことを援用すれば、均貞の場合の阿飡が角干の誤伝ないし誤記という可能性も考えられぬこともないと思われる。

金雄元については、「史羅紀」の記述の正誤を検討する史料は存在しないようである。

金舒玄は太宗妃の父・文武王生母の父としての官位、金礼英は憲徳王妃の父・神武王の祖としての官位、忠恭は憲徳王十四年三月段階の官位と閔哀王の父としての官位、金啓明は文聖王十年段階の官位と景文王の父としての官位が、それぞれ伝えられている。王の縁者が故人の場合であれば、最終的に到達した官位あるいは最高の官位が記されるのが一般的であると思われる。しからば、舒玄が太宗段階で、礼英が憲徳王段階で、それぞれすでに死没していたので

表4-2　複数の官位が伝えられる新羅官人（表4-1以外）

人名	官　位　等
吉門*	阿飡（脱解21. 8），波珍飡（同○）
允良	波珍飡（婆娑5. 2○），伊飡（同14. 正○）
許婁*	伊飡，酒多（いずれも祇摩条に婆娑代のものとして見える）
玉権	波珍飡（祇摩2. 2○），伊飡（同18. 秋○）
興宣	一吉飡（阿達羅2. 正○，14. 8），伊飡（同15. 4○）
康萱*	波珍飡（奈解32. 3），伊飡（同○）
昔于老	伊飡（助賁2. 7，4. 7，15. 正），舒弗邯（助賁15. 正○，沾解3. 4）
長萱*	伊飡（沾解2. 正），舒弗邯（同○）
良夫	伊飡（沾解3. 7○，味鄒2. 正），舒弗邯（味鄒2. 正○）
弘権	伊飡（味鄒20. 正○，儒礼2. 2），舒弗邯（儒礼2. 2○，同12. 春）
長昕	一吉飡（儒礼14. 正○），伊飡（基臨2. 正○）
急利	阿飡（訖解2. 正○，3. 3，5. 正），伊飡（同5. 正○）
大西知*	伊飡（奈勿37. 正，実聖），角干（遺事）
金武力	阿飡（真興14. 7），角干（法興19，ただしそれより後）
居柒夫	大阿飡（真興6. 7），伊飡（真智元）
金龍樹*	波珍飡（金庾信伝で真平51），伊飡（真平44. 2，善徳4. 10，太宗），角干（遺事）
思真*	伊飡（善徳6. 正），舒弗邯（同○）
金真珠	沙飡（善徳8. 2），阿飡（太宗6. 8），大阿飡（文武10. 12）
閼川*	伊飡（真徳元. 2，太宗，金庾信伝で太宗元），角干（遺事）
金仁問	波珍飡（真徳5. 2，金庾信伝で太宗7. 6），伊飡（文武2. 7），角干（文武4. 2，8. 6. 12，8. 6. 21，8. 9. 21，遺事），大角干（文武8. 10. 22○，9. 5）
竹旨	波珍飡（真徳5. 2），蘇判（金庾信伝で太宗8. 春），伊飡（文武8. 6. 21）
金老且*	海飡（太宗2. 3），角干（遺事）
金儒郭	沙飡（太宗7. 9. 3），大阿飡（文武10. 7）
忠常	一吉飡（太宗7. 11. 22○，もと佐平），阿飡（太宗8. 2）
金軍官	阿飡（文武4. 正），迊飡（文武8. 6. 21），伊飡（文武20. 2，神文元. 8. 28）
天存	伊飡（文武4. 2，金庾信伝で太宗8），角干・舒弗邯（文武8. 6. 21，19. 正，19. 8）
江深	大奈麻（文武7. 9），級飡（同7. 11. 11○）
金三光	沙飡（文武8. 6. 12），大阿飡（金庾信伝で文武6），波珍飡（神文3. 2），伊飡（金庾信伝で文武13）
金欽純*	伊飡（金庾信伝で太宗8. 春），角干（文武8. 6. 21，同9. 5）
金欽突	大阿飡（文武8. 6. 21），蘇判（神文，同元. 9. 8）
龍長	阿飡（文武8. 6. 21），大阿飡（同8. 10. 25）
金文頴	大阿飡（文武8. 6. 21），伊飡（神文3. 2，3. 5. 7）
福世	阿飡（文武8. 6. 21），大阿飡（神文5. 春）
天光	阿飡（文武8. 6. 21），波珍飡（文武13. 8）
興元	阿飡（文武8. 6. 21），波珍飡（神文元. 8. 8）
真功	一吉飡（文武8. 6. 22），大阿飡（文武11. 正，神文元. 8. 8）
金須弥山	沙飡（文武10. 7），一吉飡（文武10. 8. 1）
金官長	大阿飡（文武20. 5），波珍飡（神文7. 3）
金元泰	阿飡（神文5. 3），蘇判（聖徳3. 5）
順元	大阿飡（孝昭7. 2），伊飡（聖徳19. 3，孝成3. 3），角干（遺事）
元訓*	阿飡（聖徳元. 9），角干（遺事）
思恭	波珍飡（聖徳17. 正），伊飡（同27. 7），角干（同31. 12）

魏元*	一吉湌（聖徳 26. 4），大阿湌（同○）
大讓*	級湌（聖徳 26. 4），沙湌（同○）
金義忠	阿湌（孝成元. 3），舒弗邯（景徳 2. 4，恵恭）
原神*	級湌（景徳 11. 3），大阿湌（同○）
龍方*	級湌（景徳 11. 3），大阿湌（同○）
金良相	阿湌（景徳 23. 正），伊湌（恵恭 10. 9）
大恭*	一吉湌（恵恭 4. 7），角干（遺事）
金周元*	伊湌（恵恭 13. 10），角干（遺事）
金義寛*	迊湌（遺事），伊伐湌（元聖元. 2，元聖の曾祖として見える）
金孝讓*	一吉湌（元聖元. 2，元聖の父として見える），大阿湌（遺事），大角干（遺事）
金憲貞*	伊湌（憲徳 11. 正，僖康元＝僖康の父として見える），角干（遺事）
禄真*	阿湌（憲徳 14. 3. 18），大阿湌（同○）
金明*	大阿湌（興徳 10. 2），海湌（遺事）
良順	阿湌（僖康 2. 6），伊湌（文聖 2. 正○，5. 正，9. 5）
元弘*	阿湌（文聖 13. 4），角干（遺事）
魏弘	迊湌（遺事），伊湌（憲康元），角干（真聖 2. 2），大角干（遺事）
朴乂謙	大阿湌（憲康元，定康○），伊湌（孝恭 3. 3），角干（遺事）
金俊興	伊湌（定康元. 8），舒弗邯（孝恭 2. 正）
継康	阿湌（孝恭 2. 正），伊湌（神徳元. 5）
孝宗	大阿湌（孝恭 6. 3），伊湌（敬順，敬順の父），角干（遺事）
金成	波珍湌（孝恭 10. 正），角湌（景明 3）

備考　a. 年月に「○」を付したものはその時点での叙任であることを示す。
b. 「*」の人名は，参考であるが，出典が異なる者，『三国史記』でも本紀と列伝というように記載場所が違う者，同一箇所に複数の「官位名」で現われている者である。これらを除くと 40 人である。
c. 「遺事」は『三国遺事』を表わす。

あれば、所伝が異なること自体が問題であろう。また、彼らが太宗段階・憲徳王段階では生存し、文武王・神武王段階では没していた場合、あるいはいずれの段階でも生存していた場合には、彼らの官位が下がったことになる。このことは忠恭・啓明の場合にも当然共通することである。いずれの場合にしても、これら四人に関する所伝については、従来の「十七等官位」に対する理解では解決し得ない問題が生ずると言い得るであろう。

以上を要するに、「史羅紀」の中には、たとえそれが一時的なものであったとしても、官位が降下している官人や、官位についての所伝が不可解な官人が存在するということである。文王・愷元・仁泰・智鏡・真福・文忠・舒玄・礼英・忠恭・啓明がそれであるが、「史羅紀」に官位が記されている官人は管見では三百六十四人を数えるので、この人数からすれば、彼ら十人は無視し得る数と言えるかもしれない。しかし、「史羅紀」の複数箇所に異なる官位で現われている者は五十八人（表4－1以外は表4－2の通り）であり、官位制が成立した下限と言われる法興王代以降に限ると五十人となるが、十人は前者の一七パーセント、後者の二〇パーセントに当たることになり、決して無視し得る人数とは言えないと思う。むしろ、重要な問題を提起していると考えられるのである。

二　「十七等官位」

前節で見たところからすれば、十七等官位のうち、阿飡以上、とりわけ大阿飡以上の五官位については、それらをそのまま純粋の官位とすることに疑問を抱かざるを得なくなるであろう。むしろ官位そのものではないのではないかという感を強く抱くのである。

しからば、これらの「官位」は、はたして如何なるものであったのであろうか。『三国史記』『三国遺事』から「十七等官位」の性格を示していると思われる記述を摘記すると次のようになる。

①「史羅紀」儒理尼師今九年春条
又設官有十七等。

②「史羅紀」祇摩尼師今即位前条
宜位酒多。在伊飡之上。……酒多後云角干。

③「史羅紀」太宗武烈王五年正月条
中侍文忠改伊飡。文王為中侍。

④「史羅紀」文武王八年十月二十二日条
賜庾信位太大角干、仁問大角干。已外伊飡将軍等並為角干。蘇判已下並増位一級。
⑤「史羅紀」文聖王二年正月条
以礼徴為上大等。義琮為侍中。良順為伊飡。
⑥『三国史記』職官志上
新羅官号、因時沿革。不同其名言。唐夷相雑。其曰侍中・郎中等者、皆唐官名、其義若可考。曰伊伐飡・伊飡等者、皆夷言。不知所以言之之意。当初之施設、必也職有常守。位有定員。……第三儒理王設位十七等。……
⑦『三国史記』職官志上
大角干……於前十七位之上加之。非常位也。
⑧『三国史記』職官志上
太大角干……於前十七位及大角干之上加此位。以示殊尤之礼。
⑨『三国史記』金庾信伝下
於是授太大舒発翰之職。
⑩『三国史記』居柒夫伝
加官波珍飡。
⑪『三国史記』金仁問伝
大王嘉尚仁問功業、授波珍飡、又加角干。
⑫『三国史記』金陽伝

追録功、授蘇判兼倉部令。転侍中兼兵部令。

⑬『三国史記』金陽伝

尋加伊湌兼相国。

⑭『三国史記』金后稷伝

事真平大王為伊湌。転兵部令。

⑮『三国遺事』紀異巻二元聖大王条

伊湌金周元初為上宰。王為角干。居二宰。

⑯『三国遺事』紀異巻二神武大王条

賜爵阿干。

⑰『三国遺事』紀異巻二處容郎条

又賜級干職。

『三国史記』編者の「十七等官位」についての解釈が明確に現われているのは⑥⑦⑧である。いずれも「位」として理解しているが、⑥では伊伐湌・伊湌等を「官号」とし、侍中・郎中と比較しているのであるから、その一方で、官職とも見做していると言い得る。しかし、⑦⑧を勘案すると、伊伐湌・伊湌等が初期の段階で官名であったとしているとしても、遅くとも文武王段階では「位」であったと解していると考えられる。このような官位としてみている記述としては②④を挙げることができ、『三国遺事』でも⑯をそれとすることができる。しかし、それら以外のものについては、「位」と見做しては理解できないと思われる。以下、具体的に見ていくことにしよう。

①⑨⑩⑰は「官位」を「官」や「職」と明記しているものであり、『隋書』『北史』の新羅伝や『通典』等の記し方と軌を一にするものである。

③は中侍文忠を解任して伊飡としたというものであるが、中侍・侍中に関する史料が『三国史記』編纂段階まで残っていたと推測できることからすれば、この記述もオリジナルな資料に基づいているのではないかと思われる。⑭も③に類するものであり、これらは伊飡を中侍や兵部令と共通する性格のもの、すなわち官職と見做す記述となし得るであろう。⑤では、③や⑭ほど直接的ではないが、上大等・侍中の任官と併記するかたちが取られており、間接的なものと言うべきかもしれないが、伊飡をそれらと同性格のものとしていると言えると思う。

金仁問は「史羅紀」真徳王五年二月条に、波珍飡で入唐朝貢し、宿衛したことが見えるが、金仁問伝では⑪に見られるように、百済との戦役での功によって波珍飡を授けられたとなっている。真徳王五年の段階で波珍飡であった仁問は、入唐宿衛することによってそれを解かれ、百済との戦役で功をたてたことによってまた波珍飡が授けられ、さらに角干を加えられたということになる。真徳王五年二月条の波珍飡が追記ないし誤記であるとしても、太宗によって波珍飡と角干とが授けられたと列伝に見えることは問題となるように思われる。太宗による論功行賞は七年十一月末から八年二月の間に行われたと考えられ(5)、仁問は文武王元年六月条に(6)、「入唐宿衛仁問・儒敦等至告王。皇帝己遣蘇定方、……」とあることから、行賞の後に直ちに入唐したと考えられるので、波珍飡を授けられた後に角干に移ったとは考え難い。波珍飡と角干とは同時に授けられたとみるべきであろう。二つの官位が同時に授けられたとは考えられないことである。

⑮では角干は「上宰」と並べられる「宰」とされている。「上宰」がどのようなものであるかについては不明としなければならないが、少なくとも官位名でないことだけは確かなことと思われるのであり、また、角干は「宰」とも表

現されるものでもあることから、⑮の角干は官位名ではないとすべきであろう。仁問における「角干」もこのような性格のものと考えられるのであり、純粋の官位名ではなく、官職的な要素を多分に有するものとみられるのである。また、⑪では波珍飡に角干を加えたとしているのであるから、両者を性格を異にするものと考えるよりは、同じ性格のものとする方が良いと思われる。波珍飡も官職的色彩が濃厚なものと言い得る。

⑫⑬では、蘇判（迊飡）と倉部令、伊飡と相国とがそれぞれ「兼」で並立的に結ばれている。官位と官職とが「兼」で結ばれることは疑問であることから、このような記し方も迊飡・伊飡を官職と見做したものと考えられるであろう。

以上のように、②④⑥⑦⑧⑯以外は「官位」を官職とする方が理解しやすいことを示していると考えられる。そして、それらの中には本来的な資料に基づく記述と思われるものもあるのである。前述のように、『三国史記』編者は、「職官志」上の記述に見られるように、「十七等官位」を「位」としてとらえていたと思われるのであるが、「史羅紀」や「列伝」の中には官位とは見做し難い記述が存在している。しかも、前節で見たような官人の「官位」の降下等の不可解な所伝が「史羅紀」に見えるのである。このようなことは、編者による加筆・造作や訂正が全面的に及ばなかったというよりは、むしろそれらを及ぼすことができなかったことを示しているのではなかろうか。⑥に見られるように、編者は伊伐飡・伊飡等を「夷言」の官とも記しているのであるが、このような記述自体、官位とは考えながらも、不可解なところがあることを編者自身が告白しているのではなかろうか。なお、中国正史ではしばしば官職を「位」として記述している。このことからすれば、『三国史記』の記し方は異とするに及ばないかもしれず、官職と官位とを混同しているにすぎないという考え方も可能であろう。しかし、混同している記述に基づいて新羅の官位制を云々することは、やはり疑問とすべきである。

編者が「十七等官位」を「位」としてとらえたのにはそれなりの理由があり、そのうちの多くが官位名となっていたことによるのであろう。四重阿飡が存在したことからして、阿飡以下は官位として機能していたことは確かと思われ、また、阿飡が官位名として存在したことからすれば、大阿飡も官位名であった可能性はあると思う。しかし、大阿飡以上が官職的要素・性格を強く有していることは否定し得ないのである。

『三国史記』色服志には、「伊飡・迊湌、錦冠。波珍飡・大阿飡・衿荷、緋冠。上堂・大奈麻・赤位大舎、組纓。」という冠の規定が記されている。この冠制は法興王代に成立したものと考えられており[7]、伊飡〜大阿飡は官位、衿荷〜赤位大舎は官職とされている[8]。しかし、この規定を官位と官職との二つに区分して考えることは不自然ではなかろうか。すなわち、大阿飡以上を官職名とする私見に従えば、伊飡から赤位大舎に至るすべてのものを同じ性格のものと考える方が良いと思う。すなわち、大阿飡以上を官職名とする私見に従えば、官職に対する冠色規定として一元化できるのである。

角干（伊伐飡）〜大阿飡を官職としてとらえる場合、これらが官位である阿飡の上に位置付けられていることが問題となるが、四重阿飡の存在からして、阿飡よりも上位の官位が存在したことは明らかであり、その上位の官人がそれらに任じられていたことによると考えれば良いであろう。また、第一位角干、第二位伊飡、第三位迊湌、第四位波珍飡、第五位大阿飡と序列付けられていることについては、「色服志」の規定から知られるように、それらは対等の関係ではなく、中国の官品制で同じ品階の中でも官の高下があったことと同様の事情を想定すれば良いと思われる。

以上のように角干〜大阿飡をとらえるならば、官位が昇降しているように見えるのは、実際は官職を移動したにすぎないということになる。また、このようにみれば、最高官たる上大等に第五位とされる大阿飡からも任官された者がいることも理解しやすい。「史羅紀」聖徳王十九年正月条に裴賦が大阿飡で上大等に叙任されたことが記されているが、当時、順元は伊飡、思恭・文林は波珍飡で中侍であった。上級官職には上位の官人が任じられるのが当然と思われるが、されば、順元等が上大等に任じられてしかるべきではなかろうか。上大等に叙任された官人には伊飡の者が圧倒的に多い[9]が、このことは波珍飡や大阿飡よりも伊飡の方が相対的に地位が上であったことによるとみられるとしても、裴賦の場合のように、伊飡や波珍飡の者が存在していたにもかかわらず、大阿飡の官人が上大等に任じられていることは、角干～大阿飡が、官位としては同等の官人が叙任される官職であったと考えることで、問題が解消すると思う。

ところで、武田幸男氏は、高句麗の第一位の官位とされる大対盧について『翰苑』所引「高麗記」に、「惣知国事。三年一代。若称職者、不拘年限。交替之日、或不相祗服、皆勒兵相攻、勝者為之。其王但閉宮自守、不能制禦。」と記されていることから、当時の高句麗の官位とは「三年一代」とあるように、下がることがあるものとされている[10]。官位の降下があるという武田説は上述の私見の前提を崩すものではあるが、しかし、高句麗の官位として伝えられているものも、その上位五官位は官職とみるべきものであることは次章で述べる通りである。

角干～大阿飡は官職とみるべきものと思われるのであるが、これらが律令官制における中侍の如きものでもないことは言うまでもない。伊伐飡（角干・舒弗邯）に任じられた官人には、「知〔内外〕兵馬事[11]」「参国政[12]」「委以機務[13]」「委以軍国之事[14]」というような記述がしばしば見られ[15]、伊飡の官人にも、「参政事[16]」「知〔内外〕兵馬事[17]」「委軍国政事[18]」「委軍国事[19]」という記載がある。このような記述は炤知麻立干八年二月条をもって終わるが、これに替わって、法興王十八年四月条には、「拝伊飡哲夫為上大等、摠知国事。上大等官始於此。如今之宰相。」とあり、真智王元年条には「伊飡居柒夫為上大等、委以国事。」とある。上大等設置以前においては、伊伐飡や伊飡が上大等に相当する職務を行っていたと『三国史記』編者が考えていたことが推定されるであろう。そして、上大等設置以後はそれらが従来の職務を果たさなくなったとしていることも、法興王代以後の記述を見れば、明らかなことである。

伊伐飡・伊飡等が本来官職であったことは「職官志」の理解に表わされており、「史羅紀」の記述はこれに対応するものであるが、これらには複数の官人が任官されていたようである[20]。このような記述が正当性を有しているとするならば、上大等設置以前には伊伐飡等は複数の官人から構成される執政官的なものであったが、上大等設置以後にはその機能を喪失したということになる。しかし、官職としての性格をそれ以後も残していたことは前述の通りである。またその一方で、官位と見做されるようなものにもなっていたということは否定し得ない。そこで想定し得ることは、それらは中国の「散官」に相当するようなものに変貌していったということである。

以上のように考えると、表4-1では阿飡も含めて「官位」が昇降している官人が見られるので、阿飡も角干〜大阿飡と同様の性格のものとみられるかもしれない。しかし、前述のように、阿飡が官位名であったことは確かであり、たとえ官職としての阿飡も存在したとしても、それは角干などとは格の違うものであったと考えられる。また、阿飡をすべて誤記とするのも疑問と思われる。たしかに単純な誤記である可能性があるものも存在するが、金祐徴や金啓明の場合は誤記と即断することはできない。前節では金彦昇・金均貞の阿飡をそれぞれ角干・伊飡の誤記の可能性は否定し去ることはできないとしておいたが、角干や伊飡を阿飡と書き誤ることの蓋然性からすれば、やはり単純な誤記とは思えない。

このように角干や伊飡等から阿飡に移ったかのような記述が必ずしも誤記となし得ないものであり、また、阿飡が角干〜大阿飡の如き官職とも同性格のものと考えることができないとすれば、阿飡はどのような性質のものと考えられるであろうか。このような阿飡を官位としてとらえることの不自然さは言うまでもないことであろう。後の憲徳王である金彦昇の如き者ですら阿飡として——その一方では当時角干であったという所伝もあるが——、登場していることが根拠のないことではないとすれば、「阿飡」はそのような有力者をも含む官人等を意味するものとみられるのではなかろうか。『高麗史』が阿干・大阿干を新羅の最古の官人に対する呼称としていることを勘案するならば、官位阿湌以上を一括した呼称があったとしても不自然ではないと思う。日本古代においても、律令制下の五位以上の官人を「臣」で一括する表現が存在したからである。[21]以上の考え方に大過なしとすれば、表4-1に見える阿湌を誤記とする必要はないように思われる。

むすび

本章での検討によって得た結論は、新羅の「十七等官位」のうちの大阿湌以上の五階は「散官」的なもので、一括して把握できるものであり、阿湌は官位名であるとともに、それ以上の身分の官人全体を表わす呼称でもあった、ということである。角干~大阿湌に任じられた官人の官位名は明確には伝えられていないが、宮崎市定説の論拠の(一)や、阿湌でそれ以上の官人を表現したとみられることからすれば、「大阿湌」と考えるのが妥当ではなかろうか。このように新羅の官位を考えれば、「十七階」ではなく、「十三階」であったということになる。

この「十三階」という数は、「泉男産墓誌銘」が高句麗末期の官位について「十三等之班次」と記していることと対応している。ただし、新羅では最下位の造位は、高句麗最下位の自位の官人が高句麗滅亡後に新羅の烏知(第十五位大烏、第十六位小烏)を与えられていることから、[22]文武王代には存在しなかったとみられる。しかし、新羅は高句麗の影響を受けて発展したことからして、高句麗の官位制の影響下に新羅のそれが成立したとみられる。

新羅では嶽干以下の外位が一吉湌以下の京位に対応して存在しているが、[23]唐では正五品上以下に視流内品が対応している。わが国でも正五位上以下に外位が存在しており、これは中国の視流内品の制に対応させられたものと考えられているこ[24]とからして、新羅も同様とみられるのではなかろうか。しからば、一吉湌は正五品相当となり、これを基準とすれば、角干～大阿飡は正四品、阿飡は従四品、以下順に対応させると、小烏は従九品ということになる。造位は従九品よりも下位となるが、これは中国の未入流に対応するものであろう。[25] この小烏以上の新羅官位と中国品階との対応性は、わが国の冠位十二階が律令制下の正四位上～少初位下に当たり、[26] 中国の正四品～従九品に対応していることと相通ずると考えられる。

注

（1）以下の章では、同様に、『三国史記』高句麗本紀を「史麗紀」、百済本紀を「史済紀」と記す。

（2）武田幸男「新羅官位制の成立」（『朝鮮歴史論集』上巻所収、龍渓書舎、一九七九年）。

（3）宮崎市定「三韓時代の位階制について」（『朝鮮学報』一四、一九五九年）。

（4）武田幸男「新羅の骨品体制社会」（『歴史学研究』二九九、一九六五年）など。

（5）「史羅紀」太宗七年十一月二十二日条に、「王来自百済、論功。」とあり、金庾信伝には、「冬十一月二十日至京。賜庾信田五百結。其余将卒賞賜有差。」とあって、太宗七年十一月下旬に論功行賞が行われたとしている。翌八年二月には百済残党との新たな戦いが始まっているので、遅れた者でもこの頃までに行賞が行われたと考えられる。

（6）『三国史記』は当年称元法をとっているので、これは太宗八年六月に相当する。

（7）武田幸男「新羅・法興王代の律令と衣冠制」（『古代朝鮮と日本』所収、龍渓書舎、一九七四年）。

（8）武田幸男、前掲注（4）論文など。

（9）舒弗邯一人、伊飡三五人、迊飡一人、波珍飡七人、大阿飡十人、阿飡十二人。

（10）武田幸男「高句麗官位制とその展開」（『朝鮮学報』八六、一九七八年）。

（11）「史羅紀」奈解尼師今十二年正月条・二十五年三月条・二十七年十月条、助賁尼師今十五年正月条、味鄒尼師今二年正月条。

(12)「史羅紀」奈解尼師今十年二月条、沾解尼師今二年正月条、炤知麻立干八年二月条。
(13)「史羅紀」儒礼尼師今二年二月条。
(14)「史羅紀」実聖尼師今二年正月条。
(15)ただし、このような記述は伊伐飡と舒弗邯とに見られ、角干には見られない。
(16)「史羅紀」祇摩尼師今二年二月条・十八年秋条。
(17)「史羅紀」逸聖尼師今三年正月条・十八年二月条、基臨尼師今二年正月条。
(18)「史羅紀」阿達羅尼師今元年三月条。
(19)「史羅紀」助賁尼師今元年条。
(20)「史羅紀」文武王九年冬条には、角干七人、伊飡五人、蘇判四人、波珍飡十二人、という記述がある。
(21)天武紀十三年閏四月丙戌条に、「親王以下逮于諸臣、並罰之。大山位以下者可罰々之、可杖々之。」という記述が見られるが、ここに見える「諸臣」は律令制下の五位以上に当たる小錦以上を意味している。このような「臣」の用法がそのほかにもいくつか知られることは、第一章で見た通りである。
(22)『三国史記』職官志下。
(23)『三国史記』職官志上。
(24)曾我部静雄「中国の品階制度と我が位階制度」(『律令を中心とする日中関係史の研究』所収、吉川弘文館、一九六八年)。
(25)宮崎市定、前掲注(3)論文。
(26)黛弘道「冠位十二階考」(『東京大学教養学部人文科学科紀要』一七、一九五九年)。

第五章　孝徳朝前代の倭国の権力形態と朝鮮三国の制

――「大臣―マヘツキミ制」の源流

はじめに

六世紀末葉以前の大和政権中枢部は、臣姓豪族の代表者たる大臣（オホオミ）と連姓豪族の代表である大連（オホムラジ）とが並存し、それらの下に有力豪族の代表者が大夫（マヘツキミ）として位置付けられ、それらが合議体を構成するという形態であったとされる。[1] しかし、第一章で述べたように、「大臣」は、もとよりその『紀』の古訓と同じく、「オホマヘツキミ」と訓まれたもので、マヘツキミ（臣）の代表者であったのであり、臣姓豪族の代表者としてのオホオミからマヘツキミの代表者オホマヘツキミに転化したとはみられない。この私見の当否はしばらく措くとしても、『紀』によれば、用明死後の大連物部弓削守屋討滅事件、いわゆる「物部戦争」以後、大連が置かれていないのであり、このことからすれば、崇峻～皇極朝においては「大臣―マヘツキミ」という権力形態であったということになる。大臣蘇我馬子や蝦夷も蘇我氏を代表する存在であったということにおいては、通説のマヘツキミと何ら異なるものではない。大臣は、少なくとも外見上は、マヘツキミの代表なのである。

このような「大臣―マヘツキミ」という大和政権の権力形態は、他国・他地域においても、一般的に見られてしかるべきものである。ただし、そのマヘツキミなるものが大徳・小徳という第一位・第二位の冠位の官人に限られていたとみられること[2]が、他の国の制と共通するのかどうかということが問題となる。そこで本章では、朝鮮三国の制との比較を通して、彼此の間に相関係するところが見出されるかどうかについて検討を加えることにしたい。

一 高句麗の官位制

高句麗の官位について最も詳細な所伝を残しているのは『翰苑』所載「高麗記」である。武田幸男氏はこの「高麗記」の所伝を中心として、『通典』『新唐書』『周書』『隋書』『三国史記』等の所伝を検討され、「高麗記」の第十三位過節と第十四位不節[3]とを除く十三官位を正式のものとされ、この官位数は「泉男産墓誌銘」に見える「十三等之班次」という表現に一致するとされる一方、最末期にはこれら十三官位の下に中国の未入流に相当する官位たる自位(『三国史記』のみに見える)が置かれていたことも認められる[4]。諸書において異なって伝えられる官位を対応させ、序列付けられたことは、武田氏の大きな功績である。しかし、武田説をもって断案とすることは必ずしもできないように思われる。以下、武田説の再検討を通じて、高句麗の「十三等之班次」について考えて行くことにしたい。

武田氏が⑬過節と⑭不節とを少なくとも常態の官位と見做すべき理由がないとされる根拠は次の三点である。

㈠ 一名・異称が「高麗記」に記されていない。

㈡ 名称が諸書で必ずしも一致していない。

㈢『周書』『隋書』『新唐書』のほか、最末期の状態を伝える『三国史記』に見えない。

しかし、㈠については、「高麗記」の一名・異称の多くは音通のものであるから、有効な論拠とはなし難い。㈡の論拠は⑭不節を『通典』が「不過節」と記していることを意味しているように思われるが、前者は後者の略記ともみられるものであり、また、「高麗記」には誤記などが多く見られるのであるから、この論拠も、㈠の場合と同様、有効ではないことは言うまでもないであろう。㈢の場合は、最末期の官位は『三国史記』職官志下に、新羅神文王六（六八六）年に高句麗人に新羅の官を与えたというところに見えるものであるが、同条の文武王十三（六七三）年に百済人が新羅の官を与えられたことを記す部分に百済官位のいくつかが見えていないことを勘案する必要があると思われる。すなわち、武田氏の挙げられた根拠は必ずしも有効ではないのであり、したがって、⑬過節と⑭不節とを正式の官位から除外すべき正当な理由は見当たらないと思われるのである。

諸書に見える官位の対応関係についてはどうであろうか。①吐捽—大対盧、③鬱折—烏拙、⑤皀衣頭大兄—位頭大兄、⑧収位使者—褥奢、⑩小使者—小相、⑮先人—仙人、という対応関係は、音通であることからして、まず異論のないところであろう。しかし、③鬱折—主簿、④太大使者—大相、⑥大使者—従大相、⑨上位使者—意俟奢・狄相、⑫諸兄—翳属、という対応は再検討を要するもののように思われる。

「高麗記」では、たしかに、主簿を鬱折の「華言」、翳属を諸兄の「一名」として記してはいる。しかし、「高麗記」に見える異称は、使者—奢、兄—支というように、少なくとも一部は音通の文字を含むものが多いのであり、主簿と翳属とは例外的と言い得る。「泉男産墓誌銘」に、

年（六五六年）十八、教大兄位。十三等之班次、再挙而昇。二千里之城池、未冠能理、至於烏拙・使者・翳属・仙人。雖則分掌機権、固以高惟旌騎。

と見える。武田氏は、この記述は大兄に対比された烏拙・使者・翳属・仙人が大兄を含めた兄系官位とともにそれぞれ機権を分掌することを述べたものとされる。このような理解の当否はともかくとしても、兄系官位と烏拙以下とが区別されていることは確かであろう。ここに翳属がことさらに記されていることは、翳属が兄系官位である諸兄とは異なるものであることを示すとみられる。「高麗記」に諸兄の一名として記されている伊紹・河紹還が諸兄と音通の部分を含むものであるのに対し、翳属がそうでないことは、この墓誌銘の記述に対応していると思われる。同様に主簿の場合も、音通ではないことからして、鬱折とは異なるものと考えるべきではなかろうか。

また、武田氏は④太大使者と大相、⑥大使者と従大相とをそれぞれ対応させられているのであるが、その根拠は『三国史記』が大相と従大相との間に記している位頭大兄が⑤皁衣頭大兄に一致することであると思われる。しかし、小相が、その音から、⑩小使者に比定し得ること、すなわち「相」と「使者」とが対応することからすれば、大相は⑥大使者、従大相は⑧収位使者（儒奢・褥奢）にそれぞれ比定する方が良いのではなかろうか。しからば、狄相はやはり⑨上位使者に比定するほかに方法はないように思われる。位頭大兄については、断案はないのであるが、中国史書に共通して伝えられている⑦大兄が『三国史記』に見えないことからして、この⑦大兄を誤ったものと一応考えられるのではなかろうか。

以上のように考えてくると、「高麗記」に記されている①吐捽から⑮先人に至る一般に官位と考えられているもののほかに、主簿と翳属とを独立させるとともに、『三国史記』に見える自位を加えた計十八が官位であった可能性のあるものということになる。しかし、「泉男産墓誌銘」には「十三等之班次」とあり、これが動かし得ない以上、十八のうち五つは官位と見做すことができないものということになるであろう。

そこで注目したいのが次の史料である。

(1) 其一曰吐捽、比一品、旧名大対盧、惣知国事、三年一代……（『高麗記』）

(2) 以前五官、掌機密、謀政事、徴発兵、選授官爵。（『高麗記』）

(3) 年廿三、改任中裏位頭大兄。廿四、兼授将軍、余官如故。廿八、任莫離支、兼授三軍大将軍。（「泉男生墓誌銘」）

(4) 祖量、本蕃任三品柵城都督位頭大兄兼大相、……父文、本蕃任三品位頭大兄兼将軍、……（「高慈墓誌銘」）

①吐捽が官位の第一位であったとすれば、(1)に見られるように、「三年一代」であるのは疑問である。また、(3)(4)の「将軍」、(3)の「三軍大将軍」は明らかに官職であるが、このような官職と、官位とされる位頭大兄（中裏位頭大兄）や②太大兄に当たるとされる莫離支[5]とが「兼」で結び付けられていることにも問題があると思われる。①吐捽・②莫離支・⑤位頭大兄は官職と考える方が良いのではなかろうか[6]。(2)に⑤皂衣頭大兄（位頭大兄）以前の「五官」を⑥大使者以下と明確に区別されるものとして一括するような記述が見られることから、③鬱折と④太大使者も同じく官職名とみられると思われる。

このように考えれば、主簿・⑥大使者・⑦大兄・⑧収位使者・⑨上位使者・⑩小使者・⑪小兄・⑫諸兄・翳属・⑬過節・⑭不節（不過節）・⑮先人・自位の計十三官位が「十三等之班次」ということになる。主簿が『三国史記』のみに見え、中国史書にほとんど見えない（『三国志』のみ例外）ことは、逆に、①吐捽～⑤皂衣頭大兄が中国史書に見えるのに対し、『三国史記』には見えないことに対応するものではなかろうか。すなわち、重要「五官」は、それらの職掌や実態については不明であるが、最高位である主簿の官人、ないしそれに準ずる者が任じられたものであり、それらの間には高下の差があったことによって、「高麗記」に端的に見られるような官位として記されたと考えられるのである（なお後述）。

最下位の自位は、『三国史記』以外に伝えられていないこと、その一つ上の官位である先人には「高麗記」に「庶人」という最下位の官位名であったとしても不審とは言い得ない異称が記されていることからすれば、中国の未入流に当たるものと考えられるのではなかろうか。しからば、新羅の官位と比較して、第一位主簿から第十二位先人は、中国の正四品から従九品に当たる官位ということになる。

二　高句麗の権力形態

高句麗の権力形態は、古代朝鮮三国の中で最も不明確であるとしなければならないが、それは官職や官司として伝えられているものが少なく、断片的でもあることによる。しかし、高句麗の官位として伝えられる①大対盧（吐捽）・②太大兄・③鬱折・④太大使者・⑤皁衣頭大兄を官職と考える前節での視角を基に検討することによって、一定追求できるように思われる。

主簿以下自位に至る十三官位のうち、大使者・収位使者・上位使者・小使者と大兄・小兄・諸兄とは、それぞれ「使者」と「兄」から分化した官位のように見え、また、純粋の官位ではなく官職とみる方が良いように思われる太大使者と太大兄・皁衣頭大兄は使者系官位・兄系官位からそれぞれ派生したものであろう。これに対し、大対盧と鬱折は官位名とは関係しないもののようにみえるが、前者は『三国志』に記される三世紀前後の「官位」とされている対盧と関係するように思われる。

『三国志』に記されている「官位」には、後世に伝わらず、消滅したとみられるものが少なくないのであるが、主簿と先人とは変化せず、使者はいくつかに分化して伝わっている。これに対して、対盧は大対盧として継承されたかのようにみえる。使者系官位や兄系官位の有り様からすれば、大対盧は対盧から分化・派生したものと考えるべきではないかと思われる。しからば、対盧なるものは、七世紀の段階でも存在したのか、それともそれまでに消滅して大対盧だけが残ったかのいずれかということになる。

「高麗記」『通典』や『新唐書』は大対盧と吐捽とを同一のものとして伝えているのであるが、音からすれば、吐捽は大対盧よりも対盧に通ずるものとすべきであり、『隋書』には、最高位のものとしてではないが、対盧が記されている。また、『旧唐書』高麗伝貞観十九年六月条に、

高麗北部褥薩高延寿・南部褥薩高恵貞率高麗・靺鞨之衆十五万来援安市城。賊中有対盧、年老習事。謂延寿曰……延寿不従、引軍直進。

とある。『新唐書』はここに見える「対盧」を「大対盧」と書き改めているが、「史麗紀」宝蔵王四年五月条にも「対盧高正義、年老習事……」と記されているので、「対盧」を本来のものとみるべきように思われる。しからば、対盧は高句麗最末期まで存在したということになる。

それでは、対盧とは如何なるものを意味する呼称であったと考えられるであろうか。対盧の内容を明示する史料は見当たらないようであるが、天智紀五年十月己未条の、

高麗遣臣乙相奄鄒等進調。大使臣乙相奄鄒・副使達相遁・二位玄武若光等。

という記述は注目される。

ここに見える「臣」は、本文の記述のみからすれば、高句麗王の臣という漠然としたもののように考えることも可能であろう。しかし、注記に「大使臣乙相奄鄒」とあり、大使にのみ「臣」が付されていることからすれば、「臣」は乙相奄鄒の身分や地位を表わすものと考えるべきではなかろうか。新羅の上大等は「上臣」とも表わされ、「マカリタ

ロ」と訓まれるが、これは大対盧にほかならないとされている。[7]このことからすれば、大等＝臣＝対盧＝タロということになるのであり、乙相奄鄒に冠されている「臣」は対盧の異表記と考えられるのである。しからば、乙相が小使者と大使者（大相）[8]のいずれに当たるにしても、対盧は、「臣」とも表記されるものであることからして、官位名ではないことはもとより、官職名でもないとしなければならないであろう。対盧は、新羅の大等と相通ずるものであるから、官人の身分や地位を表わす呼称と考えられるのではないかと思われる。

そこで問題は、対盧がどのような身分ないし地位の官人を表わす呼称であったかということになる。ここでも先ず注目されるのが「大使臣乙相奄鄒・副使達相遁」である。武田幸男氏は、「高麗記」に小使者の一名として乙奢が記されていることから、乙相を小使者にとりあえず比定され、また、達相については、慎重に不明とされながらも、「高麗記」に記されている上位使者の一名契達奢がこれに近いとされている。「相」は「使者」に通じるので、乙相・達相のいずれも使者系官位であることに疑いはなく、大使者・収位使者・上位使者・小使者のいずれかに当たることも確かであろう。しかし、大使が乙相、副使が達相とあることからすれば、乙相は達相より上位の官位とすべきであり、小使者は使者系官位で最下位のものであるから、「高麗記」に小使者の一名として正しく乙相と音通する乙奢を記しているからといって、乙相を小使者に比定することは疑問のように思われる。

ところで、これまで、武田氏の変更に従って、「小使者」と記してきたのであるが、「高麗記」には、

次上位使者比正六品一名契達奢使者一名乙奢次小兄比正七品一名失支……

とあり、実は小使者は現われていない。この記述は、上位使者・使者・小兄に分けるべきであること、「使者」は「小使者」の誤りとすべきであることは、武田氏の指摘される通りと思う。しかし、「高麗記」に記される官位名には、誤字とみられるものはあっても、脱字を想定し得るものは使者のほかには見当たらない。また、「高麗記」と同系統の史

料に基づくとみられる『通典』では、小使者ないし使者は無視されている。『通典』は、前記「高麗記」の「契達奢使者」を二つに分けず、上位使者の一名とみ、「奢」と「使者」とが同じものであることから、使者を「奢」の重複として省略したのではないかと推測される。しからば、使者は、小使者の誤伝と考えるべきものであるとしても、「高麗記」等が基づいた資料に元から記されていたとすべきではなかろうか。「高麗記」はこの使者の一名として乙奢を記しているのであり、小使者と乙奢とを同じものとしているわけではないと考えられるのである。

泰川ロンオリ山城の城壁石刻に、「乙亥年八月前部小大使者於九婁治城六百八十四間……」と記されているが、ここに見える「小大使者」は、城壁修治の監督者・責任者とみられることから、大使者に相当するとみるよりは小使者に該当すると解すべきであるとされている。[9]このことからすると、特殊な例と思われるのであるが、使者は「大使者」とも記されることがあったということになる。これは使者と大使者とが音通であったことによるのではなかろうか。したがって、使者に、「一名」として、大使者に通ずるようなものが記されたとしても異とするには及ばないと思う。しからば、「大」と「乙」とが音通であることからしても、大使者＝大奢＝乙奢とすることができるのであり、乙奢に通ずる乙相は大使者を意味すると考えられるのである。

これに対して、達相は、乙相より下位の官位とみるべきものであるから、収位使者（儒奢・従大相[10]）・上位使者（契達奢）・小使者（小相）のいずれかに該当することは確かである。『三国史記』職官志下だけでなく、「泉男産墓誌銘」や「高慈墓誌銘」にも「位頭大兄」とあり、皂衣頭大兄に「皂」を冠していない表現があったことからしても、達相はやはり契達相という一名を有する上位使者に比定するのが妥当ではないかと思われる。しからば、大使者は臣＝対盧であり、上位使者は対盧ではなかったということになる。

前述のように、主簿―正四品、大使者―従四品、大兄―正五品、収位使者―従五品、上位使者―正六品、小使者―

従六品、などというように、中国の官品に官位を対応させることができると思われるが、対盧は中国の四品などに対応させ得るような官位にあった特殊身分の有力官人を意味する呼称ではなかったかと推測される。そのような官人を代表するのが大対盧であったとみられる。太大兄・鬱折・太大使者・皂衣頭大兄が大使者よりも上位のものとして位置付けられていたかのように伝えられているのは、これらの大官に対盧とされた特殊身分の官人が任じられたことによるのではなかろうか。また、しからば、太大兄〜皂衣頭大兄が大対盧とともに大使者よりも上位のものとして伝えられていることは、対盧となった官人が主簿と大使者の官位の者であったことを示しているように思われる。

ところで『旧唐書』等に莫離支が最高官の如く記されているので、この莫離支について少々考えておくことにしたい。

泉蓋蘇文が莫離支となって専権を振ったことは周知のところであるが、この時期に宝蔵王の子高任武も莫離支であったことが『新唐書』高麗伝に記されている。『旧唐書』『新唐書』の高麗伝には、乾封元（六六六）年に蓋蘇文が死し、その長子男生が代わって莫離支となったとあるが、「泉男生墓誌銘」には、

廿八（六六一年）、任莫離支、兼授三軍大将軍。卅二（六六五年）、加太莫離支、惣録軍国、阿衡元首。……乾封元年（六六六年）、公又遣子献誠入朝。帝有嘉焉。遥拝公特進。太大兄如故。

と記されている。また、男生の弟男産は、『旧唐書』高麗伝では、唐に降伏した時太大兄であったとされているが、「泉男産墓誌銘」では、「廿三（六六一年）、遷位頭大兄。累遷中軍主活。卅（六六八年）、為太大莫離支。」と見える。

泉男生は父蓋蘇文の死後、その地位を継承したのであるが、その年代が『旧唐書』や『新唐書』に記される六六六年であるか、それとも「泉男生墓誌銘」の六六五年であるかについては問わない[11]としても、墓誌銘に太莫離支となったとあることは注目される。墓誌銘は同時代史料であるから、この方を史書よりも重視すべきであるとすれば、蓋蘇

文もまた太莫離支であったとみるべきであろう[12]。

武田幸男氏は莫離支を太大兄に当たる官位とされる。その根拠は太大兄の一名が「莫何〻羅支」と伝えられている（「高麗記」）ことである。しかし、莫離支は、「マカリキ」という訓みからすれば、大兄に比定すべきもののように思う。「莫何〻羅支」は、その「〻」が「何」を略したものとすれば、「マカカラキ」と訓み得るが、「莫何」を略して「〻〻」や「〻」などとあったのが、伝写される間に現在見られるようなかたちになったとすれば、「マカマカラキ」と訓むことができる。いずれにしても、「高麗記」の太大兄の一名はその訓みを一音ずつ記したものであり、「マカリキ」とは異なるものと言わなければならないのではなかろうか。太大兄に相応しいのは莫離支ではなく、太莫離支とすべきであろう。このことは「泉男生墓誌銘」に、「加太莫離支、……遥拝公特進。太大兄如故。」とあることによっても証されるように思われる。

蓋蘇文は太莫離支であったが、また、「泉男生墓誌銘」や「泉献誠墓誌銘」には太大対盧としても記されている。大対盧のほかに、それよりも上位の太大対盧が存在したかどうかはともかくとして、蓋蘇文が父の後を継いで大対盧となっていたことは確かであろう。大対盧あるいは太大対盧という「惣知国事」（「高麗記」）する官職にあって、「猶中国兵部尚書兼中書令職」（『旧唐書』高麗伝）という重要な官（太莫離支＝太大兄）に自ら就任したと考えられるのではなかろうか。

「泉男産墓誌銘」等によれば、太莫離支のほかに、太大莫離支が存在したかのようである。しかし、『旧唐書』高麗伝には男産は太大兄と記されており、また、前述のように、男生は太莫離支であったにもかかわらず、「泉献誠墓誌銘」には、「父男生本国任太大莫離支、率衆帰唐。」と、太大莫離支であったとしていることからすれば、太大莫離支は太莫離支を荘重化したものにすぎないと考えるべきもののように思われる。これは前記の小使者を「小大使者」とする表現とも通じるものである。

高句麗には対盧＝臣という第一位・第二位の官位の官人からなる特権的身分の官人集団があり、重要官職に任じられていたとみられるのであるが、その代表として国政を統轄したものが大対盧であったと考えられるのである。

三　百済の官位制

井上光貞氏は中国諸史書に見える百済の「十六等官位」を、①佐平（左平）、②達率〜⑬武督、⑭佐軍以下、に区分し、②達率〜⑬武督が率位五、徳位五、督位二（文と武）というように整然としていることから、この十二官位をわが国の官位十二階の源流であり、①佐平は官職としての色彩が濃いものとされた。[13] 冠位十二階との関係においてはまさに卓見と言うべきものではあるが、佐平については、例えば官職としての色彩が濃いにもかかわらず官位名となっていることの理由など、検討を要するところがある。

たしかに、中国・朝鮮系史料で佐平の内容を示唆するものは、『周書』系の百済第一等の官で定員五人としているものと、『旧唐書』に記される内臣・内頭・内法・衛士・朝廷・兵官各佐平のいわゆる「六佐平」であり、このような二系統の史料からすれば、井上説は鉄案とも思われるであろう。しかし、『紀』の欽明・斉明・天智各条には、中国系史料とは異なる佐平の実態を示すと思われる記述が見られるのであり、これらも重視する必要がある。

内臣佐平等六佐平は、「史済紀」では東城王代以前に現われ、武寧王以後には見えないが、中国史書では『旧唐書』にのみ記されていることからすれば、それほど古い時代から存在したものとは思われない。武田幸男氏が説かれるように、[14] 六世紀前後以降の制とすべきであると思う。一方、欽明紀四年十二月条には、聖明王代のものとして、上・中・

下三等の佐平があったことが記されている。この条の朝鮮関係の記述は「百済本記」に基づくとみられることから、佐平に上・中・下の階層的分化があったことが知られるが、このような佐平を、六佐平と同様の官職名と考えることはできないであろう。六世紀前後以降、官職名に付される佐平と、そうではない佐平とが並存したことになる。

「史済紀」腆支王三年二月条に、余信を内臣佐平、解須を内法佐平、解丘を兵官佐平に任じたことが記された後、四年正月条に、「拝余信為上佐平、委以軍国政事。上佐平之職始於此。若今之冢宰。」とあるので、上佐平は一般の「六佐平」よりも上位の存在とされていることは明らかである。しかし、『旧唐書』に六佐平が記されてはいても上佐平は見えず、また、この上佐平は欽明紀に見える上・中・下三等佐平の上佐平に当たるとみられるが、このような佐平の区分は上佐平をことさら他の佐平と区別される官職とは考え難いことを示していることからして、「上佐平之職始於此」と記されてはいても、六佐平とは別の職として上佐平が設けられたとは断じ難いのである。六佐平の一つ（余信の場合は内臣佐平）に任じられたままで、上佐平になったというようなことも想定されるであろう。また、上佐平・中佐平・下佐平という区分は、「佐平」そのものが官職ではないことを示すとともに、「佐平」を純粋の官位とすることも問題であることを示すと思われる。

天智紀十年正月是月条に、佐平余自信・沙宅紹明に大錦下、鬼室集斯に小錦下、達率谷那晋首・木素貴子・憶礼福留・答㶱春初・㶱日比子賛波羅金羅金須・鬼室集信に大山下、達率徳須上・吉大尚・許率母・角福牟に小山上、余の達率ら五十余人に小山下を授けたことが見える。この記述は、一見、佐平が達率と同様の官位であることを示しているかの如くである。しかし、鬼室集斯は天智紀八年是歳条にも「佐平」として現われているが、同四年二月是月条には、「勘校百済国官位階級。仍以佐平福信之功、授鬼室集斯小錦下。」とあり、[15] この注には「其本位達率」と記されている。集斯の百済滅亡以前の官位（「本位」）が達率であったことは明瞭である。ということは、「佐平」が官位であったとすれば、集斯は百済滅亡後に倭国で佐平を授けられたことにならざるを得ないであろう。しかし、このように想定することは、倭国で百済の官位が百済人に授けられた実例が他に皆無であることからしても、不自然というほかはないと思われる。天智紀四年二月是月条・八年是歳条、十年正月是月条に見える鬼室集斯の「官位」についての記述を総合すれば、「佐平」には官位達率の者がいたこと、したがって、「佐平」は官位ではなかったということになると思われる。

そこで注目されるのが斉明紀六年九月癸卯条に見える次の記述である。

百済遣達率・沙弥覚従等、来奏曰、今年七月、新羅恃力作勢、不親於隣。引構唐人、傾覆百済。君臣総俘、略無礁類。於是、西部恩率鬼室福信、赫然発憤、拠任射岐山。達率余自進、拠中部久麻怒利城。各営一所、誘聚散卒。兵尽前役。故、以棓戦。新羅軍破。百済奪其兵。既而百済兵翻鋭。唐不敢入。福信等遂鳩集同国、共保王城。国人尊曰、佐平福信、佐平自進。唯福信起神武之権、興既亡之国。(細注はすべて略)

恩率福信と達率自進とを、その功労によって、国人が佐平福信・佐平自進と尊称したというのである。このことは「佐平」が尊称ともなり得る――たとえそれが百済滅亡という特殊な事情の下においてのことであったとしても――ものであったことを示している。

以上より、「佐平」を少なくとも純粋の官位名と考えることができないことが、ほぼ明らかになったのではないかと思われる。しかし、天智紀十年正月是月条に見られるように、佐平の官人が官位達率の者よりも上位に位置付けられていたということも確かである。上佐平・中佐平・下佐平という身分的な区分も行われたこと、尊称ともなり得るものであったこと、そして官位達率よりも一般に上位に位置付けられるものであったことを考え合わせると、特定の重要官人を意味する身分的呼称が「佐平」であったとみられるのではなかろうか。

「佐平」という特殊身分・地位がすべて官位佐平の官人によって構成されていたのであれば、あるいはその逆に佐平なる身分・地位についた官人すべてに官位佐平が授けられたのであれば、身分的呼称としての佐平と官位名としての佐平との並存、一方から他方の派生も想定し得る。しかし、そうではなかったことは鬼室集斯の例から明らかである。また、『三国史記』職官志下に載せる新羅文武王十三年の「百済来人」への内外官授与記事において、第二位とされる達率が百済の最高位の如く現われていることからしても、佐平は達率等の官位とは異なるものとしなければならない。「佐平」そのものが官職名と考え得ないことも前述の通りである。「佐平」は身分的呼称と考えるほかはないと思われる。『周書』等が「左(佐)平」を第一位としているのは、佐平が一般官人が任じられるものとは区別される特殊身分であったことによると考えられる。「史済紀」義慈王十七年五月条に王の庶子四十一人を佐平としたことが見え、義慈王代に五十人ばかりの佐平がいたということになっていること[16]は、佐平を官位とみる論拠とされているものであるが[17]、この佐平を特殊身分を表わす呼称としても矛盾は生じない。

したがって、百済の官位とすべきは、②達率以下の十五等ということになるが、井上光貞氏が指摘されたように、⑭佐軍・⑮振武・⑯克虞は、官位名としては、②達率〜⑬武督とは異なるものの如くである。これらは、高句麗の自位や新羅の造位と同じく、中国の未入流に相当するものと考えるべきではなかろうか。しからば、百済の場合も、達率〜武督は中国の正四品〜従九品に当たるということになる。

四　百済の権力形態

佐平（左平）は身分的呼称であるが、内臣佐平以下の「六佐平」は官職名である。後者は「佐平」という呼称を転用したものであり、佐平とは性格や内容を異にするものと考えられる。しかし、両者は無関係ともなし難いように思われる。推測にすぎないが、佐平の官人が六佐平に任官されたのではなかろうか。身分的呼称が官職名に転用されたのには、それなりの事情があったとみられるからである。例えば、義慈王段階で佐平であった五十人ほどの中から、六佐平が任じられたというようなことが考えられる。

六佐平は、「史済紀」での記され方とは異なり、六～七世紀の交前後に確立したとすべきものではある。しかし、第八章で述べるように、六佐平のうち、兵官佐平を除く五佐平の職掌が北周天官府所管の官職のそれに通じ、二十二部司も内官が天官府の官職と、外官が地・春・夏・秋・冬五官府とそれぞれ関係することから、百済官制は北周官制の影響を受けたとみられるので、六世紀段階で、内臣佐平等の官名が成立していなかったとしても、それらに類する職務を佐平が分掌していたことは考えられる。しかも、この頃の佐平の定員を五人とする『周書』等の所伝は、北周官制との関係のみではなく、「五佐平―二十二部司」が地方支配体制の「五方―二十二檐魯」と対応することからも、正当なものと思われる。定員五人の佐平が重要職務を分掌する体制から、佐平が増員され、官職「六佐平」が確立されるようになったと推測されるのである。

このように考えると、佐（左）平は王の近臣として、正しく「平することを佐（左）く」存在であり、大和政権の「マヘツキミ」と相通ずるものということになるのではなかろうか。若干事情は異なるのであるが、「マヘツキミ」が『翰苑』所引「括地志」に、「一曰麻卑兜吉寐華言大徳」とあることと、官位の第一位として佐平が伝えられていることとは、類似するところがないとは言えない。

このような佐平にどのような官人が任じられていたかについて、直接明示する史料はほとんど存在しないのであるが、天智紀四年二月条に、同八年是歳条と十年正月条とに佐平として現われる鬼室集斯の本位が達率と注記されていることを例に出すまでもなく、達率の官人が佐平とされたことは推測し得る。また、斉明紀六年九月癸卯条に国人が恩率鬼室福信を尊んで佐平福信と言ったことが見え、その後一貫して佐平として福信が現われているのであるが、福信が佐平となる資格を有していなかったのであれば、尊称とはいえ、佐平とは称されなかったのではなかろうか。しからば、恩率の官人も佐平たり得たと考えられるのではないかと思われる。

佐平の首座が上佐平もしくは大佐平である。上佐平は、前述の如く、「史済紀」腆支王四年正月条に設置記事が見える。これに対して大佐平は、「史済紀」には見えないが、「史羅紀」太宗七年七月十三日条・「大唐平百済国碑」や『紀』敏達・皇極・斉明各条等に記され、その存在を否定し得ないものであるにとどまらず、上佐平よりも上位の存在とも考えられているもの(18)である。

「史済紀」は腆支王代〜蓋鹵王代に余信・解須・〔余〕文周が上佐平に任じられたと記しているが、六佐平と同様、六世紀初頭の武寧王代以後に上佐平となった官人名を伝えていない。しかし、欽明紀四年十二月条に聖明王代の上佐平沙宅己妻が見え、「史済紀」「史羅紀」にも、官人名は記されていないが、義慈王代の上佐平が見えることから、「史済紀」に記される設置年代は信じ得ないとしても、少なくとも、聖王代から百済滅亡期まで上佐平が存在したことは確かである。しからば、「大唐平百済国碑」に、「其王扶余義慈及太子隆自外王余孝一十三人并大首領大佐平沙宅千福・国弁成以下七百余人……」とあるように、少なくとも百済滅亡段階では最高の官職であったと考えなければならない「大佐平」と、「史済紀」腆支王四年正月条に「若今之冢宰」と記される「上佐平」との関係が問題となる。

上佐平は、欽明紀四年十二月条の「百済本紀」に基づく記述とみられる部分では中佐平・下佐平と併記されているが、前述のように、このような中佐平・下佐平とともに現われている上佐平は、「史済紀」腆支王四年正月条に「上佐平之職」と上佐平が官職の如く記されているのに反して、佐平集団の中での身分や出自等との関係で区分された身分的呼称であることを示しているように思われる。「百済本紀」の成立が遅くとも七世紀末以前であり、腆支王条の記述が『三国史記』編者によるものであることからすれば、「百済本紀」に基づく欽明紀四年十二月条の記述は無視し得ないものであるが、上佐平が「若今之冢宰」きものであるということと、身分的呼称であることとは必ずしも矛盾するわけではない。また、「史済紀」義慈王十九年二月条の「衆狐入宮中、一白狐坐上佐平書案。」という記述は、何か不吉な事件(=百済滅亡)の前兆としてなされているものの如くである。ここで「上佐平書案」と記されていることは、上佐平が最高身分の官人を表わすものであったことによるように思われる。しからば、上佐平は身分的呼称ではあるが、「若今之冢宰」く見えるものであったと考えられるのではなかろうか。

「史羅紀」太宗七年七月十二日条で百済王子の命を受けて上佐平が新羅への使者となっており、その翌十三日条には大佐平千福が王子隆と降伏したことが記されている。このような記述からすれば、大佐平は上佐平よりも上位のものとされることも首肯し得るように思われる。しかし、「史羅紀」の記述からは、新羅へ派遣された上佐平の某が大佐平千福よりも下位であったことは知られるとしても、大佐平と上佐平との上下関係については必ずしも明らかにはならないのではなかろうか。上佐平の定員を一人とすれば、大佐平―上佐平という上下関係は自明のことと言い得るが、少なくとも百済末期において上佐平の定員が一人であったという保証はないのである。むしろ、上佐平が最高の地位の官人を表わす身分的呼称であったとみられることからすれば、大佐平は上佐平の中に含まれるもの、上佐平の中でも特殊な権限を有したものと考えるべきではないかと思う。

敏達紀十二年是歳条の達率日羅に関する説話において、日羅が朝廷の使者阿倍目らに言ったことばの中に、「以能使使於百済、召其国王。若不来者、召其太佐平・王子等来。」とあり、太佐平=大佐平が百済国王に次ぐ者として現われている。日羅に関する説話は六世紀後半段階のものとして記されており、この記述に当時の倭済関係が反映しているとしても、日羅の言中に見える「太佐平」までも当時の表現そのものととらえることに問題がないというわけではない。しかし、『紀』編者が、太佐平を遅くとも六世紀後半以後における百済の最高官と見做していたことは窺われるのである。また、国王―太佐平・王子という序列は、推古紀十三年四月辛酉朔条の、「天皇詔皇太子・大臣及諸王・諸臣、共同発誓願、以始造銅繡丈六仏像各一軀。」という記述に見える、天皇―皇太子・大臣―諸王・諸臣という序列と対応しているようにみえる。すなわち、太佐平は大臣に対応するものとして認識されていたように思われるのである。

このように見てくると、上佐平は佐平集団を身分的に上・中・下の三等に区分したものの一つの身分的呼称であり、大佐平は佐平集団の代表で国政の統括者（大首領＝「大唐平百済国碑」）＝最高執政官として位置付けられていたものであって、上佐平の中から大佐平が任じられたと考えられる。このような大佐平と上佐平との関係は、孝徳紀大化二年三月甲申条のいわゆる「薄葬令」で、小徳以上の官人が「上臣」と「下臣」とに分けられ、左・右大臣は「上臣」という表現の中に含まれているとみられることと相通ずる――「中臣」なるものがないので全面的に一致するわけではないが――ものであろう。

　大佐平としてその名が伝えられているのは、前記の沙宅千福と、皇極紀元年二月戊子条と同七月乙亥条とに見える智積とである。いずれも史料から大佐平として確認できるのは義慈王代のこととしてである。しかし、智積については武王代（『三国史記』の紀年では六〇〇〜六四一年）で大佐平であった可能性がある。智積は皇極元年（『紀』の紀年では六四二年、義慈王二年）もしくは同二年に王族の翹岐らとともに倭国へ亡命してきたとされている者であり(19)、その後倭済関係が悪化していることからすれば、智積が大佐平に任官されたのは義慈王によってではなく、それに先立つ武王によると考えられるからである。

　百済の動乱は中国史書や『三国史記』には記されていないのであるが、本論と関わるものであるので、智積に関係する限りにおいて、ここで若干検討することにしたい。

皇極紀元年二月戊子条に、百済弔使傔人が、「又弟王子児翹岐及其母妹女子四人、内佐平岐味有高名之人卌余、被放於島。」と伝えたとあるが、このような百済の状況への対応が、同年二月戊申条の「以津守連大海可使於高麗。以国勝吉士水鶏可使於百済。(細注略)以草壁吉士真跡可使於新羅。以坂本吉士長兄可使於任那。」という大臣への詔であり、同元年二月庚戌条の、翹岐を召して阿曇山背連の家に安置した、という記述であろう。百済へ派遣された国勝吉士水鶏の帰国は、同元年五月庚午条の、「百済国調使船与吉士船、倶泊于難波津。」に当たるとみられるが[20]、百済へ派遣された者が水鶏のほかに伝えられていないことからすれば、翹岐を召来したのも水鶏とすべきである。元年二月庚戌条は翹岐を召すための使者の派遣を示すもの、翹岐の来朝は元年四月癸巳条の、「大使翹岐、将其従者拝朝。」であり、翹岐は百済の「調使」とともに来朝したと考えられる。翹岐の拝朝と調使船の難波津停泊、進調とがずれているのは、翹岐一行と調使とが別行動をとったことによるとみれば良いであろう。

しからば、皇極二年四月庚子条の、「筑紫大宰、馳駅奏曰、百済国主児翹岐弟王子、共調使来。」という記述と通ずることになる。しかもこの際の調使は大使達率自斯・副使恩率軍善である(二年七月辛亥条)が、元年七月乙亥条の百済使人大佐平智積らを饗したという部分の注では、「或本云」として、大佐平智積・児達率(闕名)・恩率軍善が挙げられており、軍善が共通している。また、達率自斯は質武子の子とされているので、闕名の「児達率」と一致するようにも思われる。大きな相違は、元年七月乙亥条に、前記のように「百済使人大佐平智積」とあり、元年条の調使の一人に大佐平智積がいたかのようにみえることである。

しかし、元年八月己丑条等では百済使参官らが罷帰ったとあるが、智積の名が見えないこと、従来の百済使は官位達率の官人もいるが、多くは恩率以下の官位の者であり、これ以後に佐平の使者も見られるが、大佐平が調使というのはやはり常ならざる状態であり、智積を調使とすることはできないと思う。翹岐が百済からの亡命者であるにもかかわらず、元年四月癸巳条に「大使」と記されていることと同様に、智積の「使人」も『紀』編者の造作であろう。元年七月乙亥条に、「智積等、宴畢而退、拝翹岐門。」とあって、智積が翹岐とつながりを持っていたことを窺わせる記述が見られることからしても、智積は動乱によって政権中枢から放逐され、翹岐とともに来朝した者と考えられる。このことは元年二月戊子条で、百済弔使の傔人らが前年（義慈王元年）十一月に智積が卒したと言っていることと関係するであろう。

皇極紀元年条と二年条の百済使関係記事は、高句麗使関係記事と同様に、同一の事項が分載されたものであることは明らかである。元年七月乙亥条の注に見える大佐平智積・児達率・恩率軍善は、亡命者と調使とがまとめて記されたものではなかろうか。しかし、元年七月己丑条・戊戌条に帰国記事の見える百済使が「参官等」と記され、達率自斯や恩率軍善などとは記されていないことが問題となるであろう。

「参官」は敏達紀十二年是歳条の日羅説話にも現われている。ここでは、a百済国主が日羅・恩率・徳爾・余怒・奇奴知・参官・柂師徳率次干徳・水手らを遣したこと、b恩率と参官が帰国する際に徳爾・余怒らに日羅を殺させたことが記されている。日羅は倭国からの要請で百済王がしぶしぶ遣した者で、厳密には百済使者とは言えないかもしれないが、形式上は大使として位置付けられている。また、bからすれば、恩率・参官は徳爾・余怒の上位の官人とみられるので、aの使者は、達率日羅・恩率某・参官・徳爾以下の順に地位の序列を変更すべきである。参官はその名の如く、百済使の第三等官に位置付けられる。

これに対して、皇極紀元年八月条の「参官」は人名のように見えるが、敏達紀十二年条の例を前提とすれば、『日本書紀通証』の百済副使とする説は注目される。ただしそれは、百済使の地位・序列を表わす呼称としているという点においてである。皇極紀元年四月癸巳条の「大使翹岐」なる表現が不当なものであることは前述の通りであるが、『紀』編者が翹岐を「大使」とした意図は別としても、百済使とされている官人の地位・身分からすれば、翹岐を第一等として、大佐平智積が第二等、達率自斯が第三等、恩率軍善が第四等ということになる。敏達紀の例を勘案すれば、自斯は参官に相当すると言い得る。皇極紀元年八月条で「参官等」という曖昧な表現になっているのは、翹岐を大使、智積らを使人と記してはいるが、彼らが帰国しなかったこと、自斯を大使とする調使の来朝を二年条に分載したことによるのではなかろうか。

智積は、このようなことからも、翹岐とともに亡命した者と考えられるであろう。彼らの亡命が皇極元年であれ、皇極二年であれ[21]、義慈王初年に亡命したということであるから、智積は武王代で大佐平となっていたとみるのが良いと思われる。大佐平の存在は武王代に溯り得るということであるが、『周書』等が対象としている六世紀段階では如何であろうか。

敏達紀十二年是歳条の日羅説話に伝えられる「太佐平」をその当時に存在したものと考えることに問題がないわけではないことは前述したが、上佐平が身分的呼称であり、大佐平が最高官とみられるものであることからすれば、論理的には、五人の佐平の中で上佐平とされた者——五人という数からして一人か、せいぜい二人であろう——が大佐平として国政を統轄したことは想定し得る。しかし、五人の佐平が『旧唐書』に記されるいわゆる「六佐平」の如き職務を分掌していたと考えられることからすると、たとえ「大佐平」なる称が存在したとしても、この段階で、倭国の大臣に相当するような、他の佐平と区別される大佐平が存在したとは考え難いのではないかと思う。

六世紀前半の聖王代で佐平が上・中・下の三等に区分されていたことは明らかであるが、それらの佐平集団は上佐平を首座としていたのではなかろうか。上佐平は「六佐平」のいずれかの職務を分掌しながら、定員五人の佐平の首座として位置付けられていたと考えられる。「史済紀」の「若今之冢宰」という記述は、このような上佐平の位置付けを前提としたもののように思われる。この記述と上佐平との異なるところは、上佐平が「職」ではなく、佐平とされた官人の中における相対的な身分や地位を表わす呼称であったとみられることである。

六世紀段階の定員五人という形態から、佐平が次第に増員されるに伴って、佐平集団を代表し、国政を総括するものとして大佐平が設置されることになったのではなかろうか。上佐平もまた、佐平の増員に伴って、六世紀段階の一〜二人から増員されるようになったと思われる。「史羅紀」太宗七年七月十二日条で新羅への使者として現われている「上佐平」は何人かの上佐平のうちの一人であり、大佐平千福もその一人として、大佐平の職にあったと考えられる。

以上のように、百済では、武王代頃に大佐平―佐平という権力形態が形成され、それら佐平がいわゆる「六佐平」等重要官職に任じられていたと考えられる。ただし、「大唐平百済国碑」や「伊吉連博徳書」に「大佐平沙宅千福・国弁成」とあり、「大佐平」が千福のみにかかるのか、それとも国弁成にもかかるのかということについては不明であることから、大佐平に複数任じられるようなこともあったか否かについては結論を留保しておかざるを得ない。

五　新羅の権力形態

新羅の最高官上大等(上臣)は「大等(臣)」と表現される特権的支配階級である慶州貴族の代表が任じられるものであることは言うまでもない。大等はいわゆる「十七等官位」の上位五官位――①伊伐飡・②伊飡・③迊飡・④波珍飡・⑤大阿飡――に叙され得る者とされ、『三国史記』職官志はこれらの位にある官人が執事部中侍(侍中)・兵部令・内省私臣など重要官司の長官に任じられたと記している。新羅における律令官制の形成は七世紀中葉の真徳王代（六四七〜六六一年）以降のことであるが、六世紀前半の法興王代（五一四〜五四〇年）から、後の律令官制につながる重要官職が次第に設置されるようになっていた。大等が重要官職に任じられたということにおいては、高句麗の対盧や百済の佐平の形態と相通ずるところがあるとすべきである。

しかし、それとともに注目すべきであるのが①伊伐飡〜⑤大阿飡の上位五官位が、前章で述べたように、むしろ官職とみるべきものであるということである。伊伐飡〜大阿飡は官位ではないが、官位とも見做され得る性格を有するものであり、また、律令制官職ではないとしても、官職としての性格を多分に有するものであったとすれば、それらの実態はどのようなものであったのであろうか。

『新唐書』新羅伝に、「官有宰相・侍中・司農卿・太府令、凡十有七等、第二骨得為之。事必与衆議、号和白、一人異則罷。」とあり、「史羅紀」真徳王八年三月条に引く「新羅国記」には、「其国王族謂之第一骨、余貴族謂第二骨。」とある。これらの史料に見られる第一骨・第二骨というのが誤解に基づく観念的なものであるとしても[22]、これらの記述は、中国では、宰相・侍中など（これらに相当するもの）十七等の官には王族以外の第二骨たる貴族が任じられた、と理解していたことを示すものである。

これらの貴族の衆議が「和白」であるが、「一人異則罷」とあることからすれば、特権階級とはいえ、雑多な官位にある慶州貴族全員が参加していたとは考え難いのではなかろうか。官に十七等あり、これらに就任し得る貴族の衆議を「和白」と号したと言うのであるが、官には貴族のみが任じられたわけではないであろう。『新唐書』の記述には明らかに誤解に基づくところが見られるのであるが、官職名として記されているのが宰相・侍中等重要官であることからすれば、このような重要官職に就任し得る官人の衆議が「和白」と考えられるのではなかろうか。

『三国史記』金陽伝の「授蘇判兼倉部令」や「伊湌兼相国」という表現は、倉部令や相国――上大等であろう――よりも蘇判（迊湌）や伊湌の方を正官としていることを示しているように思われる。このことは、『三国史記』職官志に伊伐湌～大阿湌の官人が重要官に任じられたと記されていることと同様に、蘇判や伊湌であることが、倉部令や相国のような重要官に任じられる要件であったことを示すものにほかならない。要するに、伊伐湌・伊湌・迊湌・波珍湌・大阿湌であることが、相国等であることよりも重視されていたということであろう。しからば、このことは、「和白」が、『新唐書』に「事必与衆議、号和白、一人異則罷。」とあるように、諸官を統轄していた如くであることと対応するとみられるのではなかろうか。

以上のように考えてくると、「和白」に参加し得る貴族は、伊伐湌・伊湌・迊湌・波珍湌・大阿湌などとされていた官人であったことが推測されてくる。逆に言えば、「和白」を構成した貴族が伊伐湌・伊湌・迊湌・波珍湌・大阿湌の五職に区分されていたとみられるのではないかということである。これらの職は、中侍（侍中）・兵部令のような律令官職（その前身も含めて）とは異なり、それぞれが明確な職掌を有していたようには見えないということでは、中国の散官に通ずるものである――とりわけ王権が強大であった時期には正しくそうであったであろう――が、少なくとも外見上は、律令官職の上にあって、国政の重要事項を審議・決定したものであったと考えられるのである。

しからば、伊伐湌～大阿湌となった官人の官位が大阿湌であったと想定し得る（第四章）ので、「和白」は官位大阿湌の官人で構成されていたことになる。しかし、阿湌の官人が中侍（侍中）に少なからず任じられていることや、『高麗史』高麗世紀に新羅の官人に対する呼称として阿干・大阿干が記されていること、前章で述べたように、「阿湌」で有力官人を総称したとみられる記述が「史羅紀」に見えることからすれば、第二位の官位たる阿湌に叙された官人の中にも「和白」構成者がいたと考えるべきではないかと思われる。ただし、阿湌の官人までが伊伐湌・伊湌・迊湌・波珍湌・大阿湌であったと考えられるかどうかは、今のところ不明としなければならない。

上大等は「大等」と称される貴族全体の代表であって、同時に官位大阿湌・阿湌の官人で構成される「和白」の首座である最高官ではあるが、王の代替わりごとに新たな官人がそれに任じられていることからすれば、他の貴族に隔絶した権力を有するものではなかったとしなければならない。しかし、中侍に任じられた官人が後に上大等とされている例はしばしば見られるが、その逆は伝えられていないことからすれば、一種の名誉職的なものに化した時期があったことも事実ではあるが、身分的・地位的には一般の「和白」構成官人を超越するものとして、上大等が位置付けられていたと言い得るであろう。(23)

六　朝鮮三国の権力形態と「大臣—マヘツキミ制」——むすびにかえて

本章で検討してきた古代朝鮮三国の権力集中形態は、細部において異なるところがあるのは当然のこととしても、互いに相似し共通性を有するものと言い得るであろう。第一位・第二位の官位を有する有力貴族の特権的身分・地位や集団として、高句麗に対盧、百済に佐平、新羅に「和白」や「阿湌」と総称されるものがあり、それらの代表者が大対盧・大佐平・上大等という最高官に就任するとともに、それらの有力貴族が重要官職に任じられる形態であったというのがそれである。このような官位制を含めた三国の権力形態に大和政権のそれが類似しているように思われる。

先ず、朝鮮三国と倭国の官位制・冠位制は、表5-1のように、未入流に相当するものを除けば、正四品〜従九品に当たる十二階で共通している。

大臣はマヘツキミの代表者として位置付けられるものであるが、このマヘツキミは、孝徳紀大化二年三月甲申条の

表5-1　朝鮮三国の官位・倭国の冠位十二階と中国の品階との対応

中国	高句麗	百済	新羅		倭
正四品	主簿	達率	大阿飡		大徳
従四品	大使者	恩率	阿飡		小徳
正五品	大兄	徳率	一吉飡	嶽干	大仁
従五品	収位使者	扞率	沙飡	述干	小仁
正六品	上位使者	奈率	級伐飡	高干	大礼
従六品	小使者	将徳	大奈麻	貴干	小礼
正七品	小兄	施徳	奈麻	選干	大信
従七品	諸兄	固徳	大舎	上干	小信
正八品	翳属	季徳	舎知	下干	大義
従八品	過節	対徳	吉士	一伐	小義
正九品	不〔過〕節	文督	大烏	一尺	大智
従九品	先人	武督	小烏	彼日	小智
未入流	自位	佐軍 振武 克虞	造位 (京位)	阿尺 (外位)	

「大化薄葬令」で「マヘツキミ」を意味するとみられる「上臣」「下臣」が大仁よりも上位の冠位に相当するものとして記されていることからしても、冠位大徳・小徳の官人であったとするほかはない[24]。天武朝の納言はマヘツキミの系統を引くものと考えられているが[25]、第六章で述べるように、納言は太政官・法官・宮内官等重要官司の長官を兼任していたと想定し得ることからすれば、『中臣氏系図延喜本系』に「前事奏官兼祭官」と見えるように、重要官職にはマヘツキミが就任するという形態がとられていたと考えられるのではなかろうか。しからば、マヘツキミは高句麗の対盧、百済の佐平、新羅の和白に、大臣は大対盧・大佐平・上大等に、それぞれ対応するということになると思われる。

新羅の和白構成者を五つの官職ないしそれに準ずるものに区分するという形態は、高句麗については不明であるので措いておくとしても、百済や倭国の制とは異質である。しかし、慶州貴族を大等として他の官人と区別していることは、倭国の制と通ずるように思われる。第一章で述べたように、倭国では、「臣」という文字で官人全般を意味することも無論あったが、「上臣」「下臣」の「臣」は令制下の五位以上に当たるとみられ、五位以上の官人を表わす「臣」の用法が令制下にも存在したほか、皇極紀二年十月己酉条の「群臣伴造」という表現に見られるように、「臣連」を意味する「臣」の用法も存在した。「臣連」は伝統的有力豪族を意味する代名詞と言い得るものであり、このような「臣連」を「臣」で表現する方法は、「上大等」を「上臣」と記すように、「大等」を「臣」で表わす新羅の用法に通ずるものと考えられる。

このような「臣」の用法に対して、小徳以上の官人を表わす「臣」の用法は、高句麗の「臣」＝対盧と関係するようにも思われる。また、「上臣」「下臣」というマヘツキミの区分も、前述のように、百済の佐平が上・中・下の三等に区分されたことと通ずる如くである。

大和政権の権力集中形態と朝鮮三国の権力形態との間に共通性・類似性があることは、以上より明らかであると思われる。この朝鮮三国や倭国の権力形態は、中国のそれと異なるところが大きいものと言わなければならないであろう。しかし、中国の制との関係を軽視ないし無視することも不当である。何らかの影響を受けたとみるべきことは、百済と北周との関係(第八章)を想起するだけで自明のことと思われる。

大対盧・大佐平・上大等は、官位制の枠内にありながらも、外見上は、それぞれ主簿・達率・大阿飡という最高官位を超越するものの如き存在であり、倭国の大臣は冠位十二階制期においてはまさしく冠位を超越する存在であった[26]。朝鮮三国および倭国の最高位が中国の正四品官に相当するとみられることからすれば、少なくとも外見上では、大対盧・大佐平・上大等・大臣は三品官以上に位置付けられることになる。第七章で中国の「大臣」について詳述するが、中国では「大臣」は総じて三品以上の官職に叙任されている官人や王侯を表わした称のようである。高句麗の大対盧は「大臣」と表記可能であり、新羅の上大等は大対盧に通ずるもの、倭国は「大臣」そのものを官名としているのであって、官名それ自体からも中国とのつながりを想定し得るのである。百済の大佐平については、名称においては中国との直接の関係が見られないとせざるを得ないのであるが、他国の例からして何らかの関係があった——例えば、第八章で述べるように、佐平が北周の天官府の官と関係する職掌を有したとみられることからすれば、北周段階でのことであったか否かは不明であるとしても、天官府の大冢宰卿に相当するというようなことも想像される——とすべきではなかろうか。

百済の場合は別としても、高句麗と新羅とが中国との関係を想定し得る名称の官を最高官としていることからして、大和政権はこれらを通じて「大臣」を受容したのではないかと思われる。とりわけ高句麗との関係は無視できない。天智紀五年十月己未条の「臣乙相奄鄒」は、その名からしても、倭国側で発音のままに書きとめたものとはなし難いものであり、高句麗側の表現とみるべきものと思われる。したがって、対盧を「臣」と表現することはもとより、大対盧も「大臣」と高句麗で表記していたと考えるべきではなかろうか。しからば、大和政権の最高官「大臣」は高句麗の大臣＝大対盧を受け容れたものと考えられる。このことは、敏達〜推古朝の高句麗との関係、例えば、法興寺の伽藍配置や僧慧慈の役割からしても、充分想定できるところと思われる。

〔付記〕

倉本一宏「氏族合議制の成立——『オホマヘツキミ—マヘツキミ』制——」(『ヒストリア』一三一、一九九一年)・「古代朝鮮三国における権力集中——『オホマヘツキミ—マヘツキミ』制のモデルとして——」(『関東学院大学文学部紀要』五八、一九九〇年)は、本書の本章までに関わる論考であり、またすでに著書『日本古代国家成立期の政権構造』(吉川弘文館、一九九七年)の第一部「氏族合議制の成立と展開」に再録されているにもかかわらず、本書で触れていないので、ここでその理由について略述しておきたい。

「オホマヘツキミ―マヘツキミ」制（本書で言う「大臣―マヘツキミ制」）について。倉本氏がそれを「提唱」されたのは筆者が「大臣―マヘツキミ制」を提唱してから数年後ということもあるが、それはともかく、氏が根拠とされているのは「大連」は敬称であるというただ一点のみとみられるが、敬称ということでは「大臣」も敬称として用いられている場合があるので、職位等としての「大連」を否定する有力な根拠とはなし難いこと、また、大連とされる物部氏・大伴氏の伝承を吟味されての立論ではないということによる。

古代朝鮮三国の制との関係については、これも筆者が三国の制と「大臣―マヘツキミ制」との関係を指摘した後の論であることもあるが、私見は三国の「官位制」の検討を基にしたものであるのに対し、倉本説はその検討がほとんど欠如していることによる。

注

（1）関晃「大化前後の大夫について」（『山梨大学学芸学部研究報告』一〇、一九五九年）。
（2）関晃、注（1）論文。
（3）以下朝鮮三国の官位の順を示すため「⑬過節」「⑭不節」の如く記す。ただし、高句麗に関しては諸書それぞれで所伝を異にするので、「高麗記」の記述に従う。
（4）武田幸男「高句麗官位制とその展開」（『朝鮮学報』八六、一九七八年）。以下、特記しない武田説は当論文による。
（5）武田幸男、注（4）論文。
（6）「泉男産墓誌銘」に、「遷位頭大兄。累遷中軍主活。」とあることは、位頭大兄が中軍主活なる官職と思しきものと同性格のものであることを示しており、皀衣頭大兄を官職とみる方が良いとする根拠に加えることができる。
（7）武田幸男「六世紀における朝鮮三国の国家体制」（『東アジア世界における日本古代史講座』第四巻所収、学生社、一九八〇年）。

（8）大相は『三国史記』『紀』に見えるが、「使者」と「相」とは普通である。

（9）武田幸男、前掲注（4）論文。なお、『高句麗史と東アジア』（岩波書店、一九八九年）に、注（4）論文を改訂して「高句麗官位制の史的展開」と題して収録されたものでは、「小大使者」を「大使者」に変更されているが、厳密なものとされていない。

（10）従大相を収位使者に同じとするのは、相＝使者であり、前述のように、使者を「大使者」とも表わす例があるので、従大相は「従相」というものと変わるところがないとみられることによる。

（11）泉蓋蘇文の死がその翌年に唐に伝えられたことによって、乾封元年に没したという記録が残されたようにも思われる。

（12）請田正幸「高句麗莫離支考」（『朝鮮歴史論集』上巻所収、龍渓書舎、一九七五年）も同様の見解を採っている。

（13）井上光貞「冠位十二階とその史的意義」（『日本歴史』一七六、一九六三年）。

（14）武田幸男、前掲注（7）論文。

（15）天智紀十年正月条にも集斯が小錦下を授けられたことが見えるが、この授位の重複の理由は不明である。

（16）実名が伝えられている者は、『三国史記』に十人、『紀』に六人存在するが、これらのすべてが義慈王の庶子であったわけではない。少なくとも沙宅千福・国弁成・沙宅孫登は王族ではない。したがって、五十人ほどの佐平が存在したことになるであろう。

（17）例えば、鬼頭清明「日本の律令官制の成立と百済の官制」（『日本古代の社会と経済』上巻所収、吉川弘文館、一九七八年）。

（18）坂元義種「五世紀の〈百済大王〉とその王・侯」（『朝鮮史研究会論文集』四所収、一九六八年）。

（19）青木和夫氏は翹岐の亡命を六四三年のこととされる（「改新断行——乙巳クーデターと新政の展開——」、『日本古代の政治と人物』所収、吉川弘文館、一九七七年）。

（20）日本古典文學大系『日本書紀』下、頭注（坂本太郎氏執筆）。

（21）翹岐の亡命を皇極元年とするか、皇極二年とみるかということは、高句麗使の来朝とあいまって、倭国で起った事件の年代について少々問題を提起する。高句麗使は昨年泉蓋蘇文のクーデターがあったことを伝えたが、このクーデターが六四二年であることは、中国史書や「史羅紀」によって知られる。『紀』の紀年に従えば六四二年が皇極元年であるから、高句麗使の来朝と、これとほとんど同時期の翹岐等の亡命は皇極二年のことになる。しかし、逆に皇極元年に来朝・亡命があったとするならば、皇極元年は六四二年となるが、これに従えば、蘇我入鹿暗殺事件・蘇我本宗家滅亡事件は六四五年ではなく六四六年ということになる。しかし、第九章で述べているように、蘇我本宗家の滅亡年代として六四五年はやはり動かし難いので、翹岐の亡命は『紀』の紀年の皇極二年が正当とみられる。

(22) 井上秀雄「新羅の骨品制度」(『歴史学研究』三〇四、一九六五年)。

(23) 井上秀雄「『三国史記』にあらわれた新羅の中央行政官制について」(『朝鮮学報』五一、一九六九年)。

(24) 関晃、前掲注(1)論文。

(25) 早川庄八「律令太政官制の成立」(『続日本古代史論集』上巻所収、吉川弘文館、一九七二年)。

(26) 黛弘道「冠位十二階考」(『東京大学教養学部人文科学科紀要』一七、一九五九年)。

第六章　天武朝の官制

はじめに

律令太政官制の形成過程については、隋・唐や百済の官制との関係で考えようとする国際関係を重視した研究が蓄積されており、その実情が一定明らかにされている。もともと史料的制約が大きいなかで、すでに四方八方手を尽くした努力がなされているという状況の下で、既往の研究の拠り所となっている史料のみでは現状以上には研究が進展しにくいところにまで至っているようにもみえる。

しかし、従来の研究で多かれ少なかれ前提とされている大宝令前官制と大宝令制官制とのつながりをひとまず考慮の外に置くことによって、新たな問題が提起されるのではないかと思われる。本章では、その一つの試みとして、「太（大）政官」という語と「納言」なる官との検討を通じて、天武朝に存在した中央官制についての私見を述べ、併せて朝鮮三国の官制との比較検討も行うことにしたい。

一　太(大)政官

早川庄八氏は天武朝の太(大)政官は納言のみで構成されていたとされ、その主な論拠として次の二点を挙げられている。[1]

(一)　太政官にどのような官職が存したかを確認し得る材料が、持統紀元年正月丙寅条で納言として誄している布勢御主人が天武紀朱鳥元年九月乙丑条で太政官事を誄していること以外に残されていない。

(二)　「小野毛人墓誌銘」に、「任太政官兼刑部大卿」とあり、太政官の語があたかも官職の如くに用いられている。

この説は、天武朝の太(大)政官に大宝令制太政官の組織を投影し、天武朝の太(大)政官もまた複数の官職によって構成されていたであろうとする従来からの暗黙の前提を放棄した上で想定されたもので、律令太政官制成立史の研究史において画期的なものである。しかし、この説もまた大宝令制太政官を構成する官職に大納言等があったということを「暗黙の前提」としているのである。ここでさらに一歩進めて、早川説の前提をも放棄するとどのようになるであろうか。すなわち、太(大)政官と納言とを切り離して理解することができないものかどうかということについて考えてみたいと思う。

そこで注目されるのが「小野毛人墓誌銘」である。この墓誌は大宝令制下においてつくられたもので、毛人の死後、天武朝段階で作成されたものではないと考えられている。「任太政官兼刑部大卿」という表現からすれば、「太政官」が官職を意味していることは疑い得ないが、大宝令制下では「太政官」は官司名であって官職名ではないことからして、墓誌銘の「太政官」の用法はそれ以前の天武朝前後のものと考えるべきであろう。ところがその一方で、「刑部大卿」という大宝令制に基づいた、美称「大」を含む表現がなされている。

早川氏が説かれたように、天武朝において太(大)政官が納言のみで構成されるものであり、墓誌の「太政官」が官職納言を意味するものであるならば、一方で大宝令制に基づく官職名の表現を採りながら、他方で、大宝令制につながる正式の官職名たる納言を記さず、ことさらに「太政官」という大宝令制の官職名につながらない名称を用いていることが問題になるのではなかろうか。「太政官」で表わされている官職と納言とは直接つながらないと考えるべきであるように思われる。

ところで、『小野氏系図』ではこの毛人に、「大徳冠」「中納言」という注記が見られ、東野治之氏はこの注記から、毛人が納言であったとされる。[2] しかし、墓誌銘に記されている冠位大錦上が冠位十二階の大徳に相当するとしても、[3] 毛人の冠位をことさらに冠位十二階段階の冠位に変更して記したとは考え難い。また、同系図には毛人に「推古朝御宇遣唐使」という記載もあり、父の大徳妹子と混同されているところがある。妹子と同世代の存在である大伴咋子が『伴氏系図』に「大納言大徳冠」と見えることからして、妹子についてもその冠位などから中納言になぞらえるようなことが行われた可能性はあると思う。このようにみると、「小野氏系図」の毛人に関する注記は父妹子についてのものが誤って記されたものということになり、毛人を納言であったとする根拠とはなり得ないと考えられる。

以上の考えに大過なしとすれば、太(大)政官と納言とは直接つながらないと言わなければならないであろう。しかし、「小野毛人墓誌銘」からすれば、「太政官」が官職名でもあったことは明瞭である。「大弁官」は官司名であったとともに官職名でもあったが、[4] ほかにも、『続日本紀』文武三年正月癸未条の「内薬官桑原加都」、養老元年正月己未条の「飛鳥朝京職直大参志丹」、藤原宮跡出土木簡の「弾正台笠吉麻呂」等の表現が見られることからすれば、官司名と官職名とを共通にするものがいくつかあったようである。このような事例からすれば、官司太(大)政官もまた官職太（大）政官によって構成されていたと考えるべきではなかろうか。押部佳周氏は、太政官と納言との古訓を主要な論拠として、官司太（大）政官が官職太（大）政官によって構成されたと推定されているが[5]、筆者は以上のように考えることによって、押部氏の説に左袒したいと思う。

しからば、布勢御主人は納言と太（大）政官を、小野毛人は太（大）政官と刑官の長官とを、それぞれ兼任していたということになるであろう。以下、このような理解を前提として、天武朝の官制について考えることにしよう。

二　納　言

「納言」と明記されて伝えられているのは舎人王[6]と布勢御主人だけであるが、早川氏はそのほかに藤原大嶋・巨勢黒麻呂・小野毛人も納言と考えるべきであるとされる。これらのうち、小野毛人を納言とする根拠については、前述のように、承認することはできず、少なくとも納言であったことを直接示す史料は見当たらないのである。巨勢黒麻呂は、『続日本紀』神亀元年六月癸巳条の巨勢邑治の薨伝に「難波朝左大臣大繍徳多之孫、中納言小錦中黒麻呂之子也。」と見える。黒麻呂は、「小錦中」という冠位からして、四十八階制施行以前に卒していたのであるが、「中納言」という表現に拠り所があるとするならば、天武朝で納言であったということになる。

中臣大嶋についてはどうであろうか。早川氏は、『懐風藻』に「大納言直大二」、『中臣氏系図延喜本系』に「中納言直大弐」とあって所伝を異にすることから、大嶋については「納言」とのみ伝えられていたのをそれらの編者・撰者が大納言あるいは中納言と解したとされている。しかし、「大納言」と「中納言」のいずれかが誤記によるものである可能性も否定し去ることはできないように思われる。大嶋は、持統紀四年正月戊寅朔条・同五年十一月戊辰条に「神祇伯」として現われ、七年三月庚子条に「賜直大弐葛原朝臣大嶋賻物」とあるので、持統七年三月頃に「神祇伯」直大弐で卒したと考えられる。『中臣氏系図』では大嶋について、「中納言直大弐」とあるほか、「祭主・中納言□大弐・神祇伯」「祭主中納言兼神祇伯真（直）大弐」「祭主中納言」「神祇伯従五位上中納言」等の記載があり、中納言兼神祇伯であったとしている。浄御原令施行後、大嶋が「神祇伯」であったことは持統紀の記述から確かであり、その当時納言は大・中・小（少）に分化していた[7]のであるから、『中臣氏系図』の「中納言」を浄御原令施行後の官職とみることは可能ではなかろうか。三輪高市麻呂が直大弐で中納言であった[8]ことからすれば、大嶋を中納言とする『中臣氏系図』の所伝の方が、大納言とする『懐風藻』のそれよりも正しいと思われる。このことは大嶋を大納言とする所伝があったにもかかわらず、それよりも低い中納言を『中臣氏系図』が伝えていること自体からも証されるであろう。ともかく、今の段階では、中臣大嶋が納言であったとは必ずしも断定し得ないと思われる。

以上より、残存史料による限りでは、天武朝の納言として確認できる者は、舎人王・布勢御主人・巨勢黒麻呂の三人ということになる。巨勢黒麻呂については、その系譜が知られるだけで経歴や卒年など一切不明であるが、舎人王は「宮内卿」を兼任し[9]、布勢御主人は天武の殯宮で大政官事を誄していることから太（大）政官の長を兼ねていたとみられる。

中臣大嶋については、ここでは納言であったと断定し得ないのであるが、持統朝においては中納言で「神祇伯」を兼任していたことはほぼ確かである。なお、納言でもあったとするならば、天武の殯宮で兵政官事を誄していることから、兵政官の長官を兼任していたということになる。

以上のように、天武朝で納言であったと考えられる官人の中には、太（大）政官や宮内官の如き重要官司の長官を兼ねる者が存在した。しかし、納言であった官人は、上記三～四人のほかにも存在したと思われる。以下そのような官人について推測することにしたい。

持統朝で納言が大・中・小（少）の三等に分化した際、天武朝から浄御原令施行直前にかけて納言に任じられていた官人の多くは、それぞれの位階や身分等に基づいて、新たに大納言・中納言・小（少）納言に任官されたとみるのが自然と思われる。そこで、浄御原令施行後の持統朝で三納言に任じられた官人について考えることにするが、小（少）納言の実例は見当たらないので、大・中納言に限らざるを得ない。

布勢御主人と大伴御行とは持統紀十年十月庚寅条に初めて大納言として登場している。しかし、持統紀五年正月乙酉条に、高市皇子・穂積皇子・川島皇子・右大臣丹比嶋や百済王禅広らとともに増封されたことが特記されており、この段階で彼らがすでに一般官人と区別される存在であったことが知られる。禅広は当時正広肆で、直大壱であった御主人や御行よりも位は高いが、この時に与えられた封戸が彼らよりも少ないことは、禅広の位の高さが百済王族であったことによること、要職には任じられていなかったことを示すものであろう。また、御主人・御行よりも高位の官人が嶋と禅広以外に知られない。したがって、御主人と御行とは、納言が三等に分化した当初より、大納言に任じられていたと考えて良いと思われる。以後、大宝令制に基づく任官までの時期を通じて、この二人以外に大納言として現われる者はなく、嶋を除いて、比肩する位階を有する者も伝えられていない。浄御原令制下の大納言は、持統紀に伝えられているこの二人のみであったと考えられる。

三輪高市麻呂は持統紀六年二月乙卯条に初めて中納言として現われているが、このほかに持統朝の中納言と明記される官人は存在しない。ただし、浄御原令制下全体では、『続日本紀』大宝元（文武五）年三月甲午条に、石上麻呂・藤原不比等・大伴安麻呂・紀麻呂が中納言として現われている。高市麻呂は中納言としての登場年月からして、三納言分立当初より中納言に任じられていたと考えられるが、他の四人の任官年月については知るところがない。ただ、石上麻呂と藤原不比等については、持統紀十年十月庚寅条に、右大臣丹比嶋や大納言阿倍御主人・大伴御行と並んで資人を仮賜されたことが記されているので、この頃には大納言に次ぐ地位にあったことを推測し得る。

この浄御原令制下の中納言は大宝令の施行によって廃止されるが、その後、慶雲二（七〇五）年四月に再置される。この新旧中納言の職掌や性格の異同については議論のあるところであるが、石上麻呂・藤原不比等・紀麻呂が、大宝令官制に切りかえられた段階で、中納言から大納言になっていることからして、大納言に次ぐ重要な官職であったということにおいては、共通すると考えられる。そこで、持統朝の中納言にどのような官人が任じられたかを考える素材とするために、慶雲二年四月から延暦三（七八四）年の長岡京遷都に至るまでの間に中納言に任じられた官人について調べることにしたい。

中納言に任官されている者よりも高い位階を有しているにもかかわらず、少なくとも中納言の官人がそれに任じられる段階において、中納言以上の議政官や大宰帥に任官されていない者は、致仕した官人や左遷された者を除けば、次の通りである。

大伴安麻呂

大宝元（七〇一）年三月に従三位となっていたが、慶雲二（七〇五）年四月に、粟田真人と高向麻呂とが正四位下、阿倍宿奈麻呂が従四位上でともに中納言に任じられている。

長屋王

大宝四（七〇四）年正月に無位から正四位上に叙され、以後従三位・正三位と昇叙されたが、養老三（七一九）年三月に大納言になるまでの間、慶雲二年四月に正四位下粟田真人・高向麻呂と従四位上阿倍宿奈麻呂とが、和銅元（七〇八）年三月に従四位上中臣意美麻呂が、それぞれ中納言に任じられている。

小野毛野

慶雲二年十一月には正四位上であったが、すでに同年三月に阿倍宿奈麻呂が従四位上で中納言になっている。宿奈麻呂が正四位上に叙されるのは和銅元年七月であるから、毛野と宿奈麻呂との位階の差は後者の中納言任官段階ですでに存在したと思われる。

葛野王

慶雲二年十二月に正四位上で卒したが、同年四月に正四位下粟田真人・高向麻呂と従四位上阿倍宿奈麻呂とが中納言に任官されている。

犬上王

和銅元年三月に正四位下であったが、当時中納言阿倍宿奈麻呂は従四位上であった。

安八万王

霊亀三（七一七）年正月から養老三年正月に卒するまで正四位下であったが、養老二（七一八）年三月に巨勢邑治と大伴旅人とが従四位上で中納言に任じられている。

広瀬王

養老二年正月に正四位下に叙されたが、その三月に従四位上巨勢邑治・大伴旅人が中納言になった。

藤原房前

神亀元（七二四）年二月から天平九（七三七）年四月に薨するまで正三位であったが、その間、阿倍広庭は神亀四（七二七）年十月から天平四（七三二）年二月に薨するまで従三位で中納言であり、多治比県守は天平四年正月に従三位で中納言に任官されている。

三原王

天平二十（七四八）年二月に従三位、天平勝宝元（七四九）年十一月に正三位となり、同四（七五二）年七月に薨したが、同元年七月に多治比広足は正四位上で中納言となっている。

智努王

天平十九（七四七）年正月以後従三位であるが、天平勝宝元年七月に正四位上多治比広足が中納言に任官されている。

百済王敬福

天平感宝元（七四九）年四月に従三位で陸奥守であったが、同年（天平勝宝元年）七月に多治比広足が正四位上で中納言になっている。

藤原小黒麻呂

延暦二（七八三）年当時正三位であったが、同年七月、大伴家持が従三位で中納言に任官された。

以上の十二人のほかにも、『公卿補任』の所伝に従えば、藤原弟貞・竹野王・百済王南典を挙げることができる。しかし、弟貞については『続日本紀』の所伝と大きく異なり、竹野王の場合は『続日本紀』に所伝が見えない。また、南典については、前二者の場合とは異なって、『公卿補任』の記述に一定の信用を置くことができるように思われるが、『続日本紀』では天平九年以後姿を現わしていないのである。そこでここでは、これら三人を除いて考えることにする。

百済王敬福の位階は百済王族の後裔ということなどの特殊な事情によるもので、実質を伴わないものとみられる

（南典も同様）。他の者については、このような事情は見られないが、太政官構成の慣例ないし原則という面から、そのうちのいく人かは説明できるようである。

養老元（七一七）年以前の知太政官事や「参議」を含む議政官の任官は各氏一人が原則であったことは、つとに阿部武彦氏によって指摘されているところである。[10]これをさらに狭義の太政官を構成する太政大臣・左大臣・右大臣・大納言・中納言に限定すれば（本節での「太政官」はこの意味で用いる）、天平勝宝元（七四九）年に藤原仲麻呂が大納言に任官され、兄豊成とともに太政官内に座を占めるまで、太政官は各氏一人が構成員となっている。しかも、藤原氏以外の場合においては、皇族も含めて、延暦十三（七九四）年に神王と壱志濃王とが中納言に任じられるまで、各氏一人である。

また、太政官が一氏のみで構成されていたのは、橘諸兄だけが太政官にあった天平十二（七四〇）～十四（七四二）年と、藤原氏のみの天応二・延暦元（七八二）年（魚名が右大臣、田麻呂が大納言から右大臣、是公が中納言から大納言、継縄が中納言）だけである。前者の場合は、天平十四年に至るまで従三位以上の位階にあった者は諸兄と知太政官事鈴鹿王のみであり、十四年に大野東人が従三位になったが、これは藤原広嗣討滅の功による特進であった。後者については、藤原氏以外では大伴家持がその前年十一月に従三位に叙されていたが、この年閏正月に氷上川継の謀反事件に連座して京外に移され五月に罪を赦されて復任した、という事情があった。

してみれば、太政官は複数の氏から一人ずつ任命された代表者によって構成されるというのが慣例であり、本来の原則ともなっていたと考えられるであろう。

長屋王・葛野王・犬上王の場合は穂積親王が知太政官事として、安八万王・広瀬王の場合は長屋王が大納言として、藤原房前の場合は兄武智麻呂が中納言・大納言・右大臣として、それぞれ存在していた。これらの官人については、太政官の構成が各氏一人ずつであったというところから理解し得ると思われる。

大伴家持は、前記のように、延暦二（七八三）年七月に従三位で中納言に任官されたが、当時藤原小黒麻呂は正三位であった。小黒麻呂はその翌年正月に藤原種継とともに中納言になっているので、一時的な例外ともみられるが、謀反に坐していったん京外へ追放された家持が先に中納言になっていることは、複数の氏によって太政官が構成されるという慣例・原則に則ったものとすべきであるように思う。

三原王と智努王の場合は、元皇族の橘諸兄が左大臣であったこととの関係も推定されるかも知れないが、それより以前に諸兄とともに鈴鹿王が知太政官事として存在していたことを考慮すると、異なった事情・理由を考えるべきであると思う。長屋王が自殺に追いこまれて以後、皇族では、知太政官事は別として、天平宝字六（七六二）年十二月に白壁王が参議を経ずに中納言になるまで、太政官の構成員が出ておらず、参議にもなっていない。天平宝字六年六月に孝謙上皇は淳仁天皇を非難しているが、このことは上皇と藤原仲麻呂との関係が険悪化したことを示すものであることは言うまでもない。この年の十二月に白壁王が中納言に任じられ、仲麻呂の乱後の論功行賞で勲二等というこの時の最高の叙勲を受けている。このような状況からすれば、白壁王が中納言となったのは、上皇が皇族内の反仲麻呂勢力であり皇族の長老格でもある王を、太政官内に送りこむことによって、仲麻呂勢力を掣肘しようとしたという事情があったのではないかと考えられる。白壁王の中納言任官は直接位階に基づくものではなかったと思う。長屋王以後、皇族は参議にも任官されないという慣例になっていたのではなかろうか。これは皇族が実権を有することによる皇位簒奪の危険を未然に防ごうとする配慮によるものであろう。三原王・智努王の場合は、このような事情によるものと考えられる。

次に太政官を構成した氏について見てみよう。天平勝宝年間以降では藤原氏が他氏を圧倒して多くの太政官構成者を出しているが、天平年間まででは、多治比氏四人[11]、阿倍[12]・巨勢[13]・藤原[14]・大伴[15]各氏がそれぞれ三人ずつで、数的には均衡していると言い得る。このうち阿倍氏は天平勝宝年間以後では太政官を構成せず、多治比・巨勢両氏も天平宝字年間以降は太政官構成者を出していないが、これらに替わって石川氏が登場している。[16]紀[17]・石上[18]・中臣[19]三氏は、人数はそれほどではないが、天平勝宝年間の前後を通じて、太政官を構成している。その他、初期の段階で高向[20]・粟田[21]・小野[22]三氏が、藤原仲麻呂政権下で文室[23]・氷上[24]両氏が、道鏡政権下で吉備[25]・弓削[26]両氏がそれぞれ太政官を構成し、橘氏も諸兄が実権を掌握した時期があったが、いずれも一時的なもの、特殊なものと見做すことができるであろう。

以上よりすれば、天平年間以前においては、多治比・阿倍・巨勢・藤原・大伴・紀・石上・中臣の八氏が太政官を構成するような有力氏族であったということが言えるようである。これらの諸氏は天武朝で勢力を得たと考えられる多治比（丹比）氏を除けば、伝統的有力氏族である。阿倍氏は孝徳朝に左大臣倉梯麻呂、巨勢氏は孝徳朝に左大臣徳陀古、天智朝に御史大夫人、藤原・中臣両氏は天智朝に内大臣鎌足と右大臣金、大伴氏は孝徳朝に右大臣長徳、紀氏は天智朝に御史大夫大人がそれぞれいたことが『紀』に見え、これらの諸氏ほどではないにせよ、石上氏では、孝徳朝で物部宇麻乃が衛部大華上であったことが『続日本紀』養老元年三月条の石上麻呂の薨伝に見える。浄御原令施行以後の太政官構成者の大半は以上の諸官人の後裔である。また、他氏族で、天智朝以前の段階で有力であったのは蘇我氏ぐらいである。このようなことからすれば、多治比氏を除く諸氏は、伝統的に太政官を構成すべく予定されていた氏とみられるのであり、これらに皇親系氏族として、新興の多治比氏が新たに加わった（加えられた）と考えられる。

以上より、慶雲二（七〇五）年の中納言復置以後に中納言に任じられた官人は、基本的には大納言に次ぐような高位の者であるが、天平勝宝元（七四九）年までは各氏より一人のみ任官され、伝統的に多治比・阿倍・大伴・藤原・石上・中臣・紀・巨勢の八氏が太政官を構成するという慣例が関係していたと考えられる。小野毛野の中納言就任がそれより下位の阿倍宿奈麻呂の任官よりも遅れた理由は、このような事情によると思われる。しかし、大伴安麻呂については、任官が遅れた理由は依然として不明とせざるを得ない。

このような奈良時代の中納言任官の事情を念頭に置き、持統朝の中納言に戻ることにする。

持統即位以後大宝令施行段階に至るまでに現れる官人で、大宝令制の従四位下に相当する直広弐以上の位階を有した者は、表6－1の通りである。

表6－1　直広弐以上の官人（持統即位～大宝令施行）

官人名	位階・官職（出典）
丹比真人嶋	正広参任右大臣（持統四年七月庚辰条）、正広弐・左大臣（大宝元年三月甲午条）
百済王禅広	正広肆（持統五年正月己卯条）
布勢（阿倍）朝臣御主人	直大壱（持統五年正月乙酉条）→　正広肆（昇叙、同八年正月丙戌条） 正広肆・大納言（同十年十月庚寅条）、正広参・大納言（大宝元年三月甲午条）
大伴宿禰御行	直大壱（持統五年正月乙酉条）→　正広肆（昇叙、同八年正月丙戌条） 正広肆・大納言（同十年十月庚寅条）、正広参・大納言（大宝元年正月己丑条、薨）
多臣品治	直広壱（持統十年八月甲午条）
石上朝臣麻呂	直広壱（持統十年十月庚寅条）、直大壱・中納言（大宝元年三月甲午条）
当麻真人国見	直広壱任東宮大傅（持統十一年二月甲午条）、直大壱（文武三年十月辛丑条）
三輪朝臣高市麻呂	直大弐・中納言（持統六年二月乙卯条）
藤原朝臣大嶋	直大弐・神祇伯（持統七年三月庚子条）
藤原朝臣不比等	直広弐（持統十年十月庚寅条）、直広壱・中納言（大宝元年三月甲午条）
大伴宿禰安麻呂	直大壱・中納言（大宝元年三月甲午条）
粟田朝臣真人	直大弐・民部尚書（大宝元年正月丁酉条）
県犬養宿禰大侶	直広壱（大宝元年正月癸卯条、卒）
紀朝臣麻呂	直広弐・中納言（大宝元年三月甲午条）

これらの官人の中で、丹比嶋・百済王禅広・布勢御主人・大伴御行については前述したところである。多品治は直広壱であるが、天武朝の改姓においても朝臣姓が与えられておらず、八姓の第六位である臣姓にとどまっていたらしいことから、この位階は壬申年の功臣としての栄誉的なものであり、彼は要職には任じられていなかったと考えられる。

石上麻呂・当麻国見・大伴安麻呂・県犬養大侶（大伴）は中納言三輪高市麻呂よりも高位であるが、いずれもその位階で現われている時期が高市麻呂のそれよりも遅れる。しかし、朱鳥元（六八六）年九月の天武の殯庭では、三輪高市麻呂が直大肆で誄しているのに対して、当麻国見・県犬養大伴は直大参、石上麻呂・大伴安麻呂は直広参でそれぞれ登場している。この殯庭で三輪高市麻呂と同じ直大肆で登場する藤原大嶋が持統紀七年三月庚子条で、この時期の高市麻呂と同じ直大弐であることからすれば、石上麻呂・当麻国見・大伴安麻呂・県犬養大伴は、ほぼ終始三輪高市麻呂よりも高位であったと考えられる。

前述のように、藤原大嶋が中納言であった可能性は高い。藤原不比等も持統十年十月には、石上麻呂とともに、大納言に次ぐ地位にあったとみられることから、中納言になっていたと思われるが、これは大嶋のあとを嗣ぐかたちではなかったであろうか。

粟田真人は、天武紀十四年五月甲子条に直大肆で現われているので、天武死没段階では三輪高市麻呂と同じ位階であったと思われる。しかし、『続日本紀』大宝元年三月甲午条の授位・任官記事では、真人よりも一階低い紀麻呂が中納言であっても、真人が中納言であったことを示すものは見られない。

以上のようにみてくると、大・中・小（少）納言分置当初から中納言に任じられていた可能性がある官人としては、三輪高市麻呂のほかに、位階からすれば、石上麻呂・当麻国見・藤原大嶋・大伴安麻呂・県犬養大伴を挙げることができるように思われる。

早川庄八氏は納言を、宰相あるいは執政官としての性格は薄く、むしろ侍奉官ないし奏宣の官としての性格が強いものとされる。納言がこのような性格を有する官であったことは、隋の門下省長官名である「納言」という官名からしても、否定し得ないと思う。しかし、天武紀九年七月戊戌条の「納言兼宮内卿五位舎人王」という表現から、納言が「宮内卿」よりも上位の官職とみられ、また、前述のように、布勢（阿倍）御主人は納言と太政官の長官とを兼任していたが、持統紀元年正月丙寅朔条には御主人が納言の肩書きで誄したことが記されているので、納言が正官であったと考えられるのである。このようなことは納言が最も重要な官職であったことを示しているのではなかろうか。したがって、大宝令制下の少納言に相当する職務を有した者もいたであろうが、有力者が納言に任官されていたことは確かであろう。天武朝〜持統称制期の納言が大・中・小（少）納言に遷任されたとすべきであると前述したのは、このような根拠に基づくのであるが、この理解を前提として、天武朝の納言について考えることにしたい。

大・中・小（少）三納言分立当初から大納言ないし中納言であった可能性を有する布勢御主人・大伴御行・当麻国見・県犬養大伴は天武末年段階で直大参、石上麻呂・大伴安麻呂は直広参、三輪高市麻呂・藤原大嶋は直大肆であった。天武朝で直大肆以上に叙されていた、もしくは叙されていたと考えられる官人は、以上の八人のほかに、丹比麻呂・丹比嶋・百済王禅広・許勢辛檀努・当麻広麻呂・羽田八国・路迹見・粟田真人・采女竺羅・黄書大伴を挙げることができる。

天武朝〜持統称制期の納言が大・中・小（少）納言に遷任されたという想定からすれば、布勢御主人から藤原大嶋に至る八人は納言であった可能性がある。また、位階からすれば、丹比麻呂以下の、前述の百済王禅広と粟田真人を除く八人も、同様にその可能性を有しているであろう。そこで、これら八人について、あらためて検討を加えることにする。

丹比嶋は持統朝で右大臣に任じられるが、天武の殯庭では誄していない。丹比麻呂は、天武紀六年十月癸卯条に直大弐ないし直広弐に相当する大錦下で摂津職大夫に任じられたこと、持統紀元年三月甲申条に殯庭で誄したことが見えている。持統称制期段階までは丹比氏の中心（氏上）は麻呂であり、嶋は麻呂の死後、そのあとを嗣いだのであろう。

許勢辛檀努は天武紀十四年三月辛酉条に、京職大夫直大参で卒したことが記されている。辛檀努は巨勢人が壬申の乱で配流された後の巨勢氏の中心であったと思われる。

当麻広麻呂は、天武紀四年四月辛巳条に朝参を禁じられたこと、十四年五月甲子条に直大参で卒したことが見えるだけであり、就任していた官職については不明である。位階からして、当時の当麻氏の氏上であった可能性があるとみられるだけである。

羽田八国は天武紀朱鳥元年三月乙丑条に大弁官直大参で卒したことが見える。

路迹見は、天武紀十四年九月戊午条に南海使者となったこと、持統紀元年十二月庚子条に饗新羅使者となったこと、十一年二月甲午条に春宮大夫となったことが記され、いずれも直広参であった。

采女竺羅は、天武紀十年七月辛未条に小錦下で遣新羅大使となり、朱鳥元年九月甲子条に天武の殯庭で直大肆で内命婦事を誄したとあり、また、持統三年十二月二十五日建立の「采女氏塋域碑」に「飛鳥浄原大朝庭大弁官直大弐采女竹良卿」と見える。

黄書大伴は持統紀元年八月己未条に直大肆で現われているが、和銅三年十月に正五位上で卒しているので、持統朝以後位階の昇叙がなかったということになる。

以上の八人のうち、天武死没段階に生存していたのは、丹比麻呂・丹比嶋・路迹見・采女竺羅・黄書大伴の五人である。黄書大伴の位階の高さは壬申年の功による栄誉的なものであり、実質を伴うものではなかったであろう。路迹見は直広参で南海使者となっているが、これと同時に任命・派遣された東海使者等はすべて直広肆の官人であるので、直広肆の者と同等の扱いを受けているとも言える。また、迹見はその後十二年を経た持統十一年十二月段階でも同じ直広参で、昇叙されていない。してみれば、迹見は皇親系氏族路氏の中心であったので、天武朝で高位にあったのであり、要職には任官されていなかったと考えられる。采女竺羅は持統三年十二月二十五日までに卒し、その段階で直大弐まで昇進していたが、塋域碑には竺羅が大弁官であったとのみ記されていることからして、納言ではなかったと考えられる。

このようにみると、天武死没段階で納言であった可能性を見出し得る官人は、布勢御主人から藤原大嶋に至る八人に丹比麻呂・嶋を加えた十人ということになる。これらの官人がすべて納言であったかどうかは確定し得ず、また、そのほかに、後に小（少）納言となった官人も含まれていたであろう。しかし、以上の十人が納言であったことを否定する積極的な材料も見当たらないように思われる。

当麻国見は天武の殯庭で兵衛事を誄した後、持統十一年二月に東宮大傅に任じられ、文武三年十月に越智山陵に遣わされ修造させられているが、その後事実上姿を消している。また、県犬養大伴は天武の殯庭で総宮内事を誄したが、その後大宝元年正月に直広壱で卒するまで正史に記されるところがない。このような所伝のみからすれば、当麻国見や県犬養大伴は内廷関係の要職にあったが、納言や中納言ではなかったとも解し得る。大宝令施行後の太政官の氏族構成という面からしても、この両者は除外すべき者のようでもある。しかし、伝統的大族に比すれば二流以下の氏とすべき丹比氏が天武・持統朝で急速に台頭しているのであるから、同じ皇親系氏族である当麻氏が納言あるいは中納言に任官されていなかったとも断じ難い。伝統的大族が「復活」した持統朝段階で、納言を離れ、内廷に密着するような状況になったということも考えられるところである。また、県犬養大伴にしても、天武の殯庭で総宮内事を誄したような人物であり、宮内事を掌る一つの官司ともされる宮内官の長官であった舎人王が納言であったことからしても、納言であった可能性は否定できない。中納言以上の職にあった官人が没した場合、その官職名が正史に記されていないことは極めて異例のことではあるが[27]、大宝元年にはその職を去っていたと考えられなくもないと思う。

大伴氏は天武・持統朝で御行と安麻呂とを有力者として出している。安麻呂は御行よりも位階は低いが、朱鳥元年九月に天武の殯庭で大蔵事を誄しているだけでなく、持統元年から二年にかけて数度行われた誄にも、如何なる身分や立場であったかは不明であるが、顔を出している。安麻呂は兄御行とともに要職にあったとしなければならず、納言であった可能性は否定し得ない。このように考える場合に問題になるのは、大宝令施行後の太政官構成の慣例・原則であり、それが令制前からの慣習を引き継いでいると考えられていることである。しかし、一氏一員の慣例なるものがいつ始まったかは明瞭でない[28]ということは別としても、太政官と納言とは、前述のように、別のものと考えるべきであり、大宝令制下の太政官構成の慣例・原則をそのまま当てはめる必要はないと思う。

天武死没段階で納言であったと推定してきた官人は、その他にも重要な官職に就任していた。布勢御主人は大政官事、当麻国見は左右兵衛事、県犬養大伴は総宮内事、石上麻呂は法官事、大伴安麻呂は大蔵事、三輪高市麻呂は理官事、藤原大嶋は兵政官事を、それぞれ誄しており、それぞれの官司の長官であったとみられる。大伴御行については不明であるが、丹比麻呂は天武六年十月に摂津職大夫に任じられており、丹比嶋は天武十一年四月・十二月段階で筑紫大宰であった[29]。

その他、天武死没以前ですでに卒していた官人の中でも、位階からすれば、許勢辛檀努・当麻広麻呂・羽田八国は納言であった可能性はある。しかし、当麻広麻呂は就任していた官職すら伝えられておらず、許勢辛檀努は京職大夫、羽田八国は大弁官であったことが卒時の記事に見えるだけである。舎人王が「納言兼宮内卿」と卒時の記事に明記されていることからすれば、広麻呂はもとより、辛檀努や八国も納言ではなかったとするのが良さそうでもある。ただし、辛檀努については、前述のように、巨勢氏が太政官構成氏族として予定されていたと考えられることからすれば、納言であった可能性を留保すべきであると思う。

以上のように考えてくると、多くの重要官司の長官を納言が兼ねていたということになる。大宝令施行前後以後の中納言以上の官職に任じられている官人の兼官は、納言が重要官司の長官を兼任していたという天武朝官制の遺制と見做すことも可能であるように思われる。[30]

三　納言・太(大)政官・大弁官・「六官」の相互関係

前節で検討したように、納言が重要官司の長官を兼任していたとするならば、官司間の統属形態についても既説とは異なった想定が可能となるように思う。ここで、納言・太(大)政官・大弁官および法官・理官・大蔵・兵政官・刑官・民官のいわゆる「六官」相互の関係を考えることにする。

まず、太(大)政官・大弁官・「六官」の相互関係についてであるが、これについては、天武紀七年十月乙酉条に見える考選方式についての詔に基づいて議論がなされている。

八木充氏は、この詔に「則法官校定、申送大弁官」とあり、法官からの送り先が太政官となっていないことから、大弁官は「六官」を管掌しながら、国政最高機関たる太政官と併存したとされ[31]、早川庄八氏は八木説を首肯されながらも、天武の殯庭で大弁官事が誄されていないことから、大弁官は「六官」での行政事務の単なる受理伝達機関であったとされる。これに対して、井上光貞氏[32]や野村忠夫氏[33]は、詔中の「大弁官」が養老考課令内外条および選叙令応叙条の「太政官」が意味するところと同じものであることから、大宝令・養老令と同じように、大弁官を太政官と諸司とを結ぶ機能を持つ機関とされている。

前述のように、「太（大）政官」は、「大弁官」と同じく、官司名であるとともに官職名でもあったとみられるので、「太（大）政官」なる名称で大弁官をも含んだ政治機構をも表現したとは考え難い。天武七年十月詔は素直に「申送大弁官」と読むべきであり、令制を天武朝の官制に適用して、大弁官を太（大）政官の属官とするのは早計と言うべきではなかろうか。押部佳周氏が指摘されているように、この考選についての詔からは、大弁官が法官を、ひいては「六官」を管掌していたかどうかということすら必ずしも明らかではない[34]と思われる。

そこで、重要官職に任じられている官人の位階の面からみておくことにしよう。

大弁官として伝えられているのは、朱鳥元年三月に直大参で卒した羽田八国と持統三年に直大弐で卒したとみられる采女竺羅だけである。朱鳥元年段階で、太（大）政官の長官布勢（阿倍）御主人と内廷の統括者であった県犬養大伴は八国と同じ直大参であった。

持統三年段階（浄御原令施行段階）での位階が明らかであるのは、直大弐であった采女竺羅と、この年閏八月に直広弐から直広壱に昇叙された丹比嶋だけである。他の官人に関しては明確ではないが、直大弐を超える位階を有していた者はほとんどいなかったようである。布勢御主人は持統紀五年正月乙酉条では直大壱として現われているが、丹比嶋よりも常に一〜三階位階が低いので、持統三年段階では直大弐どまりであったと思われる。大伴御行は持統紀以後布勢（阿倍）御主人と同じ位階で、またほとんど並んで登場し、ともに大納言となっているので、持統三年段階でも御主人と同等の位階であったとみられる。当麻国見と県犬養大伴は朱鳥元年段階で直大参であったが、国見は持統十一年二月段階で直広壱、大伴も大宝元年段階で直広壱であり、持統三年段階ではせいぜい直大弐であったと考えられる。石上麻呂は朱鳥元年九月乙丑条で直広参、持統紀十年十月庚寅条で直広壱、三輪高市麻呂は持統紀六年二月乙卯条で、藤原大嶋は持統紀七年三月庚子条でともに直大弐と記されており、いずれも当麻国見・県犬養大伴と同様、持統三年段階ではせいぜい直大弐であったと思われる。持統三年段階で采女竺羅よりも高位にあったとみられるのは丹比嶋ぐらいであり[35]、この段階では、竺羅は、朱鳥元年に内命婦を管掌する職にあった時には位階が二階上であった布勢御主人と、ほぼ同等の位階になっていたと考えられる。

しからば、大弁官として伝えられる羽田八国・采女竺羅ともに、太(大)政官の長官と同等の位階に叙せられていたということになる。このことは、少なくとも浄御原令施行に至るまでは、大弁官が太(大)政官の属官ではなかったことを示すと考えられる。八木―早川説のように、大弁官は太(大)政官と併存するものであったとすべきであると思われる。采女竺羅が天武死没段階で直大肆で、布勢御主人と二階の差があったにもかかわらず、大弁官であった持統三年には御主人とほぼ同等の位階になっていたとみられることは、竺羅が大弁官になったことと関係するものであり、大弁官と太(大)政官との関係を示唆していると考えられる。

天武死没段階で、直広参石上麻呂が法官、直大肆三輪高市麻呂が理官、直広参大伴安麻呂が大蔵、直大肆藤原大嶋が兵政官、直広肆紀弓張が民官、直広肆阿倍久努麻呂が刑官の、それぞれの長官であったと考えられる。位階からすれば、この年三月に卒した大弁官羽田八国の直大参と「六官」のそれぞれの長官の位階との間には差が見られるので、大弁官が「六官」を管轄していたと考えても不都合なところはないように思われる。しかし、前述のように、納言が「六官」や宮内官の長官を兼任する場合が多かったと思われるのに対し、大弁官の場合には必ずしも納言が兼任したわけではないとみられるのである。したがって、大弁官を納言が兼ねるものであったとしても、大弁官を通じて諸詔が

「六官」に下されるというような必要性はないのではなかろうか。

むしろ、「小野毛人墓誌銘」に「任太政官兼刑部大卿」という表現が見え、太（大）政官と刑官との関係が示唆されていることの方により注目される。一般に「六官」と一括されてはいるが、刑官・民官と他の四官とは区別されていたかのように思われるところがあるからである。

天武紀四年三月庚申条に小錦下の大伴御行が兵政官の次官を指すとみられる「大輔」に任じられたとあるのに対し、六年十月癸卯条では御行と同じ小錦下の河辺百枝が民官の長官たる「民部卿」に任官されたことが記されている。また、朱鳥元年九月の天武の殯庭での誄者の中では、刑官事と民官事とを誄している阿倍久努麻呂と紀弓張とがいずれも従五位下相当の直広肆で位階が最も低く、誄が行われた日も法官・理官・大蔵・兵政官とは同日ではなく、それらの誄の翌日に諸国司事の誄とともに行われている。このようなことは、刑官と民官が他の四官司よりも低く位置付けられていたことを示すとみられるのではなかろうか。「小野毛人墓誌銘」の表現からすれば、刑官は納言がその長官を兼任したのではなく、太（大）政官の構成員が兼任したこともあったのであり、刑官と同様の位置付けがなされていたと思われる民官も同様ではなかったであろうか。刑官と民官とは太（大）政官に管轄されたものではないかと思う。

これに対して、法官・理官・大蔵・兵政官は、納言がそれぞれの長官を兼任していたとみられることから、大弁官だけでなく、太（大）政官からも独立したものであったと考えられる。大弁官が直接管轄していたのは、早川氏が説かれているように、国司等の外官であったと思われる。なお、朱鳥元年九月の諸国司事の誄は、早川氏が推測されたように、大弁官によるものとみられるが、誄者の位階が大弁官の長官であった羽田八国や采女竺羅よりもかなり低いのは、八国の卒後、いまだ大弁官の長官が任命されていなかったことによるとみることができるのではなかろうか。

以上のようにみてくると、納言は極めて重要な官職であったということになるが、それは如何なるものであったのであろうか。大宝令太政官制の形成過程の検討を通じて、考えてみることにしたい。

天武朝において並立して存在した太（大）政官・大弁官と「四官」等が、大宝令制では上下の統属関係に置かれ、大納言が太政官内に位置付けられている。この大宝令太政官制は唐の尚書都省と六部の統属形態を模倣したものとされている。ただし、大宝・養老令制の大納言は唐門下省の侍中・黄門侍郎と中書省の中書侍郎の三職を一官に打成したもの[36]、大・中・少納言はそれぞれ侍中・黄門侍郎・給事中に相当するもの[37]とされる。このような大宝令制に見られる大納言の形成については、次の四種の想定が可能のように思われる。

㈠　浄御原令制下で、太政官とは別に、大・中・小（少）納言で構成される門下省に相当する官司と中書省に当たる官司とがあり、大宝令制で、大納言が太政官内に位置付けられるとともに、その職掌に中書侍郎のそれが加えられた。

㈡　太政官とは別に、大・中・小（少）納言からなる、門下省の職掌に中書侍郎のそれが加えられた官司があり、大宝令制で大納言が太政官内に位置付けられた。

㈢　門下省の職掌を有する大・中・小（少）納言が太政官内に位置付けられており、大宝令制で、大納言に中書侍郎の職掌が加えられた。

㈣　浄御原令制で、すでに、門下省の職掌に中書侍郎のそれが加えられた大・中・小（少）納言が、太政官内に位置付けられていた。

唐の官制では、尚書令と左・右僕射が左右丞・司郎中を通じて六部を統轄している。唐制を模倣したのであれば、左・右弁官が太政大臣と左・右大臣の直轄下に位置付けられる形態が先ず考えられても良いように思われることが㈠㈡の想定の理由である。㈢㈣の想定の根拠は、大宝令制で太政大臣と左・右大臣の下に大納言が位置付けられていることであることは言うまでもない。これらの四種の想定の中でいずれを是とすべきであろうか。

大宝令太政官制の形成過程を直接示す史料は伝えられていないが、手がかりになるとみられるものは存在する。一つは、大宝令施行段階では、大伴御行がその直前に没し、大納言は阿倍（布勢）御主人一人となっていたが、浄御原令制下では常に大納言は二人であり、大宝令施行段階で中納言は石上麻呂・藤原不比等・大伴安麻呂・紀麻呂の四人であったことであり、二つめは、大宝令施行によって、中納言が廃止され、大納言の定員が四人となったことである。

大宝令施行段階の大納言二人・中納言四人という数は、隋の門下省の長官納言二人・次官給事黄門侍郎四人という定員と一致している。このことは、大・中納言と納言・給事黄門侍郎との職掌の共通性や「納言」という官職名の共通性とともに、大・中・小（少）納言が隋門下省の官制に倣って設置されたものであることを示しているのではなかろうか。また、大宝令施行によって、大納言が二人から定員四人となったことは、大宝令制の大納言が侍中・黄門侍郎と中書侍郎の三職を一官に打成したという指摘を前提とすれば、隋の門下省納言二人と内史省内史令二人――当初は内史監・内史令各一人が置かれ、後に監が廃止されて令二人となった――、あるいは唐の門下侍中二人と中書令二人、という官制との関係で考えることができるように思われる。この想定に従うならば、大納言に中書侍郎の職掌が加えられたのは大宝令制によってのことと考えられる。たしかに、隋の制では内史令二人（内史監・内史令各一人）・内史侍郎四人で、納言・給事黄門侍郎の定員と同じであるので、大納言二人・中納言四人には内史省の職掌もあったと考えることも可能と言えるであろう。しかし、そうであるならば、大宝令制で中納言が廃止されて大納言が四人とされ、また、慶雲二（七〇五）年の改革で大納言二人・中納言三人というようにほぼ旧に復されている理由が説明できないのではなかろうか。

しからば、大納言に中書侍郎の職掌が付加されることになった理由が問われることになる。これは中務省が八省の一つとして、太政官管轄下に位置付けられることになったことと関係するものではなかろうか。中務省の前身官司（「中官」あるいは「中務」か?）が、大納言等が属した官司と並立する形態であったのが、太政官の被官にいわば「格下げ」されたことによって、前身官司の長官がほぼ同等の相当位階であったとみられる大納言[38]に並行移動したと考えられる。なお、この措置によって、太政官を構成する太政大臣・左右大臣・大納言が中書・門下・尚書三省の職掌を有し、形態上は尚書都省の下に中書省・門下省が位置付けられることになったことは言うまでもない。

このように考えると、浄御原令制下では、太政官とは別に三納言が属する門下省に相当する官司があった（一）か、太政官内に三納言が所属していた（三）かのいずれかであったということになる。大納言二人・中納言四人という定員からすれば、門下省に当たる官司にそれらが所属していたとも考え得る。しかし、中書省に類する中務省が大宝令制下に存在しているのに対し、門下省に相当する官司が伝えられていないこと、また、浄御原令施行前において納言が太政官以下の重要官司の長官を兼任していたとみられることからすれば、三納言は太政官に所属していたとすべきように思われる。

浄御原令制で「六官」は、それ以前の刑官・民官と同様に、太政官の下に位置付けられた。これが尚書都省が六部を統轄する隋・唐の制に倣ったものとみられることからすれば、太政官―大弁官―六官という統属形態を想定するよりは、六官が三官ずつ左弁官・右弁官を通じて太政官に統轄されていたとみる方が良いと思われる。宮内官や中官（もしくは中務）は太政官から独立し、それと並立するかたちで位置付けられていたのであろう。

大宝令制では、中務・宮内両省が太政官の統轄下に移され、中納言が廃止された。中納言の廃止と大納言の定員増員とは関係するものであろう。大納言の職掌に中書侍郎のそれが加えられて、大納言の定員が四人に倍増されたことに伴って、大納言と職掌が明確に区別されていなかった中納言が廃止されることになったのではなかろうか[39]。

以上のように大宝令太政官制の形成過程をとらえると、「納言」の職掌が、天武朝段階・浄御原令制・大宝令制それぞれで、かなり異なっていたということになる。天武朝においては納言は未分化であり、天武の殯庭で「納言事」のようなものは誄されていないのであるから、納言の属する特別な官司は設置されておらず、浄御原令制で初めて官司内に位置付けられたと思われる。天武朝では太（大）政官と「六官」との統属関係も明確ではなく、各重要官司が並立的に存在しており、浄御原令制への過渡的な形態であった。したがって、納言は天皇との個人的な関係で結ばれるものであり、「納言」なる官名からしても、天皇の秘書官的な存在であったとみられるが、それには有力者も任官されていたのである。[40]

四　朝鮮三国の官制と天武朝の官制――むすびにかえて

以上、「納言」という官職に任じられていた官人の推定を中心として、天武朝の官制と浄御原令官制について推測し得るところを述べてきた。それらを図式化すれば図6－a・bのようになる。浄御原令官制で法官・理官・民官を左弁官管轄下、兵政官・刑官・大蔵を右弁官管轄下にそれぞれ位置付けたのは、大宝令制で式部・治部・民部三省が左弁官、兵部・刑部・大蔵三省が右弁官にそれぞれ管轄されていたことによる。

天武朝では、太（大）政官・大弁官・法官・理官・大蔵・兵政官・宮内官が並立する形態であったとみられるが、このような官制と朝鮮三国の官制とを比較検討して、むすびにかえることにしたい。

先ず注目されることは、内廷を統轄した宮内官と、外官を統率したとみられる大弁官とを除くと、重要官司は太（大）政官・法官・理官・大蔵・兵政官の五官司となることとである。朝鮮三国が共通して五官を有していたことと関係すると思われるからである。

鬼頭清明氏は兵政官・法官と兵官佐平・内法佐平とのつながりを示唆されている[41]。これは官司名・官職名の近似が一つの根拠となっているように思われるのであるが、職掌からすれば、それらのほかにも対応関係を見出し得るものが存在する。

大蔵と「掌庫蔵事」る内頭佐平との関係は言うまでもないが、太（大）政官と内臣佐平、理官と朝廷佐平も関わりがあるように思う。理官は一般に治部省の前身官司とされており、筆者もこのような理解に全面的な異論を唱えるつもりはない。しかし、鬼頭説の如く、法官と「掌礼儀事」る内法佐平とが関係するとみるならば、法官は大宝令制の式部省の職掌とともに治部省のそれをも有していたということになるのであり、従来のような、法官→式部省、理官→治部省というような単純な図式では理解し得ないことになる。八省につながる官司では、大蔵・兵政官・宮内官・刑官・民官は大宝令制官司に通ずる名称を持つものであるが、この官司名からしても、法官と理官は他と異質なところがあると言い得るであろう。理官は、その官司名からすれば、中国の刑獄を掌る大理寺との関係もやはり無視し得ないのではないかと思う。とすれば、「掌刑獄事」る朝廷佐平と関係することになる。また、内臣佐平は、「掌宣納事」

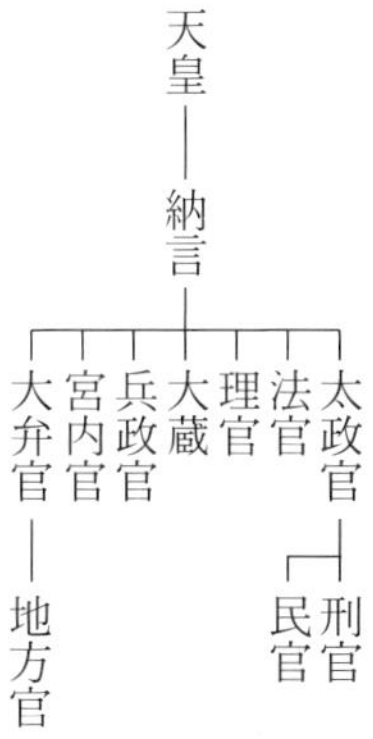

図 6-a　天武朝の官制

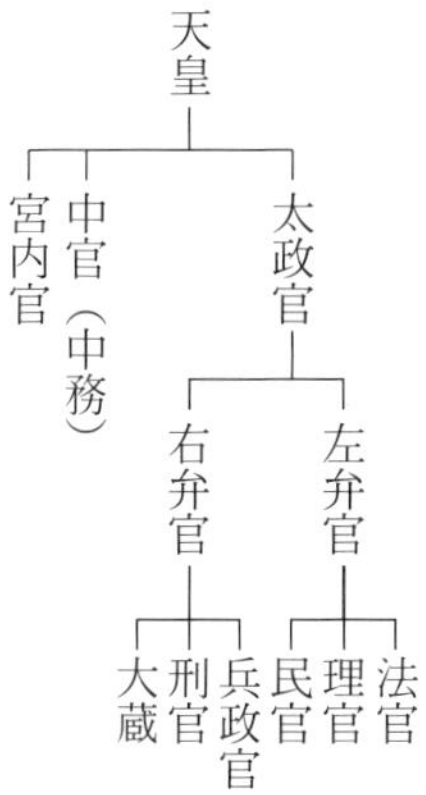

図 6-b　浄御原令官制

ることを職掌としたことから、納言に当たるものであることは言うまでもないが、王の命を諸官に伝え、行政にも関係したものとみられることからすれば、納言がその長官となっていた太(大)政官とのつながりも窺われるように思われる。このようにみれば、太政官等五官は百済の制に対応することになるのであるが、しかし、理官を大理寺との関係で考えれば、理官と刑官との関係が問題となってくる。このことについての明確な判断は、今のところ、留保せざるを得ないので、ここでは、納言が重要官司の長官を兼任していたとみられることと、第五章で述べたように、佐平が「六佐平」に任官されたと考えられることとの共通性も含めて、天武朝の官制と百済のそれとの間にかなり共通する要素があったことを指摘するにとどめておくことにしたい。

同様の関係は、新羅の官制(とりわけ真徳王代以降)との間にも見出し得る。一般的に述べれば、重要官司が並立していること、新羅では「和白」の構成者がそれらの長官になっている(第五章)のに対して納言が長官となっていること、真徳王代以後「和白」が王権に対して従順になっていたと思われる(後述)のに対し納言も侍奉官的要素を有するものであること、外廷官司と内廷官司とが明確に区分されていることなどが挙げられる。ここで少し新羅の律令官制についてみておくことにしよう。

大阿飡以上の高官位の官人が長官であったと伝えられる官司は、京城や寺院の修営を職掌とするものと、九世紀初頭に設置された御龍省とを除けば、執事部(のち執事省)・兵部・調部・倉部・礼部・乗府・司正府・例作府・船府・領客府・位和府・左理方府・右理方府・内省である。内省は隋・唐の殿中省、わが国の宮内省に相当する内廷関係の諸事を取りしきる官司である。『三国史記』職官志上に執事部~右理方府等、職官志中に内省等内廷関係官司・官職がそれぞれ記されていること、九世紀前半段階以降のことではあるが、官司名に「省」を有しているのが、内省と中心行政官司たる執事省のほかには、哀荘王二(八〇一)年に設置された御龍省だけであることからして、外廷関係官司と内廷関係官司とが明確に区分されていたと考えられる。

外廷関係官司のうち、右理方府は文武王七（六六七）年、船府は同十八（六七八）年の設置であり、例作府の設置は長官（令）が置かれた神文王六（六八六）年とみられる。したがって、三国時代の設置になるのは、これらを除く十官司――ただし、左理方府は、本来理方府であり、[42]文武王七年に二つの官司に分立された――ということになる。これらの設置は以下の四期に区分することができる（＊は「令」の設置年）。

第一期　法興王代（五一四～五四〇年）

兵部（五一六年＊、あるいは五一七年）

第二期　真平王代（五七九～六三二年）

位和府（五八一年）、調府（五八四年）、乗府（五八四年＊）、礼部（五八六年＊）、領客府（六二一年）

第三期　真徳王代（六四七～六五四年）

執事部・倉部・理方府（ともに六五一年）

第四期　太宗武烈王代（六五四～六六一年）

司正府（六五九年）

第一期は新羅史の中で大きな画期となった時期で、法興王代で新羅王が初めて王号を称したことに現われているように、高句麗・百済と鼎立する勢力となった。また、この王代で上大等が設置され（五三一年）、「十七等官位」も成立したとみられている。[43]第二期は領土を大幅に拡大した真興王の後を受けた時代である。第三期は、善徳王末年（六四七年）に起った毗曇の乱を鎮圧した後の時期である。上大等毗曇や廉宗らは「女主不能善理」と謂って謀叛挙兵し、その乱中に善徳女王が没したが、替わって真徳女王が即位し、金庾信らの奮闘によって毗曇ら三十一人が誅されたという。この毗曇の乱は、伝統的に権力を握ってきた慶州貴族が、強大化されてきた王権に対して起こしたクーデターとみられるものであり、この乱を鎮圧したことによって、王権の飛躍的強大化が達成されたと考えられる。第四期は新羅全盛期が開始された時代である。司正府は、景徳王代（七四二〜七六五年）に粛正台と改称されていることから、官人の監察を職掌としたと考えられるが、この司正府が太宗代に設置されたことは王権の強化発展と関係するものであり、このことは第四期が第三期の延長上にあることを示している。この後に設置される船府は兵部からの分立であり、例作府は行政官司ではなく、右理方府は理方府が分化された一方であることからして、司正府の設置によって律令官制の成立とすることができると思われる。

以上のように律令官制の成立過程を眺めると、毗曇の乱が大きな画期となっているように思われる。上大等毗曇に代表される伝統的貴族勢力がこの乱によって大きな打撃を被ったとみられるからである。真徳王五年に中心行政官司としての執事部、国家財政を掌る倉部、立法関係の職務を有する理方府が設置されたことはそのことを象徴している。毗曇の乱以前の段階においては、後の律令官制につながる官司や官職が置かれていたとはいえ、王権が貴族合議体＝「和白」を制約し得るような状況には至っていなかったとみられる。

第四章で述べたように、新羅の「十七等官位」のうち第一位伊伐飡〜第五位大阿飡は和白を構成する貴族を区別する官とみられるものであり、大阿飡はまた、阿飡以下とともに、官位名としても用いられていたとみられる。大阿飡以上の官人が就任するという『三国史記』職官志の記述は、言い方を換えれば、「和白」の構成員が重要官に任じられるということになる。律令官司における次官卿に当たる官職が設置された後に官司や長官令が置かれたり（執事部・司正府）、官司設置後かなりの年代を経て長官が置かれたり（位和府）している例が見られるのは、「和白」による官司統師を示すものではなかろうか。真徳王代以後には、このような支配体制は崩壊し、「和白」は存在したとはいえ、形骸化したとみられる。この段階では執事部以下重要官司が並立し、それらの長官には「和白」構成者が任じられてはいるものの、毗曇の乱以後、すでに「和白」は王権に従順なものに化していたと考えられる。

以上の新羅の官司と天武朝のそれとを比較すれば、執事部—太(大)政官、位和府—法官、礼部(・司正府)—理官、倉部—大蔵、兵部—兵政官、調府—民官、司正府—刑官、内省—宮内官、などの職掌上の対応関係を見出すことができる。また、「和白」の構成者がそれら諸官司の長官であったことは、納言が重要官司の長官を兼ねていたと想定されることと共通するものである。

天武朝の納言は、早川庄八氏が指摘されたように、前代のマヘツキミの系統を受け継ぎながらも、侍奉官的なものに変貌させられたものである。その原型たる「大臣—マヘツキミ制」が、第五章で述べたように、高句麗の「大対盧—対盧」、百済の「大佐平—佐平」、新羅の「上大等—和白(大等)」という制に通ずる権力形態であったことを勘案すれば、高句麗の官制および新羅の上大等や伊伐飡・伊飡・迊飡・波珍飡・大阿飡との関係は具体的には明らかではないが、天武朝の官制は朝鮮三国のそれとの関係を重視すべきもののように思われる。

浄御原令制において、隋・唐の制に倣って、法官・理官・民官・兵政官・刑官・大蔵が太政官の下に位置付けられた。法官は吏部、理官は礼部、民官は民部・戸部、兵政官は兵部、刑官は刑部、というように、大蔵を除いて六部に相当する官司がある。工部に替わって大蔵が位置付けられていることは隋・唐の官制との大きな相違の一つであるが、これは、天武朝の官制が朝鮮の制の影響を受けたものであったこと、それを基にして浄御原令官制が成立したことと関係すると考えられる。

注

（1）早川庄八「律令太政官制の成立」（『続日本古代史論集』上巻所収、吉川弘文館、一九七二年）。以下の早川氏の見解はすべて当論文による。
（2）『日本古代の墓誌』（奈良国立文化財研究所（現奈良文化財研究所）飛鳥資料館、一九七七年）の「小野毛人墓誌」についての東野氏の解説。
（3）黛弘道「冠位十二階考」（『東京大学教養学部人文科学科紀要』一七、一九五九年）。
（4）天武紀朱鳥元年三月丙午条（大弁官直大参羽田真人八国）、采女氏塋域碑（飛鳥浄原大朝庭大弁官直大弐采女竹良卿）。
（5）押部佳周「天武・持統朝の官制」（『日本律令成立の研究』所収、塙書房、一九八一年）。
（6）天武紀九年七月戊戌条。
（7）井上光貞「太政官成立過程における唐制と固有法との交渉」（『前近代アジアの法と社会』所収、勁草書房、一九六七年）。
（8）持統紀六年二月乙卯条。
（9）天武紀九年七月戊戌条。
（10）阿部武彦「古代族長継承の問題について」（『北大史学』二、一九五四年）。
（11）嶋　持統四（六九〇）年〜文武四（七〇〇）年　右大臣、同年〜大宝元（七〇一）年　左大臣
池守　養老二（七一八）年〜同五（七二一）年　中納言、同年〜天平二（七三〇）年　大納言
県守　天平四（七三二）年〜同九（七三七）年　中納言
広成　天平九（七三七）年〜同十一（七三九）年　中納言
（12）御主人　大宝元（七〇一）年〜同三（七〇三）年　右大臣
宿奈麻呂　慶雲二（七〇五）年〜養老二（七一八）年　中納言、同年〜同四（七二〇）年　大納言
広庭　神亀四（七二七）年〜天平四（七三二）年　中納言
（13）麻呂　霊亀元（七一五）年〜養老元（七一七）年　中納言
邑治　養老二（七一八）年〜神亀元（七二四）年　中納言
奈氏麻呂　天平十五（七四三）年〜天平勝宝元（七四九）年　中納言、同年〜同五（七五三）年　大納言

(14)不比等　大宝元(七〇一)年～和銅元(七〇八)年　大納言、同年～養老四(七二〇)年　右大臣
武智麻呂　養老五(七二一)年～天平元(七二九)年　中納言、同年～同六(七三四)年　大納言、同年～同九(七三七)年　右大臣、同年　左大臣
豊成　天平十五(七四三)年～同二〇(七四八)年　中納言、同年～天平勝宝元(七四九)年　大納言、同年～天平宝字元(七五七)年　右大臣
(15)御行　～文武四(七〇〇)年　大納言
安麻呂　慶雲二(七〇五)年～和銅七(七一四)年　大納言
旅人　養老二(七一八)年～天平三(七三一)年　中納言・大納言(就任年月日不明)
(16)石川年足は、天平宝字元(七五七)年から同四(七六〇)年まで中納言、同年から(ただし薨伝では天平宝字二年から)同六(七六二)年まで御史大夫であり、豊足は、就任年月日は不明であるが、宝亀三(七七二)年まで中納言であった。
(17)麻呂　大宝元(七〇一)年～慶雲二(七〇五)年　大納言
麻路　天平勝宝元(七四九)年～同八(七五六)年以後　中納言
(18)麻呂　大宝元(七〇一)年～慶雲元(七〇四)年　大納言、同年～和銅元(七〇八)年　右大臣、同年～養老元(七一七)年　左大臣
乙麻呂　天平勝宝元(七四九)年～同二(七五〇)年　中納言
宅嗣　宝亀二(七七一)年～同十一(七八〇)年　中納言、同年～天応元(七八一)年　大納言
(19)意美麻呂　和銅元(七〇八)年～同四(七一一)年　中納言
清麻呂(大中臣)　神護景雲二(七六八)年～宝亀元(七七〇)年　中納言、同年～同二(七七一)年　大納言、同年～天応元(七八一)年　右大臣
(20)麻呂は慶雲二(七〇五)年に中納言となったが、和銅元(七〇八)年三月に摂津大夫に転じたようである。
(21)真人は慶雲二年に中納言となったが、和銅元年に大宰帥に転じたようである。
(22)毛野は和銅元(七〇八)年～同七(七一四)年に中納言であった。
(23)智努(浄三)　天平宝字四(七六〇)年～同六(七六二)年　中納言、同年～同八(七六四)年　大納言(御史大夫)

(24)塩焼　天平宝字六(七六二)年～同八(七六四)年　中納言

(25)真備　天平神護二(七六五)年　中納言・大納言、同年～宝亀元(七七〇)年　右大臣

(26)浄人(弓削御浄)　天平神護二(七六五)年～神護景雲二(七六八)年　中納言、同年～宝亀元(七七〇)年　大納言

(27)注(17)に記した紀麻路も没年は『続日本紀』に記されず、『公卿補任』天平勝宝八年条に「月日薨歟。或本、天平宝字元年薨歟。」と見えるだけである。

(28)天智末年においても、蘇我氏は、左大臣赤兄と御史大夫果安とを出している。

(29)摂津職大夫や筑紫大宰に任官されている丹比麻呂・嶋については、外官の要職ということから、納言ではなかったということも考え得る。しかし、中納言石上麻呂が筑紫総領に(文武四年十月己未条)、大納言大伴安麻呂が大宰帥に(慶雲二年十一月甲辰条)、それぞれ就任したことを勘案すれば、彼らが納言であった可能性は否定し去れないと思う。

(30)注(29)の石上麻呂・大伴安麻呂の他、大納言紀麻呂は中務卿(宝亀十一年三月丁亥条の紀広純卒伝等)、中納言小野毛野は中務卿(和銅元年三月丙午条)、中納言中臣意美麻呂は神祇伯(和銅元年三月丙午条)を、それぞれ兼任していた。亀田隆之「奈良朝末における官制の一考察」(『続日本紀研究』一―四、一九五四年)や三宅和朗「神祇官の周辺――神祇官の兼任を通して――」(『続日本紀研究』二〇六、一九七九年)等のように、それぞれの官職の職掌や性格の類似性などから兼官を考えることは可能であるが、本稿のような視角からも検討を行う必要があるように思われる。

(31)八木充「太政官制の成立」(『律令国家成立過程の研究』所収、塙書房、一九六八年)。

(32)井上光貞、前掲注(7)論文。

(33)野村忠夫「大弁官の成立と展開」(『日本歴史』二九〇、一九七二年)。

(34)押部佳周、前掲注(5)論文。

(35)丹比麻呂はこの頃にはすでに卒していたと考えられる。

(36)中田薫「養老令官制の研究」(『法制史論集』第三巻上所収、岩波書店、一九四三年)。

(37)井上光貞、前掲注(7)論文。

(38)大納言と中務省の前身官司の長官とが同等の相当位階であったことを直接示す史料はない。しかし、隋・唐においては納言・侍中と内史令(および内史監)・中書令は同じ正三品官であり、大宝・養老令制の大納言の相当位階正三位に一致す

る。また、左・右大臣は正・従二位が相当位階であるが、隋・唐では左・右僕射は従二品官で、彼此対応すると言い得る。尚書令は正二品官で、太政大臣の正・従一位相当とは異なっているが、太政大臣に任じられた当時の高市皇子は浄広弐であるから、大宝令制の二品程度であったようであり、また、尚書令を一品官とする陳の制もある。陳の制については、いずれにせよ、中国の制を導入したことからすれば、大納言と中務省前身官司の長官とは相当位階をほぼ同じくすると考えても良いと思われる。

（39）以上のように、浄御原令制で大納言二人・中納言四人という定員があったとすれば、前記した中納言であった可能性を有する当麻国見・県犬養大伴・石上麻呂・大伴安麻呂の中で――三輪高市麻呂と藤原大嶋とが中納言であったことは確かである――何人かは中納言ではなかったとしなければならなくなる。それが誰であるかは明言し得ないが、誰であったにせよ、それらは中務省前身官司や宮内官の長官や後の大宰帥の如き要職についていたと考えられる。また、天武朝の納言全員が大・中・小（少）納言に遷任されたのではなく、官制の整備によって、他官職に任じられた者が存在したことは当然推測される。

（40）東野治之「大宝令前の官職をめぐる二、三の問題――大・少納言、博士、比売朝臣――」（『日本古代の都城と国家』所収、塙書房、一九八四年）は、わが国の大・中・小（少）納言の源流が北周の大納言・小納言にあることを指摘され、北周では大納言ないし大・小納言を単に納言と呼んだ例があることから、天武朝の「納言」も大・中・小納言の略称とみることもできるとされる。大・中・小（少）三納言の源流を北周の制に求めることは、後述の百済の「六佐平」と天武朝の官制との関係、および第八章で述べる百済の官制と北周官制との関係からしても、重要な視角であると思う。しかし、「納言」を三納言の略称とされていることについては、例えば巨勢黒麻呂を中納言とするような史料があったにもかかわらず、『紀』の編者がことさらに略称を記した理由が明らかにされない限り、承服し難い。

（41）鬼頭清明「日本の律令官制の成立と百済の官制」（『日本古代の社会と経済』上巻所収、吉川弘文館、一九七八年）。

（42）「史羅紀」太宗元年五月条に「理方府令良首」という記述が見られる。

（43）武田幸男「金石文資料からみた新羅官位制」（『江上波夫教授古稀記念論集』歴史編所収、山川出版社、一九七七年）。

第七章　中国古代の「大臣」

はじめに

前章までの検討によって、わが国の「大臣」が高句麗の大対盧、百済の大佐平、新羅の上大等と相通ずるものであり、律令官制の成立期たる天武朝や浄御原令制下の官制においても朝鮮三国の官制との関係が明瞭に指摘できることが明らかになったと思われる。大臣・大対盧・大佐平・上大等は、それらに任じられた官人が位階の枠内にあるか、それを超越するかは別として、それらの官は、外見上、中国の正四品官以下に相当する位階を超越するものである。大対盧は「大臣」とも表記し得るものであり、このことにおいても、わが大臣と共通するのであるが、中国正史にも「大臣」という表現が数多く見出されるのである。しかし、「大臣」という語の意味するところを明示する史料は見当たらないようである。そこで本章では、『史記』から『新唐書』に至る正史に現われる「大臣」の用例のうち、比較的その指示する内容が把握しやすいと思われるものを調べることによって、「大臣」なる語がどのような官人を意味する語とみられるかということについて検討することにしたい。

本論に入る前に述べておくべきことがある。それは中国の「大臣」が高官というぐらいの意味にとられている傾向があることについてである。(1) たしかに、「大臣」はこのような意味で用いられていることもあり、『新唐書』李絳伝の、「絳謂、大臣持禄不敢諫、小臣畏罪不敢言。」という記述はその端的な例である。しかし、次のような記述は「大臣」を単なる高官という意味に解するだけでは不充分であり、「大臣」という語が一定の範囲の官人を意味するものであったことを示すものと考えられる。

初聴大臣・二千石・刺史行三年喪。(『後漢書』孝安帝紀)

粲等備位大臣、(2) 所懐必尽。(『宋書』武帝紀上)

大臣子弟堪受教者、令入学。(『宋書』礼志一)

雖自以出於微賤、致位大臣。(3)(『北斉書』張雕伝)

一　「大臣」を含む表現

「大臣」が一定範囲の官人を意味する語であったという理解を前提として、以下、先ず「大臣」を含む表現について見て行くことにする。

『史記』から『新唐書』に至る正史から「大臣」を含む表現をまとめると次のようになる。なお、出典は、『北史』を除き、それぞれの正史に付き一つを挙げるにとどめた。

史記

1 大臣諸侯 （巻九 呂太后本紀）

2 宗室大臣列侯吏二千石 （巻十 孝文帝本紀）

3 公卿大臣 （巻二十 建元以来使者年表）

4 諸侯王大臣 （巻一百五 太倉公伝）

漢書

5 大臣諸侯王 （巻三 高后紀）

6 大臣諸侯 （巻三 高后紀）

7 公卿大臣 （巻三十六 楚元王伝）

8 執政大臣 （巻三十六 楚元王伝）

9 将相大臣 （巻八十五 谷永伝）

後漢書

10 大臣二千石刺史 （巻五 孝安帝紀）

11 大臣二千石以上 （巻五 孝安帝紀）

12 公卿大臣 （巻四十一 鍾離意伝）

13 将相大臣 （巻四十三 朱穆伝）

14 宰相大臣 （巻六十下 蔡邕伝）

三国志

15 公卿大臣列将有功者（巻一　魏書　武帝紀　令）
16 枢機大臣（巻十二　魏書　司馬岐伝）
17 公卿及内職大臣（巻十六　魏書　杜恕伝）
18 公輔大臣（巻三十八　蜀書　許靖伝）
19 将相大臣（巻五十九　呉書　孫登伝）

晋書

20 公卿大臣（巻三　帝紀第三武帝　詔）
21 諸王公大臣（巻二十　志第十　礼中）
22 公侯大臣（巻二十一　志第十一　礼下）
23 将相大臣（巻二十七　志十七　五行上）
24 大人大臣（巻三十五　陳騫伝）
25 宰相大臣（巻五十　泰秀伝）
26 大臣大将（巻五十七　吾彦伝）

宋書

27 公卿大臣列将有功者（巻十五　志第五　礼二）
28 大臣長吏（巻十五　志第五　礼二）
29 大臣将相（巻二十六　志第十六　天文四）

30　大臣侯王　（巻二十七　志第十七　符瑞上）
31　将相大臣　（巻三十三　志第二三　五行四）
32　朝廷之士及大臣藩鎮　（巻八十三　呉喜伝　詔）

魏書

33　公卿大臣　（巻三　太宗紀）
34　内外大臣　（巻三十四　盧魯元伝）
35　諸侯大臣　（巻一百五―三　天象志三）
36　大臣貴人　（巻一百五―四　天象志四）

北斉書

37　三公大臣　（巻二十六　薛琡伝）

周書

38　公卿大臣　（巻四　明帝紀　詔）
39　大臣重将　（巻十一　晋蕩公護伝）

隋書

40　王公大臣　（巻一　高祖紀上　詔）
41　大将大臣　（巻十九　天文志上）
42　諸侯大臣　（巻二十　天文志中）
43　公卿大臣　（巻二十五　刑法志）

北史

44 公卿大臣 （巻一 魏本紀一 ＝33と同）
45 公卿大臣 （巻九 周本紀上 詔 ＝38）
46 王公大臣 （巻十一 隋本紀上 詔 ＝40）
47 内外大臣 （巻二十五 盧魯元伝 ＝34）
48 大臣重将 （巻五十七 周室宗護伝 ＝39）
49 公卿大臣 （巻七十七 李諤伝 上書）

旧唐書

50 公卿大臣 （巻八 玄宗紀上 詔）
51 将相大臣 （巻十二 徳宗紀上 詔）
52 卿相大臣 （巻十八上 武宗紀 詔）
53 宰相大臣 （巻一百六十五 盈孫伝）
54 中外大臣 （巻一百七十七 崔胤伝）
55 王公大臣 （巻一百八十三 懿宗伝）
56 大臣羣官 （巻一百八十四 魚朝恩伝）
57 公等大臣 （巻一百九十五 王無競伝）

新唐書

58 大臣重将 （巻七十六 后妃伝上）

59 元老大臣 （巻一百五 上官儀伝）
60 将相大臣 （巻一百十五 徐彦伯伝）
61 宰相大臣 （巻一百三十 楊瑒伝）
62 公卿大臣 （巻一百四十二 崔祐甫伝）
63 大臣将相 （巻二百三 李翰伝）
64 大臣王公 （巻二百六 武懿宗伝）

『史記』は前漢の武帝の段階で編纂されたものであり、上記の表現はその段階以前のものである。1・2の表現では「大臣」という語は「諸侯」や「吏二千石」等とは異なる性格のものであるが、少なくとも諸侯や秩二千石の官人と比肩する者を表わしているとみられる。3の表現では、当時「三公」と「九卿」とは明確にその意味するところが異なり、「公卿」は三公と九卿そのものを意味していたと考えられるのであるから、「大臣」と「公卿」とが同義であるとすれば、いずれか一方の表現だけでこと足りるのであり、したがって、「大臣」と「公卿」とは異なる内容を表わす語であったとすべきであろう。4からは、「大臣」が「諸侯王」に比肩するものであることがわかる。

『漢書』の5・6・7の表現は、『史記』の4・1・3にそれぞれ一致ないし近似するものである。8の表現は「大臣」が執政官人を含むものであったことを示している。「大臣」をそのまま「公卿」と同義とみることができないことは前述の通りであるが、『漢書』巻五十一賈山伝に、文帝の時代のこととして、「其辞曰、……陛下即位、……賜天下男子爵、大臣皆至公卿。……」と記されていることは、この推定を傍証するものであろう。公卿が一般の官人とは異なる高い地位の者であったことは言うまでもないところである。「卿」は前漢では秩比二千石以上の官人で、皇帝および大官の合意によって付与された朝位と考えられているが、(4)賈山伝の記述はこの説を支持するものであろう。この「卿」と「大臣」とは同義ではないにしても、かなり密接な関係にあったであろうことは、前掲表に見られるように、「公卿大臣」という表現が『後漢書』以後の正史にも頻繁に出ていることから容易に推測し得るところである。さらに『漢書』巻五十六董仲舒伝に、「仲舒復対曰、……若乃論政事之得失、察天下之息秏、此大臣輔佐之職、三公九卿之任、非臣仲舒所能及也。……」とあることは、「大臣」と「卿」等との関係を雄弁に物語るものであろう。1〜9の表現、および賈山伝・董仲舒伝の記述から、上層官人である「大臣」の中でも、より上位の者が「公卿」と表現されたと考えるべきではないかと思われる。

『漢書』百官公卿表に、「凡秩比二千石以上、皆銀印青綬、光禄大夫無。秩六百石以上、……比二千石以上、皆銅印黄綬。……」などとあり、秩比二千石以上の官人とそれ以下の者とは明確に区別されていたようである。「大臣」が「諸侯王」や「諸侯」に比肩するものであり、秩比二千石以上の官人から選ばれる「九卿」と密接な関係を有するものであることと、この「百官公卿表」の記述とを勘案すれば、「大臣」は秩比二千石以上の官人を意味する語であったとすることができるのではなかろうか。

以上のように「大臣」を考える場合、2で「大臣」と「二千石」とが分離されていることが問題となるかのようである。しかし、この疑問については1・5・6と2自体とが説明を与えてくれそうである。すなわち、前漢では漢王室の近親や功臣が諸侯王・諸侯として各地に分封され、半独立の王国や侯国を持つのであり、身分としては諸侯王が第一、諸侯が第二で、他の官人がそれらに次ぐのであるが、1・2・5・6では身分とは逆の順に表現されている。これは皇帝に近い中央官人を先に、地方に封じられている者を後に記したことによるものであろう。しからば、2の「吏二千石」は州牧・郡太守等の秩二千石の地方官等を意味すると考え得るのではなかろうか。したがって、前漢の「大臣」は中央官職に任じられていた秩比二千石以上の官人を意味する語とみるのが妥当なところと思われる。

『後漢書』で「大臣」なる語の内容をいくらかなりとも示す表現は10・11・12である。10は元初三年三月丙戌条に「初聴大臣二千石刺史行三年喪。」、11は建光元年十一月庚子朔条に「復断大臣二千石以上服三年喪。」とあるところに見える表現であるが、これらの如き記述は、「大臣」なる語がただ漠然と上層・有力官人を意味するものではないことを示すものである。上級官人を漠然と意味するものであるならば、三年喪を聴したり、断ったりする範囲が不明確となるからである。これらの表現では、2の場合と同様に、「大臣」は「二千石」と異なる内容を示すとみるべきであろう。しかし、ここに見える「二千石」は、2とはその示す内容を異にしているようである。この「二千石」には、その表現からして、太守が含まれているともみられるが、「二千石」を含む表現には、「三公・特進・侯・中二千石・二千石・郡守・諸侯相」[5]「三公・特進・列侯・中二千石・二千石・郡守」[6]「公・卿・特進・侯・中二千石・郡国守相」[7]などがあり、郡守すなわち郡太守は二千石とは一応分離されている。それはともかくとして、これらの表現においては「中二千石」と「二千石」とは明確に区別されているのであり、そのほかのところでも「中二千石」と「二千石」とは一括されて表現されてはいない[8]のである。したがって、10・11の「二千石」も同様に「中二千石」とは異なる内容を表わしているとすることができるのではないかと思う。しからば、「大臣」は秩中二千石以上の官人を意味する語と考えられるであろう[9]。

王莽の改革によって、中二千石は卿、二千石は上大夫、比二千石は中大夫、千石は下大夫などと称されることになった[10]が、しかし後漢では、執金吾などに見られるように、秩中二千石の官人がすべて卿とされたというわけではない。九卿はすべて秩中二千石であるが、九卿以外の中二千石の官人も存在したのである。「大臣」で表現される官人が秩中二千石以上の者であることと、12の表現とは矛盾するものではない。

『三国志』以後では、「公卿大臣」のような表現がほとんどであり、「大臣」という語が示す内容を明らかにし得るものはほとんど知られない。わずかに26・39・41・48・58で大将・重将との関係、30・35で諸侯・王との関係が、それぞれ窺われるにすぎない。北周の「重将」が如何なる将軍を指しているのかは明らかでないが、晋の大将軍は第二品以上、[11]隋の大将軍は正三品以上[12]である。宋における王の官品の規定は伝えられていないが、県侯は第四品、亭侯は第五品であり、[13]北魏では開国県侯は第二品、散侯は従第二品である。[14]

中国の「大臣」を考えるための直接的な史料は、筆者が得た限りにおいては、以上にとどまる。膨大な正史が存在するわりには、「大臣」を検討するための史料は極めて乏しいと言わなければならない。上述のところでは、前漢と後漢の時代の「大臣」について垣間見たにすぎず、三国時代以降の「大臣」については全く明らかにし得ていない。しかし、手がかりが全くないというわけでもない。『新唐書』に至るまで、しばしば「公卿大臣」という表現が現われていることが、何がしかの手がかりになるのではないかと思われる。

三公は前漢の段階においてすでに名誉職的なものに化していたが、九卿は国家機構の中枢にあった。時代が下るに従って、少府から分立してきた尚書などによって次第に権力の中枢が握られることになるが、それでも三卿・九卿などとして、隋・唐にまで九卿は影響を及ぼしており、三公もまた存続している。このことは「公卿大臣」という表現が、慣習的に用いられていたにせよ、実体を伴わないというようなものではなかったことを示している。むしろ実態が存在したからこそ、「公卿大臣」なる表現が用いられたと考えるべきであると思う。しからば、前漢・後漢の「大臣」は九卿に任じられる階層以上の官人に対する身分的呼称とみられるが、後世にもこのような表現が伝わり、九卿の品階以上の官に任じられている者が、いわば慣例的に「大臣」と称されていたのではないかという推測も可能になるであろう。そこで、次に前漢・後漢の秩比二千石以上の官職の品階の変遷を見ることにしよう。

二　比二千石官以上の品階の変遷

前漢・後漢の比二千石以上の官職の品階の変遷を唐代まで追ってみると表7−1のようになる。

この表に明らかなように、三公は一品官、九卿は三品官に移行しているが、後代とのつながりが明らかではない官を除けば、中二千石官はすべて三品官になっている。宮崎市定氏は後漢の俸秩と魏の官品とを比較され、三公が一品、大将軍が二品、九卿が三品、州牧が四品（州領兵刺史）、郡太守が五品、京兆大県令が六品（諸県・県令秩千石者）にそれぞれ移っていることなどから、従来の二千石以上の公卿大夫は一〜五品に分けられ、千石以下六百石以上は六・七品、四百石以下二百石以上は八・九品に当たるとされている。[15]およその目安としてはそれで良いのかもしれないが、表7−1および千石官・比千石官の品階の推移を示した表7−2を合わせ考えると、必ずしも宮崎氏の説かれるようには言えないところがある。

二千石官では、後に卿となる将作大匠・大長秋と太子少傅・太子詹事・司隷校尉が三品、州牧が四品、郡太守は五品となり、比二千石官では光禄大夫・侍中・中常侍が三品、射声校尉・護烏桓校尉・護羌校尉が四品、虎賁中郎将が五品、奉車都尉が六品にそれぞれ移り、千石官では尚書令が三品、御史中丞が四品、太子三卿が五品、「万戸以上県令（大県令）」が六品、比千石の謁者僕射は五品となっている。後漢の中二千石以上の官と魏の三品以上の官は、公は一品、比公者は二品、中二千石は三品というように、そのまま移動するとみることは可能であるが、二千石以下の官については、宮崎説のようには断定することはできないであろう。しかし、両者には何らかの対応関係があったことは考えられるところである。

表 7-1　比二千石以上の官職の品階の変遷

官　名	前漢	後漢	魏	晋	宋 北魏	梁 北斉	陳 北周	隋	唐
太　宰 太　師			一品	一品	一品 正一品	十八班 正一品	一品 正九命	正一品	正一品
太　傅	三師		一品	一品	一品 正一品	十八班 正一品	一品 正九命	正一品	正一品
太　保			一品	一品	一品 正一品	十八班 正一品	一品 正九命	正一品	正一品
太　尉			一品	一品	一品 正一品	十八班 正一品	一品	正一品	正一品
司　徒	三公		一品	一品	一品 正一品	十八班 正一品	一品	正一品	正一品
司　空			一品	一品	一品 正一品	十八班 正一品	一品	正一品	正一品
丞　相			一品 (大丞相)	一品		十八班	一品 (相国も)		
御史大夫								従三品	従三品
太常〔卿〕	中二千石	中二千石	三品	三品	三品 正三品	十四班 正三品	三品	正三品	正三品
光禄勲(卿)	中二千石	中二千石	三品	三品	三品 正三品	十一班 正三品	三品	正三品	従三品
衛尉〔卿〕	中二千石	中二千石	三品	三品	三品 正三品	十二班 正三品	三品	正三品	従三品
太僕〔卿〕	中二千石	中二千石	三品	三品	三品 正三品	十班 正三品	三品	正三品	従三品
廷尉〔卿〕 大理卿	中二千石	中二千石	三品	三品	三品 正三品	十一班 正三品	三品	正三品	従三品
大鴻臚 鴻臚卿	中二千石	中二千石	三品	三品	三品 正三品	九班 正三品	三品	正三品	従三品
宗正〔卿〕	中二千石	中二千石	三品	三品	三品 正三品	十三班 正三品	三品	正三品	正三品
大司農 司農卿	中二千石	中二千石	三品	三品	三品 正三品	十一班 正三品	三品	正三品	従三品
少府〔卿〕	中二千石	中二千石	三品	三品	三品	十一班	三品		従三品 (少府監)
将作大匠 大匠卿	二千石	二千石	三品	三品	三品 従三品	十班 従三品	三品	従三品	従三品 (将作監)
執金吾	中二千石	中二千石							
太子太傅	二千石	中二千石			三品	十六班	二品		
太子少傅	二千石	中二千石			三品	十五班	二品		
太子保 太子傅			三品	三品					
太子三師					正二品	正二品		正二品	従一品
太子詹事	二千石		三品	三品	三品 正三品	十四班 正三品	三品		従三品

大長秋	二千石	二千石	三品	三品	三品 / 従三品	九班 / 従三品	五品		
司隷校尉	二千石	二千石	三品	三品					
城門校尉	二千石	比二千石	四品	四品	正四上	正四上			
中壘校尉 魏以後将軍	二千石		四品	四品	従四上	従四上			
屯騎校尉	二千石	比二千石			四品 / 正五下	従四下			
歩兵校尉	二千石	比二千石			四品 / 正五下	従四下			
越騎校尉	二千石	比二千石			四品 / 正五下	従四下			
長水校尉	二千石	比二千石			四品 / 正五下	従四下			
胡騎校尉	二千石								
射声校尉	二千石	比二千石			四品 / 正五下	従四下			
虎賁校尉	二千石								
京兆尹	二千石								
州　牧	二千石	二千石							
郡太守	二千石	二千石	五品	五品	五品 / 正四下～	従三品～	五品以下 / 七命～		
光禄大夫	比二千石	比二千石	三品	三品	三品 / 正三品	十三班 / 正三品	三品 / 正七命	正三品	正三品
虎賁中郎将	比二千石	比二千石	五品	五品	五品				
奉車都尉	比二千石	比二千石	六品	六品	従五上	従五下	五命	従五上	従五下
駙馬都尉	比二千石	比二千石	六品	六品		従五下		従五下	従五下
光禄騎都尉	比二千石	比二千石							
侍　中		比二千石	三品	三品	三品 / 正三品	十二班 / 正三品	三品	正三品 (納言)	正三品
左中郎将 右中郎将		比二千石			五品 / 従四下	八班 / 従四下	五品 / 六命		
中常侍		比二千石	三品	三品	正四上	正四上			
護烏桓校尉		比二千石	四品	四品					
護羌校尉		比二千石	四品	四品					

表7-2　千石・比千石の官職の品階の変遷

官　名	前漢	後漢	魏	晋	宋 北魏	梁 北斉	陳 北周	隋	唐
御史中丞	千石	千石	四品	四品	四品 従三品	十一班 従三品	三品		正五上
九卿丞	千石	比千石		(六少卿	 正四上	 正四上		正四上)	
万戸以上県令	千石	千石 (大県令)	六品	六品	六品 正六下上県	 正六下上県	八品 五命七千以上	従六上 (上県令)	従六上 (上県令)
太中大夫	比千石	千石			 従三品	 従三品	四品 七命		
尚書令		千石	三品	三品	三品 正二品	十六班 正二品	一品	正二品	正二品
太子家令	八百石	千石	五品	五品	五品 従四上	十班 従四上	四品	従四上	従四上
太子率更令		千石	五品	五品	五品 従四上	十班 従四上	四品	従四上	従四上
太子僕		千石	五品	五品	五品 従四上	十班 従四上	四品	従四上	従四上
謁者僕射	比千石	比千石	五品	五品	五品	六班			
太傅・太尉・司徒・司空長史		千石	六品 (公府長史)						

表7－3は六百石以下の官と魏の官品との対応関係をまとめたものであるが、二百石が九品に相当することはまず認めて良いところである。また、比三百石の中黄門が七品になっているなどの例外はあるが、三百石～二百石が九品になったということも、大略承認することができるであろう。

問題は二千石～比四百石の官についてである。前述のように、二千石官は三～五品、比二千石官・千石官・比千石官は三～六品に移っている。六百石官と比六百石官とは、尚書僕射・尚書が三品になっていることを例外とすれば、六・七品になっており、四百石官・比四百石官は五～八品となっている。六百石以下の官職はほぼ六品から八品までの間に配置されたと言い得る。

四百石官・比四百石官で六品となっているのは尚書左丞・右丞・侍郎であるが、千石官の尚書令が三品、六百石官の尚書僕射と尚書とも三品となっていることと同様に、俸秩からすれば破格とも言い得る品階に移っているので、これら尚書関係の官職は例外的なものとみること

表 7-3　六百石以下の官と魏の官品との対応

後　漢	魏	
六百石官		
度遼将軍長史 度遼将軍司馬	諸軍長史・司馬 秩六百石者	七品
太常高廟令 太常光武廟令	太廟令	七品
光禄中散大夫	中散大夫	七品
光禄諫大夫	諫議大夫	七品
光禄議郎	議郎	七品
衛尉公車司馬令	公車令	六品
少府中黄門冗従僕射	黄門冗従僕射	六品
少府尚書僕射	尚書僕射	三品
少府尚書	尚書	三品
少府治書侍御史	治書侍御史	六品
少府侍御史	部曹侍御史	六品
太子門大夫	太子侍講門大夫	六品
太子中庶子	太子中庶子	五品
護烏桓校尉擁節長史， 護烏桓校尉擁節司馬， 護羌校尉擁節長史， 護羌校尉擁節司馬	護羌戎蛮夷越烏桓 校尉長史・司馬	七品
比六百石官		
太子洗馬	太子洗馬	七品
四百石官		
少府黄門署長	小黄門諸署長	七品
少府尚書左・右丞	尚書左・右丞	六品
少府尚書侍郎	尚書侍郎	六品
太子庶子	太子庶子	五品
太子衛率	太子護率	五品
画室署長，内署長， 大長秋中宮薬長， 皇太子封王国礼楽長， 衛士長，医士長， 永巷長，祠祀長	諸雑署長史	八品

（後　漢）	（魏）	
比四百石官		
太尉東西曹掾	諸公府掾属	七品
皇子封王国謁者	諸国公謁者	七品
三百石官		
宗正諸公主毎主家丞	諸王太妃及公主家 僕・丞	七品
右扶風京兆毎小県長	諸県長	九品
比三百石官		
少府中黄門	中黄門	七品
二百石官		
衛尉史，太僕文学史， 少府令・史， 少府符節令・史， 廷尉史，鴻臚史， 宗正史，執金吾史	令・史	九品
太常太史丞， 太常中明堂及霊台丞， 少府苑中丞， 右史南園丞， 大司農直丞， 大司農雒陽市丞	諸署丞	九品

が許されるであろう。また、太子庶子・衛率も、六百石の中庶子とともに、例外的な官とすることができるのではなかろうか。しからば、四百石官・比四百石官は原則として七・八品に配置されたということになる。さらに言うならば、八品となった官の方が七品に移った官よりも多いことからして、四百石官・比四百石官は八品に位置付けられるのが基本であったように思われる。

六百石官は七品に配置された官の方が六品に移ったものよりも多い。九卿に統轄される諸令は晋でも存在しているので、魏でも置かれていたと考えられるが、それらは晋で七品であることからして、魏でも同様であったと想定される。この諸令を加えれば、六百石官は大多数七品官になったことになる。比六百石官も、太子洗馬が七品になっていることから、六百石官に準じたと考えて良いであろう。したがって、六百石官・比六百石官は、原則として、七品に移ったと考えられる。

二千石官は、地方官は四・五品となっているが、中央官が三品に位置付けられているので、原則として、三品に移ったとなし得るであろう。比二千石官では、顧問応対を掌る光禄大夫と天子の左右に侍す侍中・中常侍が三品、雒陽城門十二箇所を掌る城門校尉と宿衛兵を掌る屯騎・歩兵・越騎・長水・射声の五営校尉が四品、殿門の宿衛を掌る左・右・虎賁中郎将が五品、天子の乗車・駙馬を管掌する奉車・駙馬都尉が六品となっているが、これは役職の重要性によって分類・再編されたものであろう。千石官・比千石官も役職の重要性から三〜六品に分けて配置されたと考えられる。

しからば、六百石〜比二百石の官職については宮崎説は有効であるが、二千石〜比千石の官については修正を迫られることになる。二千石官は三〜五品に区別されたが、その中心は三品にあり、比二千石〜比千石の官は三〜六品に再編されたとすべきであろう。全体として、中二千石以上は不動、二千石以下は再編という傾向があったことを指摘

表 7-4　三品以上の官職の品階の変遷

官　名	魏	晋	宋 北魏	梁 北斉	陳 北周	隋	唐	
太宰 太師	一品	一品	一品 正一品	十八班 正一品	一品 正九命	正一品	正一品	
太傅	一品	一品	一品 正一品	十八班 正一品	一品 正九命	正一品	正一品	
太保	一品	一品	一品 正一品	十八班 正一品	一品 正九命	正一品	正一品	
太尉	一品	一品	一品 正一品	十八班 正一品	一品	正一品	正一品	
司徒	一品	一品	一品 正一品	十八班 正一品	一品	正一品	正一品	
司空	一品	一品	一品 正一品	十八班 正一品	一品	正一品	正一品	
丞相	一品	一品		十八班	一品			
開府儀同三司	一品	一品	一品 従一品	十七班 従一品	一品 九命	正四上*	従一品	(*上開府儀同は送三品)
尚書令	三品	三品	三品 正二品	十六班 正二品	一品	正二品	正二品	
太子傅 (太子太傅*)	三品	三品	三品* 正二品*	十六班* 正二品*	二品*	正二品*	従一品*	
太子保(太子少傅*・太保**)	三品	三品	三品* 正二品**	十五班* 正二品**	二品*	正二品**	従一品**	
尚書左・右僕射	三品	三品	三品 従二品	十五班 従二品	二品	従二品	従二品	
中書監	三品	三品	三品 従二品	十五班 従二品	二品	従二品 (後廃)		
光禄大夫	三品	三品	三品 正三品	十三班 正三品	三品 正七命	正三品	正三品	
侍中(納言*)	三品	三品	三品 正三品	十二班 正三品	三品 不明*	正三品*	正三品	
散騎常侍	三品	三品	三品 従三品	十二班 従三品	三品	従三品	従三品 後正二品	
中常侍	三品	三品	正四上	正四上				
列曹尚書	三品	三品	三品 正三品	十三班 正三品	三品	正三品	正三品	
中書令	三品	三品	三品 正三品	十三班 正三品	三品	正三品	正三品	

秘書監	三品	三品	三品 正三品	十一班 正三品	四品	正三品	正三品
太常〔卿〕	三品	三品	三品 正三品	十四班 正三品	三品	正三品	正三品
光禄勲（卿）	三品	三品	三品 正三品	十一班 正三品	三品	正三品	従三品
衛尉〔卿〕	三品	三品	三品 正三品	十二班 正三品	三品	正三品	従三品
太僕〔卿〕	三品	三品	三品 正三品	十班 正三品	三品	正三品	従三品
廷尉〔卿〕	三品	三品	三品 正三品	十一班 正三品	三品	正三品	従三品
大鴻臚 （鴻臚卿）	三品	三品	三品 正三品	九班 正三品	三品	正三品	従三品
宗正〔卿〕	三品	三品	三品 正三品	十三班 正三品	三品	正三品	正三品
大司農 （司農卿）	三品	三品	三品 正三品	十一班 正三品	三品	正三品	正三品
少府〔卿〕	三品	三品	三品	十一班	三品		
司隷校尉	三品	三品					
大長秋	三品	三品	三品 従三品	九班 従三品	五品		
太子詹事	三品	三品	三品 正三品	十四班 正三品	三品		正三品
太后三卿	三品	三品	三品		三品		
国子祭酒	五品		従三品	十三班 従三品	三品	従三品	従三品
御史中丞	四品	四品	四品 従三品	十一班 従三品	三品	（大夫） 従三品	正五上 （大夫従三品）
将作大匠 （大匠卿）	三品	三品	三品 従三品	十班 従三品	三品	従三品	従三品 （将作監）

することができる。

表7-4は魏から唐に至る三品以上の官の品階の変遷をまとめたものである。三品以上の品階の中での上がり下がりがいくつか見られるものの、四品以下から三品以上に上がるのは御史中丞と国子祭酒だけであり、逆に三品以上から四品以下に下がるのは開府儀同三司・秘書監・大長秋・中常侍のみである。御史中丞が唐で正五品上に下がっているのは、御史台の長官として御史大夫が設置(復置)され、中丞が次官となったことによる。開府儀同三司は隋では上開府儀三司が分立しており、秘書監は陳だけの特例であり、大長秋と中常侍とは隋代には消滅していた。総じて三品以上は安定し、[16]「公卿」と称されるように、四品以下の官に任じられている官人との間に断層があったと言い得る。梁の段階で三品以上、五品以上で礼数に等差が設けられたと考えられていることも、[17]上述の状態を示すものであろう。

以上のように、後漢の中二千石官は魏で三品官となり、魏以降唐に至るまで、三品以上の官職にはほとんど出入りが見られず、安定していると言い得る。前節でみたように、後漢では中二千石以上の官人が「大臣」と称される者であったと考えられるのであるが、本節でみたような品階の変遷を勘案すれば、魏以後では「大臣」は三品以上の官職に任じられていた官人、あるいはそれ以上の身分の者を意味する語であったと考えられるのではないかと思う。

三　「大臣」の実例

前節において、魏以降では「大臣」は三品以上の官にあった官人を意味するという想定に達した。本節ではこれを裏付けるために、「大臣」として現われている官人の実例を見ることにする。

『史記』~『新唐書』から、前漢~唐の「大臣」として現われている官人を挙げると次のようになる。出典はその官人が「大臣」として現われている条を挙げている。官名や秩階・品階は「大臣」として現われている段階でのものを記しているが、「出典」として記した条以外から調べたものも多い。北魏〜東・西魏の「大臣」については二種の品階を記したが、一つは太和十七（四九三）年に発布されたもの、いま一つは同二十三（四九九）年発布のものである。「↓」は太和二十三年以前の段階で「大臣」として現われている者、「↑」は二十三年以後に「大臣」と記されている者であり、いずれも矢印の基点が十七年品階である。

前　漢

周　勃	太尉絳武侯	（『史記』呂太后本紀、『漢書』高后紀）
灌　嬰	潁陰〔懿〕侯	（『史記』呂太后本紀）
張　湯	御史大夫	（『史記』張湯伝）
陳　平	丞相	（『漢書』高后紀）
楊　惲	光禄勲（中二千石）平通侯	（『漢書』元帝紀）
蓋寛饒	司隷校尉（二千石）	（『漢書』宣帝紀）
上官桀	左将軍安陽侯	（『漢書』天文志）
上官安	票騎将軍桑楽侯	（『漢書』天文志）
霍　光	大司馬大将軍博陸侯	（『漢書』天文志）
淳于長	侍中衛尉（中二千石）定陵侯	（『漢書』天文志）
孔　光	丞相	（『漢書』五行志）

師丹　大司空　（『漢書』五行志）
王音　大司馬車騎将軍　（『漢書』五行志）
劉向　光禄大夫（比二千石）　（『漢書』五行志）
薫賢　侍中駙馬都尉（比二千石）→高安侯大司馬衛将軍　（『漢書』五行志）
劉章　朱虚侯　（『漢書』楚元王伝）
蕭望之　御史大夫　（『漢書』蕭望之伝）
？　大鴻臚（中二千石）　（『漢書』楚元王伝）

後漢

伏恭　司空　（『後漢書』牟融伝）
范遷　公輔　（『後漢書』郭丹伝）
鄭弘　大尉　（『後漢書』鄭弘伝）
梁商　執金吾（中二千石）大将軍　（『後漢書』梁商伝・天文志）
馮緄　太常（卿、中二千石）　（『後漢書』馮緄伝）
楊震　太尉　（『後漢書』楊震伝）
袁紹　車騎将軍・司隷校尉（比二千石）　（『後漢書』公孫瓚伝）
李、杜　公（「李杜二公」とある）　（『後漢書』李固伝）

魏

曹洪　驃騎将軍（二品）　（『晋書』『宋書』天文志）

夏侯尚　征南大将軍（二品）　（『晋書』『宋書』天文志）
薫昭　司徒（一品）　（『晋書』『宋書』天文志）
満寵　太尉（一品）　（『晋書』『宋書』天文志）
王淩　太尉（一品）　（『晋書』『宋書』天文志）
〔曹〕彪　楚王　（『晋書』『宋書』天文志）
諸葛誕　鎮東大将軍（二品）・儀同三司・都督揚州高平侯　（『晋書』『宋書』天文志）
孫綝　大将軍（一品）永寧侯（三品）　（『晋書』『宋書』天文志）
鍾会　司隷校尉（三品）東武亭侯（五品）　（『晋書』『宋書』天文志）
鄧艾　征西将軍（三品）鄧侯（三品）　（『晋書』『宋書』天文志）
公孫淵　大司馬楽浪公（一品）　（『宋書』天文志）
李豊　中書令（三品）　（『宋書』天文志）
王経　尚書（三品）　（『宋書』天文志）
毋丘倹　鎮東将軍（三品）都督揚州　（『新唐書』韓休伝）
文欽　揚州刺史（四品）前将軍　（『新唐書』韓休伝）
？　衛献公（一品）　（『三国志』魏書程暁伝）

晋

桓温　南郡公太尉（一品）　（『晋書』天文志）
司馬冏　斉王　（『晋書』天文志）

王導　丞相司徒（一品）　（『晋書』天文志）
郗鑒　太尉（一品）　（『晋書』天文志）
蔡謨　司徒（一品）　（『晋書』天文志）
桓玄　丞相（一品）侍中（三品）録尚書事　（『晋書』天文志）
魏詠之　荊州刺史（四品）持節都督六州（二品）領南蛮校尉（四品）　（『晋書』天文志）
司馬栄期　益州刺史（四品）　（『晋書』天文志）
王謐　司徒（一品）揚州刺史（四品）　（『晋書』天文志）
司馬遵　太保（一品）武陵王　（『晋書』天文志）
孔安国　左僕射（三品）　（『晋書』天文志）
王渾　司徒（一品）　（『晋書』劉暾伝）
李含　秦国郎中令始平中正　（『晋書』李含伝）
周顗　尚書左僕射・吏部尚書（三品）　（『晋書』劉隗伝・周顗伝）
王敦　益陽侯（二品）光禄勲都督安南将軍（三品）湘州刺史（四品）仮節　（『晋書』王敦伝）
梅陶　尚書（三品）　（『晋書』鍾雅伝）
褚粲　左衛将軍（四品）　（『宋書』武帝紀）
司馬秀　游撃将軍（四品）章武王　（『宋書』武帝紀）
庾爰之　荊州刺史（四品）輔国将軍（三品）　（『宋書』天文志）
謝尚　都督江西淮南諸軍事前将軍（三品）予州刺史（四品）給事中（五品）僕射（三品）　（『宋書』天文志）

呂　護　冀州刺史（四品）前将軍（三品）　（『宋書』天文志）
王　愉　江州刺史（四品）都督予州四郡・輔国将軍（三品）仮節・尚書左僕射　（『宋書』天文志）
殷仲堪　都督荊益寧三州軍事・振武将軍（四品）荊州刺史（四品）仮節　（『宋書』天文志）
司馬尚之　譙王　（『宋書』天文志）
卞承之　光禄勲（三品）　（『宋書』天文志　『晋書』は当時秘書監（三品）とする）
徐羨之　司空（一品）録尚書事・揚州刺史（四品）　（『宋書』天文志）

宋

傅　亮　尚書僕射（三品）→中書監（三品）　（『宋書』天文志）
謝　晦　衛将軍（二品）散騎常侍（三品）建平郡公　（『宋書』天文志）
義　李　征北大将軍（二品）衡陽王　（『宋書』天文志）
誕　南兗州刺史（四品）竟陵王　（『宋書』天文志）
休　茂　雍州刺史（四品）海陵王　（『宋書』天文志）
子　尚　司徒（一品）予章王　（『宋書』天文志）
殷孝祖　大将（二品以上）　（『宋書』天文志）
王景文　揚州刺史（四品）常侍・中書監（三品）　（『宋書』天文志）
義　康　大将軍（二品以上）　（『魏書』天象志）
殷景仁　尚書僕射（三品）護軍・中書令（三品）　（『魏書』天象志）
崔　諲　司徒（一品）　（『南斉書』魏虜伝）

？　　長沙王　（『宋書』天文志）
？　　新安王　（『宋書』天文志）

南斉

遥光　始安王　（『南史』臨汝侯担之伝）

梁

蕭穎達　唐県開国侯　（『梁書』蕭穎達伝）
韋叡　散騎常侍（十二班）護軍将軍（十五班）　（『梁書』韋叡伝）

陳

侯安都　司空（一品）　（『隋書』天文志）
華皎　使持節都督湘巴等四州諸軍事湘州刺史（二品）通直散騎常侍（四品）仁武将軍　（『隋書』天文志）

北魏〜東・西魏

劉芳　太常卿（三卿、従一品→第三品）　（『魏書』広平王伝）
元順顧　尚書僕射（従一品中→従二品）　（『魏書』長孫道生伝）
高允　兼太常（従一品下→三品）→中書監（従一品中→従二品）散騎常侍（二品下→従三品）　（『魏書』高允伝）
裴植　金紫光禄大夫（従一品下→従二品）尚書（従一品下→二品あるいは従二品）崇義県開国侯（→二品）　（『魏書』裴叔業伝）
寿　征北将軍（一品下→二品）城陽王（→一品）　（『魏書』天象志一）
目辰　雍州刺史（→三品）宜都王（→一品）　（『魏書』天象志一・二）

懌	大傅（一品↑一品上）領太尉（一品↑一品中）清河王（一品↑）	（『魏書』天象志一）
高敖曹	司徒公（一品↑一品中）〔東魏〕	（『魏書』天象志一）
穆　宗	太尉（一品中↓一品）	（『魏書』天象志二）
曜	河南王（↓一品）	（『魏書』天象志二）
閭　毗	侍中（二品上↓三品）征東大将軍（一品下↓二品）河東王（↓一品）	（『魏書』天象志二）
万安国	大司馬（一品上↓一品）大将軍（一品上↓一品）安成王（↓一品）	（『魏書』天象志二）
李　恵	南都王（↓一品）	（『魏書』天象志二）
長　楽	定州刺史（↓三品）安楽王（↓一品）	（『魏書』天象志二）
韓　頽	襄城王（↓一品）	（『魏書』天象志二）
李鍾葵	頓丘王（↓一品）	（『魏書』天象志二）
尉　无	三老山陽郡開国公（↓一品）	（『魏書』天象志二）
劉　昶	大将軍（一品上↓一品）宋王（↓一品）	（『魏書』天象志二）
嘉	広陽王（一品↑）	（『魏書』天象志二）
詮	尚書左僕射（二品↑一品中）安楽王（一品↑）	（『魏書』天象志二）
懐	太保（一品↑一品上）領司徒（一品↑一品中）広平王（一品↑）	（『魏書』天象志二）
安　原	左僕射（一品中↓二品）河間公（↓一品）侍中（二品上↓三品）征南大将軍（一品下↓二品）	（『魏書』天象志三）
纂	征東大将軍（一品下↓二品）中山王（↓一品）	（『魏書』天象志三）

長孫嵩	大尉（一品中↓一品）北平王（↓一品）司徒（一品中↓一品）	（『魏書』天象志三・『北史』魏本紀）
叔孫建	鎮南大将軍（従一品上↓二品）丹陽王（↓一品）	（『魏書』天象志三）
洛　侯	広平王（↓一品）	（『魏書』天象志三）
尹　国	右軍将軍（従三品上↓従四品上）済陰公（↓一品）	（『魏書』天象志三）
崔　光	中書監（従二品↑従一品中）侍中（三品↑二品上）	（『北史』崔光伝）

北　斉

高元海	侍中（三品）開府儀同三司（従一品）太子詹事（三品）	（『北斉書』祖珽伝）
斛律孝卿	侍中（三品）開府儀同三司（従一品）義寧王（一品）	（『北史』祖珽伝）
張　雕	侍中（三品）開府	（『北斉書』張雕伝）
彭　楽	太尉（三公　一品）	（『隋書』天文志下）
楊　愔	尚書令（二品）特進（二品）驃騎大将軍（従一品）開封王（一品）	（『隋書』天文志下）
燕子献	右僕射（従二品）開府・侍中（三品）	（『隋書』天文志下）
可朱渾天和	鎮東大将軍（二品）開府・博陵公（一品）	（『隋書』天文志下）
宋欽道	侍中（三品）秘書監（三品）	（『隋書』天文志下）
高帰彦	冀州刺史平泰王（一品）大傅（一品）領司徒（一品）	（『隋書』天文志下）
紹　徳	太原王（一品）開府儀同三司（従一品）	（『隋書』天文志下）
和士開	録尚書淮南王（一品）	（『隋書』天文志下）
庫狄伏連	領軍大将軍（二品）宜都郡王（一品）	（『隋書』天文志下）

王子宜　治書侍御史（従五品）　（『隋書』天文志下）
馮子琮　右僕射（従二品）　（『隋書』天文志下）
慕容儼　琅邪王（一品）　（『隋書』天文志下）
斛律明月　右丞相咸陽王（一品）　（『隋書』天文志下）
長　恭　蘭陵王（一品）　（『隋書』天文志下）
崔季舒　侍中（三品）開府・左光禄大夫（二品）特進（二品）　（『隋書』天文志下）

北周

李　植　司会（正五命）　（『隋書』天文志下）
孫　恒　軍司馬（正五名）　（『隋書』天文志下）
乙弗鳳　宮伯（正五命）　（『隋書』天文志下）
宇文貴　太保（正九命）　（『隋書』天文志下）
宇文護　太師（正九命）大冢宰（正七命）晋国公（正九命）　（『隋書』天文志下）
楊　堅　隋国公（正九命）右三軍総管　（『隋書』天文志下）
王　軌　柱国（正九命）郯公（正九命）　（『隋書』天文志下）

隋

劉　昉　上大将軍（従二品）黄国公（従一品）　（『隋書』天文志下）
楊　素　右僕射（従二品）上柱国（従一品）越国公（従一品）　（『隋書』天文志下）
李　渾　郕国公（従一品）右驍衛大将軍（正三品）　（『隋書』李渾伝）

蘇　威　光禄大夫（正三品）開府儀同三司（正四品上）邳公（従一品）　（『隋書』蘇威伝）
史万歳　柱国（正二品）太平県公（従一品）上開府儀同（従三品）左領将軍　（『隋書』史万歳伝）
屈突通　驍衛大将軍（正三品）　（『隋書』尭君素伝）
虞慶則　大将軍（正三品）内史監（正三品）吏部尚書（正三品）京兆尹（正三品）彭城郡公（従一品）
→尚書右僕射（従二品）　（『隋書』突厥伝）

唐

張彭武　涇州刺史（正三品）散騎常侍（従三品）→監国史・侍中（正三品）開府　（『北史』張彭武伝）
李　嶠　特進（正二品）守兵部尚書（正三品）同中書門下三品・趙国公（従一品）
（『旧唐書』礼儀志一、『新唐書』祝欽明伝）
裴　冕　冀国公（従一品）御史大夫（従三品）成都尹（従三品）創南西川節度使　（『旧唐書』礼儀志四）
陳希烈　兵部尚書（正三品）左相（＝侍中　正三品）潁川郡開国公（正二品）
（『旧唐書』刑法志、『新唐書』刑法志等）
高士廉　開府儀同三司（従一品）依旧平章事・申国公（従一品）　（『旧唐書』漢王元昌伝）
李世勣　太子詹事（正三品）兼左衛率・特進（正二品）同中書門下三品・英国公（従一品）
（『旧唐書』漢王元昌伝）
劉　洎　侍中（正三品）左庶子（正四品上）検校民部尚書（正三品）　（『旧唐書』楽彦瑋伝）
王及善　春宮尚書・秦州都督（正三品）→益州大都督府長史（従一品）→光禄大夫（従二品）
→滑州刺史（従三品）　（『旧唐書』王及善伝）

宗楚客　中書令（正三品）同中書門下三品　（『旧唐書』宗楚客伝、『新唐書』王無競伝）
紀処納　侍中（正三品）　（『旧唐書』宗楚客伝）
崔祐甫　門下侍郎（正四品上）平章事　…→中書侍郎（正四品上）修国史・平章事　（『旧唐書』崔祐甫伝、『新唐書』崔祐甫伝）
韋　倫　太常卿（正三品）兼御史大夫（従三品）銀青光禄大夫（従三品）　（『旧唐書』開播伝、『新唐書』張嘉貞伝）
李　晟　太尉（正一品）中書令（正三品）西平郡王（従一品）　（『旧唐書』李晟伝、『新唐書』昭徳皇后伝）
竇　参　中書侍郎（正四品上）同平章事　（『旧唐書』竇参伝）
賈　耽　右僕射（従二品）同中書門下平章事　（『旧唐書』韓金義伝）
鄭　粛　礼部尚書（正三品）河中尹（従三品）河中節度・晋絳監察等使→太常卿（正三品）　（『旧唐書』鄭粛伝、『新唐書』鄭粛伝）
蕭　遘　尚書右僕射（従二品）→楚国公　（『旧唐書』蕭遘伝）
渾　瑊　侍中（正三品）検校尚書左僕射（従二品）同中書門下平章事→検校司空（正一品）　（『新唐書』昭徳皇后伝）
封徳彝　中書令（正三品）→尚書右僕射（従二品）　（『新唐書』膠東郡王道彦伝）
崔敦礼　兵部尚書（正三品）→侍中（正三品）　（『新唐書』荊王元景伝）
侯君集　潞国公（従一品）吏部尚書（正三品）　（『新唐書』侯君集伝）
李　靖　僕射（従二品）　（『新唐書』魏徴伝）

王　珪	侍中（正三品）	（『新唐書』魏徴伝等）
房玄齢	尚書右僕射（従二品）	（『新唐書』権万紀伝）
蕭　瑀	尚書左僕射（従二品）	（『新唐書』長孫无忌伝）
長孫无忌	斉国公（従一品）尚書右僕射（従二品）	（『新唐書』長孫无忌伝）
楊再思	鸞台（＝門下）侍郎（正四品上）同鳳閣（＝中書）鸞台平章事	（『新唐書』王無競伝）
王及善	秦州都督・益州長史・光禄大夫（従二品）	（『新唐書』王及善伝）
劉幽求	尚書左丞相（＝左僕射　従二品）兼黄門監	（『新唐書』劉幽及伝）
韋巨源	侍中（正三品）舒国公（従一品）	（『新唐書』韋巨源伝）
蘇　瓌	侍中（正三品）戸部尚書（正三品）	（『新唐書』蘇瓌伝）
馬　燧	検校兵部尚書（正三品）幽国公（従一品）	（『新唐書』張嘉貞伝）
白志貞	司農卿（従三品）	（『新唐書』張嘉貞伝）
裴遵慶	黄門侍郎（正四品上）同中書門下平章事	（『新唐書』裴遵慶伝）
令狐綯	御史中丞（正五品上）→兵部侍郎（正四品上）→同中書門下平章事…→隙国公	（『新唐書』令狐滈伝）
李徳裕	兵部尚書（正三品）中書門下平章事	（『新唐書』李徳裕伝）
李　珏	吏部尚書（正三品）検校尚書左僕射（従二品）淮南節度使	（『新唐書』李珏伝）
李林甫	礼部尚書（正三品）同中書門下三品→兵部尚書（正三品）同中書門下三品晋国公（従一品）	（『新唐書』李林甫伝）
牛仙客	幽国公（従一品）	（『新唐書』李林甫伝）

前漢では、丞相・太尉・御史大夫（大司空）の三大官は秩差に基づく十六階の中には入らない官である。[18] 諸将軍や諸侯王・諸列侯も同様である。これらの諸将軍は武官の最上層に位置するものであり、後漢では公に比される重要な官職である。[19] したがって、前漢段階の大臣の実例は秩比二千石以上の官人ということになる。

後漢では、司徒・太尉は公、大将軍・車騎将軍は「比公者」であり、[20]「公輔」は「三公四輔」の略称・略記であるから、大臣の実例はすべて公卿である。

魏の官品は『通典』巻三十六職官十八に見えるだけであるが、大臣として現われている者はほとんど第三品以上の官にある官人である。例外的存在は文欽であるが、文欽が任じられた前将軍は、『通典』に記される魏の官品には見えないが、晋では第三品官であるから、[21] 魏の場合も同様であったと思われるのであり、これも三品官以上ということになる。前掲のほかに尚書僕射の毛玠も大臣の例に挙げることができるかも知れないが、[22] 僕射は第三品であるので、結果は同じである。

晋の官品を伝えるのは、魏の場合と同様、『通典』だけであるが、[23] これには北魏以降のように諸王の品階は記されていない。諸王は品階の中に組み入れられておらず、それを超越するものであったのであろう。大臣として現われる者は、ほとんどが第三品以上の官にある官人もしくはそれ以上の身分の者であるが、司馬栄期・殷仲堪・褚粲が例外の如くである。司馬栄期は『晋書』安帝紀義熙二年正月条・天文志下と『宋書』天文志三とに見えるだけであり、いずれも益州刺史として現われている。[24] したがって、栄期が他官を兼任していたことや、他官に遷任されたという確証はない。しかし、その反面、三品以上の官についていなかったと断定することもできないのである。栄期が晋の王室と同じ司馬姓であることからすれば、三品官以上に任官されていたか否かは不明であるとしても、王号を有していた可能性も考えられるであろう。殷仲堪は都督号を有しているが、『通典』巻三十二職官十四州牧刺史条によれば、「凡単車刺史加督進一品、都督進二品、不論持節・仮節。」とあるので、これに従えば、三品以上であったことは明らかである。褚粲は『晋書』では巻四十五王湛伝に御史中丞として現われているだけである。『宋書』の当該部分には、「光禄勲卞承之・左衛将軍褚粲・游撃将軍司馬秀役使官人、為御史中丞王禎之所糾察。……高祖与大将軍彧、白、粲等備位大臣、所懐必尽。……」とあり、光禄勲卞承之・章武王司馬秀と並べられ、高祖と大将軍彧の言で粲が代表者として挙げられている。粲の伝はこれら以外に見当たらないが、『宋書』の記述からして、粲は承之・秀と比肩する地位にあったと考えられる。

宋の大臣はすべて第三品官以上の官人である。

南斉の官品について伝えるものはないが、宋の制を踏襲したのであれば、諸王は官品の秩序の中には含まれていなかったことになる。

梁の大臣蕭穎達の「開国県侯」は、『隋書』巻二十六職官志上と『通典』巻三十七職官十九とに載せられている十八班官制の中には見えないが、『通典』職官十九の末尾に「九品之制不廃」とあるので、宋の制に従えば第三品となる。南朝の官品制の影響を受けた北魏[25]では第二品である。十二班は正四品、十五班は従二品に当たる[26]。

陳の二人の大臣は三品官以上である。

北魏〜東・西魏の大臣は、太和二十二（四九八）年以前に現われている者で、当時の官職名が明らかである者はほとんど第二品中以上で、太和二十三年品階で見ても第三品以上となっている。例外は済陰公尹国だけであるが、二十三年品階では右軍将軍は従四品上となっているが、公爵は第一品である。就任した官職が不明の者はすべて王・開国郡公であり、二十三年品階では第一品に位置付けられている。一方、太和二十三年以後に大臣として現われている者はすべて従第二品以上である。太和十七年官品制と二十三年官品制とは、表面上の品階の高低はあるが、実質はそれほど異なるものではないとされている[27]。それはともかく、『魏書』『北史』の編者がいずれの官品制を基準として考えたにせよ、大臣として現われる者が三品官以上であることは明らかである。

北斉も北魏〜東・西魏の場合と同様、第三品官以上がほとんどである。例外は王子宜のみであるが、『隋書』の当該部分には、

占曰、兵喪並起、国大乱易政、大臣誅。其後、太上皇崩。至武平二年七月、領軍庫狄伏連・治書侍御史王子宜、受琅邪王儼旨、矯詔誅録尚書・淮南王和士開於南台。伏連等即日誅、右僕射馮子琮賜死。

とある。ここに見える「大臣」は誅された者であることから、和士開・庫狄伏連とともに王子宜を挙げておいたのであるが、子宜は兵乱に関わったことによってここに名が記されたのであり、「大臣」が子宜をも含むとは必ずしも言えないと思われる。

北周の大臣の中で李植・孫恒・乙弗鳳は正五命(正五品相当)官についており、例外のようにも見える。『隋書』の当該条は次の通りである。

周閔帝元年五月癸卯、太白犯軒轅。占曰、太白行軒轅中、大臣出令。又曰、皇后失勢。辛亥、……占曰、其国乱。又曰、大旱。其年九月、冢宰護逼帝於遜位、幽於旧邸、月余殺崩。司会李植・軍司馬孫恒及宮伯乙弗鳳等被誅害。

其大臣出令、大臣死、旱之応也。

傍線を引いているように、前半の「大臣出令」「皇后失勢」「其国乱」「大旱」が後半では「大臣出令、大臣死、旱」となっており、「大臣死」の占が前半に見えないように、この記述に若干の混乱が見られるのであるが、それはともかくとしても、「大臣死」の「大臣」が李植等を指していることは動かすことができない。李植と孫恒は、『周書』巻三孝閔帝紀元年九月条では、殺された段階で、それぞれ梁州刺史・潼州刺史であったとされている。『通典』巻三十九職

官二十一によれば、北周では「刺史万戸以上者」は正七命（正三品相当）であったが、『隋書』巻二十九地理志上には、梁州は「戸一万一千九百一十」、潼州は「戸三万六千九百六十三」と記されている。『周書』に見える官を兼任していたとし、また『隋書』地理志上の戸数と北周段階のそれとがそれほど差がなかったとすれば、李植と孫恒は正七命官にあったということになる。乙弗鳳については他の官職名が伝えられていない。正五命官どまりであったとしても、李植・孫恒とともに内乱で殺されたことによって、『隋書』天文志にその名が記されているにすぎないと考えることはできる。

隋の大臣はすべて正三品官以上の官人である。

唐も正三品官以上の官人がほとんどである。それ以外の者は「同中書門下平章事」「同中書門下三品」で、宰相に準ずる存在であり、身分としては三品官就任者と同格である。

以上、前漢〜唐の大臣として正史に現われている官人について見てきたが、総じて三品官以上の官職に就いている者、それ以上の身分の者であり、前節までの推定と矛盾するものではないようである。

むすび

本章では、「大臣」を含む表現、上級官の秩階・品階の変遷、「大臣」として正史に現われている者の官職の秩階・品階、という三つの視角から、中国の「大臣」について検討を加えた。「小臣」に対する「大臣」というような漠然とした表現もあるが、総じて従三品以上の官職に就任している官人、ないしそれに準ずる者に対する身分的呼称が「大臣」であったと考えられるのである。

第五章の表5―1にまとめたように、朝鮮三国と倭国の位階は、中国の正四品以下に対応させて理解することができる。大臣蘇我馬子は冠位を超越する存在であり[28]、まさしく三品官以上の官職に就任している者を表わす「大臣」に相当する。高句麗の大対盧は、官位制の枠内のものではあるが、すべての官人の上に立つ存在ということから、外見上は三品官以上のものである。大対盧は「大臣」とも表記可能であるから、倭国と高句麗とは中国の大臣に通ずる「大臣」を最高官としていたということになる。中国の「大臣」を基にして高句麗とわが国の最高官名ができたのではなかろうか。

冠位十二階が成立する推古朝においては、例えば、高句麗僧慧慈が、廐戸皇子の師や、法興寺に住して三宝の棟梁となっているように、わが国と高句麗とは友好関係にあった。中国の大臣を基にすでに成立していた高句麗の「大臣」を、わが国の最高執政官の名称として導入したのではないかと考えられるのである。ただし、「大臣」という熟語の導入前に「マカリタロ」「オホマヘツキミ」という朝鮮（高句麗）語・和語があったことは想定し得るところである。

注

（1）岩橋小彌太「孝徳天皇紀の大臣及び内臣について」（『上代官職制度の研究』所収、吉川弘文館、一九七三年）。
（2）「備位大臣」というような表現は『後漢書』『梁書』『魏書』『北史』にも見える。
（3）「致位大臣」というような表現は『新唐書』にも見える。
（4）伊藤徳男「前漢の九卿について」（『東方学論集』一、一九五四年）。
（5）『後漢書』巻五孝安帝紀永初五年閏月戊戌条詔中。
（6）『後漢書』巻五孝安帝紀永初元年四月丁酉条。

（7）『後漢書』巻五孝安帝紀建光元年四月己巳条。

（8）「二千石」を含む表現は注（5）（6）（7）のほかに、巻五孝安帝紀延光元年八月己亥条・巻七孝桓帝紀建和二年正月庚午条・志第二十九輿服上・志第三十輿服下に見え、すべて中二千石と並記されている。また、巻六十二荀爽伝に「公卿及二千石」という表現が見えるが、これは「大臣二千石」なる表現と考え合わせるべきものであろう。

（9）狩野直禎「後漢末地方豪族の動向」（『中国中世史研究』所収、東海大学出版会、一九七〇年）は「大臣の秩は真二千石」とするが、その根拠は明記されていない。

（10）『漢書』巻九十九中王莽伝中。

（11）『通典』巻三十七職官十九。

（12）『隋書』巻二十八百官志下。

（13）『宋書』巻四十百官志。

（14）『魏書』巻百十三官氏志。

（15）宮崎市定『九品官人法の研究』（同朋舎、一九五六年）一〇二〜一〇三頁。

（16）梁の班制の場合は例外的にかなり変動が見られるが、品階制も並行して行われた。陳の官品制は梁のそれを継承しているので、梁でも品階では官の上がり下がりはあまりなかったと考えられる。

（17）宮崎市定、前掲注（15）著書、三六六頁。

（18）『通典』巻三十六職官十八。

（19）『後漢書』志第二十四百官一。

（20）『後漢書』志第二十四百官一。

（21）『通典』巻三十七職官十九。

（22）『三国志』巻二十三魏書和洽伝。

（23）『通典』巻三十七職官十九。

（24）『晋書』天文志下の記述と『宋書』天文志三のそれとは同内容である。

（25）北魏の官品制が南朝のそれの影響を受けたことは、宮崎市定、前掲注（15）著書「第五章　北魏の官制と選挙制度」に詳しい。

(26) 宮崎市定、前掲注(15)著書、三一七頁。

(27) 宮崎市定、前掲注(15)著書、三九七～三九八頁。

(28) 関晃「推古朝政治の性格」(『東北大学日本文化研究所研究報告』三、一九六七年)。

第八章　百済の中央官制

――その源流をめぐって

はじめに

百済の中央官制については、『旧唐書』百済伝にいわゆる「六佐平」、『周書』百済伝等に「二十二部司」が記されている。「六佐平」の職掌については簡単ながらも伝えられているのであるが、「二十二部司」の場合は、部司の名称が記されているだけで、それらの職掌については部司名から推測し得るにすぎない。したがって、比較的史料が多く残されている新羅の官制と比して、百済の官制についての研究がかなり立ち遅れているという現状もやむを得ないところがある。

しかしながら、「二十二部司」のうち少なくとも司軍部・司徒部・司空部・司寇部については、それらの官司名から、北周の官制との関係が指摘されているのであり[1]、北周官制と百済の官制との間につながりがあったことは、まず否定し得ないことと思われる。『周礼』に記載されている官制を百済が導入したにすぎないとみることも可能であるかもしれないが、この場合、何故そのような復古的な官制を、たとえ一部でも、導入したのかということが問題となるのであり、やはりこのような官制を導入した直接的な背景や理由を考えなければならないからである。

したがって、百済の官制に六世紀前後の中国王朝の官制の影響があったことは、ほぼ確かなことと考えられるのであるが、このような視点から検討を加えることによって、百済の中央官制の究明に向けて、いくらかなりとも歩を進めることができるのではないかと思われる。ひいては、百済と密接な関係を有した日本古代の律令官制につながる諸制度の成立過程についても何がしかの示唆を得ることができると考えられる。

本章では、このような観点から、百済の中央官制である「六佐平」と「二十二部司」について、中国官制との比較検討を通じて、それらの源流を一端なりとも明らかにすることを課題としたい。なお、「六佐平」および「二十二部司」は中国統一王朝（隋・唐）成立以前に形成されていたと一般的に考えられている——ただし、後述するように、必ずしもすべてが成立していたとは考え難いのであるが——ので、ここでは、当然、統一王朝成立以前の中国の官制との関係を問題とすることになる。

一　「六佐平」と北周の官制

第五章で述べたように、百済第一の官位とされる「佐平（左平）」は、官位ではなく、達率・恩率という高位の官人によって構成される、いわば議政官を意味する身分的呼称であり、佐平である者がそれぞれ重要職務を分掌したとみられる。すなわち、佐平である者が「六佐平」などに任じられていたと考えられるのであるが、この点では、「六佐平」はそれぞれが独立した官職であったということでもない。

表8-1 「六佐平」と中国官職との対照

百済	梁・陳・北魏・北斉	北　周
内臣佐平	侍中	天官府納言中大夫
内頭佐平	太府卿	天官府太府中大夫
内法佐平	祠部尚書・太常卿	天官府宗師中大夫・春官府大宗伯卿
衛士佐平	衛尉卿	天官府宮伯中大夫
朝廷佐平	廷尉（大理）卿	秋官府大司寇卿
兵官佐平	五兵尚書	夏官府大司馬卿

『旧唐書』百済伝に伝えられる「六佐平」の職掌は次の通りである。

内臣佐平　掌宣納事。　内頭佐平　掌庫蔵事。
内法佐平　掌礼儀事。　衛士佐平　掌宿衛事。
朝廷佐平　掌刑獄事。　兵官佐平　掌外兵馬事。

中国の中央官制は、六世紀の段階では、中書省・門下省・尚書省を中心とする梁—陳、北魏—北斉の官制と、『周礼』の官制に基づいた北周の官制とに大別される。「六佐平」とこれら中国諸王朝の官とを、それらの職掌に基づいて対応させると、表8-1のようになると思われる。

この対照表に見られるように、梁・陳・北魏・北斉および北周の官職の中には、「六佐平」と職掌を共通にするものが存在する。[2] しかし、中国諸王朝の官職体系がほとんどあらゆる種類の官職を網羅しているということからすれば、このような職掌上の共通性は見られて当然のこととも言い得るであろう。とりわけ、梁・陳・北魏・北斉の官職との対応関係においては、門下省の官職（侍中）あれば、列曹尚書（祠部尚書、五兵尚書）や「九卿（梁にあっては十二卿）」（太府卿、太常卿、衛尉卿、廷尉卿ないし大理卿）ありというような統一性が見られない状態である。このような状況からすれば、「六佐平」と中国官制との関わりを考慮するまでもないとさえ思われもする。

しかしながら、北周の官制と「六佐平」との関係については、必ずしも無視ないし否定し去ることはできないのではないかと思われる。それは、前述のように、「二十二部司」

のうち少なくとも四部司については北周の官との関係が考えられるということだけではなく、『周書』等に「左（佐）平五人」とあることを重視すれば、本来「五佐平」であったことになるが、表8－1のように内臣・内頭・内法・衛士の四佐平が天官府の官職と職掌を共通にしているとみられるからである。

北周の官制は、『周礼』所載の官制に基づいて、諸官職を天官・地官・春官・夏官・秋官・冬官に分属させながら、官職の配置換え・新設・統廃合等の一定の変改を加えたものである。「六佐平」の職掌と直接の関係を有すると思われる諸官職を含めて、北周の官制・官職およびそれらの職掌について体系的に記している史料は伝えられていないのではあるが、諸書から一定知ることができる。[3] 表8－1に挙げた官職の職掌を記せば、次のようになる。

納言中大夫　掌出入侍従。（『通典』職官典）　天子出入、則侍中（従？）左右。（『唐六典』）
太府中大夫　掌貢賦貨賄、以供国用。（『通典』職官典）
宗師中大夫　掌皇族、定世系、弁昭穆、訓以孝悌。（『通典』職官典）
大宗伯卿　掌邦礼、以佐皇帝和邦国。（『通典』職官典、『太平御覧』所引「後周書」）
左・右宮伯中大夫　宮伯掌侍衛之禁、各更直於内。（『隋書』礼儀志）
大司寇卿　掌刑邦国。（『通典』職官典）
大司馬卿　掌邦政、以建邦国之九法、佐皇帝平邦国、大祭祀掌其府衛。廟社則奉羊牲。（『通典』職官典、『太平御覧』所引「後周書」）

「六佐平」と納言中大夫以下の北周官職との職掌の共通性は明らかなところであろう。「六佐平」に対応するのは、天官府所属官職が四、その他が三ということになるのであるが、これらほどの職掌の対応性が必ずしも明瞭ではないとはいえ、朝廷佐平と天官府御正上大夫との間にも職掌の共通性が認められるように思われる。

御正上大夫の職掌については、『周書』申徽伝に、「明帝以御正任総糸綸、更崇其秩為上大夫、員四人、号大御正。」と見える。これに対して、『資治通鑑』陳紀文帝天嘉二年六月乙酉条の「周使御正殷不害来聘」に対する「胡三省注」は、

周書申徽伝曰、御正任専糸綸、蓋中書舎人之職也。……考之唐六典、則曰、後周依周官、春官府置内史中大夫、掌王言、蓋比中書監・令之任、後又増為上大夫。小内史下大夫、比中書侍郎之任。小内史上士、比中書舎人之任。然則御正者、亦代言之責、在帝左右、又親密於中書。

と記して、御正と内史（中書）との職掌の類似性を指摘している。「総糸綸」という御正の職掌からすれば、まさに「胡三省注」の言う通りであろう。

しかしまた、その一方で、『周書』顔之儀伝に付されている楽運伝には、楽運が朝堂に詣でて宣帝の八失を述べているところに、

一曰、内史・御正、職在弼諧、皆須参議、共治天下。大尊比来小大之事、多独断之、堯舜至聖、尚資輔弼、比大尊未為聖主、而可専恣己心。凡諸刑罰爵賞、爰及軍国大事、請参諸宰輔、与衆共之。

とある。末尾の「諸宰輔」は内史・御正を指しているとみられるが、これによれば、刑罰爵賞が大事に及んだ場合は、内史・御正等と衆議すべきことを説いているとみられる。ことに御正の「御」には、「おさ（治）める」「つかさど（掌）る」「す（統）べる」等の意味がある。「御正」は「正を御す」ということであるから、この官名自体からしても、御正は本来刑罰にも関係したものであったと考えられるのである。

以上のように考えてくると、「六佐平」のうち兵官佐平を除く五佐平が北周の天官府所属の官職と職掌を共通にしていたということになるであろう。

『周書』等の「左(佐)平五人」という所伝からすれば、六世紀前後の佐平は五人であり、それぞれ「六佐平」の職務の如きものを分掌するという体制であったが、その後、いつの段階であったかは確定できないが、「六佐平」と称される六つの官職が確立したことが推測される。すなわち、六世紀前後の百済の中央官制は、五佐平—二十二部司制であったということになるのである。そして、この官制は地方統治体制(区分)と対応するものであるように思われる。

百済では、王都を五部、地方を五方にそれぞれ区分する領域統治方式が取られていたことが『翰苑』所引「括地志」によって知られることは周知のところであるが、またその一方、地方に中国の郡県の如き「二十二檐魯」が存在したことも、『梁書』百済伝に伝えられている。地方行政区画は「五方二十二檐魯」という形態であったと考えられるであろう。[4] 地方行政区画が「五方二十二檐魯」であったということと、中央官制が「五佐平二十二部司」であったと考えられることとは、まさに対応関係にあると言い得ると思う。また、佐平が五人であり、それらが重要職務を分掌していたと考えられることは、高句麗の第一位〜第五位の官位とされる大対盧〜皀衣頭大兄が最上級の官職であったとみられること、新羅の第一位〜第五位の官位とされる伊伐飡〜大阿飡が和白構成者を区分する散官的なものであることと、相通ずるところがあることは第五章で述べた通りである。

このように、本来五佐平制であったと考えることに妥当性があるとするならば、北周の他の官府の長官との職掌の共通性が見られるとはいえ、「六佐平」のうち五つの佐平が天官府所属の官職と職掌を共通にしていると考えられることは、単なる偶然のこととして見過ごすことができないことを示しているのではないかと思われる。

天官府で五命(北周以外の王朝では五品に相当する)以上の官職を長官とするのは、冢宰・司会・宗師・左右宮伯・御正・納言・膳部・太尉・計部である。これらのうち、これまで触れてこなかったものの職掌は次の通りである。

冢宰 〔大冢宰卿〕掌邦治、以建邦之六典、佐皇帝治邦国。

(『太平御覧』所引「後周書」)

司会〔司会中大夫〕副総六府事。（『周書』薛善伝）

膳部〔膳部中大夫〕掌飲食。（『通典』職官典）

計部の職掌について明記する史料は見当たらないが、『唐六典』比部郎中職の条に、

魏氏置、歴晋・宋・斉・後魏・北斉皆有郎中。後周有計部中大夫、蓋其任也。

とあり、『旧唐書』職官志には、

〔比部〕郎中・員外郎之職、掌勾諸司百僚俸料・公廨・臓贖・調斂・徒役・課程・逋懸数物、周知内外之経費、而総勾之。

と記されている。

冢宰は天官府を総轄するものであるが、『周書』武帝紀・静帝紀等に、「五官総於天官」と記されているように、天官府は他の五官府を総べるものであるから、六官府全体の総帥でもある。

司会以下は正六命（正四品相当）・正五命（正五品相当）の官職が長官となっているが、司会は、「副総六府事」と記されているように、冢宰を補佐する官であり、宗師以下とは区別されるものとすべきである。

宗師以下は、御正の長官が上大夫で正六命の官職であるのに対して、他は中大夫で正五命の官職が長官となっているというように、若干の相違は見られるものの、官相互の上下関係はなく、並立・対等のものであったと考えられる。

これらの中で、膳部は少々他と異質な存在のように見受けられる。他は多かれ少なかれ行政官としての性格を有しているのに対して、膳部は飲食を掌るもので、行政官とは言い難いものであるからである。また、『唐六典』によれば、前記の史料に見られるように、計部中大夫は比部郎中の職務を掌っていたという。比部郎中はいわば財務官であるが、「計部」という名称それ自体からしても、財務に通ずるところがあると思われる。しからば、財政を扱う官ということ

において、計部は太府と通ずるところがあることになるであろう。

以上のようにみてくると、天官府所属の重要官職は、六官府を統率する冢宰およびそれを補佐する司会を除けば、礼儀を掌る宗師、侍衛を掌る左・右宮伯、刑罰に関係する御正、天子に侍従する納言、財政を掌る太府・計部、というように、五つに区別することが可能ということになるのである。これらの五種の職掌に、「六佐平」のうち兵官佐平を除く五つの佐平のそれが対応しているのであるが、ここに百済の「五佐平制」の源流を考えることができるのではないかと思われる。

たしかに内法佐平と春官府大宗伯卿、朝廷佐平と秋官府大司寇卿とがそれぞれ職掌を共通にしている。しかも、内法佐平と宗師中大夫、朝廷佐平と御正上大夫とがそれぞれ結びつくと考えるよりも、内法佐平と大宗伯卿、朝廷佐平と大司寇卿とをそれぞれ対応させる方が、職掌上、より相応しいところもある。しかし、内法佐平については、天官府の納言中大夫・太府中大夫にそれぞれ対応する内臣佐平・内頭佐平と同様に、「内」を冠していることから、春官府の大宗伯卿とのつながりよりは、やはり天官府の宗師中大夫との関係の方を重視すべきではないかと思う。したがって、兵官佐平を除く五佐平のうち四佐平までが、それぞれの職掌が天官府所属官職のそれとの関係を想定し得ることからして、朝廷佐平の職掌もまた、これに類する職掌を有していたと考えられる御正上大夫との関係を無視することはできないのではないかと思われる。

このように考えると、六世紀段階の五人の佐平は、「六佐平」のうち、内臣・内頭・内法・衛士・朝廷各佐平の職掌を分担していたと考えられることになるが、内臣佐平などという官職名が存在したかどうかは、それらの官名が『周書』等には見えず、『旧唐書』に初めて現われているということから、不明としておかなければならない。官職名が成立・定着していたかどうかはともかくとしても、五人の佐平が職務を分掌するという形態から、佐平が増員されることあいまって、兵官佐平も設置されて、「六佐平」の官が成立したと考えられる。本来五人の佐平の職務は、北周の天官府の官制に基づき、六官府を統括する冢宰と司会、および飲食を掌る膳部を除き、他の重要官をそれらの職掌に従って五つに再編成するとともに、それらに関係する天官府以外の官府に所属する官職の職掌をも加えたものと考えることができると思われる。なお、一般の佐平の上に位置付けられた大佐平については、一般の佐平から「六佐平」が任じられたと考えられることからすれば、納言中大夫・太府中大夫・宗師中大夫・左右宮伯中大夫・御正上大夫などを統轄した大冢宰卿との関係も考えられるかもしれない。

二　「二十二部司」と北周の官制

前節で検討したように、「六佐平」のうちの五佐平の職掌と、北周天官府所属官職のそれとの関係が想定されるとすれば、「二十二部司」もまた同様に、北周の官制とのつながりでとらえることができるのではないかという推測に達する。逆に言えば、「二十二部司」と北周官制との相互関係について一定の見通しが立てられることになるならば、「五佐平」と北周官制との関係についての前述の想定が傍証されるということにもなるとみられるのである。そこで本節では、「二十二部司」と北周の官職との関係について、前節と同様、比較検討を行うことを通じて、考えることにしたい。

「二十二部司」それぞれの職掌については、それらの名称から表8-2のように考えられている[5]。

「二十二部司」は内官と外官とに区分されており、一般に前者は内廷的なもの、後者は外廷的なものと言われている。しかしながら、外官の十部司については外廷的なものと言い得るとしても、内官十二部司の中には必ずしも内廷的なものとは見做し難い部司――例えば外椋部や功徳部など――も存在するのである。したがって、内官と外官とについての従来の理解は修正される必要があるのではないかと思われる。

そこで、「二十二部司」と北周の官とを、それらの職掌を基にして対応させると、表8-3のようになると思われるが、その根拠について、若干説明を加えておくことにしよう。

前内部は、必ずしもその職掌は明らかではないが、「内」が「掌宣納事」る内臣佐平の「内」と相通じ、内官の最後に挙げられる後宮部の「後」と前内部の「前」が対をなすことからすれば、国王近侍とする説は妥当なものと思う。前内部と共通性を有する官として納言を先ず挙げ得ることは前記の史料より明らかである。春官府内史は『唐六典』『通典』に「後周春官府置内史中大夫二人、掌王言。」とあり、また、『唐六典』に、「後周春官府置内史下大夫二人、蓋比中書侍郎之任也。」などとあって、前内部と一定関係するものとみられる。

内椋部は内廷の財政、外椋部は外廷の財政をそれぞれ掌るものであることは、それぞれの部司名からして、まず誤りはないと思う。北周の官で庫蔵を扱ったものとしては、太府・玉府・内府・外府・左府・右府が知られる。左府・右府についてはその実態は不明であり、玉府は、『周礼』に、「玉府掌王之金玉翫好兵器凡良貨賄之蔵。凡王之好賜、共其貨賄。」、内府は、『周礼』に、「内府掌受九貢九賦九功之貨賄良兵良器、以待邦之大用。金玉歯革兵器凡良貨賄入焉。」、「鄭玄注」に、「内

表8-2　二十二部司の職掌

内官		外官	
前内部	国王近侍（?）	司軍部	兵馬軍事
穀　部	穀物供膳	司徒部	学問教育
肉　部	肉類供膳	司空部	土木建築
内椋部	内倉財政	司寇部	刑罰司法
外椋部	外倉財政	点口部	戸籍徴発
馬　部	廐馬乗物	客　部	外交関係
刀　部	刀剣武具	外舎部	国政人事（?）
功徳部	仏教寺院	綢　部	織物徴収（?）
薬　部	薬物医療	日官部	天文占術
木　部	木工建造	都市部	商業交易
法　部	礼儀関係		
後宮部	後宮関係		

表 8-3　二十二部司と北周官との対照

内　官	北　周　官	外　官	北　周　官
前内部	天官府納言，春官府内史	司軍部	夏官府司馬・軍司馬等
穀　部	天官府膳部	司徒部	地官府司徒
肉　部	天官府膳部	司空部	冬官府司空
内椋部	天官府内府	司寇部	秋官府司寇
外椋部	天官府外府	点口部	地官府民部
馬　部	夏官府駕部・左右廐	客　部	秋官府賓部
刀　部	夏官府武蔵・司刀盾	外舎部	夏官府吏部
功徳部	春官府司寂	綢　部	地官府載師
薬　部	天官府太医・小医	日官部	春官府太史
木　部	冬官府司木	都市部	地官府司市
法　部	天官府宗師，春官府宗伯・司宗・礼部		
後宮部	天官府司内		

府、主食貨賄蔵在内者。」、外府は、『周礼』鄭玄注に、「主泉蔵在外者。」とある。玉府は王の個人的な蔵であり、内府・外府についての「鄭玄注」に従えば、内府は内椋部、外府は外椋部と、それぞれ関係するものとみられる。

春官府司寂は、『唐六典』に、「後周有司寂上士・中士、掌法門之政。」とあり、功徳部に通ずる。

天官府司内は、『周礼』の内宰に当たるが、『周礼』には、「内宰掌書版図之法、以治王内之政令。以陰礼教六官、以陰礼教九嬪、以婦職之法教九御。致后之賓客之礼。歳終、則会内人之稍食、稽其功事。会内官之財用。」とあり、「鄭玄注」には、「内宰、宮中官之長。」と記す。

地官府民部は、『通典』職官典に、「後周置大司徒卿一人、如周礼之制。其属官民部中大夫二人、掌丞司徒教、以籍帳之法、賛計人民之衆寡。」とある。

秋官府賓部は、『通典』職官典に、「後周司寇有賓部中大夫、掌大賓客之儀。」とある。

春官府太史は、『唐六典』に、「後周春官府置太史中大夫一人、掌暦家之法。」とある。

地官府司市は、『周礼』に、「司市掌市之治教政刑量度禁令。」とある。

以上のほか、穀部・肉部と膳部、法部と宗伯・司宗・礼部とは前記の史料や名称から、馬部と駕部・左右廐、刀部と武蔵・司刀盾、薬部と太医・小医、木部と司木、司軍部と司馬・軍司馬、司徒部と司徒、司空部と司空、司寇部と司寇とは、それぞれの名称から相対応するとみられることは、言うまでもないであろう。また、外舎部が国政人事を職務としたのであれば、それが吏部に当たることは、『通典』職官典の、「掌群臣及諸子之簿、弁其貴賤、与其年歳、歳登下其損益之数。依六勲之賞、領禄之差。」などという記述を挙げるまでもない。綢部の職掌が織物を税として徴収することであるとすれば、『隋書』食貨志に、「掌任土之法、弁夫家田里之数、会六畜車乗之稽、審賦役斂弛之節、制畿疆修広之域、領施会之要、審牧産之政。」、『周礼』鄭玄注に、「載之言事也、事民而税之。」とある載師と綢部との関係を考えることができるであろう。

「二十二部司」の職掌はそれらの部司名から推測し得るにすぎないものであるから、以上の対応関係にもいくつかの不確定なものがあることは否定し得ない。しかし、大概の傾向はこの対応関係から把握することができると思われる。

内官十二部司のうち七つの部司が天官府の官と職掌を共通にしているのに対し、外官には天官府に関係するとみられる部司は存在しないようである。天官府納言が対応するとした前内部の職掌が必ずしも明らかではないとしても、十二部司の半数ばかりの部司は天官府と関係しているのである。また、外官の綢部が「調部」の誤伝であるとしても[6]、地官府載師と職掌が相通ずることは同じである。しかも、内官には、そのほかにも天官府の官とも関係する可能性があるものが見られる。

前述のように、内法佐平と天官府宗師中大夫とのつながりが考えられるのであるが、法部についても、同様に、宗師との関係を想定することも可能であるように思われる。天官府左・右宮伯は皇帝の護衛をその任とするものであるから、刀剣・武具の管理にも関わっていたとみられるのであり、したがって、刀部は宮伯とも関係すると考えて大過ないように思われる。また、左・右宮伯被官とみられるものに左・右騎侍下士があるが、これと馬部との関係も想定し得るであろう。このように考えると、内官の多数の部司が天官府の官と職掌を共通にすること、例外的であるのは功徳部と木部だけということになる。

ところで、内官十二部司・外官十部司は、それぞれの数は何に基づいて設定されたのであろうか。前述した「五方二十二檐魯」という地方行政組織（区画）の体制に基づいて計二十二部司を設定し、それを適当に内官と外官とに分類したものなのであろうか。地方を二十二の行政組織に区分する方式は、少なくとも中国諸王朝のものとしては伝えられていない。しからば、百済独自の地方組織区分と考えなければならないということになる。しかし、前述したような、「五佐平二十二部司」という中央官制と「五方二十二檐魯」という地方組織とが対応するという想定が妥当であるとするならば、地方組織に対応させて中央官制が形成されたと考えるよりも、中央官制に対応させるかたちで地方組織区分が行われたとみる方が、より蓋然性が高いと思われる。

内官十二部司の多数と北周天官府に属する官とが職掌に共通性を有しているのに対し、外官十部司の諸部司がいずれも天官府の官と共通するようにはみえないことは、内官と天官府との関係を示唆しているように思われる。そこで、天官府の構成について、いま一度見てみることにしたい。

北周の諸官職が相互にどのような統属関係を有していたかということは、必ずしも明らかではない。しかし、諸官職の職掌やそれらの位などから、一定推測することは可能である。天官府に関係するもののみ、王仲犖氏の『北周六典』に基づいて推定すれば次のようになる。

宗師——宗正
　司会——司書

宮伯——中侍・侍・前侍・後侍・騎侍・宗侍・庶侍・勲侍（以上宮伯を含め左・右）
御正——主寝・司服
納言——給事・掌式・主璽
膳部——内膳・食医・外膳・典庖・典饎・酒正・餚蔵・掌醢・司鼎俎・掌冰
太医——小医・主薬・医正・瘍医
太府——玉府・内府・外府・左府・右府・縫工・染工
計部——掌納・掌出
司内——内小臣奄・内司服奄・典婦功奄・巷伯

以上のように、天官府では、六官府全体をも統べる冢宰を除けば、十一（左・右宮伯を一つにまとめれば十）に統属関係をまとめることが可能である。その他、『北周六典』によれば、御飾大夫・御飾下士、宣納下大夫・宣納上士・宣納中士、少府下大夫が天官府所管と考えられるという。御飾と宣納とは、〔上・中・下〕大夫—上士・中士・下士というような、他の重要官に見られる官職配置を採っているので、何らかの官に従属するものではなく、独立した——それらに従属する官もあったかもしれない——官と考えられる。少府については、『唐六典』に、「少府、秦官、掌山海池沢之税、以給供養。少府者、天子之私府、所以供奉之職皆在焉。」とあることからして、天子の「私府」として内廷を管轄したものと考えられるであろう。司会〜司内の中で、司内だけが上・中・下大夫が長ではなく、上士が長であるかの如くであることは不審である。したがって、

少府——司内・内小臣奄・内司服奄・典婦功奄・巷伯

というのが宮中の庶務に関係する官職の統属関係であったとみる方が良いように思われる。また、太府管轄下に位置

付けられている縫工と染工とは、御飾の下に位置付けた方が良いであろう。

以上のようにみれば、天官府内は、冢宰を除いて、先述の十一（ただし司内は少府）に御飾と宣納とを加えた計十三の統属関係から成り立っていたということになる。この「十三」から、左・右宮伯を一括すれば、十二の統属関係になる。百済の内官十二部司とその数が一致することになるのであるが、この一致は偶然のこととして解されるべきものであろうか。

内官十二部司と天官府の官との対応関係について、これまでの検討に基づいて、表8-3を修正すると次のようになる。

前内部——納言　穀部——膳部　肉部——膳部　内椋部——内府（太府）
外椋部——外府（太府）　馬部——宮伯（?）　刀部——宮伯　功徳部——?
薬部——太医・小医　木部——御飾（?）　法部——宗師　後宮部——少府

木部と御飾とを対応させたのは、御飾がその名称から皇帝身辺の装飾を掌ったとみられるものであり、木工建造を職掌としたとされる木部は内廷などの装飾関係にも携わったと想定し得るからである。また、功徳部が天官府所管の官と対応する部司とともに内官となっていることについては、具体的理由は不詳とせざるを得ないが、功徳部と相通ずる司寂が春官府礼部と関係する（礼部の所管とみられる）ものであり、礼部および宗伯と天官府宗師とがともに儀礼に関係するものであったこととのつながりで考えることはできないであろうか。

前記の対応関係では、司会・御正・計部・宣納に関係する部司が見当たらないということになる。司会と計部とについては、それぞれ冢宰の副官であり、財政に関係する太府と共通性があることにより、対応する部司が見られないということも考えられる。宣納は、その官名から、納言と通ずるものとみられるので、納言と一括されて前内部に職掌が反映されているように思われる。御正も、前記の『資治通鑑』胡三省注に、「蓋中書舎人之職也。……在帝左右、又親密於中書。」とあるように、中書（春官府内史）と類する職掌を有していたのであり、したがって、内史とも関係するとみられる前内部に集約されていると言い得るのではなかろうか。

内官と天官府との関係が無視し得ないものであることは、以上により明らかになったと思われる。天官府の官職構成に基づきながら、膳部を穀部と肉部とに分けたり、また、天官府以外の官府所属の官の職掌をも取り入れたりして、内官十二部司が設定されたと考えられるのである。

これに対して、外官十部司についてはどのように考えられるであろうか。表8-3に見られる北周官との比較では、地官府四、春官府一、夏官府二、秋官府二、冬官府一、という対応関係を示している。地・夏・秋・冬各官府の長官と関係を有すると考えるべき部司が存在するのに対し、春官府の長官宗伯と関係する部司は見当たらない。この理由は、宗伯が天官府の宗師とともに内官の法部に反映されているとみられることに求められると思われる。基本的には、天官府以外の五官府の長官に対応する部司が外官十部司の中に設定されるかたちではなかったであろうか。このように考えれば、夏官府と秋官府のそれぞれの官に対応する部司が各二であることは象徴的である。天官府を除く五官府に属する官に職掌が対応するものを二つずつ設定すれば、計十部司となるからである。外官が十部司とされたのは、このような発想によるのではなかろうか。

春官府所属の官職は、宗伯の下に、次のようなものが位置付けられている。

司宗
守廟
典祀――司几筵・司罇彝・掌鬱・司邑・司犧・司雞・司郊・司社・掌次

内史——御史（・外史・著作・校書）
外史——著作・校書
礼部——典瑞・典服・司寇・司玄・治礼・司謁
太史——小史・馮相・保章
楽部——楽師・楽胥・司歌・司鍾磬・司鼓・司吹・司舞・籥章・掌散楽・典夷楽・典庸器（・大学）
大学
太卜——亀占・筮占・夢占・視祲
太祝——司巫・喪祝・甸祝・詛祝・神士
司車輅—典路・司車・司常
夏采——守陵・掌墓・職喪

内史・外史・太史・大学以外は礼儀に関わるものである。内史は前内部と関係すると思われるものであり、外史も、『通典』職官典に「後周有外史、掌書王言及動作之事、以為国志、即起居之職。」、『唐六典』秘書監職に「後周春官府置外史下大夫、掌書籍、比秘書監之任也。」とあるので、前内部に関係するものとみることができる。

夏官府は司馬の下に次のような官がある。

軍司馬
職方——土方・山師・川師・懐方・訓方
吏部
司士

司勲――司禄

武伯――虎賁率・虎賁率倅長、武賁倅長、旅賁率・旅賁率倅長・旅賁倅長、射声率・射声率倅長・射声倅長、驍騎率・驍騎率倅長・驍騎倅長、羽林率・羽林率倅長・羽林倅長、游撃率・游撃率倅長・游撃倅長

（以上武伯を含め左・右）

兵部――武環率・武環倅長、武候率・武候倅長、司固・司火・司辰

大馭――戎馭・斎馭・道馭・田馭・銜枚

司右――戎右・斎右・賓右・道右・田右

司射――司仗

駕部――左右廐・左右廐閑長・典牝・典牡・典駝・典羊・獣医

武蔵――司袍襖・司弓矢・司甲・司矟・司刀盾

職方と吏部以外は軍事に関係する官である。職方は、『唐六典』職方郎中職に「周礼夏官有職方氏中大夫之職、掌天下之地図、主四方之職貢、職方郎中之任也。後周依周官。」とある。「四方之職貢」を主る官は、中国に朝貢する百済にとって、必ずしも必要なものではないであろう。

秋官府は司寇の下に次の諸官を配置する。

司憲

刑部――司刺・郷法・遂法・稍法・県方・畿法・方憲・掌囚

掌朝――掌察・司約・司盟・職金・司璧・司厲

布憲――修閭・掌墐・禁殺戮・禁游・禁暴・司寤

蕃部――掌交
賓部――司儀・東南西北掌客・司行・掌訝・司環・野廬・象胥・掌貨賄
司要――司烜・伊耆氏
司調――司柞・司薙
田正――掌犬・司迹・弋禽・捕獣・掌皮・弭妖・翦蠹・庶蠹
司隷――掌罪隷・掌夷隷・掌蠻隷・掌戎隷・掌狄隷・掌徒

司憲・刑部・掌朝(7)・布憲は刑法に関わる官であり、司隷は「掌五隷及徒者、捕盗賊囚執之事」を職掌とする（『通典』職官典）。司要は、その職掌は不明であるが、その属官とみられる司烜と伊耆氏とについては、『周礼』に、「司烜氏掌以夫遂取明火於日、以鑑取明水於月、以共祭祀之明齍明燭、共明水。凡邦之大事。共墳燭庭燎。中春、以木鐸修火禁于国中。軍旅修火禁。」「伊耆氏掌国之大祭祀、共其杖咸。軍旅授有爵者杖。共王之歯杖。」とあるので、祭祀に関わったものとみられるとすれば、法部とのつながりが想定される。司調も、『周礼』に、「調人掌司万民之難而諧和之。」とあるが、職掌は明瞭ではない。しかし、『周礼』では調人は地官に配属され、司柞・司薙につながる柞氏・薙氏が「柞氏掌攻草木及林麓。凡攻木者、掌其政令。」「薙氏掌殺草。掌凡殺草之政令。」とあることからすれば、田地の管理に関係した職ではなかったであろうか。田正は『周礼』天官に「掌罟田獣、弁其名物。凡田獣者、掌其政令。」とある獣人とつながるものであり、その属官からしても、田獣を扱う官であったとみられる。司調は地官府載師と、田正は天官府膳部とそれぞれ関係を有するものとも思われる。

冬官府は司空の下に次のような官制をとる。

工部

匠師――内匠・外匠・司量・司準・司度・掌材
司木――車工・角工・彝工・器工・弓工・箭工・盧工
司土――復工・陶工・塗工
司金――典丱・治工・鋳工・鍛工・函工・雕工
司水――典壅・掌津・舟工・典魚・典晁
司玉――⿰王追工・磬工・石工
司皮――裘工・履工・鞄工・韗工・韋工・膠工・毳工
司色――繢工・漆工・油工
司織――弁工・織糸・織綵・織枲・織組
司卉――竹工・籍工・罟工・紙工

冬官府の諸官はすべて『太平御覧』所引「後周書」に「掌邦事。以五材九範之徒、佐皇帝富邦国。大祭祀行灑掃。廟社四望、則奉豕牲。」とある司空の職掌に関係する（それを分掌する）ものである。

以上のように見てくると、春・夏・秋・冬各官府で、他の官府の官と職掌を共通にしないもの、および職掌を一括し得るものは次のようになるであろう。

春官府　太史、大学　　夏官府　司馬、職方、吏部
秋官府　司寇、蕃部、賓部　　冬官府　司空

これらの中で、職方と蕃部とは百済にとって不必要とみられる官であるが、地官府所属官はどうであろうか。司徒の下に次の諸官が位置付けられていた。

民部
載師――司封・司農・司均・司賦・司役・掌塩・掌遺・掌堰・典牧・典牛
師氏――保氏・司諫・司教・司媒・士訓・誦訓
司倉――舎人・司禄・神倉・黍倉・稷倉・稲倉・豆倉・麦倉・米倉・塩倉・典麹・典舂・典磑
司門――掌節・宮門・城門・司関
司市――均工・平準・泉府
虞部――山虞・沢虞・林衡・川衡・掌禽・掌囿・掌圃・掌炭・掌薪・掌芻
郷伯・郷大夫・郷正・州長
左右遂伯・遂大夫・遂正
稍伯・稍大夫・稍正
県伯・県大夫・県正
畿伯・畿大夫・畿正
党正

保氏は、『唐六典』諫議大夫職に、「後周地官府置保氏下大夫一人、掌規諫、皆其任也。」、『通典』職官典諫議大夫職などに、「後周地官府有保氏下大夫、掌規諫於天子、蓋其任也。」とある。この任は、『通典』職官典司徒職に「後周以司徒為地官、謂之大司徒卿、掌邦教、職如周礼。」とある司徒の職を分掌したものである。司倉は、『隋書』食貨志に、「掌弁九穀之物、以量国用。国用足、即畜其余、以待凶荒。不足、則止余用。足、則以粟貸人。春頒之、秋斂之。」とあり、太府と通ずる職掌であることは言うまでもない。司門は、『周礼』に、「司門掌授管鍵、以啓閉国門、譏出入不物者、正其貨賄。凡財物犯禁者挙之。」とある。この下に宮門・城門を守る官が位置付けられていることからすれば、王を侍衛する宮伯と職掌をまとめることも可能であろう。虞部は、『通典』職官典虞部郎中職に、「掌山沢草木鳥獣而蕃阜之。」とある。載師や天官府膳部とも関わりを有するものであったのではなかろうか。

地官府の諸官は「教官」たる司徒を長とするとはいえ、かなり雑多な職務を分掌していたと言い得る。春・夏・秋・冬官府下の官と同様のまとめ方をすれば、民部は「掌丞司徒教」るもの、司徒を補佐するものであるので、

司徒、載師、司市、地方官

となるであろう。この四官と前記の七官(職方と蕃部とを除く)とを合わせれば十一官となる。地方官は、民部の属官とも考えられているが[8]、それはともかくとして、「以籍帳之法、賛計人民之多寡。」という民部の職を、各地方において掌ったことは想像に難くない。したがって、地方官と民部とは相通ずる職掌を有していたと言い得る。これら十一官から大学を除いた十官は[9]、百済の外官十部司とすべて対応するということになる。

外官十部司は、地・春・夏・秋・冬五官府を基に、部司の数を十とし、五官府所属諸官をそれらの職掌によってまとめたり、不用のものを捨象したりして形成されたものと考えられる。

以上のように、「二十二部司」制も、北周の官制の影響を受けながら、最終的に形成されたものと思われる。ただし、北周官制を導入する以前の段階で、それらのいくつかは、萌芽的にではあれ、他王朝の官制の影響も受けながら形成されてきていたこと、また、北周官制をそのまま導入したというわけではなく、様々に変改を加えながら導入していったと考えるべきことは言うまでもない。

地方行政組織の二十二檐魯は、この二十二部司と数的に対応させられながら、形成されたのであろう。二十二檐魯は大きく五方にまとめられ、また王都も五部に区分されていたのであるが、このいわゆる「五部五方」の制も、必ず

しも百済独自の制と断定することはできないようである。

『周礼』鄭玄注によれば、王支配の百里を六郷とし、万二千五百家を郷とし、二千五百家を州としたという。これによれば、いわば「王畿」は大きく六郷に区分され、各郷はそれぞれ五州から成っていたということになる。北周にこのような制が存在したか否かは現在のところ知ることができない――ただし、郷―州という区分は、郷伯・州長等の存在からして、あったことは確かである――が、このような行政区画と百済の「五部五方」の制とは共通するところがあるのではなかろうか。六郷のうちの一郷を王都として設定すれば、その他は五郷に区分されることになるが、王都たる一郷も五州に区分されるのであるから、まさに「五部五方」と同様のかたちになるからである。ただし、『周礼』を基にすれば、地方は全部で二十五に細分されなければならないのに対し、二十二であるところが異なるということになる。

むすびにかえて

以上、百済の「六佐平」および「二十二部司」と北周の官制との関係について、それぞれの職掌の面から、比較検討を行ってきた。百済官制と北周官制のいずれも、体系的に明記する史料がなく、とりわけ百済の官制については、「二十二部司」の職掌が全く伝えられていないというような大きな史料的制約がある。したがって、断定的に述べることは差し控えなければならないのであるが、本章での検討によって、少なくとも外見上では、北周官制の影響をかなり受けて百済の官制が形成されたことは認められると思われる。

しかし、百済は北周等中国北朝よりも、南朝諸王朝と密接な関係を有しており、また、北朝では北斉と関係を持っていたことからして、南朝諸王朝や北斉の官制の影響――ことに機能や内部構造における――も考慮しなければならないであろう。また、外見上とはいえ、南朝や北斉の官制がそれほど百済官制に影響を与えているようには見えず、その逆に、さほど親密な関係にあったようには伝えられていない北周の官制の影響を受けたと考えられることは、六世紀の東アジアにおける国際関係を明らかにする上でも、一つの問題を提起することになると思われる。この外交史の側面からの百済と北周との関係の検討は、逆に両国の官制の関係を傍証することになるであろう。

本章において扱った課題を全面的に追求するためには、残された問題の方が多いように思われる。また、北周官制との関係で百済の官制をとらえることができるとするならば、百済官制との関係が指摘されているわが国の官制[10]――とりわけ部制および天武朝前後の官制――もまた、北周の官制との関係も考慮する必要があるということになるが、ここでは「五佐平―二十二部司」と北周官制との関係の指摘にとどめておくことにしたい。

注

（1）鬼頭清明「日本の律令官制の成立と百済の官制」（『日本古代の社会と経済』上巻所収、吉川弘文館、一九七八年）。
（2）陳の官制を体系的に伝える史料はないが、官名を共通にすることなどからして、梁や北魏・北斉の官と職掌を同じくするとみられる。
（3）王仲犖著『北周六典』上・下冊（中華書局、一九七九年）によって、北周の官制がかなり明らかになってきている。以下の史料もこれによるところが多い。
（4）『旧唐書』百済伝に、百済滅亡段階に三十七郡あったと記されているが、これは後に占領地域も含めて再区分されたものであろう。

（5）武田幸男「六世紀における朝鮮三国の国家体制」（『東アジアにおける日本古代史講座』四所収、一九八〇年）。
（6）税の徴収に関わる部司があってしかるべきと思われるので、織物徴収のみに関わる如き綢部よりは、調部の方がより相応しいと考えられる。
（7）掌朝の職掌は、『周礼』に、「朝士掌建邦外朝之法」とあり、「護沢墓誌銘」に掌朝上士を「其任則御史之職」とする。
（8）『北周六典』上冊。
（9）大学が除かれた理由は不詳であるが、十部司という数との関係や、楽部との関係（『北周六典』上冊は楽部の下に位置付けている）などが考えられる。
（10）鬼頭清明、前掲注（1）論文。

第三部　「大臣制」成立前史

——説話の中の大臣・大連と和珥氏——

第九章　五世紀中葉～六世紀中葉の政治過程と大臣・大連

はじめに

「大臣・大連制」なるものの存在が疑問であり、朝鮮三国の制と共通する「大臣―マヘツキミ制」を想定すべきということになれば、「大臣」「大連」の叙任記事が雄略～用明紀に現われていることについてどのように考えるべきであるかが問われるであろう。そこで、本章では、五世紀中葉から六世紀中葉に至る政治過程と有力氏族の検討を通じて、大臣・大連叙任記事についてあらためて考えることにしたい。

一　継体～欽明期の紀年問題

継体～欽明期の紀年についていくつもの説があることは周知のところである。安閑・宣化朝と欽明朝とが並立したとする説をはじめ、すべては『記』『紀』や『上宮聖徳法王帝説』（以下『帝説』と略記）に伝えられる没年・在位年数に、表9－1の如く、相違があることが原因である。本節では先ず、このような三書の所伝を基に、各天皇（大王）の在位年間を検討することによって、六世紀前半期の大和政権の状況を追究することにしたい。

『帝説』は欽明の在位を、『紀』と大きく異なり、四十一年間とする説を伝えているが、『元興寺伽藍縁起并流起資材帳』に見える推古朝癸酉（六一三）年に聖徳太子が記したと伝えられる元興寺の縁起でも、欽明の治世は四十余年となるので[1]、『帝説』の所伝は無視し得ない。また、この『元興寺縁起』では、仏教公伝を欽明七年歳次戊午（五三八）年とするが、仏教公伝年代はそのまま信頼し得ないとしても、欽明七年が戊午であるという説の存在は否定し得ない[2]。この欽明在位四十一年説・欽明七年戊午歳説によれば、欽明元年は壬子（五三二）年、没年は壬辰（五七二）年となる。したがって、欽明の没年も『紀』『帝説』の辛卯（五七一）年、『記』の敏達の没年と『紀』『帝説』の敏達の在位年数とから推算し得る庚寅（五七〇）年と相違する。そこで先ず、敏達～推古の在位年間を見てみることにしよう。

『記』『紀』『帝説』が伝える各天皇の没年は必ずしも一致していない。このことは各天皇の没年がそれらの編纂段階に伝えられていなかったか、あるいは伝えられてはいてもそれを変改したものもあることを示している。したがって、とりあえず、各天皇の没年についての所伝から離れて考えなおさなければならない。

推古の没年は三書とも戊子（六二八）年とし、崇峻の没年もともに壬子（五九二）年としているが、推古の在位年数は『記』が三十七年、『紀』『帝説』が三十六年と伝えている。用明の場合も、三書一致して丁未（五八七）年没とし、崇峻が殺されるまで五年間あるにもかかわらず、崇峻の在位を『紀』のみが五年とし、他は四年としている。また、敏達の没年を『記』が甲辰（五八四）年、『紀』『帝説』が乙巳（五八五）年とするが、用明の在位を『記』『帝説』が三年、『紀』が二年としている。推古の在位三十七年と三十六年、用明の在位三年と二年という相違については、ともに当年称元

表 9-1 『記』『紀』『帝説』の天皇の没年・在位年間・在位年数

天　皇	『記』の没年・在位年数	『紀』の在位年間・在位年数	『帝説』の没年・在位年数
継体	丁未(527).4.9	丁亥(507).2.甲午(4) 〜辛亥(531).2.丁未(7) 或本甲寅(534) 在位 25 年間　或本 28 年間	
安閑	乙卯(535).3.13	継体 25.2.丁未(7) 〜乙卯(535).12.己丑(17) 在位 2 年間	
宣化		乙卯(535).12.〜己未(539).2. 甲午(10) 在位 4 年間	
欽明		己未(539).12.甲申(5)〜辛卯(571).4. 在位 32 年間	辛卯(571).4 在位 41 年間
敏達	甲辰(584).4.6 在位 14 年間	壬辰(572).4.甲戌(3) 〜乙巳(585).8.己亥(15) 在位 14 年間	乙巳(585).8 在位 14 年間
用明	丁未(587).4.15 在位 3 年間	乙巳(585).9.戊午(5) 〜丁未(587).4.癸丑(9) 在位 2 年間	丁未(587).4 在位 3 年間
崇峻	壬子(592).11.13 在位 4 年間	丁未(587).8.甲辰(2) 〜壬子(592).11.乙巳(3) 在位 5 年間	壬子(592).11 在位 4 年間
推古	戊子(628).3.15 在位 37 年間	壬子(592).12.己卯(8) 〜戊子(628).3.癸丑(7) 在位 36 年間	戊子(628).3 在位 36 年間

法と越年称元法による年数の差とみられなくもない。しかし、『記』では推古のみ、『帝説』では用明だけに当年称元法による年数を記したと考えられるであろうか。しかも、『記』と『帝説』とには崇峻について、当年称元法・越年称元法のいずれによっても説明し得ない在位年数が伝えられているのである。

推古紀三十一年〜三十六年条の記述には、現在の推古紀にかけられている年代よりも、本来は一年溯ってかけられていたと考えるべきものがあること、舒明の即位について『紀』は己丑（六二九）年一月とするが、本来は戊子（六二八）年十一月であり、その前月に「上宮王家滅亡事件」が起こったことも推測されている。[3] 上宮王家滅亡事件についてはともかくとしても、前者は推古の没年戊子が本来の年代よりも一年繰り下げられたものであることを推測せしめる。推古没年を丁亥(六二七)年とし、欽明没年を『帝説』と『元興寺縁起』とから推算した壬辰(五七二)年とすれば、その間五十五年間ということになる。敏達〜推古の在位年数を越年称元法によって合計すれば、『記』の説で五十八年、『紀』と『帝説』で五十七年であり、三書の所伝を混合して最も短いもので五十六年、最も長いもので五十九年である。欽明没壬辰年、推古没丁亥年を前提とするならば、三書に伝えられる在位年数には当年称元法に基づくものがあることになる。

しからば、『記』の所伝で三人、『紀』と『帝説』で二人、所伝混合の場合は一人から四人全員が、それぞれ当年称元法によるということになるが、たとえ一人のみが例外であるとしても、二種の称元法がとられているというのは少々問題であるように思われる。当年称元法と越年称元法の二種類の在位年数が伝えられ、三書の編者がその相違を理解・考慮せずに、適当に勘案して在位年数や在位年間を記したとも考えられるかもしれない。しかし、乙巳(六四五)年に焼けたとはいえ、七世紀前半に「天皇記」が編纂されたのであるから、一定の方式に基づいた在位年数が伝えられていたと考えるべきであると思われる。当年称元法に基づく在位年数を少なくとも一つは想定しなければならないのであるから、すべて当年称元法による在位年数とみるのが良いのではなかろうか。そこで、敏達元年を壬辰(五七二)年、推古没を丁亥(六二七)年とし、当年称元法によって、三書それぞれの在位年数を基に、天皇の在位年間を、所伝の相違を考慮しながら図示すると図9‐aのようになる。

「総合」は三書の在位年数で、各天皇の長い方を記したものである。三書の在位年数の相違にそれなりの根拠があるという想定を前提にすれば、用明と崇峻の在位年間は「総合」の各在位年間に入るはずであるから、図9‐aの如くまとめ得る。

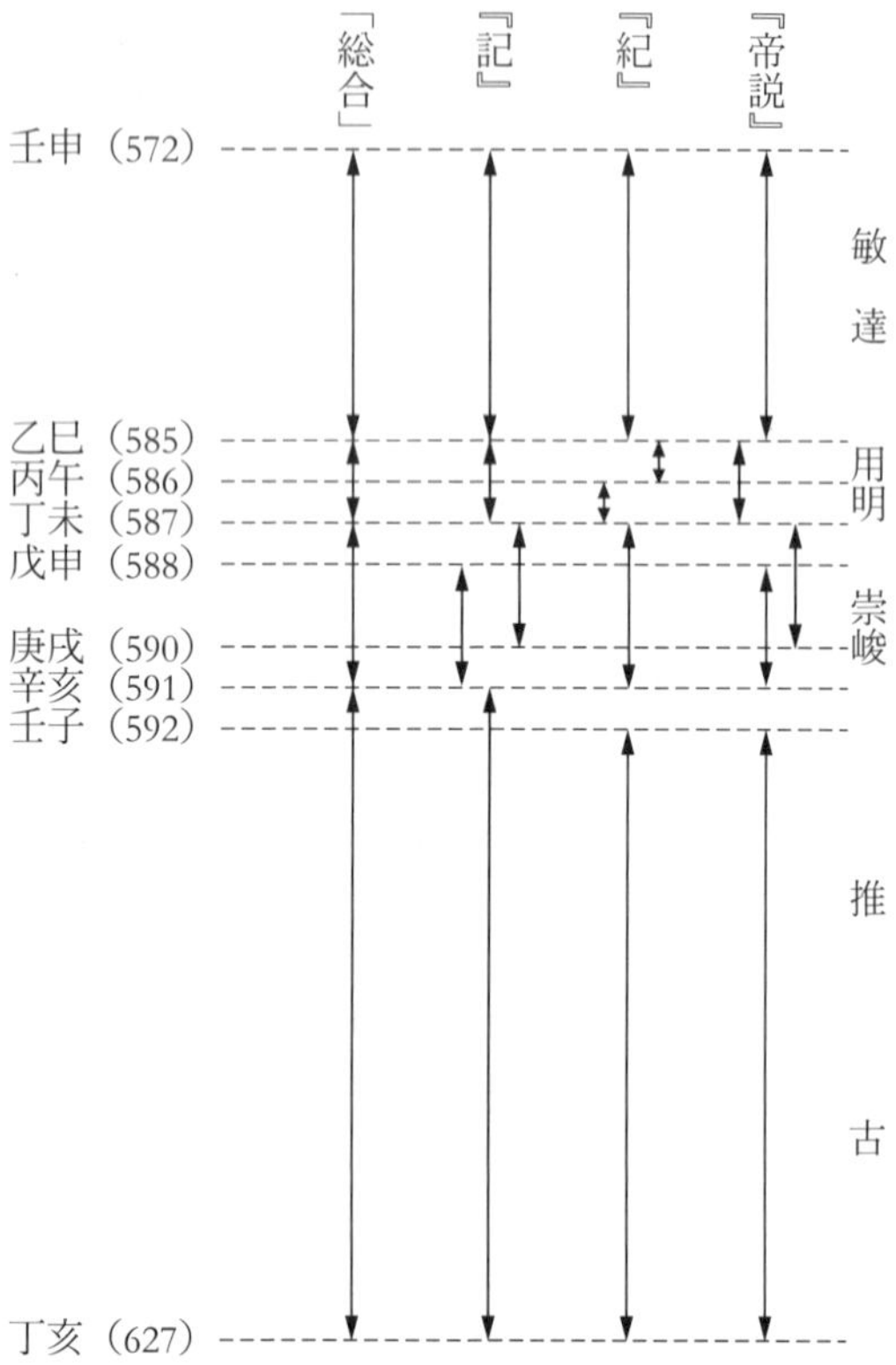

図 9-a　当年称元法による敏達～推古の在位年間の想定

『記』と『帝説』では崇峻に戊申～辛亥年と丁未～庚戌年との二つの在位年間、『紀』においては用明に乙巳～丙午年と丙午～丁未年との二種の在位年間が、それぞれ想定し得る。したがって、『記』では用明・崇峻間の丁未～戊申年あるいは崇峻・推古間の庚戌～辛亥年、『紀』では崇峻・推古間の辛亥～壬子年と、敏達・用明間の乙巳～丙午年あるいは用明・崇峻間の丙午～丁未年に、『帝説』では用明・崇峻間の丁未～戊申年と崇峻・推古間の辛亥～壬子年、もしくは崇峻・推古間の庚戌～壬子年に、それぞれ空位が生ずることになる。三書の所伝を「総合」すれば、『帝説』と『元興寺縁起』とから推定した欽明の没年から、推古紀の年紀の錯乱を基に想定した推古没年までに、四天皇が空位や重複を交えずに在位したことになるが、『記』の所伝では計一年、『紀』と『帝説』の所伝においては計二年の空位が生ずるわけである。

岸雅裕氏は、敏達没乙巳（五八五）年、用明没丙午（五八六）年、崇峻臨朝四年・没辛亥（五九一）年、推古在位三十七

年・没戊子〈六二八〉年であり、『紀』の用明在位二年には用明と押坂彦人大兄皇子の臨朝が含まれ、推古在位三十六年という『紀』『帝説』の所伝は崇峻暗殺後の竹田皇子の執政一年のあとを受けて廐戸皇子が政務担当の皇子として任命された時点以降の年数であるとされる。(4) 岸説は在位や臨朝を越年称元法で想定したものであるが、推古の没年を除いて、図9－aの「総合」にほぼ一致している。

用明の在位二年と三年とについては、岸説を援用するならば、前者が用明の実際の在位年数〈ただし、岸氏は用明や崇峻は即位せず、臨朝したにすぎないとされる〉、後者には彦人大兄の臨朝が含まれるということになる。

崇峻について、岸説では四年と五年との相違に明確に触れられてはいないが、用明の場合と同様の事情が考えられるのではなかろうか。崇峻は蘇我馬子によって暗殺されたのであるから、推古紀に暗殺の翌月に推古が即位したとあるように、時を置かずに誰かが即位したか執政の立場についたとみるべきであろう。したがって、崇峻の暗殺は辛亥〈五九一〉年であり、崇峻在位四年説では丁未〈五八七〉～戊申〈五八八〉年が問題となるが、用明死後の動乱との関係で理解し得るように思われる。

第三章で述べたように、和珥氏派は用明に替えて穴穂部皇子を擁立しようとし、穴穂部が殺された後、彦人大兄を立てて、蘇我氏派と対立したと考えられる。用明在位三年と崇峻在位五年とには、このような分裂期が含まれており、崇峻在位五年説は、和珥氏派に対抗して蘇我氏派が崇峻〈泊瀬部皇子〉を擁立した段階からの年数、四年説は動乱が終結した後の年数であり、用明在位三年説は、和珥氏派による用明暗殺の後、泊瀬部擁立に至るまでの年数と思われる。

推古在位三十六年説と三十七年説についても、推古丁亥〈六二七〉年没が動かし得ないものとすれば、崇峻の場合と同様、最初の辛亥〈五九一〉～壬子〈五九二〉年の間が問題となる。推古紀によれば、推古即位の翌元年〈当年称元法では二年となる〉四月に廐戸皇子を皇太子とし、「録摂政」させたとある。三十七年説は崇峻暗殺から推古没まで、三十六年説は竹田皇子のあとを厩戸皇子が承けてから推古が没するまで、とする岸説は注目すべきであると思う。厩戸皇子が実際は天皇であったか否かは別として[5]、厩戸が天皇ないしそれに準ずる地位につく前に、敏達后たる推古の権威下で竹田皇子が執政した可能性は大きいと考えられる。この竹田が即位する前に夭折したことにより、壬子（五九二）年に推古ないし厩戸が即位したとみるわけである。

以上の検討の結果を図示すれば、図9-bのようになる。

三書に伝えられる敏達～推古四代の在位年数は、それなりの根拠があり、また、当年称元法によって理解できると言うべきである。したがって、継体～欽明についても、それらの在位年数は当年称元法に基づくものと考えるのが妥当と思われる。

継体について『紀』本文は在位二十五年とするが、二十五年十二月庚子条分注には、

或本云天皇廿八年歳次甲寅崩。而此云廿五年歳次辛亥崩者、取百済本記為文。其文云、太歳辛亥……又聞、日本天皇及太子・皇子、倶崩薨。由此而言、辛亥之歳、当廿五年矣。後勘校者、知之也。

とあり、「百済本記」が記す辛亥年崩の天皇を継体に比定したことによって本文の在位二十五年説になったことを吐露している。『紀』編者の手元にあった継体在位年数についての国内史料には二十五年説はなかったのである。編者は、「後勘校者、知之也。」と注記にあるように、安閑紀では継体在位二十五年としながらも安閑元年を継体在位二十八年説に従った紀年を採りながら、継体紀では辛亥年没を採用するという混乱した記述を行ったのであるが、こと継体のみに関しては、両伝を生かそうとするならば、継体の即位年を三年溯らせれば良かったはずである。しかるに、あえて在位年数を短縮しているのである。このような改作を行うにはそれだけの理由があったとみるべきであろう。継体即位を丁亥（五〇七）年とする伝が無視し得ないものであったと考えざるを得ないのではなかろうか。

また、『紀』は安閑在位二年・宣化在位四年とするが、『記』は安閑の在位を継体没丁未（五二七）年から安閑没乙卯（五三五）年までの八年間としているようである。そして、前記の辛亥（五三一）年に「日本天皇及太子・皇子、倶崩薨。」という「百済本記」の所伝も存在する。

これらの所伝をでき得る限り考慮しながら、当年称元法によって、継体～欽明の在位を位置付けると、図9-cのようになる。すなわち、継体―宣化朝と安閑朝との並立を想定せざるを得ないのである。安閑の『紀』の在位年数は継体死後のそれであり、『記』の場合は継体朝から分立して以後の年数と思われる。なお、継体の没年から安閑の死まで、当年称元法では三年となり、『紀』の在位二年と相違するかの如くであるが、安閑紀では安閑元年の前年二月に安閑が即位したとあり、実質的には『紀』も在位三年としていることになる。

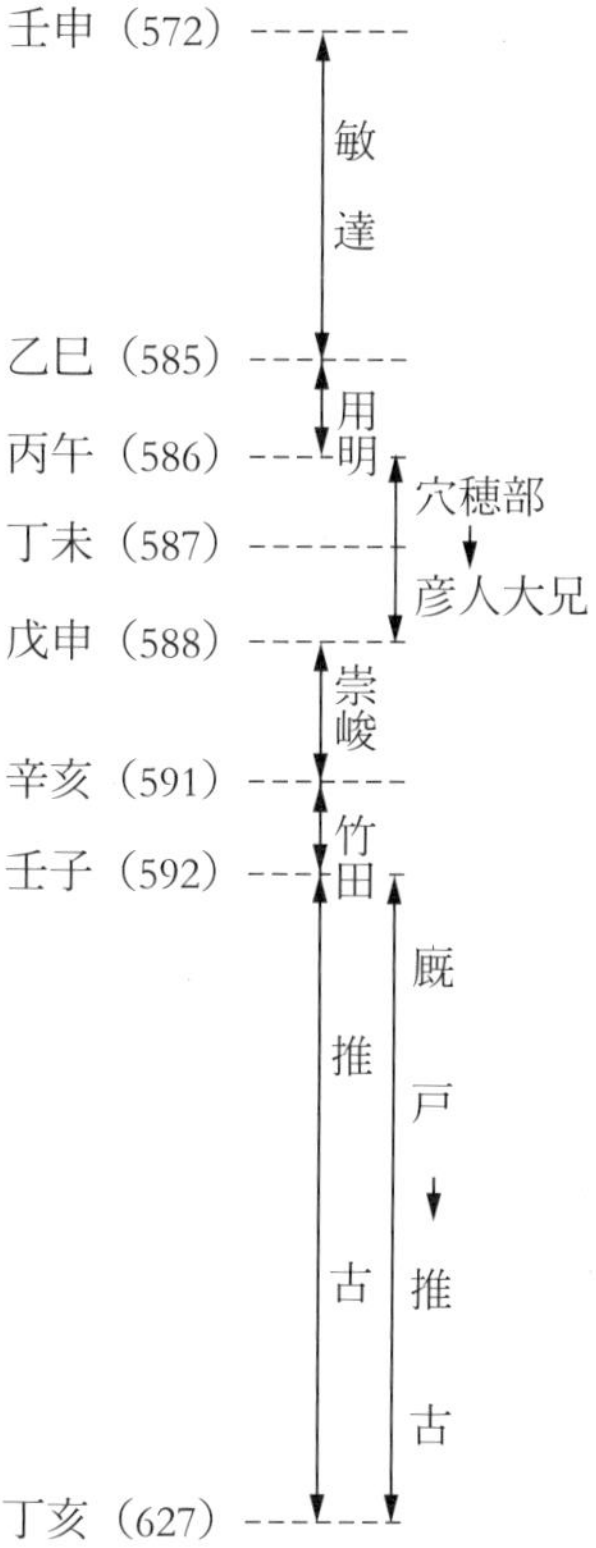

図9-b　敏達～推古の在位年間

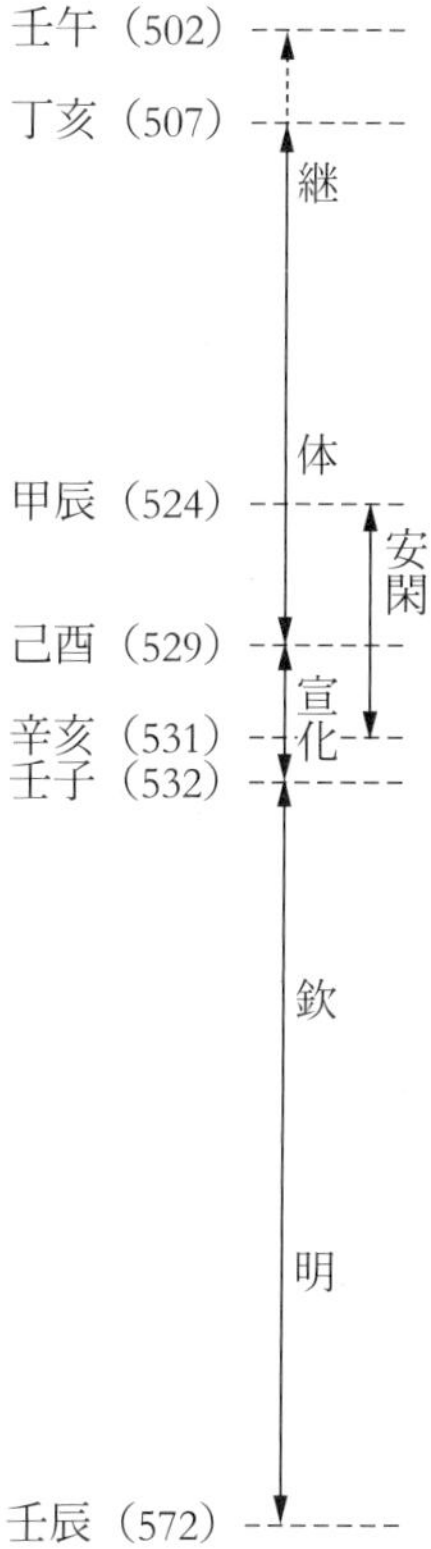

図9-c　継体～欽明の在位年間

上述のように考えると、継体在位二十八年説を採る限り、継体即位は壬午（五〇二）年となり、継体即位を丁亥（五〇七）年とする「無視し得ない伝」と相違することになる。しかし、『紀』は継体在位二十八年説以外の伝承――ただし、『紀』編者が知っていたか、あるいは意識していたかは不明であるが――も伝えているように思われる。継体紀二十年九月己酉条に「遷都磐余玉穂」と記されているが、これに「一本云七年也」という注記が付されている。継体の大和入りが即位からかなり年月が経過していることからは、継体の即位や大和入りを認めない勢力がかなり存在したことが推定されるが、壬午（五〇二）年を継体元年とすれば、七年は戊子（五〇八）年となり、『紀』本文が伝える継体元年丁亥の翌年に大和入りが実現したことになる。継体の大和入りの年代については、「一本」の七年が正しく、本文の二十年は継体の治世を実際よりも十数年長くしたところからのものとする説がある。[6] しかし、欽明の在位四十一年が『紀』で三十二年（当年称元法では三十三年）に短縮されているのに対し、何故、継体に関しては十年以上も延長されたのであろうか。この点を整合的に説明できなければ、継体の大和入りを七年、継体の治世を十数年とすることはできないと考える。継体の大和入りを七年とする説は、継体即位＝丁亥（五〇七）年説との関係で考える方が良いのではなかろうか。

継体紀七年十二月戊子条に勾大兄（安閑）に対して、「宜処春宮、助朕施仁、翼吾補闕。」で終わる長文の詔が出されたことが記されている。この記述が安閑を皇太子にしたことを述べたものと解し得るならば、立太子に関する記事としては極めて異例である。この異例さは何によるのであろうか。継体七年に大和入りしたという伝承と関係するのではなかろうか。すなわち、継体の大和入りが、それ以前の大和政権の有力構成者によって継体が正式の天皇（大王）として承認されたことで実現し、このことが異例の長文の立太子詔として表わされているとみるのである。

以上のように考えるならば、継体の大和入りは戊子（五〇八）年であり、継体が正式の天皇として承認されたのは手白香皇女と婚したことと関係するということになると思われる。勾大兄の立太子の真偽はいずれにせよ、勾大兄が継体に次ぐ地位にあったことは疑いない。勾大兄が立太子直前の九月に「親聘春日皇女」えたという伝も、継体の大和入りに関わるものであろう。

ところで、継体の大和入りをその治世二十年のこととする本文の所伝はどのように考えられるであろうか。大和入りについて二十年と七年との二説があったが、いずれも同じ戊子（五〇八）年のことと考えては如何であろうか。継体二十年を戊子年とすれば、その元年は己巳（四八九）年となる。この己巳年は『記』では雄略の没年として伝えられている。継体・雄略ともに息長氏との関係が深いことは多く説かれているところであり、また、筆者も先学とはかなり異なるが、系譜論の立場からそのつながりを承認した。[7] 雄略没年と継体元年とが同じ己巳年である（となる）ことは偶然とは考えられないのであるが、武烈以前の問題については次節に譲ることにしたい。

『記』『紀』は継体―宣化朝と安閑朝との分裂を隠蔽すべく紀年の改変を行っている。継体元年を丁亥（五〇七）年、同在位二十八年、安閑在位二年、宣化在位四年とし、一方、推古→崇峻→用明→敏達と在位年間を決定するなかで、欽明在位三十二年という『紀』の所伝が成立したと思われる。また、『記』の継体丁未（五二七）年没説は、『紀』に伝えられる安閑没乙卯（五三五）年に基づき、安閑在位八年説を採り、越年称元法で計算したことによるとみられる。なお、『記』が宣化と欽明の没年・在位年数を明記していない理由についてはどうか。詳細は当然不明とせざるを得ないが、欽明については、敏達が在位十四年・甲辰（五八四）年没であるから、庚寅（五七〇）年没としているとみることはできる。この年から『紀』と同様に欽明在位三十二年として、宣化没年を算出すると戊午（五三八）年となり、安閑没後戊午年までの宣化の在位年間を設定できるにもかかわらず、記していない。この事情をあえて推測するならば、仏教公伝が欽明朝であり、『帝説』に伝えられるように、仏教公伝を戊午年とする所伝があったことによるとみることができるのではなかろうか。

二　雄略～武烈期の紀年問題

雄略～武烈五代の紀年は、言うまでもなく、継体以降の紀年と密接に関係する。前節と同様に、この五代の没年・在位年間・在位年数を『記』『紀』の所伝に従ってまとめると、表9-2のようになる。『記』の雄略没己巳（四八九）年、顕宗在位・武烈在位各八年間という所伝に従うならば、継体即位丁亥（五〇七）年説を採っても、清寧と仁賢の治世は、越年称元法で計二年となり、ほとんど設定できないということになるであろう。

清寧～武烈の四代については、すべてが実在の天皇（大王）とするものから、逆に天皇としてはすべて非実在とするものまで、雑多な考え方があることは周知のところである。必ずしもすべてが実在の天皇ではないと考える諸説の論拠は、それらの時代にかけられている説話の史実性や、『記』に崩年干支が記されず、せいぜい在位年数が記されるにとどまっていること、諱に作為性が想定し得ることのようである。しかし、説話の史実性が論拠になりにくいことは『記』で反正に物語が伝えられていないことからしても明らかであり、崩年干支の有無は欽明の場合を想起すれば事足りるであろう。また、諱については、すべて当時のものと考えるに支障となるものはないように思われる。清寧の諱とみられる白髪には作為性が感じられず、地名白河（シラガ）も雄略に関係する泊瀬に隣接して存在する。仁賢には「大脚（更名大為）」が諱として仁賢紀即位前条に記されているのに対し、その同母弟顕宗にはそのようなものが伝えられていないことから、仁賢と顕宗とは本来同一人であり、後にオケ（意祁王、億計王）・ヲケ（袁祁王、弘計王）の二人に分立されたとも考えられている。[8] しかし、天皇の諱として『紀』に明記されているのはこの仁賢と神武[9]だけであるか

表 9-2　『記』『紀』の雄略～武烈の没年・在位年間・在位年数

天皇	『記』の没年・在位年数	『紀』の在位年間・在位年数
雄略	己巳（489）．8．9	丙申（456）．11．甲子（13）～己未（479）．8．丙子（7） 23 年間
清寧		庚申（480）．1．壬子（5）～甲子（484）．1．己丑（16） 5 年間
顕宗	在位 8 年間	乙丑（485）．1．己巳（1）～丁卯（487）．4．庚辰（25） 3 年間
仁賢		戊辰（488）．1．乙酉（5）～戊寅（498）．8．丁巳（8） 11 年間
武烈	在位 8 年間	戊寅（498）．12．～丙戌（506）．12．己亥（8） 8 年間

ら、これだけで仁賢と顕宗を本来同一人とするのは若干論拠に欠けるように思う。同母兄弟で、特に双生児のような場合に、オケ・ヲケという大・小や長・幼、兄・弟を示しながら相関係（相似）する人名がつけられたとしても、疑問とするには及ばないのではなかろうか。武烈のヲハツセワカサザキ（小長谷若雀命、小泊瀬稚鷦鷯天皇）は、雄略のオホハツセ（大長谷、大泊瀬）と仁徳のオホサザキ（大雀命、大鷦鷯尊）とから造作された如くでもあり、また、雄略・武烈とも「悪帝」、仁徳は「聖帝」で、共通性・対照性も見られる。しかし、同じ宮号（ないし地名）を実名部分に冠する場合、それに大・小を付して両者を区別することは当然とも思われる措置であり、仁徳は「〔ホムタノ〕オシロワケ」という大王から分立されたもので、「オホサザキ」なる人名は逆に武烈のワカサザキから、「聖帝」と「悪帝」との対照化という構想の下に、造作されたものとも考えられるのである[10]。

したがって、清寧～武烈は実在したとみるのが良いと思われるが、このこと、それらが天皇（大王）であったこととは、自ずと別の問題である。要は、『記』『紀』に伝えられるそれらの在位年間や在位年数が整合的に解し得るか否かに関わると思われる。

先ず問題になるのは雄略の没年である。『記』は己巳（四八九）年、『紀』は己未（四七九）年とし、両書の所伝に十年のひらきがある。武烈→仁賢→顕宗

→清寧→雄略というように、在位年数を基に溯って在位年間を割り出していくならば、雄略の没年は『紀』の如くになるであろう。しかるに『記』は己巳年を没年とし、顕宗の在位年数を八年とする『紀』とは異なる説を伝えているのである。清寧と仁賢とに在位年数をも記していないことは、このことと関係するのではなかろうか。『記』があえてこのような伝を載せていることは、雄略没己巳年・顕宗在位八年間というものが無視すべからざる伝承、ないしは推算結果であったことを示しているように思われる。しからば、『紀』の雄略没己未年は十年実年代より繰り上げられているということになるが、このことを傍証するものはないであろうか。

雄略紀八年二月条に、「遣身狭村主青与檜隈民使博徳使於呉国。」、十年九月戊子条に、「身狭村主青等将呉所献二鵝、到於筑紫。」、十二年四月己卯条に、「身狭村主青与檜隈民使博徳出使于呉。」、十四年正月戊寅条に、「身狭村主青等共呉国使、将呉所献手末才伎漢織・呉織及衣縫兄媛・弟媛等、泊於住吉津。」などと見える。『紀』の紀年で、雄略八年は甲辰(四六四)年、十年は丙午(四六六)年、十二年は戊申(四六八)年、十四年は庚戌(四七〇)年である。『宋書』順帝紀には昇明元(四七七)年十一月に倭国が遣使して貢物を献じたこと、同倭国伝には昇明二(四七八)年五月に倭国王武が上表し叙正を受けたことが記されている。倭国王武と雄略とが同一人であることは承認して良いところと思う。『宋書』『紀』ともに二回の倭国からの遣使を伝えており、二回目の遣使は『紀』の方が十年溯って位置付けられていると言い得る。

ところで、『続日本紀』神護景雲三年十月甲辰条に、大宰府からの、三史正本がないので列代諸史各一本を給うように、という乞いに応えて、『史記』『漢書』『後漢書』『三国志』『晋書』各一部を賜ったことが見える。神護景雲三(七六九)年段階でこれら『史記』等五書が読まれていたことは知られるが、『宋書』の名はここには記されていない。また、『紀』の記述には『史記』『漢書』『後漢書』『三国志』『梁書』『隋書』は利用されているが、『宋書』の影響は認められないという指摘がある。[11]『日本国見在書目録』には『漢書』『後漢書』『三国志』『晋書』等とともに『宋書』も挙げられているので、九世紀には『宋書』が読まれていたことは確かであるが、『紀』編纂段階で編者がそれを参照したか否かは不明とせざるを得ないのである。

雄略紀六年四月条に、「呉国遣使貢献也。」とあるが、この年は壬寅(四六二)に当たり、『宋書』孝武帝紀・倭国伝にはこの年に倭国王世子興が叙正されたとある。『紀』が『宋書』あるいはその系統の史料に基づいて記述されたのであれば、このように年代が一致する中国関係記事がほかにあっても良さそうなものであり、知ってはいても「朝貢」であるから記していないなどとは、『三国志』魏書東夷伝倭人条の記事が神功紀に載せられていることから言えないと思われるので、雄略紀の中国関係記事はわが国の独自の所伝によったものとみる方が良いようにも思われる。ともかく、雄略の二回目の遣使の年代が十年繰り上げられたとすれば、一回目の遣使と使者の帰国は、壬寅(四六二)年の叙正との間に二年間隔で位置付けられたと考えることができるのではなかろうか。

雄略の死を己巳(四八九)年となし得るならば、清寧～武烈の在位はどのように見做されるであろうか。武烈の在位年数は『記』『紀』両書ともに八年で一致しているので、年数の変更は差し控えなければなるまい。仁賢の在位について『紀』は十一年間とする。仁賢と武烈とで、当年称元法では計十八年間、越年称元法で十九年間となる。雄略の没年から『紀』の継体即位までで十八年ほどであるから、雄略の没後まもなく仁賢が即位したとせざるを得ない。越年称元法では武烈の没年は、前節で推定した継体の大和入りの年＝戊子(五〇八)年となるので問題がある。当年称元法では武烈は丙戌(五〇六)年に没し、その翌年に継体が唯一の天皇(大王)として承認されたことになる。

『記』は清寧の死後、仁賢と顕宗の姨飯豊王が治めているときに、彼ら二王が発見され、即位するに当たって二王が譲り合ったとする。これに対して『紀』では、清寧二年十一月に二王が発見され、五年正月に清寧が死んだ後、二王が皇位を譲り合ったために、彼らの姉飯豊青皇女が臨朝秉政し、皇女がその年十一月に死んだ後、翌年正月に顕宗が即位したとある。両書の所伝に相違はあるが、清寧の死後、顕宗の即位に至るまで飯豊が治めたことについては一致している。飯豊については、履中記に履中の皇女青海郎女の「亦名」として飯豊郎女、清寧記に忍海郎女の「亦名」として飯豊王、履中紀では履中皇女青海皇女の分注に「一曰飯豊皇女」、顕宗紀冒頭の系譜の分注で「譜第」の説として、仁賢・顕宗の妹飯豊女王亦名忍海部女王、その「一本」の説として仁賢・顕宗の姉飯豊女王、二王発見の部分で二王の姉飯豊青皇女として、それぞれ現われている。飯豊の系譜上の位置付けは、履中皇女、仁賢・顕宗の姉、仁賢・顕宗の妹、という三種類があり、執政者としては「飯豊」「飯豊青」の名で現われているということである。

清寧没後の執政者が飯豊・飯豊青であり他の人名ではないということは、飯豊が履中皇女青海の亦名や別伝として記されていることを象徴するものではなかろうか。飯豊を仁賢・顕宗の姉や妹とする系譜があったにもかかわらず、履中皇女青海の亦名や別伝として載せていることは、飯豊が履中皇女で仁賢・顕宗の姨ではなかったことを示していると思われるのである。飯豊は元来仁賢・顕宗と直接の関係を有してはいなかったのではなかろうか。関係を持たせるために飯豊の様々な位置付けが生じたと思われるのである。飯豊は雄略皇女で、清寧の姉妹であったのではなかろうか。清寧の妹としてワカタラシヒメ（妹若帯比売命、稚足姫皇女）が伝えられるが、ワカタラシヒメは成務のワカタラシヒコ（若帯日子命、稚足彦尊）に対応する名であり、本来成務と関係する者として位置付けられていたと思われる[12]。これがヤマトタケル（倭建命、日本武尊）のモデルたる雄略[13]の女とされることになった一つの理由として、本来の雄略皇女の位置付けが変改されたことを想定し得るからである[14]。

『紀』の清寧在位五年と顕宗在位三年とは、『記』の顕宗在位八年を二分したような年数となっているが、前者を当年称元法で見れば計七年となり、後者と一年の差を生ずる。しかし、清寧の死後、『紀』が伝えているように、飯豊の臨朝秉政が一年ほどあったとみるならば、清寧・飯豊計六年と顕宗三年とで八年となり、『記』の顕宗在位年数と一致する。

以上の検討および前節での推定に基づき、雄略の死から継体即位までを図示すれば、図9-dのようになる。この図に従えば、大和政権の分裂期を想定しなければならない。清寧―飯豊と仁賢（と顕宗）、仁賢と顕宗、および武烈と継体、という分裂である。

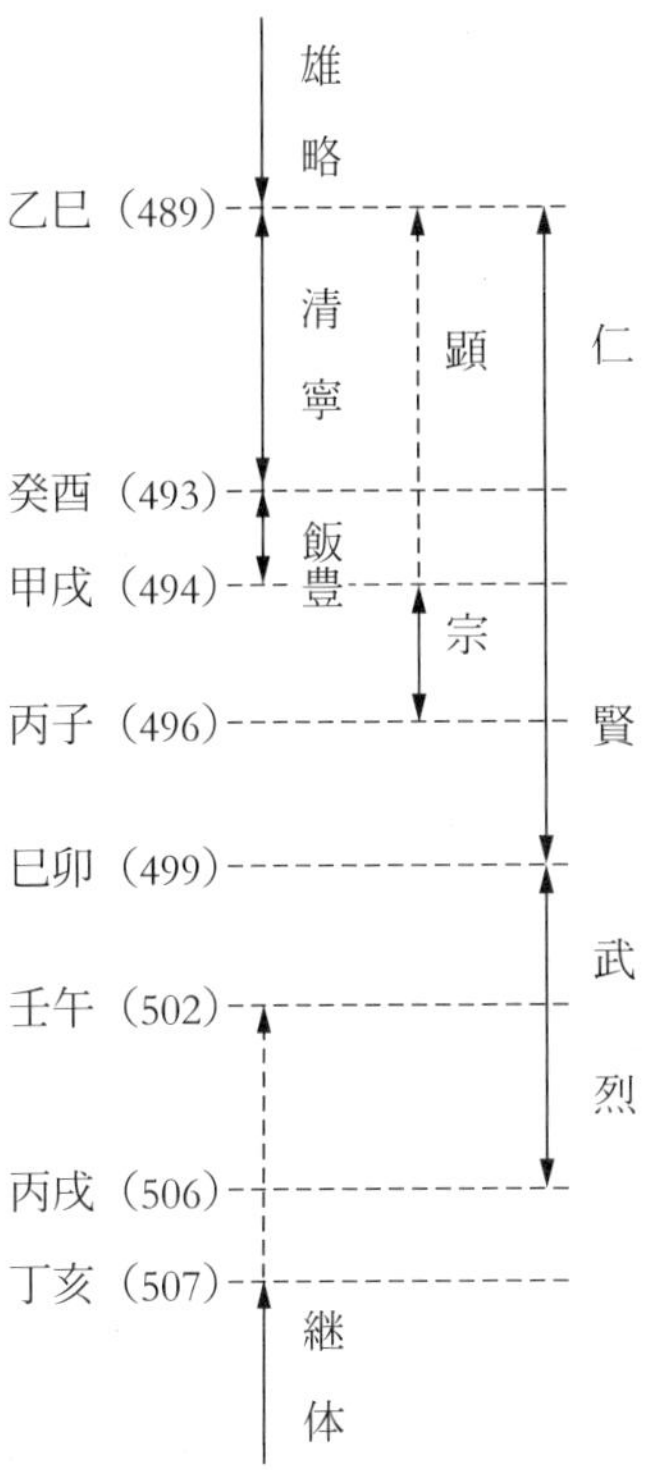

図 9-d　清寧～武烈の在位年間

仁賢と顕宗とは同母兄弟であることから、雄略没後に三勢力が分立したとするよりは、清寧―飯豊に仁賢・顕宗が共同して対峙したとみる方が良いであろう。顕宗の在位八年説は雄略の死から顕宗没年まで、在位三年説は飯豊が没してからの年数とみるわけである。このような大和政権の分裂を示唆するのが清寧紀即位前条の星川皇子の乱である。星川は母稚媛の言に従って反乱を起こすが、大伴室屋が発した軍士によって燔殺され、同時に稚媛や異父兄吉備上道臣兄君・城丘前来目（闕名）も燔殺されたという。

稚媛は雄略紀元年三月条本文では吉備上道臣の女と記されているが、これには少々問題がある。先ず、雄略紀元年三月条で稚媛が、葛城円大臣の女韓媛および春日和珥臣深目の女童女君とともに、妃とされたと記されているが、七年是歳条には、吉備上道臣田狭を任那国司として派遣した間に、雄略がその妻稚媛を幸したとあり、所伝に矛盾が生じている。また、雄略紀元年三月条の稚媛についての分注では、「一本云」として稚媛を吉備窪屋臣の女とする説を載せ、七年是歳条の分注では、「別本云」として田狭の妻を葛城襲津彦の子玉田宿禰の女毛媛とする説を挙げている。雄略が田狭の妻を幸したというのは信じ難い説話であることは言うまでもないが、別伝で玉田宿禰の女毛媛を妻としていた田狭が殺されたとあることは注目される。

允恭紀五年七月己丑条に、反正の殯宮大夫である玉田宿禰（ここでは葛城襲津彦の孫とある）が任を果たさずに酒宴したことを発端として允恭によって誅されたとある。雄略は葛城円を燔殺して即位し、玉田宿禰の娘婿田狭を殺したというのであるから、『公卿補任』が円を玉田宿禰の子としていることの真偽は別にしても、允恭〜雄略段階で葛城氏が弾圧され、次いでこれとつながっていた吉備上道氏が攻撃されたことになる。雄略妃稚媛が上道氏出自であったとすれば、上道氏は葛城氏のみならず雄略とも同盟的関係を有していたことになる。雄略の父とされる允恭によって誅された玉田宿禰の女を、上道氏の族長的存在の如くである田狭が妻としていることからすれば、上道氏が雄略ともそのような関係にあったとは考え難いのではなかろうか。したがって、稚媛を吉備窪屋臣出自とする「一本」の所伝の方に本来性があると思われるのである。

また、星川皇子の乱に際して上道臣が援軍を派遣してきたとあるが、星川が窪屋臣出自稚媛の所生とされていたとすれば、窪屋臣ならばともかく、上道臣が援軍を繰り出すというのも少々奇異な感を抱かせる。上道臣と星川皇子らとの関係は、『紀』本文においては一貫しているが、すべて変改されたものと考えられる。ただし、上道臣が、雄略朝で弾圧を受けたために、星川の乱に乗じて大和政権に対して攻勢をかけようとしたことは考えられなくもない。しかし、この場合においても、窪屋臣がどうなっていたのかが問われる。このような疑問に基づくならば、上道臣が関係したのは星川以外の者とみるべきように思われる。

それはオケ・ヲケ二王ではなかったであろうか。二王は、顕宗紀即位前条に引く「譜第」によれば、葦田宿禰の子蟻臣の女荑媛の所生であるが、葦田宿禰は履中記では葛城襲津彦(曾都毘古)の子とあり、上道臣田狭の妻の父玉田宿禰は襲津彦の子もしくは孫と伝えられる。玉田宿禰は履中・反正・允恭の世代、葦田宿禰は、その孫荑媛が履中皇子市辺押磐皇子の妻であるから、履中らの父の世代となるので、玉田宿禰を襲津彦の孫とする允恭紀の所伝の方が良さそうであり、玉田宿禰は葦田宿禰の子として位置付けられていたともみられる。それはともかくとして、二王と上道臣とは、襲津彦や玉田宿禰・葦田宿禰を介して結びつくのである。また、二王が逃れたという播磨は吉備の東隣である。ワニ部の分布と二王との関係が指摘されているが[15]、上道臣と二王との関係も想定し得ると思われる。

以上のように考えてくると、星川皇子の乱は造作されたものと思われるのである。オケ・ヲケ二王の「反乱」を隠蔽するために、「星川皇子の乱」なるものが作為されたのではなかろうか。このような改作に伴って、雄略妃稚媛が上道臣出自とされ、上道臣出自の女が雄略妃となった由来や反乱の原因を表わすために、田狭の妻として稚媛が位置付けられたと考えられる。

次に、仁賢と顕宗とが対立したということについては如何であろうか。仁賢紀二年九月条に「難波小野皇后、恐宿不敬自死。」と記され、それに注して、

弘計天皇時、皇太子億計侍宴。取瓜将喫、無刀子。弘計天皇、親執刀子、命其夫人小野伝進。夫人就前、立置刀子於瓜盤。是日、更酌酒、立喚皇太子。縁斯不敬、恐誅自死。

とある。顕宗后が、かつて立ったまま刀子を瓜盤に置いたり皇太子(仁賢)を喚ぶという不敬を行ったことにより、自殺したというものである。このような説話はもとより信頼し得るものではないが、仁賢と顕宗との間に対立があったことを暗示しているように思われる。兄弟が皇位を譲り合い、先に弟が、次いで兄が即位したという伝承の背後に、

両者の不和・対立が隠されているとみられるのであり、兄が後に即位したというのは、兄がその抗争に勝利したということであると考えられる。

雄略の死後、大和政権に分裂が起こり、先ず清寧―飯豊と仁賢・顕宗とが抗争し、後者がそれを克服した後、仁賢と顕宗とが対立した。顕宗在位八年という『記』の所伝は清寧に対抗した時点からの年数であり、『紀』の在位三年説は仁賢と抗争した間の年数とみられるのである。

以上のような大和政権内の抗争を前提として、次に継体について再検討してみよう。

前述のように、継体元年を壬午（五〇二）年とする説・所伝の存在が推定できるとともに、この壬午年を基点として、継体の大和入りについての継体紀本文の二十年と「一本」の七年とを同一年とみれば、継体元年を己巳（四八九）年とするが如き伝承もあったようにみえる。後者の己巳年は雄略没年・清寧即位年であり、仁賢・顕宗が清寧に対抗した年である。このことは偶然であろうか。

継体紀本文によれば、継体は元年二月に樟葉宮で即位し、その後、五年十月に山背筒城に、十二年三月に弟国に、二十年九月に磐余玉穂に遷ったという。二十年を戊子（五〇八）年とすれば、五年は癸酉（四九三）年、十二年は庚辰（五〇〇）年に、それぞれ相当する。図9－dにまとめた清寧～武烈の在位年間についての私見に基づくならば、継体五年癸酉は清寧が没し、そのあとを飯豊が継いだ時期、十二年庚辰は仁賢が没して武烈が即位した翌年ということになる。継体と雄略（ひいては清寧・飯豊）とが息長氏と関係する者であることは、清寧―飯豊と仁賢・顕宗との対立期に、継体が前者を支持したことを推測させる。このことを前提とすれば、清寧の死などを契機として雄略系が弱体化したこととの関係で拠点を移し、仁賢が没したことによって再び拠点を移した。壬午（五〇二）年になって大王を称し、丙戌（五〇六）年に武烈が死んだことによって、仁賢系の王女を娶るなどの条件で、翌丁亥年、唯一の大王として承認された、ということが考えられるのではなかろうか。

三　舒明~斉明期の紀年

前二節では清寧から推古までの在位年数を当年称元法でとらえたが、その理由は越年称元法では矛盾が生じるということである。このとらえ方しかないことを論ずるには舒明以後の紀年も検討の対象としなければならない。そこで、本章の課題とはずれるが、舒明以後の紀年について、ここで考えておくことにしたい。

天武の場合はいまだ即位していないにもかかわらず天智没の翌壬申（六七二）年を元年としており、次の持統は即位に三年先立つ天武没の翌丁亥（六八七）年が元年とされているので、越年称元法による紀年であることはまず疑いがない。天智の場合も実際の即位に先立つ六年前、母斉明の死の翌年を元年としているのみならず、斉明が辛酉（六六一）年に没したことと辛酉革命説によって神武即位の年代が決定されたこととが関係するとも考えられている[16]ことからすれば、その翌年から治世を数えて然るべきと思われるので、越年称元法に基づくものと考えられる。

舒明から天智に至るまでの段階で、在位年数が当年称元法によるものから越年称元法に基づくものへと変化していると考えて良いと思われる。この変化をどの段階で想定すべきであろうか。その事情次第によって、当該期の政治史にとっても再検討を要する問題が生ずるように思う。

舒明~斉明の在位年数について『紀』は、舒明十三年、皇極四年、孝徳十年、斉明七年と伝え、皇極の在位を『愚管抄』が三年とする以外、他書にも例外は見られない。『愚管抄』の場合も、斉明元年・孝徳在位年数・皇極元年は他書と一致しており、皇極が孝徳に譲位したとしていることから、皇極四年を孝徳の元年に含めているとみることもで

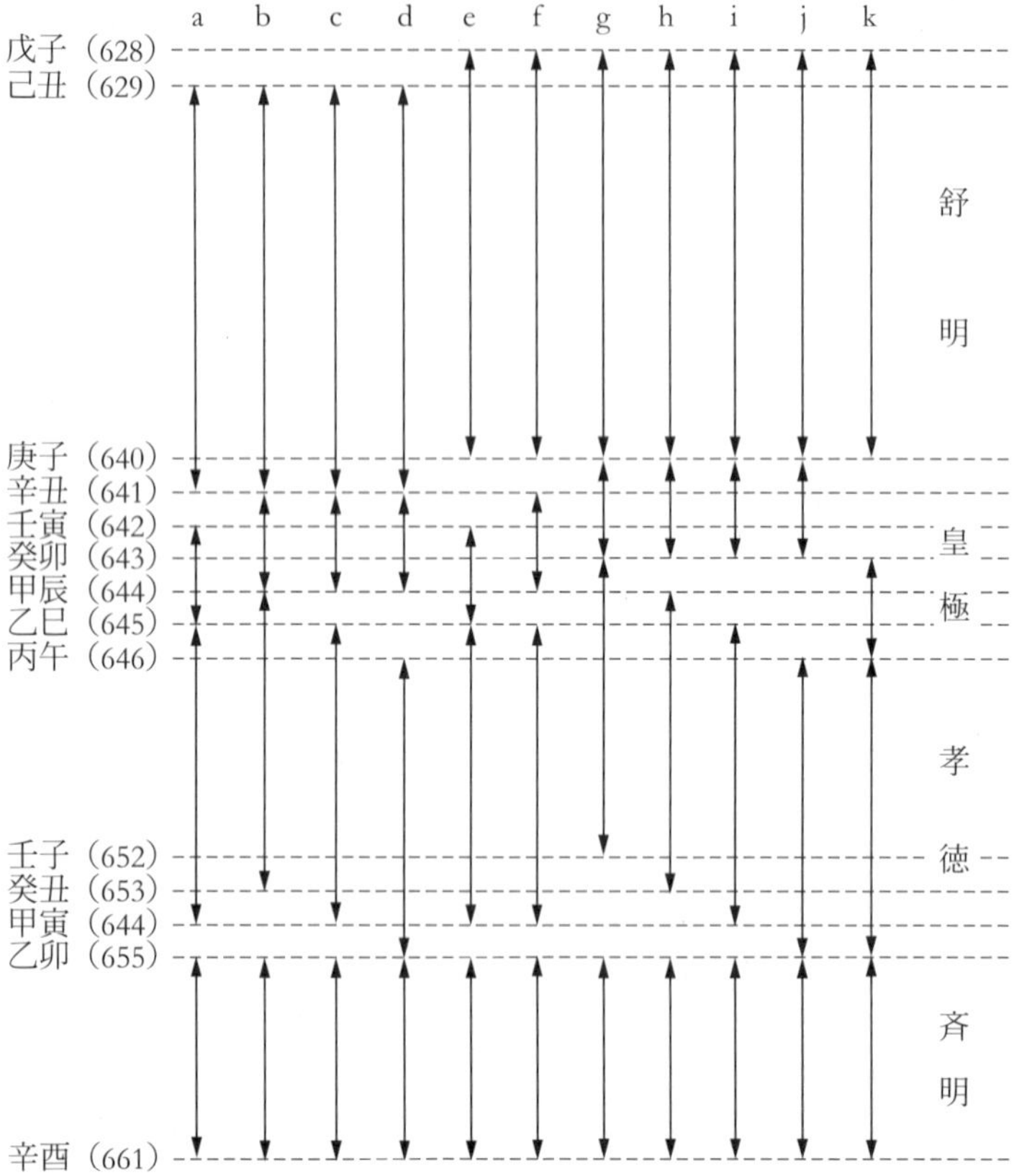

図 9-e　舒明～斉明の想定しうる在位年間

きる。したがって、『紀』に見える在位年数を舒明～斉明の正伝として考えるべきものと思われる。

図9-eは舒明即位を戊子(六二八)年[17]、斉明没を辛酉(六六一)年とし、越年称元法と当年称元法とを交えて適用しながら、舒明～斉明の想定できるすべての在位年間を図示したものである。a～k十一種のいずれを妥当なものと考え得るであろうか。

先ず、孝徳と斉明との間で空位が生ずるb・g・hは、孝徳の晩年に孝徳と中大兄等とが対立したことからして、採り難いものであろう。孝徳の死後、あまり月日を置かずに斉明が即位（重祚）したと考えるべきである。また、舒明を越年称元法でとらえながら、その後の皇極や斉明を当年称元法で考えることになるc・d（bも同様）も、当年称元法から越年称元法に変化したと考えられることからすれば、不当と思われる。

舒明と皇極との間に一年以上の空位が生じるeとkはどうか。この間に誰かが位についていたか、称制の形態をとらなければならないような事情が考えられるのであればともかく、蘇我氏を中心とする朝廷と上宮王家およびその支持勢力との対立が顕著化していたとみられるこの時期[18]に、空位期間が一年以上あったことは想定し難いように思う。

皇極と孝徳との間に空位が生じている（少なくとも孝徳が皇極から譲位された形になっていない）のがf・i・jである。皇極は死んではいないのであるから、譲位したことは疑うべくもない。このことからすれば、aの『紀』に採用されているもの——ただし舒明の即位を己丑年としている——を正当とすべきようにも思われる。しかし、孝徳の即位については、『新唐書』日本伝に「永徽初、其王孝徳即位、改元白雉。」という『紀』とは全く違う記録が見られ、これはすでに指摘されているように、無視し得ないものである。

a〜kのいずれもが実際の在位年代とは考え難いということになるのであるが、しからば、どのような想定が可能であろうか。孝徳の場合から考えることにしよう。

「乙巳の変」直後の皇極から孝徳への譲位については、実際、少々不可解なところがある。それは、入鹿らとともに上宮王家討滅に直接関係した孝徳が譲位されたこと、譲位の詔を受けた孝徳が入鹿を殺した中大兄ではなく、蘇我馬子の女法提郎媛所生の古人大兄に譲ろうとしたことである。

皇極がはじめ「乙巳の変」に関わる中大兄に譲位しようとしたと孝徳紀即位前条に記されていることは、それなりに理由がある。しかし、蘇我本宗家と関係した孝徳や古人が政変後の譲位に関わっていることは、『紀』の文脈上、解しかねるのである。政変が起こされても、結局従来の蘇我路線にほとんど影響がなかったと解することもできるかもしれない。しかし、政策や路線に変化がほとんど見られないとしても、権力を掌握してきた蘇我本宗家が倒されたのであるから、権力中枢部の構成はやはり変化したとみるのが妥当であろう。

孝徳朝前半の右大臣とされる蘇我倉山田石川麻呂は「乙巳の変」の当事者で、反蘇我本宗家勢力とみられるが、同時期の左大臣とされる阿倍倉梯麻呂は、推古死後の嗣位問題の際に蘇我蝦夷とそれについて議した阿倍麻呂と同一人であるとすれば、親蘇我本宗家派である。すなわち、孝徳朝前半期とされる時期の左・右大臣は親蘇我本宗家派と反本宗家派との妥協的体制を象徴しているように思われるのである。これは、蘇我本宗家の討滅には成功したものの、親本宗家派を一掃するほどの勢力が反本宗家派にはなく、自己の権力や地位の保全のために親本宗家派と妥協せざるを得なかったことによるのではなかろうか。

これに対し、阿倍倉梯麻呂が死去し、蘇我倉山田石川麻呂が粛清された後に左・右大臣となった巨勢徳陀古と大伴長徳は、上宮王家討滅に直接関係していることから、親蘇我本宗家派勢力と見做される。孝徳も親本宗家派と考えられるのであるから、『新唐書』の所伝との関係からしても、孝徳の正式な即位は石川麻呂事件の後とすべきではなかろうか。石川麻呂事件は政変としてとらえるのが良いように思う。孝徳紀大化五年二月条に冠十九階を制し、博士高向玄理・釈僧旻に詔して八省百官を置かせたことが記されているが、この記事は、石川麻呂事件はその翌月にかけられてはいるが、孝徳朝の成立と関係するものと思われる。また、巨勢徳陀古・大伴長徳の左・右大臣叙任は石川麻呂事件の翌月とされているが、孝徳の正式な即位に伴うものであり、翌年の白雉改元はその即位を宣言する儀式と考えられる[19]。

孝徳即位の翌年が白雉元年となったとみられることは、当時期における元号「大化」の存否はいずれにしても、当年称元法から越年称元法への変化をこの時点に求め得ることを示しているのではなかろうか。しからば、斉明在位は七年であるから、孝徳は甲寅（六五四）年没、己酉（六四九）〜甲寅年が在位年間ということになるが、石川麻呂事件以前の孝徳朝前半とされる時期の天皇（大王）については、どのように考えられるであろうか。

この段階で天皇たり得る者としては、敏達―彦人大兄系以外には考え難い。古人が「乙巳の変」後に排斥され、皇極の弟軽皇子（孝徳）は石川麻呂事件後に即位したとみるべきであり、中大兄や大海人については言うまでもないことからすれば、皇極しか考えられないのではなかろうか。しかし、『紀』には、舒明と孝徳との間に皇極しか伝えられていないので、皇極の在位は庚子（六四〇）年もしくは辛丑（六四一）年から己酉（六四九）年までの十年間ほどにもなる。この間、皇極が誰かにいったん譲位し、また復位したということは考えられないであろうか。

皇極紀二年十月条に、「蘇我臣入鹿独謀、将廃上宮王等、而立古人大兄為天皇。」とある。また、皇極の即位が、山背大兄の存在によって古人を立てることができなかったことによる中継ぎ的なものであったとし得るならば、山背が入鹿らによって自殺に追い込まれた直後に古人が即位するというのは自然ではなかろうか。舒明と皇極とを当年称元法で見ると、孝徳が譲位されたという皇極四年は癸卯（六四三）年に当たる。この年は『紀』に記す上宮王家滅亡の皇極二年と一致するのであり、このことは古人への譲位を示唆しているように思われる。その後、乙巳年に蘇我本宗家が滅亡したことにより、古人が退位し、皇極が復位したと考えられるのである。[20]

この皇極は、蘇我本宗家によって擁立された者であり、夫の舒明も同様であったが、古人が嗣位予定者とされ、実際に即位したと推測し得るのであるから、反本宗家の立場にあったと言い得るわけではないにしても、自己所生の系統が即位できないという状況に満足していたなどとも考え難い。「乙巳の変」において、『紀』などに伝えられるように、たとえ中大兄が中臣鎌子とともに主導的役割を果たしたとしても、親本宗家派との関係で即位できないという状

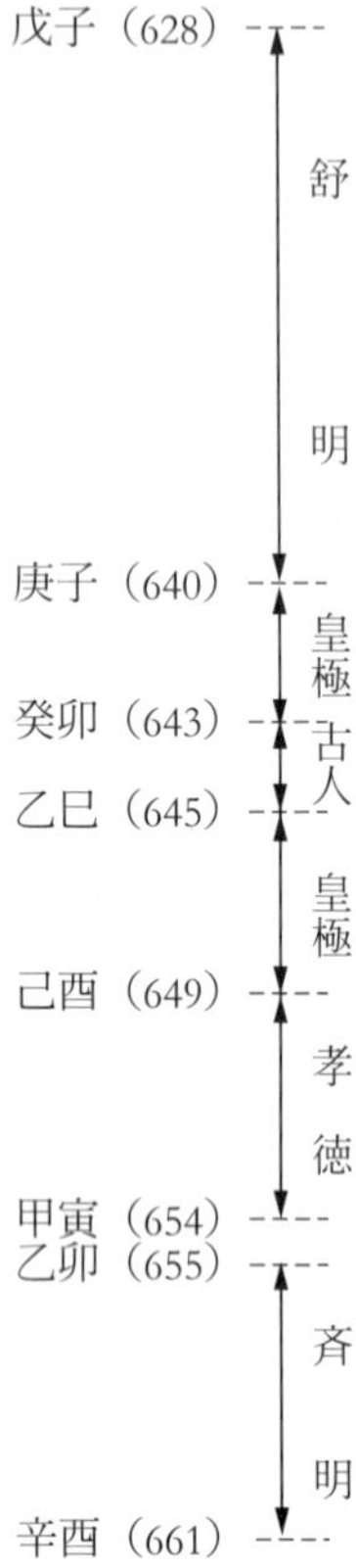

図 9-f　舒明～斉明の在位年間

況下で、反本宗家派が親本宗家派との妥協によって擁立し得る者としては、本宗家によって擁立されていた皇極しか存在しなかったのではなかろうか。このようにみるならば、孝徳が皇極から譲位されたという所伝とも符合することになる。皇極の復位は、孝徳在位十年とする『紀』の所伝に基づき、その没年から溯れば、乙巳年となる。

以上の舒明～斉明の在位年間の検討結果によれば、iが最も妥当なもの――ただし、古人の在位年間がなく、孝徳の在位年間に復位した皇極のそれが含まれているが――ということになる。iに基づき、想定される在位年間をまとめなおせば、図9-fのようになる。

孝徳在位十年説は、「乙巳の変」から孝徳が没するまでの年数であるが、乙巳（六四五）～己酉（六四九）年の間、皇極を補佐する立場に孝徳があったことによるとみられる。このいわば「二頭体制」は、左大臣阿倍倉梯麻呂・右大臣蘇我倉山田石川麻呂という妥協的構成と相通ずるものである。しかし、ここで問題となるのは、孝徳とは対立する立場にあった天智・天武の系統の政権下での修史で、二回目の皇極の在位年間まで孝徳の在位に含まれたことについてである。

これについては若干の理由が想像される。一つは皇極から古人への譲位を隠蔽することである。皇極↓古人↓皇極↓孝徳という譲位から古人を除き、皇極から孝徳への譲位のみを正当のものとするわけである。このような変更ならば、皇極の在位を石川麻呂事件までとすれば良いようにも思われよう。しかし、石川麻呂事件は蘇我本宗家派によるクーデターであり、反本宗家派の敗北と言い得るものである。反本宗家派の者にとって、このような時点での譲位をそのまま正史に記録することができるであろうか。そこで、皇極が復位し孝徳がその補佐的位置を占めることになった「乙巳の変」にまで溯らせることになったというのが二つ目の理由である。孝徳朝の段階で、全国的であったかどうかはともかくとして、評が設置されたことは史実として認め得るのであり、何がしかの改革が行われたことは否定し得ない。この孝徳朝の開始を「乙巳の変」に置くことを通じて、親蘇我本宗家派によってではなく、本宗家を滅ぼした勢力によって改革が行われたと改作することも、その理由の一つと考えられるように思われる。

以上、『紀』に見える舒明〜斉明の紀年を、当年称元法から越年称元法への変化という視点から検討し、中国史書の所伝をも勘案して、通説とは異なる結論を得ることになった。孝徳の『紀』等に伝えられる在位年間についてはすでに疑問が提示されているが、「乙巳の変」以前においても、皇極から古人への譲位が想定され、変後に皇極が復位したことが推測されるわけである。

しかし、とりわけ、皇極から古人への譲位については解決しなければならない前提的問題がある。それは「大兄」に関することである。「大兄」については、同母兄弟中の長子で各時期複数存在し得たという解釈[21]や、後の太子に当たるもので各時期一人とする解釈[22]などがあり、それ自体の検討を要するが、もし後者の解釈が正当であるとすれば、古人がいつの段階で「大兄」となったとみるべきかということについて、少し触れておくことにしたい。

門脇禎二氏は舒明即位とともに大兄となった山背が滅ぼされた後に古人が大兄となったとされる。山背↓古人↓葛城(中大兄)と、大兄が変遷したこと、しかも葛城を除いて即位したことが伝えられず、いずれも滅ぼされていることからすれば、山背から古人への大兄の変遷の際に何らかの事件が想定されてしかるべきであるとは思う。しかし、山背の滅亡のみが古人が大兄となった契機として考え得るものであろうか。舒明朝段階で山背は大兄であったが、舒明が没し、皇極が擁立されるとともに大兄ではなくなり、古人が大兄となったとみることもできるのではなかろうか。しからば、山背の滅亡後に古人が即位したという想定とは矛盾しないことになると思われる。

四　五世紀中葉～六世紀中葉の大和政権の有力氏族

さて、五世紀末以後に大和政権内で第一・二節で述べたような政権分裂期が想定されるとすれば、有力氏族がどのような立場を取っていたかということが問題となる。

先ず、清寧―飯豊と仁賢・顕宗との分裂期についてである。

清寧―飯豊の支持勢力として先ず挙げ得るのは、雄略や継体とつながる息長氏である。蘇我氏は、五世紀後半（雄略朝）に渡来した百済の有力者木劦満致の後裔であるとすれば[23]、もちろん清寧―飯豊方とみられるが、そうでなくとも、蘇我氏の配下にあった大伴氏（第三章）の雄略紀での役割からも同様に考えられる。

顕宗・仁賢両紀の特色の一つは、大臣・大連叙任記事がないことにとどまらず、大臣・大連という語は顕宗紀にも現われるが、その職についていた者の人名すら記されていないことである。このことは、清寧紀に叙任記事があることと比して、清寧と仁賢・顕宗とが対立していたことを暗示しているように思う。また、清寧記では、清寧死後、飯豊の執政期に、オケ・ヲケ二王が平群臣の祖志毘を殺したとする。これに対して『紀』は、武烈即位前に鮪とその父真鳥とが相次いで大伴金村に誅されたと伝える。この武烈紀の記述は、第三章で述べたように、「悪帝」武烈を擁立したということから、金村を悪とするものであり、武烈が鮪と争った女性（影媛）が物部麁鹿火の女であり、その女が鮪が殺されたことを嘆いていることから、大伴氏と物部氏との対立を示唆するものと思われる。したがって、『紀』の所伝よりも『記』のそれの方に本来性があるとすべきであり、志毘が二王によって殺されたとあることに注目される。『紀』に平群真鳥が雄略・清寧朝の大臣として明記されており、真鳥ではないにせよ、『紀』がその子とする者が飯豊の臨朝期に殺されたということは、清寧—飯豊方の中心勢力が倒されたことにほかならないとみられるからである。

平群真鳥や鮪などとして『記』『紀』に記されているような者が清寧—飯豊の支持勢力であったということであるが、平群氏の本拠と目される地域に営まれている古墳の有力化が六世紀に入ってからであることから、五世紀末頃に平群氏がそれほど強大であったとは考え難いとされている。[24] 葛城地方の有力古墳は五世紀後半に南部から北部に移っている。この有力古墳の造営地域の移動が政治情勢と関係するとするならば、允恭紀に玉田宿禰誅殺、雄略紀に円大臣燔殺として記されているような事件が想起される。葛城地方南部を勢力基盤とする氏族が五世紀中葉から後半に弾圧を受け、これに替わって北部を基盤とする勢力が雄略朝頃に台頭したとみるのである。この勢力が平群真鳥・鮪として『記』『紀』に登場しているものであり、平群氏が葛城北部の勢力とのつながりを主張していたことによって、このような記述になったのではないかと思われる。

これに対し、仁賢・顕宗の支持勢力については如何であろうか。吉備上道氏を挙げ得ることは前述の通りであり、雄略らによって弾圧された葛城南部の勢力（葛城氏）も挙げられるであろう。しかし、葛城氏そのものは、雄略朝以後その活躍がほとんど伝えられていないことから、それほど有力な支持勢力であったとは考え難い。后妃からすれば、和珥氏が注目される。仁賢妃として丸邇臣日爪（『記』）・和珥臣日爪（『紀』、一本、日触）の女糠若子郎女（『記』）・糠君娘（『紀』）があり、仁賢后・雄略皇女とされるカスガノオホイラツメ（春日大郎女、春日大娘皇女）も和珥氏系である。カスガノオホイラツメは、『記』では仁賢条で初めて雄略皇女として現われ、『紀』では雄略条にも雄略皇女として記されているが、雄略が当初皇女として承認せず、物部目大連の奏言によって初めて皇女と認めたとある。このような『記』『紀』の記述はカスガノオホイラツメが雄略皇女ではなく、和珥氏そのものの出自であり、何らかの事情（例えばその所生タシラカ・タチバナが継体后・宣化后となったというような）によって雄略皇女として位置付けられたことを物語っていると思われる。また、武烈后として『紀』に見える春日娘子も、「春日」からして、和珥氏系であろう。

次に顕宗と仁賢との対立についてであるが、前段階の彼らの支持勢力が双方に分裂したと考えて、まず問題はないと思われる。仁賢支持勢力については、その后妃から、和珥氏を挙げることができるであろう。

問題は顕宗の側である。『記』は顕宗妃として出自不詳の石木王の女難波王を挙げ、『紀』は允恭皇子磐城王の子丘稚子王の女難波小野王を顕宗后とする。磐城王を允恭皇子とするのは顕宗紀の難波小野王立后記事の注においてであり、允恭紀には允恭皇子としては現われていない。これに対して雄略紀には、雄略皇子として同名の磐城皇子を挙げている。この磐城は、星川皇子の同母兄であり、星川の乱の際に、母稚媛のことばに乗って反乱を起こすような行為をしないよう星川に諭した、とされている。顕宗后難波小野王の血縁者として相応しい言動と言い得るのではなかろうか。ともかく、顕宗后の父あるいは祖父とされる磐城王の位置付けについては、①允恭皇子、②雄略皇子、③それ以外、という三種が想定されるのである。

允恭皇子という位置付けについては、允恭記・紀に允恭皇子としてその名が見えないのみならず、允恭という天皇（大王）自体の実在性に大きな疑問があるので[25]、本来のものとすることはできない。『記』に石木王の出自が記されていないことは、雄略皇子として挙げられていないことと対応するのではなかろうか。しからば、磐城がもとより稚媛所生の雄略皇子とされていたかどうかが問題ということになる。『紀』の母稚媛を通して上道氏につながる星川の反乱事件が造作であるとしても、稚媛は本来吉備窪屋臣出自とされていたとみられるのであるから、反乱事件を根拠として稚媛所生の雄略皇子として磐城と星川が伝えられていた可能性まで否定し得るものではない。仁賢・顕宗の清寧への対抗を雄略皇子星川の反乱として仮託したにすぎないとも言い得るからである。しかし、『記』に雄略皇子として吉備系の二皇子が記されていないことはやはり問題と思われる。『記』には星川の乱の如き雄略死後の紛争が記されていないのであるから、星川や磐城が雄略の子女の中から除かれる理由はないのであり、実際、反乱を起こした者も『記』『紀』系譜に明記されている。あるいは、磐城についての雄略紀と顕宗紀に見える二種の位置付けからすれば、顕宗后の縁者としての磐城の位置付けが、弟の星川が反乱者とされたことによって、雄略皇子から允恭皇子へ変更されたということも考えられるかもしれない。しかし、この想定も、磐城が星川に反乱を起こさぬよう諭した「賢人」のように記されていることから疑問と思われる。磐城は、本来、雄略皇子として位置付けられていなかったのではなかろうか。

磐城の出自は如何に考えられるか。生母が吉備系とされていること、仁賢・顕宗の清寧への対抗に上道氏が関係していたと想定されることから、上道氏系とみられるのではなかろうか。このようにみれば、兵庫県赤穂郡上郡町に「岩木」なる地名があり、また、千種川の支流に岩木川があることに注目される。当地域は、上道氏の本拠があった備前の東隣であり、景行記に赤穂郡よりかなり東の印南郡に関係する人名の景行妃針間伊那毘能大郎女・伊那毘能若郎女が若建吉備津日子の女とあることからも、吉備族、とりわけ上道氏との関係が想定されると思われる。「磐城（石木）」が実名かどうかは不明とせざるを得ないが、「磐城（石木）」で表わされる者は上道氏の一族（族長）で仁賢・顕宗の支持勢力であり、顕宗はその身内の女を后としたことが考えられる。磐城が雄略皇子とされたのは、顕宗后を皇族とするとともに、その弟星川が反乱を起こしたことにして、仁賢・顕宗のそれを隠蔽したことに伴うものではなかろうか。星川の実在性については不詳とせざるを得ないが、雄略と吉備族の女との婚姻関係は、雄略を基に作為・架上されたヤマトタケルと吉備族との関係からしても、否定し得ないと思われるので、系譜上に星川がもとより位置付けられていたと考えるのが良いかもしれない。この系譜を利用して、星川の同母兄として磐城が位置付けられたが、後に磐城の位置が変更され、さらに、兄弟間の皇位争いを否定すべく、『記』に伝えられるような星川や稚媛が王統譜から抹消された系譜も形成されることになったという想定が可能と思われる。しかし、兄弟間の皇位争いはほかにも伝えられているのであり、単純にこれのみを例外とするにとどめることはできない。その事情を検討する必要があるが、現在のところ未詳としておかざるを得ない。

顕宗の支持勢力としては、したがって、その后妃を通じて、上道氏を挙げることができる。上道氏にとって清寧紀即位前条の説話が不名誉なものとなっているのは、顕宗と仁賢との対立抗争が顕宗方の敗北に終わったことによるのではなかろうか。また、磐城が履中や反正ではなく、允恭の子とされたのは、雄略皇子として位置付けられていたことと関係するように思う。なお、磐城が允恭皇子に位置付けられればその子女は顕宗と同世代になるにもかかわらず、丘稚子王が磐城王と難波小野王との間に位置付けられていることについては、雄略皇子磐城の女を磐城と同世代であるる顕宗の后として位置付ける元の系譜との関係が考えられる。また、顕宗后の父が「丘稚子」なる名であることは、それが造作ないし誰かの幼名の分立であり、顕宗の「来目稚子」、仁賢の「嶋稚子」との関係が指摘できるようにも思うが、「丘」が何を意味するかは不明としなければならない。

武烈と継体との対立は、基本的には、仁賢・顕宗と清寧―飯豊との対立の延長線上にある。武烈が仁賢皇子であり、継体は清寧―飯豊方であったからである。したがって、継体方としては蘇我・息長両氏が先ず挙げられる。また、大和入りよりも前に尾張氏・三尾氏が継体と関係を有していたことから、この両氏も当然挙げられ、継体の祖先に関係する美濃や北陸の豪族も考えられる。

武烈方については、和珥氏が先ず挙げられることは言うまでもないが、ここで注意したいのが継体紀に継体の擁立に当たって大伴金村大連の提案に物部麁鹿火大連と許勢男人大臣らが同意し、継体が即位と同時に大伴金村・許勢男人・物部麁鹿火を故の如く大臣・大連としたとあることである。大伴金村は武烈紀に叙任記事があり、物部麁鹿火は叙任記事は継体紀が初めてではあるが、武烈紀即位前条に大連として現われている。許勢男人だけが継体紀で初めてその名を現わしている。第三章で述べたように、武烈紀の大伴金村と武烈との関係や影媛などの記載から、大伴氏が武烈の側にあり、また、影媛・金村を介して、物部氏が武烈と対立関係にあったなどとすることはできない。しかし、継体紀で初めて登場する許勢男人が「如故」く大臣とされたとあることの理由が問われる。許勢氏は、雄略系によって倒された葛城氏と同様、葛城南部を本拠とすることからすれば、継体方とみるよりは、仁賢・顕宗や武烈の支持勢力の一つと考える方が良いのではなかろうか。このことによって、「如故」く大臣とされたと記されたと推測されるのである。許勢氏は葛城氏に替わって葛城南部で台頭したのではなかろうか。顕宗と仁賢との対立期には仁賢方であったと思われる。また、多氏と履中・イチノヘノオシハ（市辺忍歯王、市辺押磐〔羽〕皇子）との系譜関係も想定されること[26]からすれば、多氏も仁賢・顕宗や武烈を支持したことが考えられるが、本来の雄略后が多氏系の梼幡姫で清寧生母とされていたとみられる[27]ので、現在のところ多氏の立場は不明としなければならない。

継体―宣化と安閑との対立に関してはどうか。継体の后妃の出自氏族は、和珥氏[28]・尾張氏・茨田氏・三尾氏・坂田氏・息長氏であり、安閑は許勢氏・物部氏、宣化は大（凡）河内氏であるが、継体・安閑・宣化いずれも和珥氏出自の女所生の仁賢皇女を后としている。また、欽明は蘇我氏・春日（和珥）氏出自の女と和珥氏系の仁賢皇女所生の宣化皇女を后妃とする。尾張・茨田・三尾・坂田各氏、許勢・物部両氏、および大河内氏は、伝説時代を除けば、それぞれ継体・安閑・宣化の妃を出しているだけである。葛城・和珥・蘇我各氏が没落したことによって后妃を出さなくなっていることからすれば、それら七氏は勢力を有したことがあったとしても一時的なこととみられる。とりわけ尾張氏は安閑・宣化の生母、三尾氏は継体の長子とみられる大郎子の母を出し、許勢氏は大臣となったと伝えられているものである。これら三氏がその後に后妃を出したことが伝えられていないことについては何らかの原因があったと考えるべきであろう。それは安閑の側を支持したことによるとは考えられないであろうか。

大臣許勢男人は、『紀』では継体二十三年九月に薨じたとあるのに対し、『続日本紀』天平勝宝三年二月己卯条の雀部朝臣真人らの奏言には継体・安閑朝の大臣と見える。これは許勢氏が安閑に与したことを示すと思われる。継体二十三年は、継体元年を壬午(五〇二)年とすれば甲辰(五二四)年に当たるが、この年は、安閑朝が継体朝から分立したと想定される年に一致する。男人の死を継体二十三年とする『紀』の説は、あるいはこの安閑朝の分立年と関わるものであるかもしれない。天皇(大王)の生母を出した氏族でほとんどその活躍が伝えられないのは、伝説的時代にかけられているものを除けば、尾張氏だけである。また、三尾氏も、継体の生母振媛に関係する氏族であり(『釈日本紀』所引「上宮記」一云系譜)、越前から近江に勢力を有していたが、この地域を元来の本拠とする君姓(『紀』では「公」)氏族の多くが継体の父系の祖意富富杼王の後裔とする系譜を有し(『記』)、天武朝で真人姓に改姓されているにもかかわらず、天武朝での改姓にあずかっておらず、例外的である。尾張氏や三尾氏のこのような状況は、それらが安閑の支持勢力であったとみることで理解し得ると思われる。以上の三氏のほかに多氏も挙げられることは、天皇関係系譜の形成過程の検討を通じてすでに説いたところである。[29]

継体―宣化方の中心的な支持勢力として和珥氏と蘇我氏とを挙げ得ることは、后妃からして明らかであろうが、宣化朝で「大夫」とされたと伝えられる阿倍氏も加えることができるであろう。

以上の対立関係をまとめると、次のようになる。

清寧—飯豊	蘇我氏・息長氏・「平群」氏	↔	仁賢・顕宗	和珥氏・許勢氏・上道氏
顕宗	上道氏	↔	仁賢	和珥氏・許勢氏
武烈	和珥氏・許勢氏	↔	継体	蘇我氏・息長氏・尾張氏・三尾氏　ほか
継体—宣化	和珥氏・蘇我氏・阿倍氏	↔	安閑	許勢氏・多氏・尾張氏・三尾氏

それでは、以上のような大和政権の分裂の原因については、どのように考えられるであろうか。

雄略死後の清寧—飯豊と仁賢・顕宗との対立は、雄略系によって弾圧された勢力が履中系を擁立したことによるとみられる。『記』『紀』系譜をそのまま信用して履中系を葛城系とすることは、いまや疑問とすべきであるが、履中が葛城系の女所生であったことは承認できる。葛城氏と上道氏とがつながりを有していたことも認められると思われる。和珥氏については『記』『紀』に弾圧の記述が見えない（木梨軽皇子説話がこれに関係するとみられることは第十章Ⅲ）が、和珥氏との関係が指摘される佐紀・盾列古墳群[30]では、五世紀中葉に大古墳の築造が終わっており、雄略紀には春日和珥臣が采女を出したとある。この采女童女君が春日大娘皇女を生んだという系譜・説話は、前述のように、信頼し得ないものであるが、服属の証しとして差し出す采女を和珥氏が雄略に貢したという所伝には注目される。当時の和珥氏の勢力の程が垣間見られるように思われるからである。また、血縁において、葛城・和珥両氏は履中・反正と関係を有してはいても、雄略系とは直接関係せず、履中・反正系と雄略系も別系統とみられる[31]のである。

顕宗と仁賢との対立については、以上の場合のような具体的な理由は不詳とせざるを得ず、推測に頼るよりほかはない。清寧—飯豊の政権が倒れた後、これまでの大和政権の形態とは異なり、吉備族が政権内での比重を大きくした（介入した）ことが想像される。和珥氏等雄略朝以前の大和政権の中枢を構成していた勢力がこのような状況に反発するのは当然であり、このことが顕宗と仁賢との対立を引き起こしたと推測し得るように思われる。

武烈と継体との対立は、清寧—飯豊と仁賢・顕宗との対立の延長線上にあることは言うまでもない。雄略朝から清寧—飯豊段階にかけての政権を構成した有力氏族が中心となって、雄略等の母系とつながる継体を擁立したのであろう。

安閑朝の継体朝からの分立については如何であろうか。継体元年を壬午(五〇二)年とする紀年では、筑紫国造磐井が反乱を起こしたという二十一〜二十二年は壬寅(五二二)〜癸卯(五二三)年となる。安閑朝の分立は、甲辰(五二四)年とみられることからすれば、磐井の乱との関係が考えられるのではなかろうか[32]。この乱の責任問題をめぐって大和政権内で分裂が生じ、安閑朝の分立という事態に発展したことが想定される。

五　大臣・大連関係記事

第一章で述べたように、『紀』における大臣・大連の位置付けは、かなり計画的になされているようである。本節では、前節までの政治過程の検討を踏まえて、大臣・大連関係記事についてどのようにとらえられるかということについて、再度論ずることにしたい。

とりあえず、大臣・大連叙任記事をまとめると、次の通りである。

雄略紀安康三年十一月甲子条

天皇命有司、設壇於泊瀬朝倉即天皇位。遂定宮焉。以平群臣真鳥為大臣、以大伴連室屋・物部連目為大連。

清寧紀元年正月壬子条

命有司、設壇場於磐余甕栗陟天皇位。遂定宮焉。……以大伴室屋大連為大連、平群真鳥大臣為大臣、並如故。臣連伴造等各依職位焉。

武烈紀仁賢十一年十二月条

於是太子命有司設壇場於泊瀬列城、陟天皇位。遂定都焉。是日、以大伴金村連為大連。

継体紀元年二月甲午条

是日即天皇位。以大伴金村大連為大連、許勢男人大臣為大臣、物部麁鹿火大連為大連、並如故。是以大臣・大連等各依職位焉。

安閑紀継体二十五年二月丁未条

男大迹天皇立大兄為天皇。即日男大迹天皇崩。是月、以大伴金村大連為大連、物部麁鹿火大連為大連、並如故。

宣化紀元年二月壬申朔条

以大伴金村大連為大連、物部麁鹿火大連為大連、並如故。又以蘇我稲目宿禰為大臣、阿倍大（火）麻呂臣為大夫。

欽明紀宣化四年十二月甲申条

天国排開広庭皇子、即天皇位。時年若干。……大伴金村大連・物部尾輿大連為大連、及蘇我稲目宿禰大臣為大臣、並如故。

敏達紀元年四月甲戌条

皇太子即天皇位。……是月、宮于百済大井。以物部弓削守屋大連為大連、如故。以蘇我馬子宿禰為大臣。

用明紀敏達十四年九月戊午条

天皇即天皇位。宮於磐余、名曰池辺双槻宮。以蘇我馬子宿禰為大臣、物部弓削守屋〔大〕連為大連、並如故。

以上のほか、顕宗紀・仁賢紀には叙任記事は見えないが、顕宗紀元年正月己巳朔条に、大臣・大連らの奏言に従って顕宗が即位したこと、武烈紀即位前条に仁賢の死没段階（仁賢十一年八月）で平群真鳥が大臣であったことが記され、武烈紀三年十一月条に大伴室屋大連に、信濃国男丁を発して水派邑に城像を作れと詔したことが見える。これらからすれば、顕宗・仁賢両朝では、清寧朝と同様に、平群真鳥は大臣、大伴室屋は大連であったと『紀』が主張しているとすべきであろう。また、武烈紀即位前条に「物部麁鹿火大連」という表現が見えることからすれば、仁賢朝で物部麁鹿火が大連であったとされていると考えられるであろう。なお、「如故」という表現は前朝から大臣や大連であったことを示すものであることは言うまでもない。その他、雄略〜用明紀では、安閑紀元年三月戊子条に物部木蓮子大連が安閑妃宅媛の父として見え、敏達紀十二年是歳条では、物部贄子が「大連」が付されるかたちでも現われている。このような『紀』における記述およびそれに対する理解を基にまとめたのが、第一章の表1-1である。

雄略朝でのこととして、大臣・大連の叙任記事が初めて『紀』に現われる。「大臣」「大連」なる職名ないしそれに準ずるものの存否は別として、和珥氏・葛城氏という大和政権の二大構成氏族が衰退あるいは没落し、王権の強大化が実現されたとみられる雄略朝において、初めて大臣・大連が任じられた如くに『紀』に記されていることは、それなりに根拠があると言うべきであろう。律令貴族が雄略朝を画期としてとらえていたと考えられること[33]とも、大臣・大連叙任記事の初出は関係するものであろう。また、葛城円が雄略によって燔殺される以前に大臣であったかの如くに、その名に「大臣」が付されていることも、葛城氏が大きな勢力を有していたことからして、当然の表現と言い得ると思う。

これに対して、平群真鳥は、『紀』の記述に従えば、葛城氏没落後の雄略朝から仁賢朝にかけて大臣であったことになるが、実際はそうではなかった。顕宗・仁賢両紀に真鳥の名が見えないのみならず、真鳥の子とされる鮪が、『記』では顕宗即位前の段階で顕宗・仁賢に滅ぼされている。『記』の所伝の方がより本来的とみられることからすれば、真鳥なる名の人物は実在したとしても、雄略・清寧両朝の「大臣」などと表現されるような存在ではなかったと思われる。真鳥は、鮪が武烈と同世代の者として位置付けられたことに伴って、雄略〜仁賢朝の大臣とされたのであろう。『紀』では「悪帝」たる武烈のために大伴金村が平群鮪を、次いで真鳥を誅殺したということになるのであるが、鮪が武烈と同世代の存在とされたことは、このことと関係するのではなかろうか。すなわち、大伴氏が平群氏討伐に関わったとするだけであるならば、その時期を変更する必要はないのであるから、金村が「悪帝」武烈を擁立したとするために、鮪（また真鳥）誅殺を武烈即位前のこととして位置付けたとみられるのである。しかし、前述のように、大臣叙任記事が見られる雄略・清寧両朝において、平群氏がつながりを主張する葛城北部の勢力がその有力構成者であったことは充分推測される。その勢力が「平群」氏とされ、また大臣であったとされることも、それなりの正当性があると言い得る。平群氏が祖として位置付ける者が雄略・清寧朝で「大臣」的存在であり、清寧の死後、それが仁賢・顕宗方によって倒されたというのが本来的所伝であったが、その討伐が武烈即位前に移されたことにより、顕宗・仁賢両朝でも大臣であったというような記述になったと考えられる。

許勢男人は、前述のように、継体・安閑両朝とともに、それ以前の清寧―飯豊と仁賢・顕宗との対立期の後者方、仁賢と顕宗との対立期の仁賢方、および武烈朝の有力構成氏族であったとみられる。『紀』に顕宗・仁賢両朝で許勢氏が大臣として現われていないのは、その時期に平群真鳥が大臣であったかのように記されていることと関係すると思われる。
蘇我氏が宣化朝以降に「大臣」として現われていることについてはまず問題はないとみられるので、雄略紀以後の「大臣」関係の記事には、その時代的位置付けが変改されているものがあり、また、人名についても必ずしも正確ではないものもあるが、大筋ではそれなりの根拠があると考えられるのである。

大臣に対して、大連として大伴・物部両氏が雄略紀以降に現われていることについてはどうか。

雄略紀に多種の部の設置が見えることからすれば、大伴氏が初めて大連に任じられたと伝えられている雄略朝にはトモ制が形成されたことがほぼ承認される。この段階で、天皇（大王）の親衛を一つの重要な職掌とする大伴氏が次第に有力化したであろうことも推測に難くない。しかし、この時期よりも前についてはもとより、これ以後欽明朝初頭に至るまでの大伴氏関係の所伝には大伴氏独自のそれが全くないと言い得るほどであることは、大伴氏を第一級の氏族であったとする『紀』の記述の史実性を疑わせるものである（第三章）。それにもかかわらず、『紀』に雄略～欽明朝初頭の最高権力者として室屋と金村が記されていることには、それなりの理由があるはずと思われる。

大伴氏は、『記』『紀』編纂段階たる天武朝から元明朝にかけて、御行が大納言、安麻呂が中納言・大納言、旅人が中納言という要職にあったが、このことと室屋・金村が第一人者として現われていることとは関係するのであろうか。物部氏については、その後裔石上麻呂が中納言→大納言→右大臣→左大臣となっていることから、『紀』編纂段階での状況の反映を想定することは可能である。しかし、大伴氏は要職にあったとはいえ、その上に阿倍御主人や石上麻呂・藤原不比等らが存在していたのであるから、大伴氏の主張によって、第一人者として『紀』に現われることになったとは考えられないように思う。大伴氏が、「悪帝」武烈を擁立したり、「任那四県割譲」を行ったという「悪役」で現われていることを勘案すれば、なおさらのことであろう。

蘇我氏が雄略朝頃に百済から渡来した氏族か否かはともかく、葛城氏没落後、雄略朝頃に大和政権の有力構成氏族であったとすれば、蘇我馬子と厩戸皇子とが議して録したと伝えられる「天皇記」や「国記」には、そのことが記されていたと考えるべきであろう。たとえ最有力者でなかったとしても、そうであった如くに記述したと思われる。この蘇我氏と密接な関係にあったとみられるのが大伴氏であり、雄略朝や清寧朝の有力氏族として『紀』に現われているのが平群・大伴両氏と、和珥氏と密接な関係にあったと考えられる物部氏であり、なかでも大伴氏が大きな役割を果たしていることからすれば、本来蘇我氏が雄略朝等での最高権力者として記録されていたものが大伴氏に変更されたという想定も可能ではなかろうか。このような変改の理由としては、天武につながる皇統の「始祖王」と言うべき継体の擁立者、およびこの継体と母系でつながりを有する雄略―清寧の有力支持勢力から蘇我氏を除外することによって、蘇我氏の役割を小さく見せようとしたことが考えられる。

蘇我氏に替わって、それに従属する位置にあった大伴氏が朝廷の第一人者として記述されることになったが、しかし、雄略朝では新羅征討に失敗し、仁賢死後に「悪帝」武烈を擁立し、継体朝では百済への「任那四県割譲」によって「任那滅亡」の原因を作ったという否定的役割を負わされたのである。ここには、また、大伴金村と物部麁鹿火の女影媛（武烈紀）、金村と麁鹿火（継体紀）、という大伴氏と物部氏との対立・不和が表わされていることは、前述（第三章）の通りである。

蘇我氏に替わって大伴氏が第一人者として記述されたとすれば、蘇我稲目が宣化朝で大臣に任じられたことが記されているにもかかわらず、大伴金村の「没落」が次代の欽明朝のこととして『紀』に位置付けられていることについては、どのように考えられるであろうか。蘇我氏と大伴氏との関係からすれば、稲目が欽明朝で初めて大臣に任じられたとすることや、逆に金村が宣化朝で「失脚」した如くに記すことも可能であったはずであるにもかかわらず、宣化朝で両者が執政官として相並んだとしている理由についてである。継体朝の大臣として現われる許勢氏が、安閑を支持したことでいったん勢力を失うことになったとみられることから、稲目が宣化朝で大臣となったという記述は自然と思われる。蘇我氏と大伴氏の並立は、金村を欽明朝まで執政官であったとしなければならない事情があったことによるとみるべきではなかろうか。

金村の「任那四県割譲」に対する批判が欽明朝になって噴出したという記述は、割譲を原因として任那のいくつかの国の離反を招き、欽明朝において任那全体が新羅に併合されたということと関係するとみられるかもしれない。しかし、金村に対する批判は欽明紀元年九月己卯条の天皇の「幾許軍卒、伐得新羅。」という問いに対する物部尾輿らの奏でなされているのであるが、その前月条には、「高麗・百済・新羅・任那、並遣使献、並修貢職。」と記されているのであるから、天皇の問いは唐突の感を与えることは否めない。このような問いは、むしろ、宣化紀二年十月壬辰朔条の、「天皇、以新羅寇於任那、詔大伴金村大連、遣其子磐与狭手彦、以助任那。」というような、新羅が任那を寇したという記述の部分にかけられている方が相応しいのではなかろうか。また、金村失脚後に任那が滅んだとするよりは、任那滅亡によって金村が失脚したとする方が、より合理的であろう。後者については、蘇我氏の親百済政策が任那滅亡という事態を招いたという『紀』編者の作為（第二章）との関係で、金村主導下で任那が滅亡したという記述がなされなかったと考えることができる。金村の没落は結局のところ、対外的に親百済政策を採るものが大伴氏から蘇我氏に替わったということである。したがって、欽明朝初年に金村が過去の行為を批判されて失脚したことが史実であるならば別であるが、造作とみられることからすれば、新羅が問題を起こした段階で金村批判が展開されたとするのが自然であり、継体紀以後で初めて新羅が任那を寇するという問題を起こしたことを記す宣化紀二年十月条の直後に記されていてしかるべきであると思われる。磐井は新羅の貨賂を受けてかねてから計画していた反乱を起こしたと記されているが、物部尾輿等の金村批判で「任那四県割譲」を新羅の積年の怨みの原因としていることからすれば、磐井に新羅が反乱を起こさせたことも「四県割譲」と関係するのであり、このような失政に対する批判は継体の死の直後にかけられるべきものでもあろう。金村の「失脚」が欽明朝のこととされているのは、朝鮮問題の記述との関係によると考えるべきではないのではなかろうか。第一章で述べたような、蘇我稲目が大臣に任じられるのが韓子が雄略朝に現われてから七代目の宣化朝においてのことである、というような位置付けとの関係が想定される。すなわち、大伴長徳が孝徳朝で右大臣となったことから七代溯らせて、欽明朝で金村が没落したように位置付けたのではないかと思われるのである。

物部氏が朝廷の第一人者の如く現われるのは金村の没落からであるが、しかし、それが蘇我氏と対抗するかたちのみであることは、第二章で述べた通りである。ともかく、欽明・敏達・用明三朝で物部氏は蘇我氏に対抗し得る勢力として『紀』に描かれている。具体的に大連として連続して現われるのは継体紀からであるが、麁鹿火は、継体紀の大連叙任記事で「如故」とされるのみならず、武烈紀即位前条で大連として記されている。したがって、少なくとも仁賢朝〜用明朝に物部氏が大連を連続して出していたと『紀』が主張していることになる。麁鹿火より前に、雄略朝において目が大連に叙任されているが、大連目の行動としては、元年三月是月条の雄略に春日大娘を皇女として認めさせ、童女君を妃とさせたことと、十三年三月条の采女山辺小嶋子を姧した歯田根命を責譲したこと以外に知られない[34]。清寧紀には物部氏が大連になったという記述はないのであるから、『紀』が目の後、麁鹿火が大連になるまで、物部氏が大連でない「空白期間」があったとしていることは確かである。

物部目が、雄略朝で、大伴室屋とともに大連に任じられたとされていることは、どのような理由によると考えられるであろうか。大伴氏が蘇我氏に替わって最高権力者の如く現われていることとは事情を異にするであろう。和珥氏は当時勢力を失っていたのであるから、和珥氏に替わって物部氏が登場しているとは見做し難いからである。春日大娘を皇女、童女君を皇妃とすることに物部目が大きな役割を果たしていることからすれば、本来雄略と関係を有していない二女を皇女・皇妃とするために、物部目が雄略朝の大連とされたことも考えられる。大伴氏（ひいては蘇我氏）との対抗関係によって雄略朝の大連とされたのであれば、清寧朝の大連を出したと伝えられていないことが理解し得ないことになる。また、和珥氏出自の女を雄略妃・皇女とすることによって、物部氏が和珥氏との関係を逆にする意図を有していたことも推定できる。

麁鹿火が仁賢朝で大連であったように記されていることについては、和珥氏が仁賢の有力支持勢力であったとみられることから解釈し得るであろう。しかし、仁賢紀に大連であったことが明記されていないことが問題として残される。これについての明確な回答は出せないが、仁賢朝で大連に任じられたと明記すれば、当然次の武烈朝でも大連となったと記さざるを得なくなるのであり、しからば、大伴金村とともに「悪帝」武烈の有力支持勢力であったということになる。このことが仁賢紀で大連叙任が記されなかった理由の一つとして想定できるのではなかろうか。また、清寧・顕宗朝で物部氏が大連を出したように記されていないのは、それらと仁賢朝とが対抗関係にあったこととも関係するように思われる。ともかく麁鹿火は、明記されてはいないが、仁賢〜宣化五朝の大連であったと『紀』に伝えられているということであるが、大伴室屋と金村もそれぞれ雄略〜武烈、武烈〜欽明の五朝で大連とされており、最初の「大臣」として伝えられる武内宿禰も『紀』で景行〜仁徳の五朝に仕えたことになっている。また、麁鹿火以後に大連として『紀』に伝えられる物部氏出自者は四人を数えるが、木蓮子は安閑紀で大連と記され、尾輿は叙任記事は欽明紀に見えるだけであるが、「如故」とあるので宣化・欽明両朝の大連、守屋は尾輿の後用明朝までの大連、贄子は敏達紀に大連とも記されており、これら四人が、互いに重複、あるいは麁鹿火と重複しながら、安閑〜用明五朝で大連として現われているということになる。大連については「五」という数と関係が深いと言わざるを得ず、作為性を感じさせるものであるが、これは武内宿禰との関係を考えるべきであろう。麁鹿火を仁賢朝以降五朝の大連とするのは、この「五」という数との関係の方をより重視すべきもののように思われる。

以上のように、雄略紀以降に現われる大臣・大連については、その実態はともかくとして、単なる実力者としてのみとらえた場合、それなりの根拠をもって各紀に記されていると言えるようである。ただし、大連の大伴氏は蘇我氏の替わりとして、物部氏は和珥氏の替わりとしてである。円大臣に先立って、武内宿禰大臣が景行〜仁徳五朝に、物部十千根と伊莒弗が武内宿禰を挟むかたちで、それぞれ垂仁・履中に大連として仕えたとされる。この事情についてはどうであろうか。

履中紀二年十月条に、平群木莵宿禰・蘇賀満智宿禰・物部伊莒弗大連・円大使主が国事を執ったとある。平群・蘇我・物部・葛城四氏を履中朝の有力氏族としているとみられるが、それらは後に大臣・大連に叙任されたりそれとして現われる氏族であることから、その伏線として七世紀に付加された伝承とも考えられている[35]。この伝承それ自体が後世的潤色が加えられたものであることは確かである。しかし、これらの四氏が履中紀に記されていることは、二つの意味で説明を要する問題が含まれているのではなかろうか。一つは履中紀に記されていること自体、いま一つはこれら四氏の組み合わせである。

四氏の組み合わせについては、雄略―清寧・飯豊とつながる平群・蘇我両氏と、履中―イチノヘノオシハ―仁賢―武烈に関係する物部・葛城両氏とに分けられることが注目される。反正紀には和珥氏同族の大宅氏が皇妃二人を出したことが記されるのみ(反正記は丸邇氏出自とする)、允恭紀では執政に関係するような記述はなく、葛城の玉田宿禰が誅されたこと、舎人中臣烏賊津使主が勅によって皇后の妹弟姫を近江の坂田から召したこと、大伴室屋が弟姫のために藤原部を設置したことが目を引く記事であり、安康紀即位前条では木梨軽皇子が物部大前宿禰の家に匿れたが、大前宿禰の計略によってそこで自殺した（一本では配流された）とある。木梨軽皇子が物部大前宿禰のもとへ匿れたという説話は、雄略即位前の眉輪王らが円大臣の家へ逃れたとする話と通ずる（第十章Ⅲ）。異なるところは、円大臣が燔殺されているのに対し、大前宿禰は、同様に安康の軍勢によって家を囲まれながらも、そうではないということである。大前宿禰に関する説話は、物部氏によって安康に忠誠を尽くした者とされていると思われるが、本来は、葛城氏の場合と同様、和珥氏が弾圧を受けたというものであったのではなかろうか。允恭〜雄略紀には葛城・和珥両氏の没落の原因や経過を示す伝承に基づいた記述がなされているところがあると思われる。この両氏の没落後に平群・蘇我両氏による政治主導が行われたというのが『紀』の基となった伝承ではなかろうか。このようにみると、履中紀で平群木菟宿禰・蘇賀満智宿禰・物部伊莒弗大連・円大使主が国事を執ったと見えていることは、自然な記述と言い得る。履中紀に四人の執政記事がかけられている事情の詳細は不明とせざるを得ないが、それらに先立つ武内宿禰が仁徳紀で姿を消していることとの関係は考えられる。あるいはまた、履中が平群・蘇我両氏も称する葛城系であり、その系統が和珥氏と密接な関係にあることと関係するのでもあろうか。

武内宿禰が初めて登場する景行紀の一代前の垂仁紀に物部十千根大連が見えることについてはどうか。十千根は、二十五年二月甲子条に阿倍臣遠祖武渟川別・和珥臣遠祖彦国葺・中臣連遠祖大鹿島・大伴連遠祖武日とともに「五大夫」の一人として（ここでは大鹿島と武日との間に物部連遠祖十千根と記される）神祇の祭祀を怠らぬように詔されたこと、二十六年八月庚辰条に出雲に派遣され出雲国の神宝を検校し掌ったこと、八十七年二月辛卯条で大中姫が石上の神宝を治めさせたことが見える。石上の神宝の管掌については、垂仁紀三十九年十月条に、「一云」として物部首の始祖春日臣の族市河が治めたことが注記されており、この注記の所伝の方が本来的と考えられることは第三章で述べたところである。出雲国の神宝を検校し掌ったという説話は、崇神紀六十年七月己酉条に記されている出雲振根討伐説話の後日譚である。出雲振根討伐説話では、物部氏の同族である矢田部造の遠祖武諸隅（一名大母隅）を出雲に派遣して武日照命が将来した神宝を献じさせたとある。物部氏およびその同族が出雲の神宝に関係したというわけであるが、「五大夫」として現われている者の中では、天神が将来したとはいえ地方たる出雲に祭られている神の宮に所蔵されていた神宝の管掌者としては、十千根が最も相応しいと言い得るであろう。崇神紀では、七年八月己酉条と十一月己卯条で、物部連祖伊香色雄が大物主神と倭大国魂神とを祭る時の神班物者《さにわ》となり、物部八十平瓮を祭神之物としたと記されている（崇神記では天之八十毘羅訶を作り天神地祇の社を定めたとある）。また、大田田根子を大物主神の祭主とし市磯長尾市を倭大国魂神の祭主とすれば、必ず天下太平となるであろうと一貴人が誨《おし》えたという夢を、倭迹早神浅茅原目妙姫・伊勢麻績君とともに物部氏の同族穂積臣の遠祖大水口宿禰が見たと七年八月己酉条にある。これらの説話は物部氏が大物主神の祭祀に関わったとするものであり、物部氏と三輪氏との関係を示すものであることは言うまでもないが、和珥氏と大物主神や三輪氏との関係をこれらによって想定することができる。

崇神紀と垂仁紀とには、神祇の祭祀およびそれに携わった氏族において、密接な関係が見られるわけであるが、ほかに、両紀の登場者についても共通するところが見られる。崇神紀には伊香色雄のほか、大彦命・武渟川別・吉備津彦・丹波道主命・五十狭芹彦命と和珥臣遠祖彦国葺とが有力者として記されていると言い得る。[37]これらの中で『紀』が諸氏族の祖としているのは彦国葺と大彦命・武渟川別とであるが、[38]彦国葺・武渟川別は垂仁紀で「五大夫」の中に見える。物部氏の遠祖も、両紀で現われる人名は異なるが、「五大夫」の一人であるから、崇神紀に現われる中央有力氏族（の遠祖）が、垂仁紀でそのまま「大夫」として記されていることになる。垂仁紀ではこの三氏に中臣・大伴両氏の遠祖が加わっているだけのことであるから、崇神・垂仁両朝では阿倍・和珥・物部各氏の祖が有力者として活躍したと『紀』が記していることは明らかである。阿倍・和珥・物部三氏や阿倍・和珥・物部・中臣・大伴五氏が朝廷の中心を構成したと伝えられる時代は、和珥氏を小野氏や粟田氏などと、物部氏・中臣氏を石上氏・藤原氏とそれぞれ読み替えればともかく、それらのほかに見当たらない。後世の作為によることは疑いがないが、後世の朝廷内における権力者構成がそのまま架上されたとは、単純に見做し難いのである。阿倍・和珥・物部三氏の祖の活躍が崇神紀にかけられ、阿倍・和珥・物部・中臣・大伴五氏の祖が「五大夫」として垂仁紀に記されていることについては、少々検討を要すると思われる。

和珥氏が崇神・垂仁両紀に現われていることは自然であるように思われる。「イリ」系王統は奈良盆地東南部を中心とする地域に本拠を有するものであるが、和珥氏系はその北方に本拠を置き、その墳墓群とみられる佐紀・盾列古墳群は東南部の磯城古墳群に続いて、四世紀後半に大王墓級の大古墳を営んでいる。佐紀・盾列古墳群と和珥氏との関係を否定する向きもあるが、和珥氏が自氏の系統から大王が出ていたことを主張する系譜を造作していたこと[39]、そのような系譜が何の根拠もなく作為されたとは考え難いことからすれば、和珥氏（の祖）と佐紀・盾列古墳群との関係、ひいては和珥氏が大王を出していたことは否定し得ないことと思う。和珥氏は四世紀中葉以前より大和政権の有力構成氏族であり、四世紀中葉までの「イリ」王家の勢力が衰退したことによって、それに替わって王を出すことになったのではなかろうか。このように考えれば、和珥氏の祖が崇神・垂仁両紀に現われていることが理解し得ると思う。

阿倍氏は欽明〜敏達段階の王統譜でヤマトタケルに始祖を結び、「天皇記」段階で、蘇我氏との関係によって孝元に始祖が結ばれることになったと考えられる[40]。また、継体段階では多氏とつながる始祖系譜があり、元来の始祖とみられるヌナカハミミが垂仁と同世代とされていたことも推測される[41]が、オホヒコ（大毘古命、大彦命）とは結びついてはいなかった。このような系譜関係はともかくとしても、阿倍氏は、崇神・垂仁両紀以後では景行妃高田媛が阿倍氏木事の女とあるが、これは和珥氏系系譜の改変であり[42]、その後宣化紀元年二月壬申朔条の大（火）麻呂まで現われない。崇神・垂仁両朝における阿倍氏の祖の活躍説話は六世紀中葉以降に成立したと考えるべきであろう。崇神紀の大彦命が北陸へ、武渟川別が東海へそれぞれ派遣された記事は、崇峻紀二年七月壬辰朔条の「遣近江臣満於東山道使、観蝦夷国境。遣宍人臣鴈於東海道使、観東方浜海諸国境。遣阿倍臣於北陸道使、観越等諸国境。」と相似し、宍人臣は阿倍氏の同族であり[43]、鴈は武渟川別に、阿倍臣は大彦命にそれぞれ当たる如くであるが、いわゆる「四道将軍」説話は和珥氏系によって造作されたことが考えられる（第十章Ⅱ）。また、武渟川別が吉備津彦とともに出雲振根を討伐していることは、出雲勢力の制圧に阿倍氏が関係したことを示すとみられるが、それが崇神朝のこととして伝えられているのは、大和政権による地方制圧伝承が『紀』において計画的に配置されていることについては、出雲の神宝や大神の祭祀が出雲討伐が崇神朝のこととされていることからしても、史実ではないことは言うまでもない。ただし、出雲討伐が崇神朝のこととされていることからしても、史実ではないことは伐と関係していることからすれば、大物主神や倭大国魂神の祭祀との関係によることが考えられる。

物部氏の遠祖が崇神・垂仁両朝で、とりわけ祭祀関係で、重要な役割を果たしたように伝えられていることは、和珥氏との関係で理解し得るであろう。和珥氏が大物主神や倭大国魂神の祭祀に関わり、石上の神宝を管掌していたとされていたことが変改され、物部氏の遠祖がそれを行ったとされたのである。石上の祭祀が、大神・大倭と同じ磯城地域のものであるにもかかわらず、ほかとは異なって、崇神朝ではなく垂仁朝でのこととして伝えられているのであるが、このことについては石上の祭祀を五十瓊敷命から依頼された大中姫命との関係が考えられる。大中姫命は、敏達皇子オシサカノヒコヒトノオホエ（忍坂日子人太子、押坂彦人大兄皇子）と関係するオシサカノオホナカツヒメ（允恭妃忍坂之大中津日売命・応神皇女忍坂大中比売、忍坂大中姫命）の分身とみられるもので、本来は「イリ」系とは異なる和珥氏と関係するオホタラシヒコ・ワカタラシヒコらの姉妹として位置付けられていたと思われるものである[45]。和珥氏系に位置付けられる大中姫が石上の祭祀に関わったというのは自然であり、この大中姫が景行の妹、垂仁皇女とされたことに伴って、石上の祭祀伝承が垂仁朝のこととされたとみられる。しかし、垂仁皇女であるならば、その説話が景行朝のこととされても矛盾はないので、いま少し説明を必要とする。

そこで注目すべきは垂仁紀における祭祀伝承である。垂仁紀二十五年三月丙申条に「一云」として長文の注記があるが、そこに天照大神の祭祀とともに倭大国魂神の祭祀が見える。〔大〕倭大神を誰に祭らせるかを中臣連遠祖探湯主が占ったという崇神紀には見えない伝承や、崇神紀の渟名城入姫命が渟名城稚姫命になっているなど、若干の相違はあるが、基本的には崇神紀の所伝と同じものとなし得る。倭大国魂神の祭祀開始時期について二説が伝えられていることになる。また、天照大神の祭祀については、崇神紀六年条に豊鍬入姫命を祭主としたとあり、垂仁紀二十五年三月丙申条本文には、天照大神を豊耜入姫命から離し倭姫命に託し、倭姫は天照大神の鎮座場所を求め、大神の教えに随って祠を伊勢国に立てた、とあるが、注記では、祭主が豊鍬入姫から倭姫に替わったことは見えず、崇神紀で天照大神を倭笠縫邑に祭り磯堅城神籬を立てたとあるのと同じように、磯城厳橿之本に鎮座させたとする。しかも、崇神紀六年条にせよ、垂仁紀の注記にせよ、天照大神は倭大国魂神と相並んで現われている。加えて、倭姫が天照大神の鎮座地を求めて各地を巡るという伝承からすれば、倭姫を天照大神の最初の祭主とする伝承があったこと、天照大神の祭祀の時代的位置付けについても、崇神朝と垂仁朝との二説があったことが推測される。ヤマトヒメ（倭比売命、倭姫命）は垂仁皇女として位置付けられているが、崇神皇女と伝えられるチチックヤマトヒメ（千千都久和比売命、千千衝倭姫命）と同一人であり、垂仁皇子として位置付けられていたヤマトタケルが景行皇子に変改されたことに伴い、ヤマトタケルの姨としてのつながりによって、垂仁皇女として分立されたとみられる。[46] 天照大神の祭主たるヤマトヒメの位置付けの変更が、天照大神や倭大国魂神の具体的な祭祀開始について崇神朝と垂仁朝という二説が生ずる原因となったと考えられる。石上の祭祀が垂仁朝に関わるものとされていることは、このような祭祀伝承の位置付けとも関係すると思われる。

垂仁紀二十五年二月甲子条で武渟川別・彦国葺・十千根と大鹿島・武日の五人が有力者として登場していることについては、どのように考えられるであろうか。前三者は、必ずしも同一人ではないにせよ、少なくとも同系統の者が崇神紀で活躍していることから、「大夫」として現われていることが理解できると言い得る。「五大夫」は神祇の祭祀について詔されていることから、中臣氏は天神祭祀に関係し、大伴氏は喪礼にも関係している（第三章）ので、両氏の遠祖大鹿島・武日がともに記されているとも思われる。しかし、祭祀そのものについては、大伴氏よりも三輪氏の方がより相応しいのであり、垂仁紀三年三月条の注で三輪君大友主が見え、これが仲哀紀九年二月丁未明日条に「四大夫」の一人大三輪大友主君として記されているのであるから、この大友主が挙げられていて然るべきである。また、阿倍氏と神祇祭祀との関係を示す史料はないに等しい。したがって、この五人はほかの事情によって記されたと考えるべきである。

阿倍・和珥・中臣・物部・大伴各氏の遠祖という構成は、やはり和銅元（七〇八）年三月から同七（七一四）年四月までの、左大臣石上麻呂、右大臣藤原不比等、大納言大伴安麻呂、中納言阿倍宿奈麻呂・小野毛野、という太政官の構成を彷彿とさせる。[47] しかし、この構成が架上されたという想定も問題なしとはし得ない。和珥氏の遠祖を垂仁朝の有力者とする記述は、前述のように、史実を一定反映していると言い得るからである。また、阿倍氏の遠祖が垂仁朝の有力者の一人であったとされていることも、『記』『紀』編纂過程における造作とは必ずしも言い難い。崇神紀では大彦命が北陸、武渟川別が東海、吉備津彦が西道、丹波道主命が丹波にそれぞれ派遣されたとあるが、『記』では崇神朝のこととして西道派遣が見えず、孝霊条に、大吉備津日子命と若建吉備津日子命とが針間を道口として吉備国を言向《ことむ》け和《やわ》したとある。『記』『紀』両書で所伝が微妙に食い違っているのであり、このことはいわゆる「四道将軍」派遣伝承がそれらの編纂段階で造作されたものではなく、それよりも古い時代でなされていたことを示唆する（第十章Ⅱ）。しからば、「四道将軍」の一人武渟川別が垂仁朝の有力者とされたことも『記』『紀』よりも溯ると思われるのである。垂仁紀の「五大夫」で、『紀』編纂過程で架上されたのは中臣・物部・大伴各氏の遠祖とされるものではなかったであろうか。垂仁紀の「五大夫」記事自体は史実ではあり得ないが、和珥氏がその頃の大和政権の有力構成者であったという伝承に基づき、すでに形成されていた阿倍氏の伝承と、藤原・石上・大伴各氏による遠祖名の架上によって成立したと考えられる。

武内宿禰が仕えたという景行・成務・仲哀・応神・仁徳は『記』『紀』では五世代に亘っているが、景行＝オホタラシヒコオシロワケ（大帯日子淤斯呂和気命、大足彦忍代別天皇）は作為された存在であるオホタラシヒコとオシロワケが合体されたもの、成務＝ワカタラシヒコはオホタラシヒコの弟として造作されたもの、仲哀＝タラシナカツヒコ（帯中津日子命、足仲彦尊）はヤマトタケルの子として造作されたもの、応神＝ホムタワケ（品陀和気命、誉田別尊）・仁徳＝オホサザキ（大雀命、大鷦鷯尊）は、ともにオシロワケ（ホムタノオシロワケ）から分立されたものであり、オホタラシヒコは履中らの祖父、ワカタラシヒコとタラシナカツヒコはオホタラシヒコと同世代、（ホムタノ）オシロワケは履中らの父として位置付けられていたとみられる[48]。これらの中では（ホムタノ）オシロワケのみが実在の大王名の如くであることからすれば、武内宿禰は元来「ワケ」系の最初の大王たるオシロワケの近臣として伝えられていたのではなかろうか。

ついでながら、大臣・大連には関係しないが、仲哀紀九年二月条に中臣烏賊津連・大三輪大友主君・物部膽咋連・大伴武以連の「四大夫」が、仲哀死後、百寮を領して宮中を守ったとあることについて少し述べておこう。ここに四氏が登場していることについては二〜三の推測が可能である。一つは後世の太政官構成との関係である。持統朝で大伴御行が大納言、三輪高市麻呂が中納言であり、石上麻呂・藤原不比等も中納言になっていた可能性があるので、これとの関係を想定することであるが、高市麻呂と麻呂・不比等とは同時期に中納言になっていたわけではないので、問題がある。むしろ、天武紀朱鳥元年九月乙丑条で石上麻呂・大三輪高市麻呂・大伴安麻呂・藤原大嶋が、それぞれ法官事・理官事・大蔵事・兵政官事を誄していることとの関係を考える方が、仲哀の死後ということとの関係でも、良さそうである。これによれば、同じ乙丑条で大政官事を誄している布勢御主人は、「四大夫」とともに登場する大臣武内宿禰に対応する如くであり、また、仲哀の後に摂政したという神功と持統とが対応するようにみられる。いま一つは、仲哀の死との関係のみでとらえることである。中臣氏は天神を祀る氏族、（大）三輪（神）氏は地祇の代表格たる三輪神を祀る氏族であるが、仲哀を結果的に死に至らしめた神として挙げられているのは五十鈴宮の神と事代主尊であり、前者と中臣氏が関係し、後者が祭られる葛城の鴨に関わる鴨（賀茂）君は（大）三輪氏の同族である。物部氏が祭祀に関係したことは崇神記・紀の三輪神・大倭神の祭祀伝承で明らかであり、中臣・（大）三輪・物部三氏についてはこのような祭祀との関係でとらえることができる。また、大伴氏については大王護衛の中心氏族であったことなどが想定される。いずれも可能性のある想定と思われるが、どちらとも断じ難い。両者あいまって仲哀紀の記述になったとみては如何であろうか。

『記』『紀』以前の伝承では、武内宿禰が実権者として現われる前には、「イリ」王統段階で和珥氏が有力者として位置付けられていたことが推測され、それは史実に基づいたものであったと思われる。武内宿禰自体は伝説的存在であり、また、元来葛城系ではなく和珥氏系とみる方が良いと思われるが[49]、いずれの系統としても、葛城・和珥両氏に関係する履中・反正の父オシロワケに仕えた有力者の象徴ということでは、一定の史実を反映するものと考えられる。履中朝の四人の執政者もそれぞれの名や四氏の組み合わせに作為が認められるとしても、当時の大和政権の有力氏が葛城・和珥両氏であったことを核としたものである。雄略紀よりも前に現われる大臣・大連も、人名や説話は伝説の域を脱するものではないが、雄略紀以降と同様に、すべてが造作に基づくわけではなく、一定の史実を拠り所としていると考えられるのである。ただし、武内宿禰が「大臣」として現われるのに対し、和珥氏系に位置付けられている者が「大臣」と記されていないことは、皇極朝までに大臣として伝えられる者すべてが葛城系であることと共通するものであり、蘇我氏などによる作為の結果とみられる。また、崇神紀や允恭紀などではなく、垂仁紀と履中紀とに物部十千根・伊莒弗がそれぞれ大連として記されていることについては、武内宿禰が景行~仁徳朝で大臣であったとされていることと関係するように思われる。

むすび

以上、迂遠な論述に終始したきらいがあるが、大臣・大連関係記事の位置付けをめぐって、その背景をなす政治過程をも含めて検討を加えた。簡単にまとめれば次のようになる。

(一) 雄略の死から孝徳即位に至る『記』『紀』の各天皇の在位年数はすべて当年称元法で理解できる。

(二) 雄略の死から欽明即位に至るまでに、清寧―飯豊と仁賢・顕宗との対立、仁賢と顕宗との対立、武烈と継体との対立、継体―宣化と安閑との対立、という大和政権の分裂が想定される。

(三) 雄略紀以降に見える大臣は、それぞれの時代の有力者とみて良い者――ただし、すべての人名が実在人物のそれとは必ずしも見做し得ない――である。

(四) 大伴氏が雄略〜宣化朝の朝廷第一人者の如く伝えられているのは、蘇我氏に替わって位置付けられたことによる。

(五) 履中紀以前に見える大臣(武内宿禰)も葛城氏や和珥氏が大和政権の有力構成員であった時代を反映するものであり、大連として現われる物部氏は、雄略紀以降の場合と同様に、和珥氏の伝承が改変されたものである。

第一章で指摘した大臣・大連の『紀』における計画的な配置は、全体としてみれば造作によるものであるが、全く何の根拠もなく作為されたわけではなく、一定の史実に基づきながら、それを改作するかたちで行われたものと考えられるのである。

注

(1) 益田宗「欽明天皇十三年仏教渡来説の成立」(『日本古代史論集』上巻所収、吉川弘文館、一九六二年)。
(2) 川口勝康「紀年論と『辛亥の変』について」(『日本古代の社会と経済』上巻所収、吉川弘文館、一九七八年)。
(3) 岸雅裕「上宮王家滅亡事件の基礎的考察」(『日本史論叢』一、一九七二年)。
(4) 岸雅裕「用明・崇峻期の政治過程」(『日本史研究』一四八、一九七五年)。
(5) 門脇禎二『「大化改新」論』第一章(徳間書店、一九六九年)。
(6) 角林文雄「武烈〜欽明朝の再検討」(『史学雑誌』八八―一一、一九七九年)。
(7) 拙著『古代の天皇と系譜』(校倉書房、一九九〇年)第一章八など。
(8) 山尾幸久『日本古代王権形成史論』七章(岩波書店、一九八三年)。
(9) 神武紀即位前条冒頭に、「神日本磐余彦天皇、諱彦火々出見。」とあり、仁賢紀即位前条冒頭の「億計天皇、諱大脚。」と全く同じ表現になっている。

（10）前掲注（7）拙著第一章五。
（11）小島憲之『上代日本文学と中国文学』上、第三篇（塙書房、一九六二年）。
（12）前掲注（7）拙著第一章六。
（13）吉井巖「ヤマトタケル物語形成に関する一試案」（『天皇の系譜と神話』所収、塙書房、一九六七年）、および前掲注（7）拙著第一章六。
（14）飯豊が履中系に位置付けられた事情については、拙稿「多氏と王統譜」（大阪府立工業高等専門学校『研究紀要』三〇、一九九六年）および「葛城氏系后妃についての再検討」（『日本古代国家の史的特質』古代・中世編所収、思文閣出版、一九九七年）で述べた。なお、「〔イモ〕ワカタラシヒメ」という人名はもちろん実名ではないが、これがイヒトヨの替りに位置付けられているとみられるとすれば、『隋書』倭国伝に倭王が「アマタラシヒコ」の如く名乗ったとあることを勘案すれば、イヒトヨが大王またはそれに準ずる立場にあったことを示すもののように思う。また、イヒトヨがその立場から「タラシヒメ」などと称されたことがあったということも考えられなくもないかもしれない。
（15）岸俊男「ワニ氏に関する基礎的考察」（『律令国家の基礎構造』所収、吉川弘文館、一九六〇年）。
（16）原島礼二『神武天皇の誕生』（新人物往来社、一九七五年）など。
（17）岸雅裕、前掲注（3）論文。
（18）門脇禎二、前掲注（5）著書第二章。
（19）原秀三郎『日本古代国家史研究』（東京大学出版会、一九八〇年）第三篇も、孝徳の即位を大化五年とする。しかし、鴨脚光氏蔵『皇代記』に孝徳天皇に注して、「即位　大化五年」などとあることから、「大化五年即位」と明記しているとされるのはどうか。直前の注に「諱軽　治十年　大化五年　白雉五年十月崩」とあるからである。
（20）門脇禎二、前掲注（5）著書第二章。ただし、即位ではなく、前大后としての大王の代行とされる。
（21）井上光貞「古代の皇太子」（『日本古代国家の研究』所収、岩波書店、一九六五年）など。
（22）門脇禎二、前掲注（5）著書第二章、など。
（23）門脇禎二「蘇我氏の出自について――百済の木刕満致と蘇我満智――」（『日本の中の朝鮮文化』一二、一九七一年）。
（24）辰巳和弘「平群氏に関する基礎的考察」（『古代学研究』六四・六五、一九七二年）。

(25) 前掲注（7）拙著第一章七。
(26) 前掲注（14）拙稿「葛城氏系后妃についての再検討」。
(27) 前掲注（14）拙稿「多氏と王統譜」。
(28)『記』は継体妃の出自氏族として和珥氏を記さず、その替わりに阿倍氏を挙げているようであるが、『紀』の和珥氏の方が正伝であることは、注（7）拙著第一章四で述べた。
(29) 前掲注（7）拙著第二章三。
(30) 岸俊男前掲注（15）論文。
(31) 前掲注（7）拙著第一章七・注（14）拙稿。なお、第十章Ⅰ参照。
(32) 山尾幸久『日本国家の形成』（岩波書店、一九七七年）一章でも、安閑朝の分立ではなく、欽明朝の分立を想定されているが、その原因を磐井の乱に求められている。
(33) 岸俊男「画期としての雄略朝――稲荷山鉄剣銘付考――」（『日本政治社会史研究』上巻所収、塙書房、一九八四年）。
(34) 雄略紀十八年八月戊申条に、目が物部菟代宿禰とともに伊勢朝日郎を伐ったことが見えるが、ここでは「大連」ではなく、単に「連」とのみ記されている。なお、『先代旧事本紀』天孫本紀には、伊莒弗の子で清寧朝の大連、木蓮子の子で継体朝の大連、御狩の子で欽明朝の大連とする三人の目を載せている。
(35) 日本古典文學大系『日本書紀』上、頭注（笹山晴生氏執筆）。
(36) 安康記も「一本」と同じ。ただし、大前宿禰ではなく「大前小前宿禰」とされ、それに「大臣」が付される表現も見える。
(37) いわゆる「四道将軍」として大彦命・武渟川別・吉備津彦・丹波道主命、武埴安彦・吾田媛の謀反鎮圧に大彦命・彦国葺・五十狭芹彦命、出雲振根誅殺に武渟川別・吉備津彦が現われている。なお、吉備津彦〔命〕は〔彦〕五十狭芹彦命の「更名」とされている。
(38) 吉備津彦は、その名からしても、吉備族の祖名の一つであり、『記』はこれに当たる大吉備津日子命を吉備上道臣の始祖とするが、『紀』では明記されていない。この事情については前掲注（7）拙著第二章二で述べた。
(39) 前掲注（7）拙著第一章二・六、第二章三など。
(40) 前掲注（7）拙著第二章二。

（41）前掲注（27）拙稿。

（42）前掲注（26）拙稿。

（43）『新撰姓氏録』左京皇別上、宍人朝臣条。

（44）前掲注（7）拙著第二章二。なお、第十章Ⅱ参照。

（45）前掲注（7）拙著第一章六。なお、この拙著では〔ホムタノ〕オシロワケもオホタラシヒコの兄弟としたが、拙稿「『タラシ』関係系譜についての再検討」（大阪府立工業高等専門学校『研究紀要』三二、一九九八年）でオシロワケはオホタラシヒコの子とされていたとみる方が良いことを述べた。

（46）前掲注（7）拙著第一章六。

（47）和銅元（七〇八）年三月から同四年閏六月まで中臣意美麻呂も中納言であったが、不比等と意美麻呂は中臣氏系として一括できる。

（48）前掲注（45）拙稿。タラシナカツヒコの位置付けについては前掲注（7）拙著第一章五・六など。

（49）拙稿「蘇我氏関係系譜の原型をめぐって」（大阪府立工業高等専門学校『研究紀要』二九、一九九五年）。

第十章　説話から見た和珥氏

第三章で述べた和珥氏の有力さは、后妃に関わるものだけでなく、拙著『古代の天皇と系譜』およびそれ以後の諸論文（その多くは『五世紀以前の王統譜についての復原的研究』〔平成十年度～十二年度科学研究費補助金（基盤研究（c））研究成果報告書、二〇〇一年〕にまとめた）で明らかにしている天皇関係系譜形成過程での役割においても想定し得るところである。本章は伝えられる説話を基に和珥氏の役割を補説しようとするものである。皇族反乱伝承（Ⅰ）と地方平定伝承（Ⅱ）には和珥氏と関係するところが少なからずあり、和珥氏の勢力の如何を窺わせるに足るからであるが、それらの伝承の全貌を示すため和珥氏に直接関わらないものも取り上げている。また、木梨軽皇子伝承（Ⅲ）は物部氏による和珥氏系伝承の変改を示すものということで収載している。

本論に入る前にここで和珥氏系による天皇関係系譜形成の一端を略説し、第三章と第九章での和珥氏に関する叙述を若干補足しておきたい。

一　和珥氏と関わる皇族名等の王統譜への位置付けと架上

①「タラシ」……和珥氏系の始祖がアマタラシヒコ（天押帯日子命、天足彦国押人命）であるように、ヤマトタラシヒコ（大倭帯日子国押人命、日本足彦国押人尊、孝安）・イカタラシヒコ（伊賀帯日子命・五十日帯日子王、五十日足彦命、垂仁皇子）・オホタラシヒコ（景行の原型）・ワカタラシヒコ（成務）、イカタラシヒメ（膽香足姫命、垂仁皇女、『紀』）・オホタラシヒメ（神功の原型の一つ）・ワカタラシヒメ（雄略皇女）という天皇（大王）・后妃等は和珥氏によって王統譜に位置付けられた（ただし現系譜の位置とは異なる者もある）と考えられる。

②「ヒコ＋某」……和珥氏系の生母と妻を持つヒコイマス（日子坐王、彦坐王、開化皇子）をはじめ、孝霊・孝元・開化等この形式の人名（および神名）は多かれ少なかれ和珥氏と関係する。

③　継体以後の和珥氏系の皇族名や后妃名の架上（和珥氏系以外は息長氏系のみ）

和珥臣荑媛所生継体皇女都夫良郎女・円娘皇女

　→和珥氏系都怒郎女・津野媛所生反正皇女都夫良郎女・円皇女

和珥臣荑媛所生継体皇女若屋郎女・稚綾姫皇女

　→意富夜麻登玖邇阿礼比売命・倭国香媛所生孝霊皇女倭飛羽矢若屋比売・倭迹迹稚屋姫命

宣化皇女石比売・姫所生欽明皇子八田王・箭田珠勝大兄皇子

　→和珥臣宮主矢河枝比売・宮主宅媛所生応神皇女妹八田郎女・矢田皇女

春日臣糠子〔郎女〕所生欽明皇女春日山田郎女・皇女

　→和珥臣糠若子郎女・糠君娘所生仁賢皇女春日山田郎女・皇女

春日臣老女子郎女・夫人所生敏達皇子大俣王・大派皇子

――→山代之荏名津比売所生日子坐王・彦坐王子大俣王・小俣王（開化孫、『記』）
継体妃荑媛（和珥臣）
――→市辺之忍歯王・市辺押磐皇子妻荑媛（葛城系と伝える、『紀』）
欽明后石比売命・石姫皇女（宣化皇女）
――→仁徳后石之日売命・磐之媛命（葛城系と伝える）

二　和珥氏系による王統譜の変改・形成の若干例

① 本来異なる存在とされていたイハレヒコとヒコホホデミとが合体される（神武の成立）とともに、イハレヒコの子とされていたミマキイリヒコ（崇神の原型）がミマツヒコ（孝昭）とミマキイリヒコ（崇神）の父子に分立され、和珥氏系の祖と蘇我氏系（葛城系）の祖が崇神の兄弟、多氏系の祖が孝昭の弟とされた。このことによって、本来ミマキイリヒコ（原型）らとともにイハレヒコの子とされていた多氏系の祖が孝昭―崇神系から排除された。

② イハレヒコの子とされていたイカヒコ・ヤマトヒコからイカタラシヒコ・ヤマトタラシヒコ（孝安）が分立・造作され、アマタラシヒコとともにヒコフツオシノマコトの孫、ヒコイマスの子として位置付けられ、ヤマトヒコの子とされていたホムツワケ・オシロワケ・ヤマトネコ・ワカヤマトネコは、元の系譜関係のままで、オホタラシヒコ・ワカタラシヒコとともに、ヤマトタラシヒコの子として位置付けられた。

③ ワカタケル（雄略）らの父母としてヌカタノオホナカツヒコ・オシサカノオホナカツヒメが造作された。いずれも〔ホムタノ〕オシロワケの子女とされたが、後者はヒコヒトノオホエとともに敏達皇子オシサカノヒコヒトノオホエが架上された者である。

④ 垂仁皇女タカキノイリヒメがオシロワケ妃でヌカタノオホナカツヒコ・スミノエノナカ〔ツヒコ〕の母とされ、

息長氏系カグロヒメはオシロワケ妃でヒコヒトノオホエ・オシサカノオホナカツヒメ生母とされた。

⑤　ヤマトタケルの子としてオホナカツヒコ・クヒマタナカツヒコ・タラシナカツヒコ（仲哀）が造作・架上ないし改作され、イヒノノマグロヒメがクヒマタナカツヒコ女・タラシナカツヒコ妃・カグロヒメ生母として位置付けられた。

⑥　ワカヌケ（『記』で継体や息長氏系の祖とされるワカヌケフタマタの原型）はヤマトタラシヒコ孫・ワカタラシヒコ（成務）子とされ、その妻（元は「モモシキヒメ」の如き名でイヒノノマグロヒメ・カグロヒメの母とされていた）は、イヒノノマグロヒメの妹、カグロヒメに替わって本来の継体の祖ホムツワケの妻とされたヲトヒメマワカの姉として位置付けられた。

この王統譜が、蘇我政権下の「天皇記」で、例えば和珥氏系の葛城系への変改や、オシロワケ（およびオホタラシヒコ）の景行・応神・仁徳への分立というような変改・解体を受け、『記』『紀』系譜はほぼ成立に至る。

Ⅰ　皇族反乱伝承と王統譜

はじめに

『記』『紀』には少なからぬ皇族反乱伝承が見える。それらは正統の天皇や後継者に対する反乱であり、すべての反乱は鎮圧され、反乱者は誅殺されたとされている。通観するに、正統者（嫡系）に対する反乱や攻撃は成功すべくもない、鎮圧されて終わるのが必然と諭しているかの如くである。しかし、『記』『紀』に皇族反乱説話が載せられている目的はそうであったとしても、すべての反乱者を『記』『紀』編纂段階で決定したなどとは考え難い。逆にすべてを史実とすることももちろん不可であるが、史実性はともかくとしても、反乱伝承には何らかの背景があるとみるべきであると思う。

皇族反乱伝承として挙げられるのは、①神武死後のタギシミミ（多芸志美美命、手研耳命）の乱、②崇神に対するタケハニヤスヒコ（建波邇夜須毘古命、武埴安彦命）の乱、③垂仁に対するサホヒコ（沙本毘古王、狭穂彦王）の乱、④神功・応神に対するカゴサカ（香坂王、麛坂皇子）・オシクマ（忍熊王、忍熊皇子）の乱、⑤応神死後のオホヤマモリ（大山守命、大山守皇子）の乱、⑥仁徳死後のスミノエノナカ（墨江之中津王、住吉仲皇子）の乱、⑦安康に対するマユワ（目弱王、眉輪王）の変、⑧雄略死後のホシカハ（星川皇子、『紀』）の乱である。タギシミミの乱は厳密には「反乱」ではなく、皇位継承紛争とすべきものではあるが、生母が阿多（吾田）出自の者と神の女とでは格が違うのであり、正統者（嫡系）に対する反乱としても位置付けられているとみられる。カゴサカ・オシクマの場合はまさしく皇位継承紛争として記されているが、同様に、正統者に対する反乱ともされている。また、オホヤマモリは弟を倒して即位しようとしているが、『紀』では、ウヂノワキイラツコ（宇遅能和紀郎子、菟道稚郎子皇子）が応神の太子となっているので、スミノエノナカと同様、皇位継承予定者に対する反乱とされている。以上のほかにも皇族が誅された伝承は知られる。応神皇子ハヤブサワケ（速総別命、隼〔総〕別皇子）が仁徳に誅されたこと、欽明皇子アナホベ（三枝部穴太部王、泥部穴穂部皇子）と宣化皇子ヤカベ（宅部皇子、ただし宣化記・紀には皇子として現われず用明紀の分注で記される）とが誅されたことがそれである。しかし、いずれも、少なくとも『記』『紀』の記述では、天皇や後継者に対する反乱・謀反というものではないとみられる。タギシミミ以下の八反乱説話のうち、タギシミミの乱は多氏関係系譜の変改との関係、カゴサカ・オシクマの乱とオホヤマモリの乱・スミノエノナカの乱は和珥氏関係系譜の変改との関係が考えられること[1]、また、ホシカハの乱は、仁賢・顕宗が雄略系に対抗したことで大和政権が分裂したことを隠蔽するために造作されたとみられることも、すでに指摘した（第九章）。しかし、ホシカハの乱以外の四反乱説話については、それらの原型が想定できるか否かは検討し得ていず、ホシカハが『記』で見えない理由についても明らかにし得ていない。そこで、本稿において、皇族反乱伝承全体を検討し、それが王統譜にどのように反映されているかということについて検討することにしたい。

一　タケハニヤスヒコの反乱説話

先ず、タケハニヤスヒコの乱について若干検討を加えることによって、皇族反乱説話の問題点[2]を明らかにしたい。

タケハニヤスヒコは、河内のアオタマ〔カケ〕（河内青玉、河内青玉繋）の女ハニヤスヒメ（波邇夜須毘売、埴安媛）所生の孝元皇子として『記』『紀』に伝えられるが、本来は蘇我氏系（葛城系）に関わる者であり、欽明〜敏達段階では、タケキゴコロとともに葛城系鸇比売（『記』）所生の孝昭皇子、「天皇記」で孝霊・孝元・開化が安閑・宣化・欽明に擬して位置付けられたことと関係してハニヤスヒメ所生孝元皇子とされたとみられる（前著第一章三）。また、その妻で同時に叛したと『紀』に記される吾田媛は、欽明〜敏達段階では、タケハニヤスヒコとハニヤスヒメとの間の女でタケシウチノスクネの妻とされていたことが想定される。[3] したがって、タケハニヤスヒコの反乱は蘇我氏系系譜の変改と関わるものとみることもできぬわけではないが、このことはともかくとして、山城で反乱を起こして、阿倍氏・膳氏の祖オホヒコ（大毘古命、大彦命）と和珥氏の祖ヒコクニブク（日子国夫玖命、彦国葺）とに誅されていることについて考えたい。

タケハニヤスヒコの謀反は、オホヒコが北陸（『記』は高志道）に派遣される際に和珥坂（『紀』）ないし山背平坂（『記』）で聞いた少女の歌によって発覚し、『記』ではそれを討伐するためにオホヒコに和珥氏の祖ヒコクニブクを副えて派遣したとあり、『紀』はオホヒコとヒコクニブクとを派遣し、同時にイサセリヒコ（五十狭芹彦命）を派遣してタケハニヤスヒコの妻アタヒメを大坂に殺したとする。イサセリヒコ＝ヒコイサセリヒコ（比古伊佐勢理毘古命、彦五十狭芹彦命）の亦名と伝えられているのが『紀』でオホヒコと同時に西道へ派遣されたとされるキビツヒコ（大吉備津日子命、吉備津彦命）であるが、大坂（大和国葛上郡大坂郷）は大和から河内、さらには西道への要衝である。一方、和邇から山城南部にかけては北陸への幹線である。北陸や西道への要衝に当たる地域で起こった反乱の鎮圧に、それぞれの地域へ派遣される者が関係しているのは本来的所伝と考えられるかもしれないが、逆に作為性も感じさせる。タケハニヤスヒコに対してはオホヒコが派遣されたと言うが、タケハニヤスヒコと対戦し射殺しているのは『記』『紀』ともにヒコクニブクであり、アタヒメを殺したのもイサセリヒコであってキビツヒコとは記されていないからである。少なくとも、オホヒコ・ヒコクニブク両者が派遣されたというのは疑わしい。

タケハニヤスヒコの反乱の鎮圧者とされていた者としては、aオホヒコとキビツヒコ、bヒコクニブクと〔ヒコ〕イサセリヒコ、cオホヒコ、dヒコクニブク、のいずれかが想定される。a・bとc・dの相違は、アタヒメがタケハニヤスヒコとともに叛したというのが本来の伝承であるか否かに関わるものであり、a・cとb・dとはオホヒコら「四道将軍」に任じられた者と和珥氏系の者との相違である。aやcが本来的とすれば、ヒコクニブクが、付加されたのみならずタケハニヤスヒコ誅殺の功労者に変更され、また、キビツヒコも〔ヒコ〕イサセリヒコに変更されたことになる。しかし、「天皇記」より前の段階ではオホヒコは和珥氏と関係する者であり（前著第二章二）、「天皇記」以後ではすでに和珥氏は昔日の勢力を失っていることからすれば、オホヒコに替わってヒコクニブクがタケハニヤスヒコ討伐の主役的存在とされたことは考え難い。また、キビツヒコと〔ヒコ〕イサセリヒコとについても、前者の王統譜への定着は「天皇記」以後であり（前著第二章二）、後者は和珥氏系であるから、前者から後者に人名が変更された理由を見出し難い。したがって、b・dのいずれかが本来の所伝ということになる。[4]

オホヒコがタケハニヤスヒコ討伐者とされたのは、一つには反乱の舞台がオホヒコが派遣された北陸への要衝山城南部であることによると思われるが、また、和珥氏の衰退も関係するとみられる。『記』には〔ヒコ〕イサセリヒコもアタヒメも見えない。〔ヒコ〕イサセリヒコは、オホヒコが討伐者とされた段階以後に新たに平定者とされたことが想定し難いとすれば、もとより反乱鎮圧に関係する者とされていたとみるのが良いであろう。『記』に〔ヒコ〕イサセリヒコが見えないのはオホヒコが現われていることと関係すると思われる。すなわち、〔ヒコ〕イサセリヒコに替わってオホヒコが位置付けられたということである。

タケハニヤスヒコの反乱の平定者は元来和珥氏系の者とされていたと考えられるのであるが、しからば、タケハニヤスヒコは蘇我氏（葛城）系とみられるので[5]、蘇我氏系の者が和珥氏系の者によって討伐されたことになる。このような説話が蘇我氏が没落した壬申の乱以後に造作されたのであればともかく、オホヒコが関係する前にヒコクニブクによる討伐説話があったと考えられるのであるから、蘇我氏系（反乱者）と和珥氏系（鎮圧者）との関係は不審としなければならない。和珥氏系が反乱を鎮圧した伝承は存在したが、推古朝前後にはこのようなものが形成されたとは考え難いこと、蘇我氏系に関わる者が反乱を起こしたという伝承の成立は蘇我氏没落後しか想定し得ないことからすれば、反乱の主人公は元来タケハニヤスヒコであったか否か疑わしい。また、欽明〜敏達段階では、タケハニヤスヒコはタケキゴコロの同母兄弟で崇神と異母兄弟、和珥氏の祖アマタラシヒコは崇神同母兄ヒコフツオシノマコト（比古布都押之信命、彦太忍信命）の孫であり（前著第一章二）、ヒコクニブクはタケハニヤスヒコの曾孫以後の世代になるので、世代的な問題もある。タケハニヤスヒコは誰かに替わって反乱者とされたのではなかろうか。

ここで注意されるのが、反乱の舞台が山城南部・木津川畔であり、鎮圧者が和珥氏系であることである。木津川畔での戦いはほかに知られないが、『紀』では、宇治川畔でオシクマがタケシウチノスクネや和珥氏の祖タケフルクマ（難波根子建振熊命、武振熊）と戦っている（『記』は単に「山代」とする）。宇治川畔と木津川畔の相違はあるが、両説話に共通性があることは認め得るであろう。また、オホヤマモリも宇治川でウヂノワキイラツコに殺されているが、後者は和珥氏出自の女所生であるから、この伝承（「天皇記」段階ではオホヤマモリの乱の主体はヌカタノオホナカツヒコ〔額田大中津日子命、額田大中彦皇子〕とみられることは前著第一章七で述べた）もタケハニヤスヒコの乱との共通性が指摘できぬものでもないように思う。しかも、ヌカタノオホナカツヒコは、欽明〜敏達段階で、ヒコフツオシノマコトの曾孫オホタラシヒコの子〔ホムタノ〕オシロワケの子[6]、〔ヒコ〕イサセリヒコはヒコフツオシノマコトの曾孫ヒコオホヒヒ

（開化の原型の一つ）の子でオシロワケと同世代であり、カゴサカ・オシクマは応神の異母兄であることから、応神の生母神功＝オキナガタラシヒメ（息長帯日売命、気長足姫尊）の原型オホタラシヒメ[8]を介すれば、オホタラシヒコの子オシロワケと同世代となる。カゴサカ・オシクマの乱、オホヤマモリ（ヌカタノオホナカツヒコ）の乱、スミノエノナカの乱が蘇我氏系によって造作されたと考えられること（前著第一章七）を勘案すれば、タケハニヤスヒコの乱もこれらと何らかの関係があると思われる。

カゴサカ・オシクマの反乱とそれらの死亡・誅殺は息長氏―和珥氏系の敏達皇子オシサカノヒコヒトノオホエを否定しようとするものである（前著第一章六）。犬上君の祖倉見別が反乱者側についたと『紀』にあることは、犬上氏が息長氏と同様に近江を本貫としていたことから理解し得るようでもある。しかし、平定者が和珥氏のタケフルクマであることは、オシサカノヒコヒトノオホエと和珥氏との関係からして、解しかねる。タケハニヤスヒコの場合と同様、変改された所伝とみなければなるまい。

タケハニヤスヒコの乱の平定に和珥氏が関わっていることは単なる造作ではなく、反乱伝承に何らかの拠り所があることを示しているように思われる。オホヤマモリとヌカタノオホナカツヒコの生母は景行曾孫タカキノイリヒメ（高木之入日売命、高城入姫）であり、これは元来垂仁皇女として位置付けられていた[9]。カゴサカ・オシクマは本来垂仁皇子とされていたヤマトタケル（前著第一章六）の後裔である。「イリ」につながる者の反乱が和珥氏系によって平定されたと言うのであるから、「イリ」と和珥氏との対立が窺える。天皇名は「イリ」から和珥氏に関わる「タラシ」（前著第一章六）へ、さらに「ワケ」等へと変遷しているが、「イリ」から「タラシ」へ移っていることと、「イリ」の後裔が和珥氏の祖に討伐されていることとは関係するのではなかろうか。元来は和珥氏系の者が「イリ」に関わる者を討伐したというような説話ではなかったかということである。「イリ」に関わる者といえば、先ず思い当たるのがタギシミミである。「イリ」と多氏に関わる「ミミ」とは、継体段階の王統譜で、密接な関係で位置付けられていたとみられるからである。[10]

タギシミミは異母弟神八井耳命とカムヌナカハミミ（神沼河耳命、神渟名川耳尊）＝綏靖の二人に誅されているが、このタギシミミとヤヰミミ・ヌナカハミミとの関係は、全面的な一致ではないが、オホヤマモリ（ヌカタノオホナカツヒコ）と仁徳・ウヂノワキイラツコ（三人は異母でオオヤマモリが長兄）、スミノエノナカと履中・反正（三人は同母でスミノエノナカは中子）との関係に類似すると言い得る。兄弟関係だけではなく、手を下したのが末弟であることも共通するからである。タケハニヤスヒコとカゴサカ・オシクマの場合はこのような関係は想定し得ないが、いずれも二人によって討伐されたことは共通する。

タギシミミの乱と他の反乱説話とが関係するのであれば、タギシミミの討伐者は本来は和珥氏系の者とされていたということも考え得るのではなかろうか。そこで、タギシミミの乱について見てみることにしよう。

二　タギシミミの乱と王統譜

タギシミミ説話の造作は、多氏系系譜の変改とともに、欽明～敏達段階でなされたとみるべきであろう。当段階で、ヤヰミミとヌナカハミミはタギシミミの子（前著第一章一）から兄弟に変更されたことが考えられる。ヌナカハミミは、誅された者の子として位置付けられていたとすれば、阿倍氏の元来の祖であっても、[11]後に天皇（大王）として位置付けられ難いように思われ、ヤヰミミについても後にタギシミミの子から弟に変更された事情が想定し難いように思われるからである。イハレヒコとヒコホホデミとが合体されて成立した神武[12]の皇子として、タギシミミとともに、ヤヰミミ・ヌナカハミミが位置付けられたということであり、キスミミ（岐須美美命、『記』）も同様であろう。神武皇子とされていた者としては、ほかに、崇神（原型）から分立された孝昭（前著第一章二）と、イハレヒコの子として位置付けられていたシキツヒコ（安寧の原型）・イカヒコ・ヤマトヒコ（懿徳の原型）とが考えられる。[13]

以上の八人の神武の子の中では、やはり孝昭が正嫡とされていたと思う。孝昭の崇神（原型）からの分立は多氏に関わる者を崇神系とは直接には関係しない存在とするためであり、「某＋ヒコ」は、「ミミ」と同様に、多氏とつながるものであるからである。タギシミミは、兄弟に対して反乱を起こしたとされていたとするならば、それは神武の正嫡たる孝昭に対するものとみられる。孝昭はタギシミミと同じ「ミミ」系のオキシミミ（息石耳命、『紀』）の女アメノトヨツヒメ（天豊津媛命、『紀』）所生として位置付けられ、妃として和珥氏に関わる穂積氏系のウツシコメ（内色許売命、欝色謎命）、その所生として崇神とヒコフツオシノマコトが位置付けられていたとみられるように、[14]孝昭と和珥氏の関係が密接であることは、他の反乱説話では、スミノエノナカ以外、和珥氏系が平定者となっているので、タギシミミが孝昭に叛したとされていたという想定を支持するようでもある。しかし、孝昭皇子とされていた崇神も和珥氏と関係するのであるから、崇神に対する反乱説話の可能性も否定できない。ここでは元来のタギシミミ討伐者について考えておきたい。

ヤキミミとヌナカハミミの生母は、継体段階では大物主神の女イスケヨリヒメ（伊須気余理比売、『記』）とイハレヒコとの間の女とされていたイススキヒメ（伊須須岐比売、『記』）とみられるのであり、[15]現系譜にせよ、それ以前のものにせよ、大物主神＝三輪に関わる。三輪は「イリ」系につながる地であるが、一方、和珥氏系との関係も想定し得る。オホモノヌシの曾孫で三輪（神）君・鴨君始祖オホタタネコ（意富多多泥古、大田田根古）の父として、物部氏―和珥氏と密接な関係を有した中臣氏（第三章）の祖と同名のタケミカヅチ（建甕槌命）が『記』に見えるからである。ともかく、タギシミミがヌナカハミミによって誅されているのは、後者が阿倍氏の元来の始祖とされていたことによることは考えられる。ヤヰミミはタギシミミを殺すことができず、ヌナカハミミが替わって殺したというように、ヤヰミミが不甲斐ない者として描かれているのは、それが多氏の祖であることによるのであり、多氏系系譜の変改に伴うものとみられる。欽明～敏達段階でタギシミミの乱が造作された際に、すでにヌナカハミミとヤヰミミがその討伐者とされていたということである。

孝昭生母アメノトヨツヒメは、現系譜では安寧皇子・懿徳同母兄オキシミミの女に位置付けられているが、本来はイハレヒコの父ヒコナギサタケウガヤフキアヘズ（日子波限建鵜葺草葺不合命、彦波武鸕鷀葺不合尊）の妹とされていたとみられる。[16] アメノトヨツヒメがオキシミミの女とされたのは孝昭が懿徳皇子に位置付けられたことによるが、オキシミミがタギシミミの孫、キスミミの子であった。[17] キスミミが神武皇子・タギシミミ同母弟・孝昭異母兄弟とされると、キスミミの子オキシミミは神武孫で崇神の従兄弟になる。安寧・懿徳は神武の子とされていた（前著第一章一）ので、オキシミミは安寧皇子の世代となる。神武から孝昭までを父子相承で、神武―綏靖―安寧―懿徳―孝昭と位置付けると、オキシミミは、神武―キスミミ―オキシミミで、安寧と同世代、孝昭の祖父の世代となり、孝昭の生母の父に相応しい位置である。しかるに、オキシミミは安寧皇子とされている。この位置付けについては、〔オホ〕ヤマトヒコ（懿徳の原型）妃がイカヒコの女オシ〔カ〕ヒメ（忍鹿比売命、押媛）であったことに従って、[18] アメノトヨツヒメが懿徳の姪とされ、オキシミミがキスミミの子から安寧皇子に変更されたとみることができる。

タギシミミの乱が元来和珥氏に関わる孝昭に対するものであり、それをヌナカハミミ・ヤヰミミが殺したというものであったとすれば、和珥氏系は直接には乱の平定には関係していないことになり、他の反乱事件とは様相を異にする。しかし、崇神に対する反乱とされていたのであれば、ヌナカハミミ・ヤヰミミとともに和珥氏系のヒコクニブクも鎮圧に関係したとされていたことも想像される。タギシミミの乱も、タケハニヤスヒコ、カゴサカ・オシクマ、オホヤマモリ（ヌカタノオホナカツヒコ）の場合とともに検討しなければならない。

三　和珥氏と皇族反乱伝承

ここで和珥氏が皇族反乱の平定に密接に関わっていることについて、あらためて考えることにしよう。

和珥氏系が平定したと伝えられる皇族反乱はタケハニヤスヒコの乱・オシクマの乱・オホヤマモリの乱である。これらのほかに、タギシミミの乱を除き、スミノエノナカの乱とサホヒコの乱が伝えられるが、前者はオホヤマモリの乱と同根の造作である（前著第一章七）。後者は和珥氏系の王族の反乱であり、多くの和珥氏系の王族の中でサホヒコが反乱を起こしたとされた理由は検討されなければならないが、ともかくも和珥氏系系譜が変改された蘇我政権下で作為されたとみられる。和珥氏系が三つの反乱を鎮圧したというのは、和珥氏がそれらの舞台となった地域に関係していたことによると考え得る。また、和珥氏が東西平定に関わっていた（本章Ⅱ）ことも理由に挙げられるであろう。もちろん、三反乱自体は史実ではなく、造作されたものとしなければならない。しかし、歴史的事実として山城南部で「反乱」があり、その鎮圧に和珥氏が関係したことによって、平定者として現われているとみることはできないであろうか。

『記』『紀』が山城南部での皇族反乱として記しているもので史実とみられるものはなさそうであるが、当地方で争乱があったことは推測に難くない。それは継体に関係するものである。雄略死後、戦乱にまで及んだか否かは不詳とせざるを得ないが、雄略に殺されたイチノヘノオシハの子オケ・ヲケが雄略の継嗣清寧・飯豊に対立して、雄略ないしその父などによって弾圧された勢力（和珥氏など）に擁立された。雄略系は飯豊で断絶したために、雄略と母系で関係するヲホト（袁本杼命、男大迹天皇）がそのあとを承け、オケ系の武烈が没したことによってヲホトが大王になったというのが私見である（第九章）。この継体は筒木宮を営んだという。筒木宮に関係する山城国綴喜郡は大略宇治川を東限とすることから、継体およびその支持勢力と和珥氏などとが対立したことが、和珥氏系による皇族反乱平定説話になったことも想像し得る。しかし、継体は六世紀以降の「天皇家」の祖であり、その有力支持勢力として蘇我氏などが考えられるので、和珥氏系が王統譜を形成しても継体朝成立前の状況を基にこのような説話を造作し得たとは考え難いように思う。

そこで考えられるのは、継体朝から欽明朝前後にかけての争乱との関係である。私見では、継体―宣化朝と安閑朝との対立があり、中央豪族では和珥氏や蘇我氏が前者を、多氏や巨勢氏が後者を支持したとみられる（第九章）。安閑朝の分立はまさしく皇族の反乱であり、和珥氏がこの平定に関わったことが、皇族反乱の平定者として伝えられる理由とみては如何であろうか。犬上氏の祖倉見別がカゴサカ・オシクマの反乱に加担したと『紀』にあることは、カゴサカ・オシクマが、犬上氏と同じ近江を本貫とする息長氏の系統であるオシサカノヒコヒトノオホエを基にした人名であることとの関係も考えられぬわけでもない。しかし、オシサカノヒコヒトノオホエや息長氏と和珥氏とは密接に関係していたのであるから、オシクマが和珥氏の祖タケフルクマらに誅されたというのは問題がある。カゴサカ・オシクマはともかくとして、倉見別が反乱に加担したとされているのは、犬上氏が安閑側についたことによるのではなかろうか。安閑方となった地方豪族の一つとしては、近江・越前に関わる三尾氏が考えられる。複数の継体妃を出しているのは三尾氏だけであり、しかもその一人若比売（『記』）・稚子媛（『紀』）は『記』では妃の最初に記されていること、景行妃にも『紀』で三尾氏出自の水歯郎媛が位置付けられていること、『釈日本紀』所引「上宮記」一云系譜に継体の母方の祖として三尾氏の祖イハックワケ（石衝別王、磐衝別命、「上宮記」は偉波都久和希）が見えることは、三尾氏が中央で一定の勢力を有していた時期があったことを示すと考えられるにもかかわらず、その後全く皇妃を出していないのみならず、中央での活動すら知られないからである。近江に関係する三尾氏が安閑側にあったことが推測されるのであるから、同じ近江を本拠とする犬上氏も安閑を支持したことは考えられるところであろう。

継体朝末期からの争乱が和珥氏による皇族反乱平定説話に反映しているとすれば、説話の原型は欽明〜敏達段階の王統譜形成期での成立とすべきように思う。しからば、その反乱は、継体朝末期からの争乱で多氏が没落したとみられるのであるから、多氏に関わるものとされていたことが先ず想定される。それはタギシミミの乱であるが、欽明〜敏達段階でタギシミミは崇神・ヒコフツオシノマコトの叔父とされていたとみられ、後二者は同母兄弟で和珥氏系であるから、これらがタギシミミの討伐者とされていたことは考えられる。系譜の変改に伴ってそれらがタギシミミと離れた世代に位置付けられたために、ヤキミミ・ヌナカハミミが討伐者とされたとみるのである。しかし、和珥氏の祖ヒコクニブクやタケフルクマも何らかの反乱平定に関わったとされていたとすべきである。和珥氏の没落後にそれらが反乱を平定したとする説話が形成されたことは考え難いからである。

そこで、カゴサカ・オシクマの反乱に犬上氏の祖倉見別が加担していることに注目したい。この乱も継体朝末期からの争乱と関わるものではなかろうか。ただし、反乱者はカゴサカ・オシクマではなく、他者の反乱が転嫁されたとみられる。神功・応神に対して反乱が起こされているが、神功の原型の一つオホタラシヒメは和珥氏系である（前著第一章六）。和珥氏系王族に対する反乱を和珥氏の祖が鎮圧したことになり、説話としては本来的なものと思う。しからば、このオホタラシヒメらに叛したとされていたのは、それと前後の世代のものとみるべきであろう。欽明〜敏達段階でヤマトタケルの子とされていたとみられるオホヒコ・タケヌナカハワケ・ワカタケルヒコは、オホタラシヒコ・

オホタラシヒメと同世代である。[19] これらが各地へ派遣されたとされる時期はオホタラシヒコ段階とみられる（本章Ⅱ）ので、反乱とは近い段階でのこととなる。タケハニヤスヒコの乱と「四道将軍」派遣とが関係するように伝えられているのであるから、タケハニヤスヒコの乱とカゴサカ・オシクマの乱とは関係するとみられるのではなかろうか。オホタラシヒメらに対する反乱がカゴサカ・オシクマの乱やタケハニヤスヒコの乱として伝えられているとみられるということであるが、タケハニヤスヒコも当段階で反乱者とされていたと考え難いことは前述の通りである。

「オホヤマモリ」の乱との関係はどうか。オホヤマモリやヌカタノオホナカツヒコは直接には和珥氏とつながる者ではない。これらは応神の太子ウヂノワキイラツコに反乱を起こしたのであるが、仲哀の正嫡たる応神に対するカゴサカ・オシクマの反乱と類似する。これらからすれば、「オホヤマモリ」の乱がオホタラシヒメらに対する反乱とされていたとみられるようにも思う。また、オホヤマモリもヌカタノオホナカツヒコもタカキノイリヒメ所生であり、系譜上、「イリ」系につながる者である。「イリ」系は多氏と関係することからすれば、この反乱は継体朝末期からの争乱が反映されたものと考え得る。前著ではオホヤマモリの乱は本来ヌカタノオホナカツヒコの乱であり、ヌカタノオホナカツヒコが反乱を起こしたというのは、蘇我氏系による「天皇記」編纂段階で、和珥氏系の系譜を解体・変改する中で造作されたもの、これがオホヤマモリの乱とされたのはヌカタノオホナカツヒコが推古（諱は額田部＝『紀』）に関わる人名であったことによるとした（第一章七）が、再検討しなければならない。

ヌカタノオホナカツヒコが反乱の関係者とされていたことは倭屯田をオホヤマモリの地であると主張したと『紀』にあることから確かであり、欽明～敏達段階でヌカタノオホナカツヒコとオシサカノオホナカツヒメの間の子として安康・雄略が位置付けられていたとみられる（前著第一章七）ので、ヌカタノオホナカツヒコが反乱者とされたことと、そのことを和珥氏系系譜の変改とした想定は変更する必要はないと思う。元来オホヤマモリが反乱者とされていたとすれば、「天皇記」段階でヌカタノオホナカツヒコが付加され、『記』『紀』編纂段階でヌカタノオホナカツヒコが元通り除かれたということになる。あるいは、オホヤマモリがヌカタノオホナカツヒコの替わりに位置付けられたとすれば、オホヤマモリ以外に反乱者とされていた者がいることになる。

とりあえずオホヤマモリが反乱者とされていたとしよう。オホヤマモリはウヂノワキイラツコを殺して皇位に即こうとして逆に殺されたと言うが、オホヤマモリの反乱が本来オホタラシヒメ等に対するものであったとすれば、オホヤマモリは〈ホムタノ〉オシロワケらとともにオホタラシヒコの子や、それと同世代の者とされていたことが考えられる。しかし、現系譜でオホヤマモリが応神皇子でヌカタノオホナカツヒコの同母弟に位置付けられている理由が問われる。現系譜からすれば、オホヤマモリ・ヌカタノオホナカツヒコは〈ホムタノ〉オシロワケの子とされていたとみるべきではなかろうか。しからば、オホヤマモリの反乱は同じオシロワケの子で異母兄弟に当たる者に対してのものとなるが、そこで想起されるのが、履中即位前のスミノエノナカの乱である。

履中は、生母は本来、葛城之野伊呂売〈応神記、孝元記は怒能伊呂比売＝タケシウチノスクネの女〉であり[20]、妃クロヒメ〈黒比売命、黒媛〉は和珥氏系であった[21]。履中朝前後に実際に争乱があったか否かは明らかにし難いが、履中にオホヤマモリが叛したとすれば、それは和珥氏や蘇我氏などが支持した継体—宣化朝と多氏などが支持した安閑朝との対立に対応するのであり、継体朝末期からの争乱が反映されていることは考えられる。しかし、オホヤマモリが履中に対する反乱の主役であったのであれば、オホヤマモリの替わりにスミノエノナカが反乱者とされ、オホヤマモリがヌカタノオホナカツヒコとともに応神死後の反乱者とされる必要はなかったのではなかろうか。スミノエノナカ〈スミノエノナカツヒコ〉はヌカタノオホナカツヒコの同母弟とされていたとみられる者〈前著第一章七〉で、オホヤマモリは現系譜でスミノエノナカの替わりに位置付けられている如くであるが、オホヤマモリを元の通り履中に対する反乱者、ヌカタノオホナカツヒコとスミノエノナカをウヂノワキイラツコ（および仁徳）に対する反乱者としても、何ら問題がないと思われるからである。履中に叛したのは当初よりスミノエノナカとされていたとみるべきように思う。

スミノエノナカの反乱は「イリ」や多氏に関わる者の反乱であるが、ヌカタノオホナカツヒコも「イリ」系である。ヌカタノオホナカツヒコではなく、同母弟スミノエノナカが反乱者とされた理由としては、前者が安康・雄略らの父として位置付けられていたことが挙げられる。ともかく、履中に対する反乱は葛城系・和珥氏系と「イリ」系との対立を意味するとみられるように思われるのであるが、『宋書』倭国伝に讃・珍と済・興・武との関係が記されていないこと、『記』『紀』系譜の復元からも履中・反正系と安康・雄略系の両系が抽出されること（前著第二章三）が想起される。

葛城系・和珥氏系から雄略系に大王が交替した段階で、雄略即位前に葛城円が殺され、允恭紀にも玉田宿禰が殺されたことが見えるように、何らかの動乱があったことが推測される。雄略紀に春日和珥臣出自の雄略妃童女君を「采女」と記しているが、このような表現は少なくとも『紀』ないしそれ以前の史書の編者が当時の和珥氏の勢力をどれほどのものと考えていたかを示すものである。葛城氏や和珥氏は履中・反正から雄略系に王統が移った際の動乱で衰退したのであろう。スミノエノナカの乱はこのような争乱とも関係するのではなかろうか。「イリ」とつながる勢力によって葛城系・和珥氏系王統が倒されたという史実と、「イリ」と関係する多氏が継体朝末期からの王権分裂期に安閑方であったことに基づいて、スミノエノナカの反乱説話が成立したとみるのである。すなわち、安康・雄略の父が履中・反正系に替わって大王となった。これは「反乱」であるが、雄略らの父の所為とはなし得なかったことと、多氏が安閑側にあったこととから、ヌカタノオホナカツヒコの同母弟スミノエノナカが反乱を起こして誅されたという説話が形成されたということである。

以上のように、皇族反乱説話として本来的であるのはスミノエノナカの乱と考えられる。これを基に、最終的に、タケハニヤスヒコの乱、カゴサカ・オシクマの乱、オホヤマモリの乱とスミノエノナカの乱になったとみられるのであるが、それらの造作過程についてはどうであろうか。タケハニヤスヒコの場合を除いて、とりあえずは〔ホムタノ〕オシロワケが景行・応神・仁徳の三人・三世代に分立されたことから理解できるようである。オシロワケの子の段階で反乱が起こったというのが原型とみられるのであるから、オシロワケが三人に分立されたことに伴って、それぞれの子の段階で反乱が起こったとされたということである。しかし、それらの反乱の同調者や平定者については、いま少し検討しなければならない。

カゴサカ・オシクマに加担したのは『記』では難波吉師部之祖伊佐比宿禰、『紀』では犬上君祖倉見別と吉師祖五十狭茅宿禰であり、平定者は『記』がタケフルクマ、『紀』がタケシウチノスクネとタケフルクマとなっている。オホヤマモリには反乱自体には同調者は伝えられない。スミノエノナカの場合は、『記』には加担者は見えないが、『紀』は阿曇連浜子と倭直吾子籠とが加担したとあり、太子を助けた者として『記』は倭漢直之祖阿知直、『紀』は平群木菟宿禰・物部大前宿禰と漢直祖阿知使主を記し、スミノエノナカの討伐者をミヅハワケ〔蝮之水歯別命、多遅比瑞歯別天皇〕=反正としている〔『紀』は木菟宿禰を副えたとする〕。まとめれば、反乱に加担したのは吉師〔難波吉師〕氏・犬上氏・阿曇氏・倭氏であり、平定者の側にあったのは和珥氏・蘇我氏系・平群氏・物部氏・倭漢氏となる。後者は、平群氏は蘇我氏と同族、倭漢氏は蘇我氏に従っていた氏族、物部氏は和珥氏配下にあった氏族であるから、和珥氏系と蘇我氏系とになる。和珥氏系と蘇我氏系とが平定者の側にあったとされているのは当然のことであろう。ただし、履中を木菟宿禰・大前宿禰・阿知使主が助けたというのは、平群・物部両氏が雄略朝で大臣・大連を出したとされていること、倭漢氏は掬が雄略から遺言を受けたとされていることとの関係も想像される。

反乱者に同調した者はどうか。先ず、カゴサカ・オシクマに加担した者として犬上氏と難波吉師氏とが伝えられていることについてである。犬上氏については、継体朝末期からの争乱で安閑を支持したこととの関係が考えられるが、オホヤマモリの乱やスミノエノナカの乱ではなく、カゴサカ・オシクマの乱に登場していることは、カゴサカ・オシクマが近江を本拠とする息長氏系のヒロヒメ（比呂比売命、広姫）所生のオシサカノヒコヒトノオホエが架上された者であることと関係するのではなかろうか。カゴサカは具体的な反乱を起こす前に菟餓野（斗賀野、大阪市北区兎我野もしくは神戸市灘区都賀川＝大石川流域）で猪に食い殺されるが、オシクマは実際に反乱を起こし、結局は沙々那美（『記』）や瀬田（『紀』）で自殺したと伝えられることも、近江とこの乱との関係を示している。難波吉師氏の場合は、その本拠が摂津国嶋下郡吉志部村と考えられていることから、カゴサカ・オシクマが叛した大阪湾から瀬戸内にかけての地域との関係が想定される。なお、オシクマが住吉に屯したと『紀』にあることは、この乱とスミノエノナカの乱とが関係することを示しているように思う。

スミノエノナカに加担した阿曇氏は、摂津国西成郡の安曇江周辺を本拠としたとみられるが、しからば、スミノエノナカの「墨江」「住吉」＝摂津国住吉郡の北隣であることとの関係で、スミノエノナカの乱に登場したと考えることもできる。倭氏の祖市磯長尾市は、崇神朝で疫病が流行した時に倭大国魂神の祭主となり、大田田根子は大物主大神の祭主となって、疫病が終息したと言う（『紀』）。この伝承は倭氏が崇神＝「イリ」と関係していたことを示すものであり、地縁的関係からも想定される。倭氏がスミノエノナカに同調したとされているのは、スミノエノナカと同様、「イリ」と関係するものであったことによるのではなかろうか。倭氏は「イリ」を介して多氏との関係が想定されるので、反乱者に加担したとされたのは安閑方に与したことによると考えられる。難波吉師氏と阿曇氏については具体的な根拠はないが、両氏は六世紀以降外交で活躍しており、そのようなものがことさらに反乱に加担したとされる不名誉な説話が形成される理由が見当たらないので、安閑側についたことによって反乱者に同調したという説話になったと思われる。

「オホヤマモリ」の乱には加担者が見えない。「イリ」との関係からすれば、倭氏が同調したとされていても良さそうであるが、そうはなっていない。これは、カゴサカ・オシクマの例を勘案すれば、反乱の舞台となった地域に関係する氏族に反乱に同調したとすべきものがなかったことによるのではなかろうか。木津川畔で叛したとされるタケハニヤスヒコの場合も同様であろう。「オホヤマモリ」の乱に、伝承では、オホヤマモリとヌカタノオホナカツヒコが関係していることは否定し得ない。ヌカタノオホナカツヒコが蘇我氏系によって反乱者とされる前にオホヤマモリがそれとされていたとはみられないのであるから、オホヤマモリはヌカタノオホナカツヒコとともに反乱を起こしたか、ヌカタノオホナカツヒコの替わりに反乱者とされたかのいずれかとなる。いずれにしても、オホヤマモリは従の役割でしかない。ヌカタノオホナカツヒコが叛したというのは、前述のように、「天皇記」段階での造作とみられるが、この際にオホヤマモリが同調したとされていたのであろうか。二人で叛したとされているのは、カゴサカ・オシクマと『紀』のタケハニヤスヒコ・アタヒメである。カゴサカ・オシクマの場合、カゴサカは反乱行動に移る前に猪に食い殺され、実際はオシクマだけが実行したことになっている。タケハニヤスヒコについても、アタヒメはその妻であるが、皇族とはされていない。これらからすれば、反乱者は一人とされていたようにも思われる。たしかに反乱の中心は一人であるが、同調者が存在する。タケハニヤスヒコとともにアタヒメが挙兵したと『紀』にあるのは、タケハニヤスヒコに、ほかに同調者がいないことと関係すると思われる。ヌカタノオホナカツヒコの場合も、加担者が設定されていたとみるべきであり、オホヤマモリがそれと考えられる。

ところで、「オホヤマモリ」なる人名は、少なくとも皇子名としては、若干問題があるようにも思う。「山守部」の存在からすれば、「ヤマモリ」なる皇子名があったとしても不審ではない。「大」が冠されていることが問題である。

対応するものが知られないからである。オホヤマモリは「ヤマモリ」に美称「大」が冠されて皇子名として造作されたものではなかろうか。オホヤマモリが、もとよりヌカタノオホナカツヒコの同母弟とされていたかどうかは疑問である。スミノエノナカが仁徳皇子とされ、ヌカタノオホナカツヒコと分離されたことに伴い、オホヤマモリ（このような名になった理由はともかく）が位置付けられたとみられる。「オホヤマモリ」の乱の平定者が異母弟ウヂノワキイラツコとされていることについては、前述のように、和珥氏系による反乱平定との関係でとらえることは可能であるが、ウヂノワキイラツコが自殺したというのは和珥氏系王族の否定であるから、「天皇記」で造作されたとみられる。蘇我氏は和珥氏系による皇族反乱平定説話を踏襲しながら、ヌカタノオホナカツヒコ・オホヤマモリの乱をウヂノワキイラツコが討伐したとしながらも、ウヂノワキイラツコが自殺したということで和珥氏系を否定したということである。

スミノエノナカの乱と「オホヤマモリ」の乱とが密接な関係にあることは前述の通りであるが、前者が兄に対するもので弟ミヅハワケによって平定されているのに対し、後者は弟に対する反乱で弟自身によって鎮圧されたように、両者は微妙に異なる。この相違は何によるものであり、また、如何なることを意味するものであろうか。

反乱者が倒そうとした者によって殺されることと、倒そうとした者の兄弟によって殺されることは、いずれも設定され得るものであり、これだけではいずれを本来的とすべきかは不明である。ミヅハワケはスミノエノナカに加担しているとイザホワケに疑われ、そうでないことを明らかにするためにスミノエノナカの討伐に派遣されたと言うが、このような説話自体が問題である。ミヅハワケがイザホワケと対立していたことを暗示しているかの如くであるからである。しかし、これはミヅハワケがスミノエノナカの討伐者となった事情を説明するために造作されたにすぎないとも考え得る。しからば、イザホワケに対する反乱の平定者がミヅハワケとされていることが不審ということになる。

しかし、ミヅハワケが反乱事件に元来関係がなかったとすれば、ことさらに反乱平定者とされなければならなかった理由が問われる。スミノエノナカは、元来はイザホワケに対してではなく、ミヅハワケに叛したとされていたのではなかろうか。反乱がイザホワケに対するものに変改されたことにより、ミヅハワケが討伐者とされたということである。しからば、王統が履中・反正系から雄略につながる系統に移る過程での争乱（ないし紛争）との関係が想定されるのであり、スミノエノナカの乱の原型はこの争乱とみられる。

ヌカタノオホナカツヒコ・スミノエノナカが同母兄弟、前者が雄略らの父とされた欽明〜敏達段階で、スミノエノナカが反乱者とされたが、それは反正に対するものであったであろう。反正に対する反乱から履中に対するものへと変更されたのは「天皇記」段階においてのことと思われるが、この変改の理由は何か。カゴサカ・オシクマの乱にせよ、「オホヤマモリ」の乱にせよ、父から子へ皇位が移る段階で起こったとされていることと関係するのではなかろうか。スミノエノナカの乱も仁徳から子に皇位が移る段階で起こったとされ、この際にスミノエノナカがイハノヒメ所生の次子とされたとみられる。新たに雄略らの父とされた允恭は、イハノヒメ所生、履中・反正の同母弟とされたが、スミノエノナカは、その際に雄略らの父の同母弟という前段階の系譜が踏襲されたならば、末子に位置付けられなければならない。しかるに第二子とされているのは、長兄に対する反乱者には第二子が相応しいことによるのであろう。

スミノエノナカの乱の原型は葛城系・和珥氏系王統から雄略系王統へ移る際の争乱であった。欽明〜敏達段階で王統譜が変改・造作された際に、「イリ」系につながるスミノエノナカの「ワケ」系に対する反乱として改作された。この乱の平定者として伝えられるのはミヅハワケであるが、和珥氏が鎮圧に関わっていることは否定できないのであるから、スミノエノナカの乱を基に造作されたカゴサカ・オシクマの乱の平定者と伝えられるタケフルクマが、スミノエノナカの討伐者とされていたことは、推測に難くない。

和珥氏が平定に関わっている、いま一つのタケハニヤスヒコの反乱説話についてはどうか。タケハニヤスヒコの乱と「四道将軍」の派遣とが関係するように伝えられていること、「四道将軍」と和珥氏とが密接な関係にあること（本章Ⅱ）からすれば、「四道将軍」は、タケハニヤスヒコの乱の設定以前に、和珥氏が平定に関係した何らかの乱の後の派遣とされていたことも考えられる。欽明～敏達段階では「四道将軍」の派遣等はオホタラシヒコ段階とされていたことが想定される（本章Ⅱ）ので、スミノエノナカの乱（原型）との関係はあり得ない。比較検討の対象たり得るのはタギシミミの乱である。

前述のように、欽明～敏達段階ですでにタギシミミがヌナカハミミらによって誅されたという説話が造作されていたとみられるが、タギシミミが誰に対して反乱を起こしたとされていたかについては、いまだ明らかにし得ていない。孝昭・崇神のいずれかと推測し得るだけである。崇神に対して叛したとされていたとみれば如何であろうか。「天皇記」でタギシミミは神武皇子のまま、崇神は神武の四世孫とされた（前著第二章三）ことによって、タギシミミが崇神に叛したとし得なくなり、反乱者として、最終的に、タケハニヤスヒコが位置付けられたとみるのである。前述のように、「天皇記」段階でタケハニヤスヒコが反乱者とされたとは考え難いので、問題はタケハニヤスヒコの他に反乱者とされた者が想定されるか否かということになる。崇神の世代前後といえば、垂仁に対するサホヒコの反乱が想起される。次にこれについて考えてみよう。

四　サホヒコの乱

サホヒコは、父はヒコイマス、生母は春日之建国勝戸売の女沙本之大闇見戸売（『記』）で、まさしく和珥氏系である。

和珥氏系が形成した王統譜が「天皇記」段階で蘇我氏系によって変改されているのであるから、同時期にサホヒコが崇神に叛したという説話が造作されたとしても問題はないように思う。系譜の復元を通じてみてみることにしよう。

サホヒコの妹サホヒメは垂仁后で元来の継体の父系の祖ホムツワケ（品牟都和気命、誉津別命）[22]の生母と伝えられる。サホヒコとサホヒメは「ヒコ」と「ヒメ」とを異にするだけである。このような人名は現系譜では兄妹・姉弟や父女とされているものが多いが、男女の対をなすことから、本来は夫妻の関係で位置付けられていたとみるのが良いと思われる（前著第一章四など）。サホヒコとサホヒメが夫妻とされていたとすれば、サホヒメ所生のホムツワケはサホヒコの子とされていたことになる。しかし、『記』はサホヒメを佐波遅比売の亦名としている。亦名は元来異なる存在とされていた者が何らかの事情で合体されたとみられる（前著第一章七など）ことからすれば、サハヂヒメがホムツワケの生母とされていたのであれば、ホムツワケがサホヒコの子とされていたかどうかは疑問となる。

サハヂヒメとサホヒメは互いに近い関係にある者として位置付けられていたのであろう。サホヒメがサホヒコの妻とされていたとすれば、サハヂヒメはaサホヒメの生母、もしくは、サホヒコとサホヒメの間の女という位置付けが考えられる。後者におけるホムツワケとサハヂヒメとの関係は、b兄弟姉妹と、cホムツワケが垂仁・サハヂヒメの子という位置が想定される。あるいは現系譜の位置付けから、サハヂヒメがサホヒコの妹とされていたことが考えられるが、この場合も、ホムツワケが、dサホヒコ・サホヒメの子と、e垂仁・サハヂヒメの子との両様の想定が可能である。これら五種の想定のうち、b・dはホムツワケがサホヒコの子から垂仁皇子に変更されたことによって、サホヒメがサハヂヒメと合体されたとみることはできるが、元の垂仁とサハヂヒメとの間の子女が不明となる。eではdとは逆に、サホヒコ・サホヒメの子女が不明となる。aでは、サホヒメがサホヒコの妻から妹に変更されたことによってサホヒメの生母が不要になり、サハヂヒメとサホヒメとが合体されたことになる。この場合、サハヂヒメの父母および夫とされていた者を想定し得るか否かが問われるが、他の想定ではサホヒメの父母も問題となる。cは、サホヒメの父母が問題ではあるが、b・d・eの如き子女不明という状況は生じない。

垂仁皇子女として位置付けられるべき者が不明になるb・dは疑問であり、サホヒコとサホヒメとの間の子女が不明であるeも考え難いと思われる。aはサハヂヒメ所生のサホヒメとヒコイマスの子サホヒコとの間にホムツワケが位置付けられるものであるが、これもまたサハヂヒメの父母および夫が不明という難点がある。

残るのはcである。『記』は、垂仁条の后妃皇子女の項ではサハヂヒメを本名、サホヒメを亦名とするが、開化条のサホヒコ関係系譜では逆にサホヒメを本名、サハヂヒメを亦名とし、垂仁条でもサホヒコ反乱説話のホムツワケ誕生の項ではサハヂヒメなる名は現われない。要するに、サホヒコに関係するところではサハヂヒメではなく、サホヒメが主なのである。このような『記』の記し方は、サハヂヒメがホムツワケの生母であり、サホヒメは、サホヒコと密接に関係しサハヂヒメとも関係する者ではあっても、垂仁とは直接関係する者としては位置付けられていなかったことを示しているのではなかろうか。このことからしてもcの系譜は最も妥当な想定とみられる。しかし、現系譜でサホヒメがサハヂヒメと合体され、サホヒコの妹とされている事情を説明しなければならない。サホヒメとサハヂヒメの合体は、aと主客は異なるが、同様に、サハヂヒメがサホヒコの妹とされたことによると容易に解し得る。サハヂヒメがサホヒコの妹として位置付けられた理由が問題である。

垂仁は、欽明〜敏達段階の王統譜において、父崇神の兄ヒコフツオシノマコトの女御真津比売命（『記』）・御間城姫（『紀』）の所生とされたが[23]、この位置付けはヒコフツオシノマコトが蘇我氏系の祖とされた「天皇記」においても同様であったとみられる。「天皇記」でヒコイマスはヒコフツオシノマコトの子から兄弟に変改されたが、このヒコイマスの孫がサハヂヒメであり、垂仁は母系ではサハヂヒメと同世代である。「天皇記」系譜が変改された段階で、ミマツ

（キ）ヒメは崇神と同世代に位置付けられ、垂仁とサホヒコとは父系・母系いずれでも同世代（従兄弟）になった。サハヂヒメがサホヒコの女から妹に変更された事情として、サハヂヒメを垂仁と同世代とすること、サホヒコは反乱者とされたが、后妃が反乱者の女というよりは妹の方がまだましであることが考えられるのではなかろうか。

継体の元来の祖としてのホムツワケはサホヒコとサホヒメとの間の女サハヂヒメ所生とされていたと考えられるのであるが、サホヒメの父母がいまだに不明である。サホヒメは、垂仁を殺し得なかったが、最期は兄と行動を共にしたのであるから、消極的ではあるが、反乱者に加担している。このようなサホヒメの状況は、サホヒメがサホヒコとともに和珥氏系とされていたことを示すように思う。サホヒコと同世代の和珥氏系の皇族はヒコイマスの子女として集中的に位置付けられているので、サホヒメも現系譜に見られるようにヒコイマスの女とされていたと考えることは可能である。しかし、ヒコイマスの女でサホヒコの異母姉妹であったのであれば、サホヒコの同母妹に変更される必要があったであろうか。サホヒメはヒコイマスの女とされていなかったとみられる。

和珥氏の祖日子国意祁都命（『記』）・姥津命（『紀』）の妹意祁都比売命（『記』）・姥津媛（『紀』）はヒコイマス生母、オゲツヒメの妹袁祁都比売命はヒコイマス妻とされる（『記』）が、ヒコイマスと和珥氏系との関係系譜は、欽明～敏達段階では、ウツシコメ・イカガシコメ姉妹がそれぞれヒコフツオシノマコトの生母と妻で、イカガシコメ所生がヒコイマスであり、オゲツ（ハハツ）ヒメはヒコイマスの子比古意須王（『記』）妻とされていたとみられる。[24] ヒコクニオゲツ（ハハツ）とオゲツ（ハハツ）ヒメは男女の対をなすので、元来は夫妻とされていたと思われるが、欽明～敏達段階では兄妹の関係に変更されていたのであろう。オゲツ（ハハツ）ヒメがヒコオス妻からヒコイマス生母に変改されたのは「天皇記」段階とみられるが、それはヒコオスの子ヒコオホヒヒがワカヤマトネコと合体されて崇神等の父開化として位置付けられたことによると考えられる。[25] 確証とし得るものはないが、ヒコイマスに関係する皇族以外の和珥氏系の

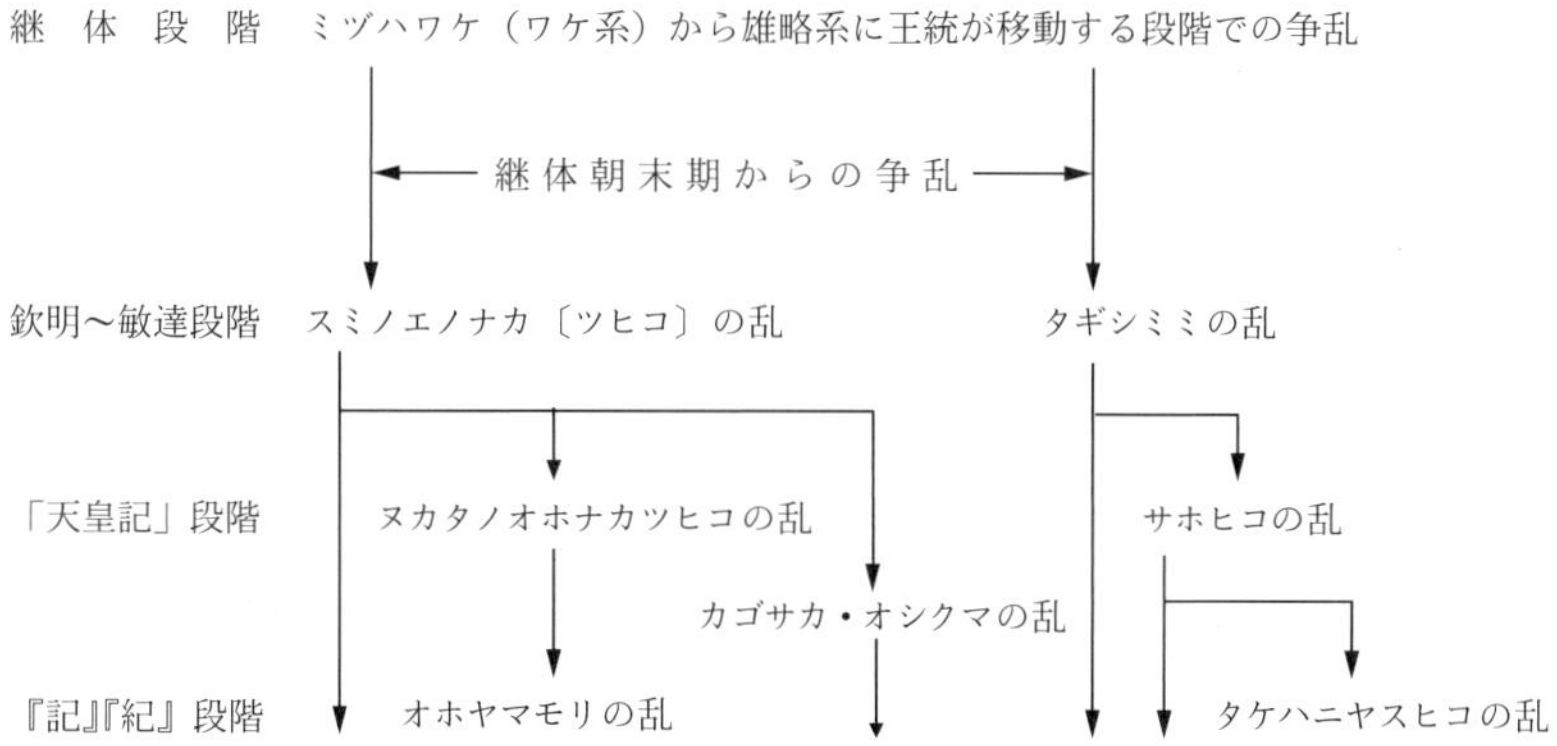

図 10-a　皇族反乱伝承の形成過程

人物といえばヒコクニオゲツ（ハハツ）ぐらいしか見当たらないことからして、この関係者、女ないし妹としてサホヒメが位置付けられていたという憶測は如何であろうか。

現系譜でホムツワケは景行とともに垂仁皇子とされている。しかし、垂仁は多氏と関係する「イリ」系で、ホムツワケと景行の原型の一方オシロワケは「ワケ」である。欽明〜敏達段階の和珥氏系によって形成された王統譜では、和珥氏系と関わるホムツワケは、オシロワケとともに、景行の原型の他方で和珥氏系とつながるオホタラシヒコの子とされていたとみるのが良いであろう。「天皇記」で和珥氏系の系譜が解体・変改された際に、垂仁皇子とされたと考えられる。

さて、以上のようにサホヒコ・サホヒメとサハヂヒメの位置付けが考えられるならば、「天皇記」段階でヒコイマスは崇神の異母兄弟とされ、垂仁は崇神の同母兄ヒコフツオシノマコトの女ミマツ（キ）ヒメ所生であるから、サホヒコと垂仁生母とが同世代になる。サホヒコが垂仁に対してではなく崇神に対して反乱を起こしたとされていても問題ではないように思う。欽明〜敏達段階で多氏に関わるタギシミミが崇神に叛したとされていたのが、「天皇記」でタギシミミが弟を殺して天皇になろうとしたという説話になり、一方で和珥氏系のサホヒコが崇神に叛した説話が形成され、さらに『記』『紀』段階で元来蘇我氏系とされていたタケハニヤスヒコが崇神への反乱者とされるとともに、サホヒコの乱がサハヂヒメの夫垂仁に対するものに変更されたということである。タケハニヤスヒコの討伐にヒコクニブクが派遣されているのは、ヒコクニブクがタギシミミの反乱の平定者とされていたことによるとみられる。

以上、マユワの変とホシカハの乱とを除いて、皇族反乱伝承について検討を加えた。それらの原型はいずれも何らかのかたちで継体朝末期からの争乱に関係するということである。反乱伝承の成立過程についてまとめて図式化すれば図10-aのようになる。

五　マユワの変

マユワの変は、雄略が兄安康の仇を討つこととの関係で、ヤツリノシロヒコ(八瓜之白日子王、八釣白彦皇子)・サカヒノクロヒコ(境之黒日子王、境(坂合)黒彦皇子)の二人の兄や葛城ツブラ(都夫良意富美、円大臣)をも殺し、終には皇位に即いたというように、雄略が安康の後継者たる正当性を示す説話の如くみえる。このようなマユワの変の位置付け自体がその史実性を疑わしめるものであるが、また、安康が叔(伯)父オホクサカ(大日下王、大草香皇子)を殺してその妻を娶ったという変の前提をなす所伝はさらに信を置き難いものである。

『記』『紀』に伝えられるマユワ関係の系譜は図10-b・cのようになるが、玉田宿禰と円大臣との関係は『公卿補任』に従った。当該系譜には、同名の者が、『記』『紀』ともに二組ずつ見られる。『記』は応神皇女の幡日之若郎女と仁徳皇女の波多毘能若郎女、安康の同母姉長田大郎女と大日下王妻・目弱王生母で出自不明の長田大郎女であり、『紀』は

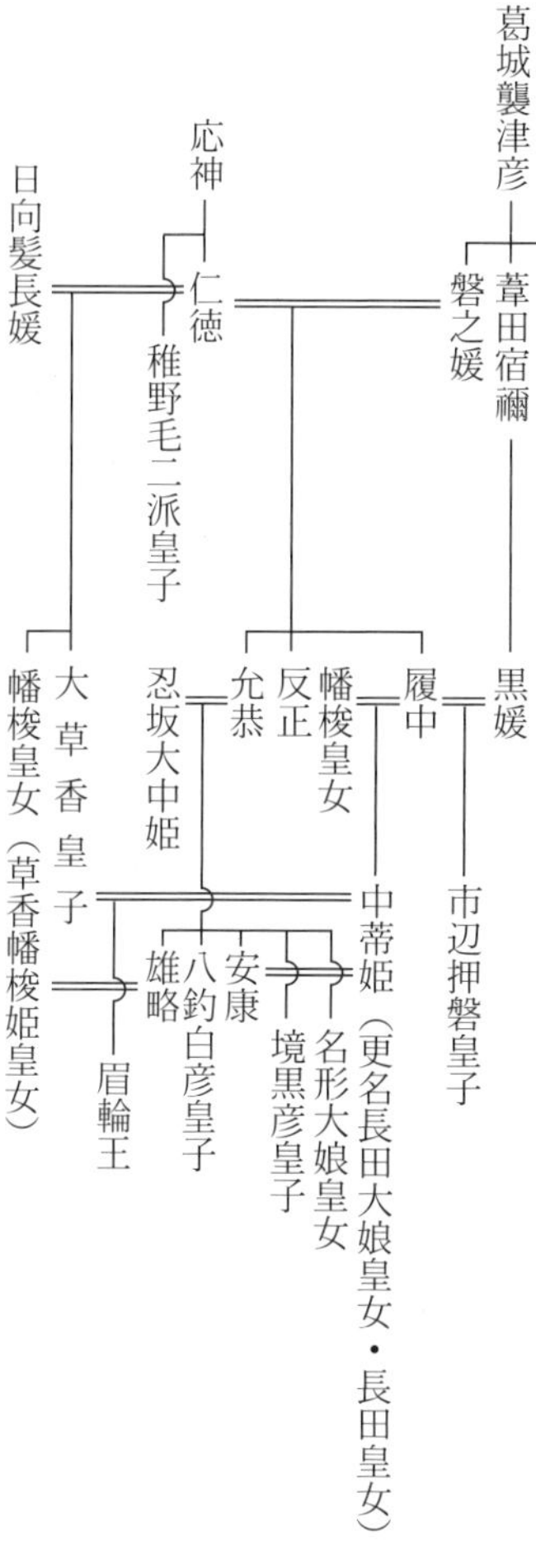

葛城襲津彦
玉田宿禰
葦田宿禰
磐之媛
応神
仁徳
日向髪長媛
稚野毛二派皇子
円大臣
黒媛
履中
幡梭皇女
反正
允恭
忍坂大中姫
大草香皇子
幡梭皇女（草香幡梭姫皇女）
市辺押磐皇子
中蒂姫（更名長田大娘皇女・長田皇女）
名形大娘皇女
境黒彦皇子
安康
八釣白彦皇子
雄略
眉輪王

図 10-c 『紀』のマユワ関係系譜

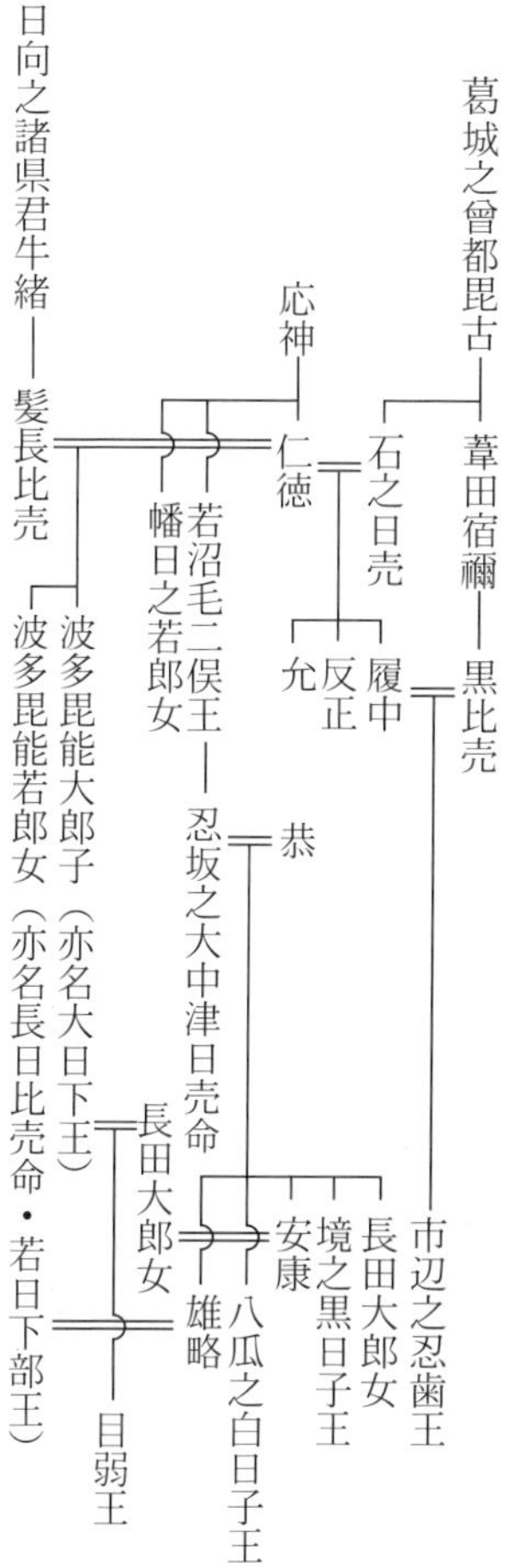

葛城之曾都毘古
葦田宿禰
石之日売
応神
仁徳
日向之諸県君牛緒
髪長比売
若沼毛二俣王
幡日之若郎女
黒比売
履中
反正
允恭
忍坂之大中津日売命
波多毘能大郎子（亦名大日下王）
波多毘能若郎女（亦名長日比売命・若日下部王）
市辺之忍歯王
長田大郎女
境之黒日子王
安康
八瓜之白日子王
雄略
長田大郎女
目弱王

図 10-b 『記』のマユワ関係系譜

大草香皇子の同母妹で雄略后の幡梭皇女と履中妃で大草香皇子妻中蒂姫生母であるが出自不明の幡梭皇女、安康の同母姉名形大娘皇女と中蒂姫の更名とされる長田大娘皇女(雄略即位前条)である。位置付けや用字は異なるが、同名の者は『記』『紀』に共通している。

ナガタノオホイラツメは『紀』では「名形」「長田」と用字が異なるが、『記』では「長田」で全面的に一致している。『記』『紀』間では、用字を別とすれば、オホクサカ妻が『紀』で履中皇女と位置付けが明記されていることが相違するだけである。ハタヒの場合にも共通するところであるが、『記』『紀』では后妃の多くにそれらの出自が記されており、記されていない者は何らかの理由で位置付けが変改されたことによるとみられる(前著第一章七など)ので、二人のナガタノオホイラツメも元来同一人物と考えられる。

履中妃のハタヒは「皇女」と記されているので、「天皇」の女とされている者であることは疑いがない。これと同一名の者は仁徳皇女でオホクサカ同母妹のハタヒであるが、『記』に応神皇女として伝えられる幡日之若郎女は『記』が仁徳皇女・波多毘能大郎子同母妹とする波多毘能若郎女と訓みを同じくする。両者がもとより異なる存在とされていたのであれば、仁徳皇女を雄略妃(后)、応神皇女を履中妃と考えることは可能である[26]。しかし、応神皇女ハタヒノワカイラツメの生母ヒムカノイヅミナガヒメ(日向之泉長比売、日向泉長媛)は仁徳皇女ハタヒノワカイラツメの母カミナガヒメと同じ日向出自であり、両者には共通性がある。『紀』にイヅミナガヒメ所生として、『記』と同様にオホハエ(大羽江王、大葉枝皇子)・ヲハエ(小羽江王、小葉枝皇子)は見えるが、ハタヒノワカイラツメやハタヒの如き人名の者が見えないのは、仁徳皇女としてハタヒが位置付けられていることと関係すると思われる。ハタヒノワカイラツメなる者が応神皇女・仁徳皇女のいずれにも位置付けられているのは、応神と仁徳とが本来同一人であったことの名残と考えるべきであろう(前著第一章五)。履中妃ハタヒは仁徳皇女・オホクサカ同母妹として位置付けられているハタヒと同一人物であることが推測されるのである。

以上からすれば、『記』『紀』のマユワに関係する系譜は変改されたものということになる。ナガタノオホイラツメは、安康の同母姉とされていることからすれば、安康妃とされていたことは考え難い。安康妃としてはハタヒ所生の履中皇女ナカシヒメの方が相応しいように思われる。『紀』でナカシヒメとナガタノオホイラツメとが同一人の異名とされているのは、安康が叔父オホクサカを殺してその妻を娶ったという異常な説話になっていることと関係するのではなかろうか。ナガタノオホイラツメやナカシヒメがオホクサカの妻や安康の妃とされていたことを、安康がオホクサカ妻を娶ったことや、安康とナガタノオホイラツメとが同母姉弟婚となることを排除して、合理的に想定するならば、ナガタノオホイラツメは安康の同母姉でオホクサカ妻であり、ナカシヒメは安康妃であったということになるであろう。

ここで問題となるのが、マユワの位置付けである。ナカシヒメ所生であったとするならば安康皇子であったことになり、ナガタノオホイラツメ所生とみるならばオホクサカの子ということになる。

マユワが安康暗殺後に逃げ入ったと伝えられるツブラをタマダノスクネの子とする『公卿補任』の伝承は一定の信憑性があるように思われる。タマダノスクネは反正の殯宮大夫であったにもかかわらず葛城で酒宴を行っていたことにより允恭によって派遣された兵に殺され、その女を妻とした吉備上道臣田狭が雄略と対立したと『紀』に記されているが、ツブラがタマダノスクネの子であったとすれば、允恭・雄略父子によってタマダノスクネ系が弾圧されたり、前者に後者の関係者が対立したことになるからである。允恭が蘇我氏主導で編纂された「天皇記」で初めて王統譜に登場したとみられる（前著第一章七、第二章三）ことからも、タマダノスクネ・ツブラや田狭という人名の者が実在したとまでは断言できないが、タマダノスクネ系とされている者が雄略系に弾圧されたことを窺うことができる。マユワは、雄略系に弾圧されたタマダノスクネ系のツブラを頼ったとされていることからすれば、雄略と対立するような存在とされていたことが考えられる。

『記』『紀』ともに、雄略がマユワやツブラらを殺した後に履中皇子イチノヘノオシハを殺したことを記しているが、『紀』はその理由を、「天皇恨穴穂天皇曾欲以市辺押磐皇子伝国而遥付嘱後事」としている。『紀』の伝は、安康は、子がいなかったことにより、イチノヘノオシハに後事を託そうとしていたと言うのであろうが、自分の同母兄弟がいるにもかかわらず従兄弟を後継者にしようとしたというのは如何なものであろうか。安康が雄略のためにオホクサカの妹ワカクサカ（『記』）やハタヒ（『紀』）を迎えようとし、結果としてオホクサカを殺すことになったという記述と矛盾するように思う。また、雄略が恨む対象としてはイチノヘノオシハより安康の方が相応しい。しかし、安康がイチノヘノオシハを後継者にしようとしていたという記述は無視し難い。安康がイチノヘノオシハの姉妹（異母ではあるが）ナカシヒメを妃としていることから、両者は相関係するとみられるからである。雄略が恨む対象としては安康の方が相応しいことは、履中系と関係する安康を雄略が殺したことを示唆するのではなかろうか。これが改作されて、雄略がイチノヘノオシハを殺した理由を安康がイチノヘノオシハに国を伝え後事を付嘱しようとしたこととする説話になったということである。

雄略は安康・マユワおよびそれらと関係するイチノヘノオシハらを殺して天皇（大王）となった。継体は雄略およびその後継者につながる者として、諸豪族の支持を得て大王となったと考えられる者である（第九章）が、このような雄略が安康を殺したなどとはなし得ず、マユワが暗殺者に変改されたことが考えられる。

たしかに雄略は同母兄ヤツリノシロヒコ・サカヒノクロヒコを殺したとされており、このことにおいては悪逆非道である。しかし、『記』では二兄は天皇が殺されたことに対する対策を雄略が聞いたのにまともに返事しなかったために殺され、『紀』では雄略が兄が天皇暗殺に関係していないかどうかを疑ってヤツリノシロヒコを殺し、サカヒノクロヒコは疑われることを怖れてこのことをマユワに話し、ともにツブラの宅へ逃げ入り、そこで燔き殺されたとなっている。二兄を雄略が殺した理由は両書でかなり異なると言い得るが、いずれも雄略が兄安康の仇を討つこととの関係で物語られているのであり、雄略は悪人扱いされているとは言えない。むしろ、前述のように、安康の暗殺者マユワや二兄を殺したことは、雄略の皇位継承を正当化するものとして位置付けられているとみるべきではなかろうか。雄略がイチノヘノオシハを殺した理由も、『紀』では、前述のように、安康がイチノヘノオシハを後継者としようとしていたこととし、『記』では、

未日出之時、忍歯王、以平心随乗御馬、到立大長谷王仮宮之傍而詔其大長谷王子之御伴人、未寤坐。早可白也。夜既曙訖。可幸狩庭、乃進馬出行。爾、侍其大長谷王子之御所人等白、宇多弖物云王子、故、応慎。亦、宜堅御身。即衣中服甲、取佩弓矢、乗馬出行。儵忽之間、自馬往双、抜矢射落其忍歯王。乃、亦切其身、入於馬楯、与土等埋。

とあり、イチノヘノオシハの言を雄略の従者が曲解したこととしているようである。

マユワが安康の暗殺者とされた理由についてはどのように考えられるであろうか。マユワのほかに暗殺者とすることができる者がいなかったかどうかが問われる。雄略系と対立的であった者、皇位継承有資格者とされる者は安康の暗殺者とされ得ると思われるのであり、この点ではイチノヘノオシハも考えられよう。しかし、イチノヘノオシハは、その子仁賢の女が継体后・欽明生母のタシラカ、宣化后で欽明后イシヒメ（イハノヒメ）生母のタチバナ、安閑后カスガノヤマダとされているように、継体〜欽明に関係する者であることから、安康の暗殺者とされるはずもなかったとみられる。安康の兄弟サカヒノクロヒコやヤツリノシロヒコが、雄略に替わって先ず安康の暗殺者とされ、後にマユ

ワに変更されたというのはどうであろうか。この想定は雄略が彼らが安康暗殺に関係していないかどうかを疑ったと『紀』に記されていることに基づく。「クロヒコ」「シロヒコ」という対をなす人名は実在性を感じさせぬものであり、これらが造作された者であるとすれば、その理由として安康暗殺者とするためとも考えられるが、この場合、マユワに変更された理由が問題である。天皇が同母兄弟によって殺されたということを避けるためとしか考えられない。しかし、この変改によって、結果的に、安康はオホクサカを殺してその妻を娶り、オホクサカの子マユワによって殺されたという、王者らしからぬ、はなはだ不名誉な説話になったのであるから、疑問のように思われる。安康のこのような死に方はその弟の雄略を際立たせるためと考えられなくもないであろうが、天皇を暗殺した者を殺して仇を討ったことだけでも充分ではなかろうか。安康の暗殺者は雄略から直接マユワへ変更されたとみるのが良いようである。

そこで先の問題、何故マユワが安康暗殺者とされたかということであるが、マユワの系譜上の位置付けから考えてみよう。マユワは、ナガタノオホイラツメ所生という『記』の所伝に従えばオホクサカの子となり、『紀』のナカシヒメ所生説を採れば安康皇子に位置付けられていたということになる。前者の位置付けでもナガタノオホイラツメは安康の同母姉であるから、間接的ではあるが、マユワは安康と関係する。ここで勘案すべきはツブラとの関係についてである。マユワは、ナカシヒメ所生の場合はナカシヒメと履中とを介して葛城氏と関係するが、ナガタノオホイラツメ所生という位置付けではそれほどではない[27]。マユワは父安康が雄略によって殺された後、生母の系統と関係する葛城氏—ツブラを頼ったが、結局、ツブラとともに雄略に殺されたというのが本来的な所伝ではなかったであろうか。

マユワは安康皇子からオホクサカの子へと位置付けが変更されたとみられるが、オホクサカは『記』の仁徳条ではハタヒノオホイラツコの亦名とされている。しかし、ハタヒノオホイラツコは系譜的部分にのみ現われる人名であり、安康暗殺に至る安康条の記述では亦名のオホクサカのみが見えている。互いに共通性を有さない異名は本来異なる存在とされていた者が合体されたことによって生じたとみられることからすれば、ハタヒノオホイラツコとオホクサカも本来異なる存在とされており、マユワは、説話の中でオホクサカの子として見えるのであるから、ハタヒノオホイラツコとではなくオホクサカとの関係で考えなければならない。マユワの父としてオホクサカが選ばれた理由が問題であるが、この場合、オホクサカの本来の位置が先ず検討されなければならない。前著ではハタヒノオホイラツコとナガタノオホイラツメとの間の子としてオホクサカをとらえた（第一章七）が、オホクサカとナガタノオホイラツメとが夫妻とみられるので、少なくともオホクサカをナガタノオホイラツメ所生とした系譜は訂正を必要とする。

オホクサカは、安康・雄略の同母姉ナガタノオホイラツメを妻としていることからすれば、現系譜と同様に、天皇ないしそれに準ずる者の子や兄弟というのが相応しい。ナガタノオホイラツメと同世代であったとすれば、履中皇子・反正皇子やナガタノオホイラツメの異母兄弟という位置付けが考えられるが、仁徳ないしその原型〔ホムタノオシロワケの子とされていたとしても、伯叔父・姪婚という現系譜と同様の婚姻形態であり、異世代婚ではあるが、それほど不自然なものではない。『記』でオホクサカがハタヒノオホイラツコの亦名とされていることから、前者が後者の子とされていたとみることも不可能ではないようにも思える。[28] しかし、ハタヒノオホイラツコの生母は日向出自であり、中央有力豪族出自の女とは格が違う。要するに、オホクサカの位置として想定し得るのは履中皇子・反正皇子・允恭皇子（ないし允恭の前に安康・雄略などの父として位置付けられていた者の子）・仁徳皇子（ないしその原型の子）ということである。ただし、いずれの場合もオホクサカの生母が誰かということが問題となる。

先ず注意したいのは、『記』で雄略妃（后）とされている者がオホクサカの妹ワカクサカ〔べ〕であることである。欽明〜敏達段階では雄略后は雄略紀でクサカハタヒヒメに注記される橘姫皇女であり、これは反正皇女タカラ（財王、財皇女）に一致するとみられる（前著第一章七）が、何故ワカクサカ〔ベ〕が后とされたのであろうか。一つにはワカクサカ〔ベ〕がタチバナヒメと何らかの関係にあったことが考えられる。タカラ＝タチバナヒメの生母は丸邇之許碁登臣の女弟比売（『記』）ないし大宅臣木事の女弟媛（『紀』）とされるが、「ヲトヒメ」というのは一般的には実名よりは通称的なものとみるべきである。タチバナヒメの生母にヲトヒメ以外の名が伝えられていたとするならば、その可能性を有するのは、タチバナヒメと何らかの関係を想定し得るワカクサカ〔ベ〕と、ワカクサカベとともにハタヒノワカイラツメの亦名として『記』に見える長日比売命とではなかろうか。しかし、ワカクサカ〔ベ〕がタチバナヒメの生母であったとすればオホクサカは和珥氏出自となるが、これは疑問であるように思う。皇族として位置付けられることになった理由が問題となるからである。ナガヒヒメがヲトヒメの本名であったとすれば、ナガヒヒメ所生のオホクサカ・ワカクサカ〔ベ〕が、それぞれカミナガヒメ所生のハタヒノオホイラツコ・ハタヒノワカイラツメと合体されたことによって、ナガヒヒメがハタヒノワカイラツメの亦名とされたと、とりあえず考えることはできる。しかしこの場合、ナガヒヒメがタチバナヒメの生母の名として残されていない理由が問われる。

とりあえずタチバナヒメとワカクサカ〔ベ〕との関係を別にして、履中妃ハタヒ〔ノワカイラツメ〕とワカクサカ〔ベ〕との関係に注目してみよう。オホクサカ・ワカクサカ〔ベ〕兄妹は履中との関係、すなわちハタヒ所生の履中皇子女・ナカシヒメ同母兄弟姉妹ということが考えられるのではなかろうか。この想定においては、ハタヒ〔ノワカイラツメ〕とワカクサカ〔ベ〕とが合体された事情、およびオホクサカがハタヒノオホイラツコと合体された事情は次のように考えられる。安康の暗殺者が雄略からマユワに変更されたことによって、マユワは安康皇子からオホクサカの子に変改された。これはオホクサカがマユワの生母ナカシヒメの同母兄弟とされていたことによるとみることができる。マユワがオホクサカの子として位置付けられたことによって、マユワの生母ナカシヒメとオホクサカの妻ナガタノオホイラツメとが合体された。安康がオホクサカを殺してその妻を妃としたという説話はこのような系譜の変改に伴うものとみられるが、オホクサカとナカシヒメは同母兄弟姉妹婚となるので、オホクサカの位置付けも変更されなければならなくなった。オホクサカがハタヒノオホイラツコと合体されたのは、その生母ハタヒ〈ノワカイラツメ〉との関係によるものであり、同時にワカクサカ〈ベ〉もハタヒ〈ノワカイラツメ〉と合体されたということである。

タチバナヒメが「更名」として注記されるにとどまっていたり（『紀』）、妃名として現われていない（『記』）ことについては、タチバナヒメの生母ヲトヒメが和珥氏系であることとの関係が推測される。和珥氏系によって形成された王統譜および和珥氏系系譜は「天皇記」段階で解体・変改されている（前著第二章三）が、この変改の一環として雄略后が和珥氏系皇女からオホクサカの妹に変更されたとみられる。オホクサカは雄略の兄安康の妃の同母兄弟である。このようなオホクサカと雄略との関係によって、雄略后がオホクサカの同母妹とされたとみることは可能ではなかろうか。『記』で安康・雄略と関係して現われているのはオホクサカ・ワカクサカ〈ベ〉であり、ハタヒノオホイラツコやハタヒノワカイラツメではないことからすれば、それらが合体される前にタチバナヒメがオホクサカの同母妹とされたとみるのが良いようにも思われる。また、タチバナヒメの位置付けの変更、ワカクサカ〈ベ〉との合体が和珥氏系系譜の変改に伴うとみられることを勘案すると、「天皇記」段階ではハタヒノオホイラツコとオホクサカとは、いまだ合体されていなかったことになる。したがって、両者の合体がマユワが雄略に替わって安康の暗殺者とされたことによるとみられるのであるから、マユワが安康の暗殺者とされたのは「天皇記」以後、『記』『紀』編纂段階と考えられる。

ところで、「ワカクサカ〈ベ〉」という人名は、もともとオホクサカの同母妹として位置付けられていたものであろうか。疑問とすべきところもあるように思われる。『紀』では仁徳条と安康条に幡梭皇女、雄略条で草香幡梭姫皇女とあって、『記』の「ワカクサカ〈ベ〉」というようなものは見えないからである。雄略紀の「クサカハタヒヒメ」は「クサカ」と「ハタヒ」とが合体された人名であるが、ワカクサカ〈ベ〉とハタヒとの合体ではなく、オホクサカとハタヒとの合体とみることも不可能ではない。『紀』にハタヒノオホイラツコが見えずオホクサカが記されているのは、マユワとの関係がオホクサカの方が大きかったことによるとみられるが、ワカクサカ〈ベ〉がオホクサカの妹として位置付けられていたのであれば、『紀』がオホクサカ・ハタヒという、いわば共通性（少なくとも直接の）のない兄妹名を系譜に採用することはなかったのではないかと思う。このことは、ワカクサカ〈ベ〉がオホクサカとの関係で後に造作されたことを示すのではなかろうか。実際、『紀』ではハタヒノオホイラツコがオホクサカの亦名（更名）としても記されていないのであるから、ワカクサカ〈ベ〉がオホクサカの同母妹とされていたのであれば、それが排されハタヒがオホクサカの妹とされる理由は見出し難い。元の雄略后であるタチバナヒメの位置が変改された際に、オホクサカとの関係を示すべくワカクサカ〈ベ〉が作為されたということである。雄略紀に見えるクサカハタヒヒメも同様であり、オホクサカとの関係を示すためにハタヒに「クサカ」が冠されたものであろう。「若日下部」は平城宮跡出土木簡等に見えるが、部の存在は必ずしもそれと関係する人物の実在を証するものではない。ワカクサカ〈ベ〉との関係で作られた部名とみることも可能である。むしろ、日下部・草壁等はあっても、「大日下部」というような部名が知られないことに注意すべきである。「大日下」「大草香」は、「倭」が「大倭」とも表記されたことと同様に、「日下」「草香」に美称「大」が冠されたもので、元来は「オホクサカ」ではなく「クサカ」と訓まれたことも考えられる。

しかし、改作された人名ということでは共通するが、ワカクサカ〈ベ〉・クサカハタヒヒメという人名の成立まで同時期であったか否かは別である。後者は「クサカ」を冠しているので、オホクサカがハタヒノオホイラツコと合体された『記』『紀』編纂段階とみられる。これに対してワカクサカ〈ベ〉は、前述のように、オホクサカと長幼・男女の対をなす如き人名であり、雄略后としてタチバナヒメが排除された「天皇記」段階で、タチバナヒメに替わる者として造作されたとみることは可能である。「天皇記」段階でタチバナヒメがオホクサカの同母妹とされていたとすれば、ハタヒノオホイラツコとオホクサカとが合体されたとみられる『記』編纂段階でハタヒノワカイラツメの亦名としてワカクサカ〔ベ〕が造作されたことになり、ことさらにそのようなことが行われた理由が不明であるからである。しからば、クサカハタヒヒメはワカクサカ〔ベ〕とハタヒとが合体されたものとみるのが良さそうではある。しかし、そうであるならば、雄略紀以外にもクサカハタヒヒメという人名が現われていても良さそうなものである。クサカハタヒヒメは、ハタヒが〔オホ〕クサカの同母妹であることを明示するために、ハタヒに「クサカ」が冠されたにすぎないとみるべきであろう。

『記』にハタヒノワカイラツメの亦名として記されているナガヒヒメは、ハタヒノワカイラツメ・ワカクサカ〔ベ〕あるいはタチバナヒメと関係を有する者として位置付けられていたことが考えられる。しかし、ワカクサカ〔ベ〕は「天皇記」段階で造作された人名とみられるので、とりあえずはハタヒノワカイラツメやタチバナヒメとの関係でナガヒヒメを考えなければならない。

ナガヒヒメは、ハタヒノワカイラツメとの関係では、姉妹や女という位置付けが想定される。姉妹の場合は、ナガヒヒメがハタヒノワカイラツメの亦名として合体される理由が考えにくい。女であったとすれば〔オホ〕クサカの妹となるが、タチバナヒメの位置付けの変改に伴って、タチバナヒメと合体されたことが想定される。しかしこの場合は、タチバナヒメ・ナガヒヒメに加えて、さらにそれらと同一人の別名としてワカクサカ〔ベ〕が造作されたことになり、その理由が問題となる。

タチバナヒメとの関係ではどうか。この場合も姉妹や女という位置付けになると思われる。タチバナヒメの姉妹であったとすれば、反正皇女とされていたことや、ナカシヒメとともに〔オホ〕クサカの同母姉妹とされていたことが想定されるが、後者の場合は前述のように問題がある。前者についても、タチバナヒメが反正皇女タカラとして元のまま『記』『紀』に位置付けられているにもかかわらず、位置付けが変更される直接の理由のないナガヒヒメが変改されたという矛盾が生ずる。タチバナヒメの女であったとすると、雄略皇女とされていたことは言うまでもない。雄略后タチバナヒメの位置付けの変改に伴ってナガヒヒメのそれも変改されたともみられそうではあるが、タチバナヒメに替わって雄略后に位置付けられたワカクサカ〔べ〕やクサカハタヒヒメの所生とされても何ら問題はなく、むしろそうあってしかるべきように思う。ナガヒヒメの本来の位置はハタヒノワカイラツメやタチバナヒメとの関係では明らかにし難いということである。

雄略―タチバナヒメ（ワカクサカ〔べ〕・クサカハタヒヒメ）と同様に、現段階でいまだ位置付けられるべき子女を見出していない者に〔オホ〕クサカ―ナガタノオホイラツメとの間の女と仮定するならば、オホクサカの子としてマユワが位置付けられたことに伴って、ナカシヒメがオホクサカの妻とされるとともに、ハタヒノオホイラツコとオホクサカとが合体されたことによって、マユワがナカシヒメとナガタノオホイラツメとが合体した者の所生とされ、オホクサカとナガタノオホイラツメとの間の女ナガヒヒメは排除されて、父オホクサカと合体されたハタヒノオホイラツコの同母妹ハタヒノワカイラツメの亦名とされたと考えることができる。しかし、ナカシヒメとナガタノオホイラツメとが合体されたのであるから、ナガヒヒメはマユワの姉妹として位置付けられても良さそうに思われる。ナガヒヒメが排除されたことには、〔オホ〕クサカや安康の子女が一人であったというような事情が関係したのではなかろうか。

『記』の系譜でナカシヒメが履中皇女やオホクサカの妻としては位置付けられず、タチバナヒメも雄略后名として記されずに、いずれも抹殺された如くになっているのは、どのような理由によるのであろうか。先ずナカシヒメの場合は、本来の生母ハタヒ〔ノワカイラツメ〕がワカクサカ〔べ〕と合体されて雄略后とされ、生母たる者を失うことになったことによって、王統譜から排除されたとみることは可能であろう。ナガタノオホイラツメは従来の位置付けが二様に分けられ、安康・雄略の同母姉とオホクサカ妻とに分立されたが、これは安康が同母姉を妃としたことになることを避けるためである。この場合、オホクサカ妻ナガタノオホイラツメは、ナカシヒメと同様に、生母等が不明になる。ナガタノオホイラツメがマユワの生母として位置付けられたのは、オホクサカとナガタノオホイラツメとの関係が重視されたことによるとみられる。このナガタノオホイラツメが履中皇女とされなかったのはナカシヒメが排除されたことと同じ理由に基づくのであろう。これに対し、『紀』の系譜は、ナガタノオホイラツメとともに、ハタヒ〔ノワカイラツメ〕も分立させたものであり、ナカシヒメの更名としてナガタノオホイラツメが記されているのであるから、『記』に伝えられる系譜よりも本来のかたちを残していると言い得る。

タチバナヒメについてはどうか。「天皇記」段階でナカシヒメの同母妹として位置付けられたとみられるが、ナカシヒメの場合のように生母を失ったことによると考えることはできない。ハタヒノワカイラツメの亦名とされてしかるべきであるからである。雄略の同母妹に位置付けられている橘大郎女（『記』）・但馬橘大娘皇女（『紀』）は、タチバナヒメが雄略后から排除されたことによって造作された者とみられる（前著第一章七）。『記』の系譜でタチバナヒメが雄略后の亦名としても現われていないのは、タチバナヒメが雄略の同母妹タチバナノオホイラツメとして位置付けられていることによると思われる。

ところで、雄略妃として『記』に丸邇之佐都紀臣の女袁杼比売、『紀』に春日和珥臣深目の女童女君が見える。後者は雄略条で妃とされたこととともに、その所生として春日大娘皇女が記され、仁賢条ではカスガノオホイラツメが仁賢后とされたことと雄略条と同様の注記とが見える。これに対して『記』は、雄略条で袁杼比売所生子女を記さず、仁賢条で妃春日大郎女を雄略皇女としているだけであり、袁杼比売と『紀』のヲミナキミとが、ともに和珥氏出自であることから、かろうじてカスガノオホイラツメが袁杼比売所生という系譜が推測されるにすぎない。袁杼比売とオミナキミ、丸邇之佐都紀臣と春日和珥臣深目が、それぞれ『記』『紀』に伝えられる系譜で相対応する位置にあることまで否定することは難しいかもしれない。しかし、人名を異にすることは問題であり、本来は関係するような位置付けではなかったと思われる。袁杼比売所生としてカスガノオホイラツメが明記されていないこと、しかも袁杼比売は説話部分でのみ現われることは、カスガノオホイラツメが袁杼比売所生として位置付けられたかどうかを疑わせる。深目―童女君―春日大娘皇女という『紀』に見える系譜は造作された（前著第一章七）としても、佐都紀臣―袁杼比売―春日大郎女という系譜は存在しないのではないかということである。

「袁杼比売」は普通「ヲドヒメ」と訓まれているようであるが、継体の諱を『記』が「袁本杼」と表記するのに対して、『紀』は「男大迹」と表現しているように、「杼」は「ト」とも通ずるものである。[29]「ド」と「ト」のいずれが本来的であるかということは別としても、袁杼比売は「ヲトヒメ」と関係することが考えられる。しからば、雄略后タチバナヒメと元来同一人であったとみられる反正皇女タカラの生母ヲトヒメが想起される。袁杼比売と訓みが相通ずるだけではなく、和珥氏系出自であり、雄略とも、直接と間接との違いはあるが、関係するからである。袁杼比売が、説話部分で雄略妃になったとされているのは、雄略后としてのタチバナヒメの位置付けの変改と関係するように思われる。タチバナヒメが雄略后・和珥氏系から排除された替わりに、袁杼比売が位置付けられているとみるのである。

反正妃のヲトヒメについては、以上からすれば、「ヱヒメ」に対する「ヲトヒメ」というような普通名詞に基づく通称的人名とばかり言いきれないように思われる。「弟」を「ヲト（ド）」なる人名を表わすための借字とみることもできるのではなかろうか。

カスガノオホイラツメがヲミナキミ所生という系譜が存在したとすれば、『記』にそれが採用されず、曖昧になっている理由が問われる。カスガノオホイラツメについては雄略紀元年三月条の后妃子女の記載に続いて、母ヲミナキミはもと采女で一夜で脹《はら》んで女子を生んだが、天皇はそれを疑って養わなかった。しかし、物部目大連の言によって、女子を皇女、母を妃としたという不可解とも言い得る説話が記されている。このような説話が信じ得ないものであり、造作されたものとみるべきことは言うまでもない。カスガノオホイラツメは、皇女ではなく和珥氏そのものの出自であったのが、継体后タシラカや宣化后タチバナの生母であることから、雄略皇女として位置付けられたとみられる（前著第一章七）。「ヲミナキミ」なる生母の名も、「幼い女」という普通名詞的なものであることからすれば、造作によるものと考えることもできるように思う。

物部目大連の言で雄略がカスガノオホイラツメやヲミナキミを皇女・妃としたという記述は、物部氏を主、和珥氏を従とする両氏の親近関係を示すものであり、物部氏が天皇に意見を言い得るほどの有力者であったことを示す。しかし、物部氏は、少なくとも「物部戦争」までは和珥氏の下にあったとみられる（第三章）ので、このような説話の成立段階としては、石上麻呂が右大臣から左大臣であった『記』『紀』編纂段階を想定しなければならない。春日和珥臣深目—カスガノオホイラツメという元来の系譜を雄略に結び付けるために両者の間にヲミナキミが挿入されたのが『紀』に伝えられるものであり、『記』の系譜はカスガノオホイラツメのみが雄略皇女として位置付けられたものと思われる。

『紀』に袁杼比売が見えないのは、袁杼比売に子女が位置付けられていなかったこと、同じ和珥氏系の深目—カスガノオホイラツメが雄略の系譜に位置付けられたことによるのではなかろうか。ただし、オミナキミを造作された人名とするならば、袁杼比売をカスガノオホイラツメの生母としなかった理由が問題となるが、これについては袁杼比売が佐都紀の女であり、深目とは関係する者ではなかったことによるとみておくことにしたい。ただし、袁杼比売が反正妃ヲトヒメと通ずるとすれば、後者の父が和珥氏系ではあるがサツキではなくコゴトと伝えられていることが支障となる。しかし、コゴトは本来多氏系の者とされていたとみられるので[30]、コゴトを和珥氏系としたために、サツキが反正妃の父として位置付けられなかったと考えることができる。

以上、本節ではマユワによる安康暗殺説話の実態が雄略による安康殺害であったことを想定し、それを傍証すべくマユワに関係する系譜の復元を試みた。欽明〜敏達段階と「天皇記」段階での復元系譜を図示すれば、それぞれ図10-d・eのようになる。いずれも、前著でそれらの段階の王統譜と想定したものに、その後の拙稿での検討の結果を加えたものを基にしている。継体段階での王統譜に基づいた図は作成していないが、これは前著で想定した系譜にかなりの修正が必要なこと、その後多氏との関係で若干継体段階の王統譜を考えたが[31]、まだまだ明らかにしなければならない問題があることによる。なお、雄略后タチバナヒメは欽明〜敏達段階で和珥氏系によって仁賢皇女・宣化后のタチバナが架上されて雄略后とされたものとみられる。また、継体段階で雄略后とされていたのは葛城ツブラの女カラヒメ（韓比売、韓媛）所生の雄略皇女ワカタラシヒメ（妹若帯比売命、稚足姫皇女）の更名として雄略紀に注記される栲幡姫皇女であり、これは多氏系と関わる者と考えられる[32]。

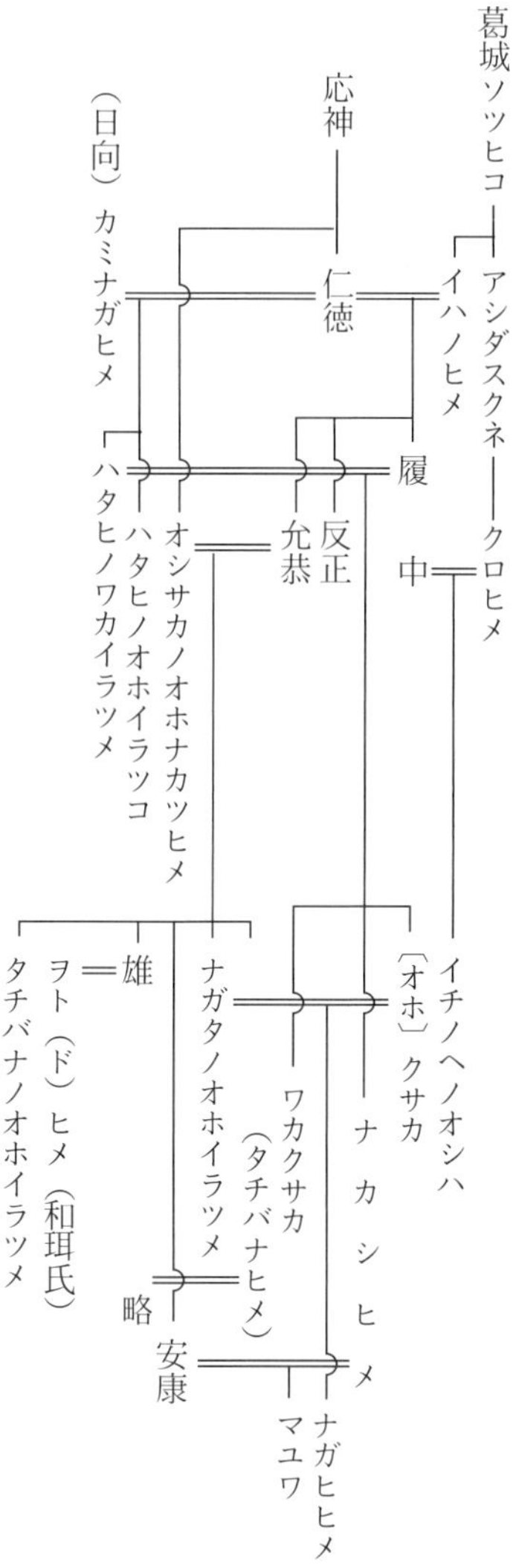

図 10-e 「天皇記」段階の系譜

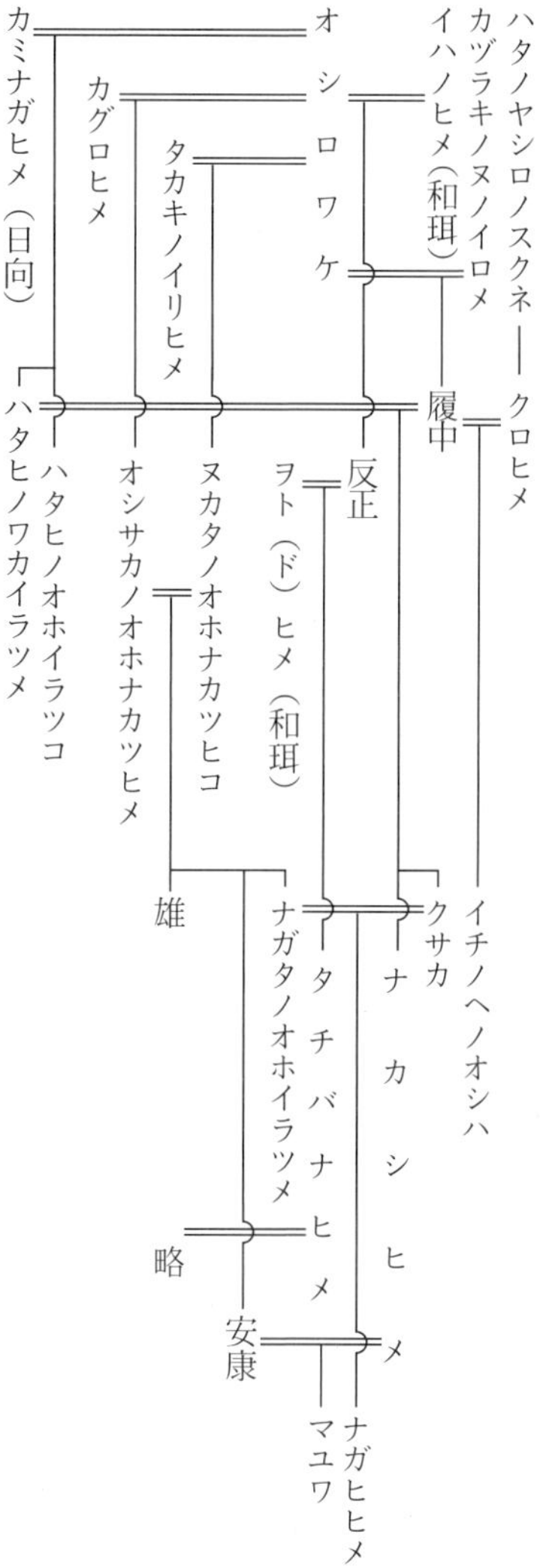

図 10-d 欽明～敏達段階の系譜

むすびにかえて

以上、皇族反乱伝承として『記』『紀』に記されていると思われるものについて検討してきた。それらの原型はすべて何らかの史実を背景にしていることが明らかになったと思う。それは葛城氏系・和珥氏系王統から雄略系王統に移る際の争乱、雄略による安康暗殺、第九章で述べた雄略死後の争乱、継体朝末期からの争乱などである。最後に、ホシカハおよびイハキが『記』で雄略皇子として現われていない理由、ホシカハの乱が『記』に記されていないことについて考え得ること(一案)を述べて、むすびにかえることにしたい。

イハキについて『記』は出自不詳の皇族として記すにすぎないが、『紀』では雄略皇子とともに允恭皇子としても位置付けられている。『記』が顕宗妃をイハキの女としているのに対して、『紀』がイハキの孫としていることは雄略皇子としてのイハキの位置との関係でとらえられることや、允恭皇子という位置付けは雄略との関係で考えられることは第九章で指摘した。皇族としてのイハキの位置付けは雄略皇子の方が本来的とみられるということである。『記』でイハキが雄略皇子とされていないことについても、イハキが雄略皇子などの皇族ではなく吉備上道臣系であったこと、また、その血縁者が顕宗妃(后)であったこととの関係が考えられることもすでに指摘した。問題はホシカハである。

系譜上の位置付けの変更は、その父母・兄弟姉妹・夫・妻の位置付けの変更に伴う場合が少なくない。このことからすれば、ホシカハが雄略皇子として『記』に位置付けられていないのは、イハキの位置の変改に伴うという推測も生じる。しかし、イハキの位置付けの変更は反乱者との関係を絶つのが目的とみられるので、ホシカハまで変更する必要はないのであり、イハキとの関係でホシカハが雄略皇子から排除されたとは考え難い。ホシカハの乱が『記』に見えないこととの関係で考えなければならない。

ホシカハの乱は吉備系の皇子の反乱である。他の反乱を起こした皇族の生母の出自は、現系譜では、タギシミミが日向（薩摩）の阿多（吾田）、タケハニヤスヒコが河内、サホヒコが春日、スミノエノナカが葛城氏、カゴサカ・オシクマとオホヤマモリおよびマユワが皇族であり、タギシミミを除いて、すべて中央系である。タギシミミの場合は神武の日向からの東遷という『記』『紀』の記述上の特殊事情があり、しかも、タギシミミの元来の系統は多氏系である。また、他は自らの意図によって反乱を起こしているが、ホシカハの場合は、生母ワカヒメが太子シラカを倒して皇位を得るようそそのかすというように、自主的なものとはなっていない。ホシカハの乱は、生母に加えて吉備上道臣が援軍を送ってきたとあるように、雄略皇子ではあれ、地方豪族系による皇位簒奪計画にほかならないものとなっている。ホシカハの乱は他の反乱とは異質的なものと見做すことができるように思う。

雄略が吉備族系の妃を有していたことは、雄略をモデルとしたとみられるヤマトタケル(33)が、系譜上、吉備と密接な関係を有していることから、充分想定可能であり、その所生としてもとよりホシカハないしはそれに相当する皇子が位置付けられていたことも蓋然性がある。推測にすぎないが、『記』がホシカハの乱を伝えていないのは、この乱が吉備という地方の豪族による皇位簒奪計画になっていることと関係するように思われる。地方は討伐・平定される対象、朝廷によって支配される対象であり、皇位継承に関わる紛争を主導するような行動を取ることなどはあってはならないというのが理由ではなかろうか。ホシカハやその生母が『記』で雄略皇子・妃から排除されたのは、このことと関わると思われる。

注

（1）拙著『古代の天皇と系譜』（校倉書房、一九九〇年、以下「前著」）第二章三。
（2）反乱伝承の原型の追及はいわゆる「王権交替」の史実性の検討にも関わる。この究明を通じて、『記』『紀』の記述とは異なる政治史上の史実を一定明らかにすることが可能ではないかと思う。
（3）拙稿「蘇我氏関係系譜の原型をめぐって」（大阪府立工業高等専門学校『研究紀要』二九、一九九五年）。
（4）拙稿「『ヒコ＋某』形式の人・神名とその特徴」（大阪府立工業高等専門学校『研究紀要』二五、一九九一年）。
（5）前掲注（3）拙稿。
（6）前著第一章六および拙稿「『タラシ』関係系譜についての再検討」（大阪府立工業高等専門学校『研究紀要』三一、一九九八年）。
（7）拙稿「和珥氏系系譜についての再検討」（『日本書紀研究』第二〇冊所収、塙書房、一九九六年）。
（8）三品彰英「神功皇后の系譜と伝承――イヅシ氏と息長氏――」、塚口義信「大帯日売考――神功皇后伝説の史的分析――」（いずれも『日本書紀研究』第五冊所収、塙書房、一九七一年）。なお、オキナガタラシヒメがオホタラシヒメとオキナガヒメとが合体されたものとみられることは拙稿「『息長』を冠する王族の系譜をめぐって」（大阪府立工業高等専門学校『研究紀要』三四、二〇〇〇年）で述べた。
（9）前著第一章四および拙稿「『イリ』系譜についての再検討」（大阪府立工業高等専門学校『研究紀要』三三、一九九九年）。
（10）拙稿「多氏と王統譜」（大阪府立工業高等専門学校『研究紀要』三〇、一九九六年）。
（11）前掲注（10）拙稿。
（12）拙稿「アメノオシホミミから神武に至る系譜の形成をめぐって」（大阪府立工業高等専門学校『研究紀要』二八、一九九四年）。
（13）前掲注（10）拙稿。
（14）前掲注（7）（10）拙稿。
（15）前掲注（10）拙稿。
（16）前掲注（12）拙稿。

(17) 前著第一章一および前掲注(10)拙稿。
(18) 前掲注(10)拙稿。
(19) 前掲注(6)拙稿。
(20) 前掲注(3)拙稿。
(21) 拙稿「葛城氏系后妃についての再検討」(『日本国家の史的特質』古代・中世編所収、思文閣出版、一九九七年)。
(22) 吉井巌「応神天皇の実在性をめぐって」(『天皇の系譜と神話』所収、塙書房、一九六七年)。
(23) 前掲注(7)拙稿。
(24) 前掲注(7)拙稿。
(25) 前掲注(7)拙稿。
(26) 飯田武郷『日本書紀通釈』。
(27) ナガタノオホイラツメや安康・雄略の父がイハノヒメ所生の允恭という現系譜では、マユワはオホクサカの子であるとしても母方では葛城氏とつながるが、それは「天皇記」段階で変改されたものであり、欽明~敏達段階の王統譜では、ナガタノオホイラツメ・安康・雄略などの父はタカキノイリヒメ所生のヌカタノオホナカツヒコとされていたことは、前著第一章七および拙稿「雄略関係系譜についての再検討(Ⅰ)――その本来の父母を中心として――」(大阪府立工業高等専門学校『研究紀要』三六、二〇〇二年)で述べた。
(28) オホクサカの子をハタヒノオホイラツコとする逆の想定は、後者の同母妹として相応しいハタヒノワカイラツメが仁徳皇女とともに応神皇女としても『記』に現われており、皇女としての位置付けを否定し得ないので、不可とすべきである。
(29) 簡野道明『増補字源』(一九五五年、角川書店)には「杼」に「ト」という音を記している。
(30) 前掲注(21)拙稿。
(31) 前掲注(10)拙稿。
(32) 前掲注(21)拙稿。
(33) 吉井巌「ヤマトタケル物語形成に関する一試案」(『天皇の系譜と神話』所収、塙書房、一九六七年)。

Ⅱ　地方平定伝承

はじめに

朝廷による地方平定伝承・説話は『記』『紀』に少なからず載せられている。それらは次の通りである。

孝霊記

大吉備津日子命・若建吉備津日子命（后妃子女の部分には若日子建吉備津日子命とある）が針間を道口として吉備国を平定。

崇神記

大毘古命を高志、建沼河別命を東方十二道に遣わしてまつろわぬ人などを和平させ、日子坐王を旦波国に遣わして玖賀耳之御笠を殺させる。

崇神紀十年九・十月条

大彦命を北陸、武渟川別を東海、吉備津彦を西道、丹波道主命を丹波に遣わす（四道将軍）。

（〔崇神紀四十八年四月条〕　豊城命に東国を治めさせる。）

崇神紀六十年七月条

吉備津彦と武渟川別を遣わして出雲振根を誅す。

景行記

小碓命（倭建命）を遣わして熊曾建兄弟を殺させる。還上の途上、山神・川神・穴戸神を平定し、出雲建を殺す。倭建命に吉備臣等之祖御鉏友耳建日子（吉備臣建日子）を副え、東方十二道の荒ぶる神と未服属の人などを平定させる。

景行紀十二～十八年条

熊襲親征。豊前・豊後の土蜘蛛を倒し、熊襲梟帥を殺して襲国を平定。帰途で肥後の熊津彦（弟）と土蜘蛛を殺す。

景行紀二十七～二十八年条

日本武尊に熊襲を撃たせる。吉備穴済神・難波柏済神を殺したことを奏上。

景行紀四十年条

日本武尊に、吉備武彦・大伴武日連・七掬脛（膳夫）を従わせ、東国の暴神・蝦夷の乱を平定させる。

〔景行紀五十五年二月条〕 豊城命の孫彦狭嶋王を東山道十五国都督とするが、春日穴咋邑で薨す。）

景行紀五十六年八月条

彦狭嶋王の子御諸別王に東国を領させる。蝦夷の騒動を討伐。

仲哀記

天皇親から熊曾国を撃とうとしたが、神の言葉を信じなかったため、その大忿によって崩。

仲哀紀二年三月～九年二月条

熊襲が叛して朝貢しなかったため、熊襲国を討とうとする。神の言葉を信じず熊襲を撃つが勝てず、神の言葉を用いなかったために崩（一云、熊襲の矢に中《あた》って崩）。

神功紀摂政前仲哀九年三月条

吉備臣祖鴨別を遣わして熊襲国を服させる。皇后、山門県の土蜘蛛田油津媛を誅す。

仁徳紀五十五年条

蝦夷が叛し、それを撃つために派遣された上毛野君の祖田道は敗死するが、後に大蛇となって蝦夷を多く殺した。

仁徳紀六十五年条

飛驒国の宿儺が皇命に随わなかったため、和珥臣祖難波根子武振熊に誅させる。

雄略紀七年八月条

物部兵士卅人を遣わして吉備下道臣前津屋并せて族七十人を誅殺させる。

雄略紀十三年八月条

播磨国御井隈人文石小麻呂が暴虐で租賦を輸さなかったため、春日小野臣大樹を遣わして殺させる。

雄略紀十八年八月条

物部菟代宿禰・物部目連を遣わして伊勢朝日郎を伐たせる。目が筑紫聞物部大斧手を率いて獲え斬る。

清寧紀即位前雄略二十三年八月条

星川皇子の反乱に加担しようとした吉備上道臣の領有する山部を奪う。

継体記

物部荒甲之大連・大伴之金村連を遣わして、竺紫君石井を殺させる。

継体紀二十一年六月～二十二年十二月条

筑紫国造磐井、新羅と結んで反乱。物部大連麁鹿火を遣わして殺させる。磐井の子筑紫君葛子、糟屋屯倉を献じて死罪を贖うことを求める。

安閑紀元年閏十二月条

武蔵国造笠原直使主と同族小杵とが国造を争い、小杵は上毛野君小熊に援を求めて使主を謀殺しようとし、使主は京に詣で朝廷に状を告げる。朝廷は使主を国造とし、小杵を殺す。

継体記・紀、安閑紀の記述も含めて、これらの説話内容のすべてを史実と見做し得ないことは言うまでもないが、伝承・説話の背景に史実が存在したか否かはともかくとしても、何らの理由もなく造作されたとも思われない。ここでは諸説話が如何にして形成されたかということについて、天皇関係系譜との関係で考えることにしたい。地方平定説話は系譜形成と直接には関係しないとしても、平定者とされる皇族の系譜上の位置付けと説話とが無関係であるはずはないからである。

一　地方平定者

まず、前掲の地方平定説話に見える平定者について見てみることにしよう。

継体段階のこととして伝えられる筑紫国造磐井の反乱は、大和政権による筑紫制圧が説話化されたものとしてとらえられるべきものである。[1] ただし、「反乱」の平定者とされる者については『記』『紀』の記述とは異なる想定が可能である。『記』は物部麁鹿火（荒甲）を大連、大伴金村を単なる「連」とし、前者を先に記している。このことは麁鹿火が討伐の中心であったことを意味するものであろう。『紀』の場合はさらに徹底し、麁鹿火が金村の推薦で派遣されたとある。しかし、『紀』では麁鹿火が出陣する時のことばで物部氏の祖先の功業には触れず、大伴氏の祖道臣の功業を語っているのであり、不自然な記述となっている。磐井の乱平定の中心が麁鹿火とされているのは、『記』『紀』編纂段階で物部氏の後裔石上麻呂が左大臣であったこととの関係が考えられないであろうか。もちろん、この争乱の重大性からすれば、和珥氏の下にあった物部氏[2]が関係したことや、火君や大分君・阿蘇君を同族とする多氏も同様であったことも想定されるが、蘇我氏と密接な関係を有した大伴氏[3]が中心であったと思われる。

安閑紀の武蔵国造をめぐる争いは大和政権と毛野政権との争乱が説話化されたものであり、この争乱によって関東地域が制圧された。[4] 制圧者名は伝えられていないが、東海から関東に多氏・和珥氏や阿倍氏・膳氏の同族とする氏族が分布していることから、それらの中央氏族が関係していたとみることは可能であろう。この点で埼玉稲荷山古墳出土の鉄剣は重要である。武蔵北部の埼玉古墳群の造営は五世紀末前後からであり、南部地域でそれ以前に古墳が築造されてきていた。したがって、鉄剣を造らせた乎獲居臣は、代々大王に仕えてきたというのであるから、埼玉古墳群近隣地域の豪族と考えるよりも、中央系の者とみる方が良いように思う。この鉄剣が稲荷山古墳に埋蔵されていたのは、毛野政権制圧に当該地域の豪族が大きな役割を果したことによる中央豪族からの下賜によるものか、中央豪族自身が毛野対策のために赴任して当地に葬られたことによるものかのいずれかとみられる（補説）。

雄略・仁徳段階では吉備・播磨・伊勢・飛騨と蝦夷とが征討の対象となっている。蝦夷を上毛野氏の祖が討伐したというのは、上野・下野と蝦夷との地理的関係からしても、両者の関係が反映されたものと考えられる。[5] 他はすべて和珥氏およびその関係者が討伐に関わっている。

神功以前はまさしく「伝説時代」であるが、出雲、熊襲および豊前・豊後・肥後、蝦夷（東方）の平定と「四道将軍」関係説話が位置付けられている。豊前・豊後・肥後（ただし一部の土蜘蛛を殺したという記述になっている）は景行の熊襲親征との関係で『紀』に現われているとみられるが、これらの地域が平定の対象となっているのは継体朝における筑紫制圧とも関係するようにも思われる。それは磐井が筑・火・豊に亘って反乱を起こしたと『紀』にあることや、磐井と関係する石人・石馬が当地域に分布していることによる。

出雲の制圧については『記』が景行朝、『紀』は崇神朝とあって、異なる。前者はヤマトタケルが出雲建を殺したとしているように、ヤマトタケルの西征・東征説話の一環をなすとみるべきである。後者は「四道将軍」が東海・北陸・丹波・西道（吉備）を平定した後のこととして語られるが、「四道将軍」と同じ崇神朝であることは、東北・九州を除く地域が崇神段階で朝廷に支配されたとする造作によるものとみられる。『紀』に吉備津彦と阿倍氏の遠祖武渟川別が討伐者として記されていることについては、出雲制圧の一方向として門脇禎二氏が備後・安芸方面からの蘇我氏による進出を想定されていること[6]に注目したい。備後・安芸は元来吉備政権との関係が考えられるところであり、阿倍氏は蘇我氏と浅からぬ関係にあった氏族である。『紀』の出雲平定者には一定の史実が反映されていると思われる。すなわち、吉備を制圧した大和政権が蘇我氏を中心として吉備方面から、吉備族や阿倍氏などを動員して出雲に進出したということである。

残るのは「四道将軍」であるが、節をあらためて考えてみよう。

二 「四道将軍」の派遣と和珥氏

崇神朝で「四道将軍」が派遣されたというのは『紀』の所伝であり、『記』ではオホヒコ・タケヌナカハワケとヒコイマスの派遣は記すが、吉備の平定は孝霊条に見える（ただし時代は明記していない）。両書で所伝に相違があるが、東海・北陸・丹波・吉備を平定したとしていることは共通する。

平定者は、オホヒコが北陸の「道口」たる若狭に密接に関係する膳氏の祖、タケヌナカハワケは東海の「道口」伊賀を元来本拠としたとみられる阿倍氏の祖であり、タニハノミチノウシや（オホ）キビツヒコ・ワカ（ヒコ）タケキビツヒコは丹波・吉備をそれぞれの名に有するので、各地方に派遣された者としてはまことに相応しいと言える。ヒコイマスは直接丹波とは関係しないが、現系譜ではタニハノミチノウシ（『記』は丹波比古多多須美知能宇斯王・旦波比古多多須美知宇斯王）の父であり、不当というわけではない。「四道将軍」とされる者はこのような地域との関係で先ず理解し得る。

伊勢は伊賀とともに東海の「道口」と言えるが、和珥（春日）氏の同族飯高君・壱師君は伊勢を本拠とし、雄略紀十八年八月戊申条には伊勢朝日郎を物部目が殺したとある。北陸へは山城南部から近江を通るのが一般的経路とみられるが、応神が角鹿への途上、宇治の木幡で丸邇之比布礼能意富美の女宮主矢河枝比売を見初めて婚してウヂノワキイラツコが生まれたという伝承（『記』）や、山城南部および東部から近江にかけての和珥氏の同族の分布からして、当地域は和珥氏の勢力下にあったと考えられる。丹波も、和珥氏の同族多紀臣の存在や、和珥氏と密接に関わるヒコイマス系にタニハノ（ヒコタタス）ミチノウシ等が位置付けられていることから、和珥氏との関係が想定される。吉備については雄略紀十三年八月条の春日小野臣大樹による播磨国人文石小麻呂誅殺説話に注目される。[7]「四道将軍」派遣地域はいずれも何らかのかたちで和珥氏と関係しているようである。

オホヒコは現系譜では穂積氏系のウツシコメ所生孝元皇子であるが、欽明～敏達段階では吉備族の祖ワカタケルヒコ（稚武彦王、『紀』）とともにヤマトタケルの子で同じ穂積氏系の弟橘媛（『紀』）所生とされていたとみられる。[8]穂積氏は和珥氏系の物部氏の同族であるから、北陸（高志）に派遣されたオホヒコと吉備族の祖は和珥氏と関係する。また、丹波に派遣されたヒコイマスは和珥氏と密接に関わる者であり、タニハノミチノウシは、ヒコイマスとヒコユムスミ（比古由牟須美命、彦湯産隅命）のいずれの子であるにせよ、和珥氏につながる。[9]タケヌナカハワケも、オホヒコの子とする孝元記の系譜に従えば、和珥氏と結びつくが、タケヌナカハワケはヌナカハミミ（綏靖の原型）から分立された者と考え得るので、[10]いま少し検討しなければならない。

オホヒコがヤマトタケルの子から孝元皇子へ変更されたのは推古朝前後以後に見られる蘇我氏と阿倍氏の関係によると思われるが、オホヒコがヤマトタケルの子とされていた段階でタケヌナカハワケがオホヒコの子とされていたかどうか。阿倍氏と訓みを共通にする阿閉氏は、孝元紀では阿倍氏・膳氏とともにオホヒコの後裔と記されているが、『新撰姓氏録』では彦背立大稲輿命（右京皇別上阿閉臣条）・彦瀬立大稲起（越）命（河内国皇別阿閉臣条）の後とある。このヒコセタツオホイナコシは彦背立大稲腰命（左京皇別上宍人朝臣条）・大稲輿命（左京皇別上高橋朝臣条・右京皇別上伊賀臣条）とも記されるが、孝元記が膳氏の祖とする日子伊那許士別命に当たる。阿閉氏が膳氏と同族であることは、阿倍氏の氏名が饗（アヘ）に由来し[11]膳氏と職掌の共通性を有することと相通ずる。阿倍氏は膳氏と系譜的に関係する位置付けがなされていたことが想定される。あるいは「アヘ」氏の本宗が阿倍臣として中央に進出して本来の職掌から離れたのに対し、それ以外は阿閉臣・敢臣などとして従来の職掌と関係したことによって膳氏の同族となったのではなかろうか。阿倍氏の祖と膳氏の祖は「天皇記」以前に相関係するものとして位置付けられていたとみられる。

『先代旧事本紀』国造本紀は、若狭国造の祖を膳臣祖佐白米命児荒礪命、高志国造の祖を阿閉臣祖屋主田心命三世孫市入命とする。後者のヤヌシタゴコロは『新撰姓氏録』右京皇別上伊賀臣条に大稲輿命の男とある彦屋主田心命と同一人とみられ、同条にはこれを祖とする道公も載せられている。北陸には膳氏系が進出しているのであるが、膳氏の祖ヒコイナコシワケの「コシ」は北陸地方の称である「越(高志)」を意味するものであろう。オホヒコが当地域に派遣されていることからすれば、オホヒコ―ヒコイナコシワケという系譜は本来的なものであり、オホヒコは膳氏に関わる者であったとみられる。オホヒコを祖とすることによって、阿倍氏は古くから、東海経営だけでなく、北陸経営にも関わっていたと主張し得る。このことがオホヒコ―タケヌナカハワケという系譜が形成された理由と思われるが、その時期は和珥氏中心に系譜が形成された欽明～敏達段階(前著第二章三)とは考え難い。膳氏は、オホヒコの生母が穂積氏系ということのみではなく、後に高橋に改姓しているように、本拠が和珥氏由縁の石上周辺の高橋とみられることから、和珥氏と密接な関係を有したことが想定されるのであり、当段階でタケヌナカハワケがオホヒコの子とされれば、阿倍氏は膳氏の枝流となるからである。タケヌナカハワケがオホヒコの子でヒコイナコシワケの兄とされたのは「天皇記」段階とみるのが良さそうである。しかし、欽明～敏達段階で阿倍氏と膳氏とが系譜的に無関係というのも、前述のように、考え難い。タケヌナカハワケは、オホヒコの子ではないが膳氏と関係を有したということからすれば、オホヒコの同母兄弟というのが相応しいのではなかろうか[12]。

系譜関係においても「四道将軍」は和珥氏とのつながりがみられるのであるが、人名それ自体について次に見ておくことにしたい。次のように人名は二種に分類できる。

派遣地名と関係する者……オホキビツヒコ・ワカ〔ヒコ〕タケキビツヒコ(『記』)、キビツヒコ(『紀』)、タニハノミチノウシ（『紀』）

派遣地名と無関係の者……オホヒコ、タケヌナカハワケ、ヒコイマス（『記』）

吉備へ派遣された者は『記』『紀』共通して「吉備」をその名に有するが、ワカ〔ヒコ〕タケキビツヒコは、王統譜上では本来稚武彦命（『紀』）であり（前著第一章三、第二章二）、『紀』では『記』のオホキビツヒコに当たるキビツヒコは吉備族の祖とはされていない。オホヒコとタケヌナカハワケがヤマトタケルの子とされていたと推測されることを勘案すれば、同じヤマトタケルの子であるワカタケルヒコが吉備へ派遣されたというのが原型のように思われる。

丹波に関係する人名としてはヒコイマスよりもタニハノミチノウシの方が相応しいことは言うまでもない。また、前著で想定した欽明〜敏達段階の王統譜でも、ヒコイマスはヤマトタケルの父垂仁と同世代、タニハノミチノウシはヤマトタケルと同世代である（第二章三など）から、丹波に派遣された者としても世代的にはタニハノミチノウシの方が相応しい。しかし、これだけが派遣地域名を有する人名であることに疑問が残る。このような地名を有する人名（ないし神名）は後世に造作されたとするよりは、むしろ王統譜上に位置付けられる以前に存在していたとみるべきものが多いと思うが、地方平定者が当該地域名を名に有しているというのはどうか。地方平定者がその地域に居住したことにより後裔が地名を人名としたと位置付ける、あるいは通称や亦名として地名でも呼ばれたとする方が自然ではなかろうか。タニハノミチノウシよりもヒコイマスの方がより本来的ということであるが、前者は元来ヒコユムスミの子とされていたとみられることからすれば[13]、丹波の平定者は本来ヒコユムスミとされていたと考えるべきである。ヒコイマスが派遣されたという伝承は、タニハノミチノウシがヒコタタスと合体してヒコイマスの子とされたことに伴って形成されたのであろう。

このように考えると、垂仁と同世代のヒコユムスミ[14]と垂仁の孫オホヒコ・タケヌナカハワケ・ワカタケルヒコとが

「四道将軍」とされたことになるが、彼らは同時に派遣されたとされていたとみるよりは、丹波と他地域とは異なる段階とされていたと考えるべきように思う。ヒコユムスミ・タニハノミチノウシはヒコフツオシノマコト系、他は崇神系（ヤマトタケル系）であり、オホヒコ・タケヌナカハワケ・ワカタケルヒコが膳氏・阿倍氏・吉備族の祖であるのに対し、ヒコユムスミ・ヒコイマスやタニハノミチノウシ自体を祖とする氏族が伝えられないことは、丹波に派遣された者は他の者と異質であることを示す。このことは丹波と他地域への将軍派遣が異なる時期であったことと関係するように思う。「四道将軍」の世代からすれば、丹波平定は崇神朝前後、東海・北陸・西道は景行の原型であるオホタラシヒコやオシロワケ前後とされていたことが考えられる。『紀』には景行朝でヤマトタケルが熊襲征討の帰途で吉備穴済神を殺したこと、東国を平定し吉備武彦を越国に派遣したことが記されている（『記』は東方十二道平定のみとしている）。『紀』のヤマトタケル説話は、その三子が西道・東海・北陸に派遣されたとされていたとみられることと相通ずるのであり、この三子派遣伝承に基づいて『紀』の記述がなされたと考えられる。ヤマトタケル説話に丹波平定に関係するようなものが見られないのは、丹波平定と他地方平定とが異なる時代のこととされていたことを示しているのではなかろうか。

丹波平定者がヒコユムスミからタニハノミチノウシに変更された理由はどうか。「天皇記」段階でオホヒコ・ワカ〔ヒコ〕タケキビツヒコやワカタケルヒコは崇神と同世代であり、ヒコユムスミは崇神の兄弟、タニハノミチノウシは垂仁と同世代である（前著第二章三）。タケヌナカハワケはオホヒコの子として位置付けられたので垂仁と同世代となったが、オホヒコの同母兄弟という元の関係に従えば、崇神の世代となる。世代上では、崇神の世代の者が「四道将軍」に任じられたというのが基本であったように思う。現系譜では〔オホ〕キビツヒコ・ワカ〔ヒコ〕タケキビツヒコやワカタケルヒコは崇神の祖父の世代、オホヒコは崇神の父の世代、ヒコユムスミ・ヒコイマスは崇神と同世代、タニハノミチノウシは崇神皇子と同世代となり、四世代に亘る。『記』がオホキビツヒコ・ワカタケキビツヒコの派遣を崇神朝のこととはせず、孝霊条で、当時代とは明記していないが、吉備平定を記しているのは、四世代に亘ることが理由と想像できる。しかし、ヒコユムスミの場合は、「天皇記」であれ現系譜であれ、世代関係からはタニハノミチノウシに変更される理由は見出し難い。

元来の「四道将軍」は和珥氏に関係する者であった。「天皇記」や現系譜でも吉備関係者とオホヒコそれぞれの生母は元の系譜の影響を受けている。しかし「天皇記」では、吉備系の生母は、系譜上、蘇我氏出自の欽明妃堅塩媛・小姉君に相当する位置にあり、オホヒコも蘇我氏系と関係するかたちで位置付けられた(前著第二章二)。ヒコユムスミの生母は欽明〜敏達段階では、『記』系譜にヒコフツオシノマコトの妻でウマシウチノスクネ生母とある尾張連祖意富那毘の妹葛城高千那毘売であったとみられる。[15]「天皇記」でヒコユムスミは丹波のタカノヒメ所生開化皇子とされたが、タニハノミチノウシはヒコイマスの子ヒコタタスと合体され、ヒコイマスの子とされた。[16]ヒコユムスミは丹波系となったが、後に続かないのであり、ヒコイマスが丹波へ派遣されたとされてしかるべきである。ヒコイマスは、生母も妻も和珥氏系の者が位置付けられているのであるから、和珥氏系以外の何者でもない。和珥氏系の説話が変改されたことからすれば、ヒコイマスが和珥氏系であったことによってタニハノミチノウシが派遣されたと改作されたと思われる。『記』がヒコイマスを記しているのは、それがタニハノミチノウシの父で丹波系の祖の如く位置づけられていたことからの造作とみられる。

以上のように、「四道将軍」説話は、和珥氏系が、自ら地方を平定した史実を基に説話化したものが原型であり、和珥氏系によって形成された系譜と関係することから、それは欽明〜敏達段階で成立したと思われる。ただし、丹波と他地域は派遣・平定時期が異なるものとされていた。「天皇記」段階でそれが蘇我氏系に関わるものとされるとともに、

「四道将軍」が同時に派遣されたことになり、さらに『記』編纂段階頃に、世代の問題により、吉備だけが時期を溯らせて位置付けられたということである。吉備平定者がキビツヒコやワカ〔ヒコ〕タケキビツヒコとなったのは「四道将軍」が変改されて以後のことであることは言うまでもない。

三　地方平定説話の形成

「四道将軍」説話の形成については前節で触れたが、ここでは『記』『紀』に見える地方平定説話全体の形成事情について考えたい。

蝦夷征討については若干前述したが、毛野族（上毛野氏）が関係した史実を背景にしていることは考えられる。『紀』が彦狭嶋王・御諸別王の東国派遣をヤマトタケルの東征の後としていることも、自然で理解しやすい。ここで注意したいのは仁徳紀五十五年条の記述である。田道が大蛇となったというのは、上毛野氏の祖のミモロワケが三輪に縁を持つ人名であり、三輪神が蛇であることと関係するのではなかろうか。また、死後に人間とは異なるものとなって蘇生したというのは、白鳥と蛇との相違はあるが、ヤマトタケルに通ずるところがあると思う。田道は蝦夷に殺され、ヤマトタケルは蝦夷を征した帰途に伊吹山の神によって殺されている。元来ヤマトタケルは垂仁皇子で三輪に関わる「イリ」系、毛野族の元来の始祖ヒコサシマはヤマトタケルの子とされていた（前著第一章五・第二章二）。してみれば、田道説話はヤマトタケルの蝦夷平定説話を基に造作されたと考えられるのではなかろうか。この説話が仁徳朝にかけられているのは、一つには『紀』における地方平定説話の規則的・計画的な位置付け（前著第二章二）によるとみられるが、蝦夷関係説話が置かれた事情はそれだけでは説明し得ない。ほかにも理由があったとすべきである。「天皇記」段階では、ヤマトタケルの子・孫はそれぞれ応神・仁徳と同世代である（前著第一章五）が、毛野族の祖で実際に東国に下向したとされるのはヒコサシマの子ミモロワケであり、ミモロワケは仁徳と同世代となる。この位置は『紀』のヒコサシマ・ミモロワケをトヨキイリヒコ（豊木入日子命、豊城入彦命）の孫・曾孫とする系譜に従った場合でも同様である。ミモロワケも蝦夷の騒動を討伐したとある。田道が仁徳紀に登場しているのはミモロワケが仁徳朝で蝦夷を討伐したとされていたことを踏襲したことによることが考えられる。ただし、ヒコサシマが東国下向途中に春日穴咋邑で死し、その子ミモロワケが替わって派遣されたと伝えられていることは検討を要する。

春日は和珥氏と密接に関係する地域であり、「ヒコ＋某」形式の人・神名と和珥氏との関係から、ヒコサシマも和珥氏と関わる者とみられる。ヒコサシマが出立直後に死亡したというのは和珥氏と関係するヒコサシマの東国派遣説話の変改であり、このような変改は、とりあえず、「天皇記」段階でなされたとみることは可能である。ヤマトタケルの子とされていた地方豪族の祖は「天皇記」段階で位置付けが変更されたのであり（前著第二章二）、毛野族の始祖も同時期にヤマトタケルからトヨキイリヒコへ変更されたのであろう。しかし、実際に東国に赴任したのがミモロワケとされていることは、ヒコサシマより前にミモロワケが毛野族の始祖とされていたことを想像させる。ミモロワケは、前述のように、三輪に関係するが、和珥氏系によって形成された王統譜で和珥氏系とするためにヒコサシマの子に位置付けられたということである。当段階で東国に派遣されたとされていたのはヒコサシマではなかろうか。ミモロワケが派遣されたとされていたのであれば、蘇我氏系による「天皇記」段階で和珥氏と関係するヒコサシマが東山道十五国都督に任じられたという説話が造作される理由がないからである。なお、崇神紀のトヨキイリヒコに東国を支配させるという記述は、それが毛野族の祖に位置付けられたことによることは言うまでもない。

ヒコサシマは、ヤマトタケルの子として位置付けられていたとみられることからすれば、オホヒコらも同様であるから、「四道将軍」とともに派遣されたとされていたことが考えられる。オホヒコは北陸、タケヌナカハワケは東海に派遣されているが、蝦夷に関わる陸奥はそれらの地域には含まれず、東山道に属する。「七道」は令制下の区分であるが、『紀』編者はこの区分に基づいてヒコサシマが「東山道十五国都督」に任じられたとしたとみられる。ともかく、それらの派遣は、世代関係からして、オホタラシヒコ前後が相応しい。オホタラシヒコとオシロワケから景行・応神・仁徳が成立した段階で「四道将軍」は崇神朝での派遣とされたが、ヒコサシマやミモロワケは元の三輪と関わる「イリ」系のトヨキイリヒコにつながる者として位置付けられたために、それらとは異なる時代での派遣となったとみられる。ミモロワケは、「天皇記」段階では、ヤマトタケルの孫あるいはトヨキイリヒコの曾孫という位置からして、同世代である仁徳朝での東国派遣とされたとみられるのではなかろうか。この説話が二つに分けられ、一方では景行朝でのミモロワケの派遣、他方では仁徳朝での田道の派遣になったが、それは『記』『紀』編纂段階で景行と応神との間に成務・仲哀が挿入され、仁徳がミモロワケの孫の世代になったからであろう。ミモロワケは仲哀と同世代となったが、祖父と同世代の景行によって派遣されたというのはどうか。父ヒコサシマは、景行によって西征・東征を命じられたヤマトタケルと同世代であるから、ヤマトタケルの東征後に派遣されるのは問題はない。そのヒコサシマが急死したためミモロワケが景行に命じられて東国へ下向したというのも、世代では問題はないわけではないが、説話としては自然な流れと思われる。

次に熊襲征討説話についてである。熊襲征討説話ないし征討計画説話として『記』『紀』に共通するのはヤマトタケルと仲哀によるものであるが、『紀』にはそのほかにヤマトタケル派遣に先立って景行による親征がなされたことが見える。『記』『紀』に共通する仲哀による征討計画から見てみよう。

仲哀は熊襲を討ったヤマトタケルの子である。東国へ派遣された毛野族の祖ヒコサシマもヤマトタケルの子とされていたとみられることからすれば、ヤマトタケルによる征討の後にその子が熊襲に派遣されたという説話がもとより存在したことも考えられる。仲哀が神の忿に触れて死んだというのは、その名タラシナカツヒコが和珥氏と密接に関係する「タラシ」(前著第一章二)を含んでいるように、仲哀が和珥氏と関係する者として位置付けられていたことからして、蘇我氏系による和珥氏系の者に対する否定とみられる。しかし、単に否定するだけであれば、ことさらに仲哀を熊襲征伐に関係させる必要はないと思う。仲哀ないしそれに相当する者が熊襲征伐を行った説話が変改されて仲哀の死の説話となったとみることもできるからである。

仲哀の死は上毛野氏の祖田道が蝦夷に殺されたことと関係するように思う。田道説話の形成以前にヒコサシマ派遣説話の存在が想定されることは前述の通りであるが、ヒコサシマが下向途中に死し、子ミモロワケが替わりに派遣されて蝦夷を討ったとあることに着目したい。これは田道が蝦夷に殺されたが大蛇に化身して蝦夷を殺したと伝えられていることと相通ずる。「天皇記」段階では、蘇我氏系によって和珥氏関係系譜の解体・変改が行われている(前著第二章三)のであるから、和珥氏に関係するヒコサシマは、下向途上春日で死んだのではなく、蝦夷に殺されたとされていたとみる方が良いのではなかろうか。この説話に基づき、後に田道説話が成立したとみられる。熊襲と蝦夷とにそれぞれ関係しながら殺された者がヤマトタケルの子とされていること、ないし子として位置付けられていたと考えられることは、仲哀がヤマトタケルの後、熊襲支配のために親征したというのが原型であることを示しているようにも思われる。しかし、この推測が妥当であるか否かは景行の九州親征説話の検討結果如何に関わる。

熊襲親征の際に景行は豊前・豊後・肥後の土蜘蛛を征討しているが、前述のように、これは火・豊に掩拠したという磐井の乱と関係すると思われる。熊襲親征は仲哀と通ずる。仲哀后オキナガタラシヒメの原型の一つオホタラシヒメは景行の原型の一つオホタラシヒコと対をなす。オキナガタラシヒメ＝オホタラシヒメを通じて仲哀とオホタラシ[17]

ヒコは共通する位置にあり、いずれも熊襲征討に関係しているのである。熊襲親征・九州平定という一つの説話が景行と仲哀とに分立されたとみられるということであるが、その説話はオホタラシヒコに関わるものとすべきであろう。

仲哀は熊襲討伐を企図したものの神の忿で死んだという説話は、仲哀が応神の父として位置付けられた『記』『紀』編纂段階で成立したものであるが、それ以前の「天皇記」で、すでにその原型が成立していたのではなかろうか。「天皇記」では、景行―応神―仁徳という系譜であったとみられるので、九州平定・熊襲親征を試みた景行が神の忿に触れて熊襲に勝てず死んだ（『紀』の「一云」も用いるならば、神の忿に触れて熊襲の矢に当たって死んだ）後にオホタラシヒメないしオキナガタラシヒメが朝鮮征討を行ったという説話であったと推測できる。ヤマトタケルの後にオホタラシヒコが九州を平定したという元の説話が、「天皇記」でまず変改され、さらに『記』『紀』では、仲哀が応神の父とされたことに伴い、仲哀は熊襲討伐を企図したものの神の忿で死んだとされ、景行については九州を平定したことだけが記されたと考えられるということである。なお、神功紀摂政前条で吉備臣祖鴨別が熊襲征討者とされていることについては、『続日本紀』養老四年三月条に鴨別を祖とする笠朝臣御室が征隼人副将軍に任じられたとあることとの関係が想定される。

以上のように、ヤマトタケルが制圧したとされる熊襲・蝦夷の地域にも後に派遣された者がいたとされていたことが想定されるとすれば、出雲も同様ではないかという憶測も生ずる。垂仁紀二十六年八月条に物部十千根大連を出雲に遣して神宝を検校させ、それらを掌らせたことが見えるが、これは崇神朝のキビツヒコとタケヌナカハワケによる出雲振根誅殺の後日譚として記されているものである。この説話は物部氏やその関係者が出雲制圧に関係していたことの反映とみられる。『記』と垂仁紀の記述とを折衷するならば、また物部氏が和珥氏に従属していたとみられることからすれば、ヤマトタケルの出雲平定後に和珥氏関係者が派遣されたとされていたことも考えられるが、『記』『紀』

間で討伐者が相違している理由が問われる。これについては、『紀』の崇神朝における出雲討伐説話は東北と九州以外が崇神朝で朝廷の支配下に入ったという述作によるもの、景行朝のヤマトタケルによるとする『記』の所伝は地方を平定したというヤマトタケルの所為に帰したものと考えられることとの関係で理解し得る。

崇神朝で東北・九州以外の地域が朝廷支配下になったと述作された理由は何か。『紀』の出雲平定伝承が崇神朝でのこととされたのは、「四道将軍」が崇神朝で派遣されたとされていることと関係するように思われる。キビツヒコによる吉備平定から出雲平定へと自然に続くからである。崇神朝での「四道将軍」派遣という説話は「天皇記」段階で設定されたとみられる（本章I）が、それはオホヒコ・キビツヒコが崇神と同世代、タケヌナカハワケ・タニハノミチノウシが崇神の子の世代に位置付けられたことと関係するとみられる。しかし、垂仁朝での派遣とされても世代的には問題はないのであり、世代以外にも理由があったと思う。崇神が王統譜上で重要な位置にあることとの関係はもちろんであるが、『紀』がタケハニヤスヒコの崇神に対する反乱を鎮圧した後に「四道将軍」が任地に赴いたとしている（任命は反乱前）ことに注目したい。『記』で反乱平定後に任地に赴いたことが明記されているのはオホヒコだけであるが、他者の派遣も『紀』と同様とみることは可能であろう。

ヤマトタケルの東西征討後に関係する地域に将軍が派遣されたというのが「四道将軍」説話の原型であるとすれば、それは当該地域を朝廷下に緊密に確保する目的を持つもので、景行紀のヤマトタケルによる討伐後のヒコサシマ・ミモロワケの東国派遣伝承が参照される。「四道将軍」派遣をタケハニヤスヒコの乱との関係でみれば、将軍任命が反乱以前で、オホヒコの北陸下向の途上で反乱の企みを知ったということであるので、「将軍」が各地に派遣されて都の守りが手薄になった段階でタケハニヤスヒコが反乱を起こそうとしたということになると思う。「四道将軍」が垂仁朝ではなく崇神朝で派遣されたというのは、このような皇族反乱の構想とも関係するものであろう。[18]

出雲平定を崇神朝のこととする『紀』の所伝は以上の如き事情によって形成されたのであり、元来の出雲平定説話とは異なると思われる。ヤマトタケルの西征・東征の後、関係地域に将軍が派遣されたり親征が行われたというのが、欽明～敏達段階での説話であったとみられることからして、出雲も同様であったであろう。東海と西道に派遣されたタケヌナカハワケとキビツヒコが出雲振根を殺したとあることも、このことを支持すると思う。しかし、両者がもとより出雲へ派遣されたとされていたか否かは別であり、また、前記の垂仁紀二十六年八月条の物部十千根を出雲へ派遣して神宝を掌らせたという記述にも注目される。神宝の管掌は祭祀権の否定・吸収であり、当該地方に対する支配を意味する。後日譚のかたちではあるが垂仁朝にも出雲平定説話がかけられているのであるが、これは十千根が垂仁朝で石上神宝を管掌することになったとされていることと関係するように思う。しかし、出雲平定だけならば崇神朝での出雲振根殺害説話で事足りる。十千根が登場しているのには理由があるとしなければならない。十千根ないし物部氏系に関係する者が派遣されたというのが説話の原型ではなかろうか。石上祭祀の起源が垂仁朝のこととされたこと、地方平定が崇神朝でのこととされたことによって、出雲平定説話が二朝に亘って位置付けられ、崇神朝での征討者がキビツヒコ・タケヌナカハワケとされたとみられるのである。

十千根が派遣されたとすれば、他がすべて皇族であることとの関係で、若干の問題が生ずる。十千根も元来平定者とされてはいなかったと思う。ほかの場合と同様に、和珥氏に関わる皇族が相応しい。十千根への変更も和珥氏系ということで解し得るからである。出雲平定者として崇神紀にキビツヒコが記されていることを勘案すれば、和珥氏系と関わる「ヒコ＋某」形式の人名であり、〔オホ〕キビツヒコの本名とされるヒコイサセリヒコを想定し得る。ヒコイサセリヒコと〔オホ〕キビツヒコとが合体され、加えてタケヌナカハワケも出雲平定者とされた事情は今のところ不詳とせざるを得ないが、あるいは実際の出雲制圧に吉備勢力や阿倍氏が重要な役割を果したことの反映と考えられるかもしれない。

飛驒と吉備・播磨・伊勢の「反乱」とそれらの平定は、それぞれ仁徳朝・雄略朝のこととして『紀』に見える。すべて和珥氏と関係する説話であるが、吉備・播磨・伊勢についてはかなり実年代に近いと思う。

播磨の平定は吉備政権制圧への第一歩であるが、『紀』の説話自体から離れても、雄略の後継者清寧に対して吉備勢力がオケ・ヲケ二王を支援したとみられる（第九章）ことに、吉備と大和との対立が見られる。もちろん、雄略朝前後に吉備が全面的に制圧されたなどとは言えず、欽明朝での蘇我稲目による屯倉設置で成し遂げられると考えるべきであろう。播磨の豪族平定という伝承は、和珥氏の同族として備後を本拠とすると考えられる阿那臣（阿那郡）・大坂臣（阿那郡大坂郷）が『記』に伝えられていることとともに、和珥氏によって吉備に対する圧迫が加えられたことの反映であろう。それが雄略朝のこととして伝えられているのは、雄略朝で吉備制圧が具体的に推し進められたことと関係すると思われる。

伊勢の朝日郎と関係する朝明郡は東海への進出のための要地であり、本来ならば、このような地域の制圧はもっと古い時代のこととされていてしかるべきである。しかるに雄略朝のこととして伝えられていることは、雄略朝前後に東海への進出がはかられたという無視し得ない伝承があったことによるのではなかろうか。このことは雄略と関係を有する存在とみられる継体の妃の一人に尾張連出自メノコ（目子郎女、目子媛）がいることを想起させる。継体妃との関係からすれば、東海は尾張周辺までが大和政権の勢力圏であったことを示しているように思われる。雄略朝とは断定し得ないとしても、それに近い段階で伊勢を経て尾張に進出したと考えることができるということである。

飛驒の宿儺を殺した武振熊はカゴサカ・オシクマの乱の鎮圧者としても現われる。『記』『紀』の世代ではタケフルクマは仁徳の祖父の世代になるので、『紀』の編纂段階でタケフルクマが宿儺を殺したという説話が造作されたとは考え難い。「天皇記」段階としても蘇我氏が和珥氏の祖を活躍させる説話を作ったともみられない。やはり欽明〜敏達段階までに形成されたとすべきであろう。当段階ではタケフルクマはオホタラシヒコと同世代ぐらいになる。オホタラシヒコや仁徳の原型オシロワケと同世代の者が各地に派遣されたり、征討を行ったとされていた。仁徳朝で上毛野君田道が東山道に派遣されたという説話の原型がヤマトタケルの子ヒコサシマが派遣されたというものであることは前述の通りであるが、ヒコサシマはオホタラシヒコと同世代であり、タケフルクマも同様である。タケフルクマもヤマトタケルの後に派遣されたというのが原型であり、仁徳朝のこととして語られているのは田道説話との関係でとらえることができるように思われる。

飛驒に有力な豪族が存在したことを示す史料は存在せず、和珥氏と飛驒との関係も伝えられていないにもかかわらず、和珥氏が討伐したと『紀』が記しているのには、逆に、それなりの根拠があったことを感じさせるところがある。飛驒は美濃の東隣である。美濃といえば、継体の父方の祖母が美濃の牟義都国造出自であることが想起される。また、継体自身は尾張氏の女を妃としているが、飛驒（斐陀）国造は尾張氏の同族である（『先代旧事本紀』国造本紀）こと、継体の母方は、生母が越前の出自、祖母は加賀の江沼臣の出自であり、祖のイハツクワケは三尾君（本貫は近江あるいは越前）・羽咋君（能登）の始祖であるというように、北陸と関係することにも注意したい。「国造本紀」によれば、淡海国造・額田国造・三野前国造は和珥氏系、三野後国造は物部氏系、斐陀国造は尾張氏系、若狭国造は膳氏系、高志国造は阿閉氏系、三国国造・江沼国造・伊彌頭国造は蘇我氏系、角鹿国造は吉備系、加我国造・羽咋国造は三尾氏系、加宜国造・能登国造は垂仁の裔である。概括すれば、近江・美濃は和珥氏系であり、北陸（除越後）は、例外はあるが、蘇我氏系・三尾氏系となる。蘇我氏と三尾氏は継体を擁立した中心勢力であり、和珥氏は反雄略系の中心であった（第九章）。尾張氏は、継体が大和入りする前に妃を出していたのであるから、継体擁立勢力である。飛驒は和珥氏と関係する美濃の東隣であるが、飛驒国造が尾張氏の同族とされているように、尾張氏の勢力が伸びており、北は蘇我氏と関係する越中に接している。このような飛驒の豪族を和珥氏が平定したと言うのである。ここに雄略死後〜継体朝成立前の争乱の反映が考えられないであろうか。角鹿国造が吉備系であるというのも、雄略死後の争乱と関わった結果であるように思う。

ところで、雄略死後の争乱は、近江には継体につながる息長君・坂田君などの諸氏族が、美濃には牟義都君（国造）がおり、尾張には和珥氏の同族葉栗臣・知多臣がいたので、近江や美濃・尾張等でも起っていたことが考えられるが、飛驒が挙げられているようであるのは、どのような理由によるのであろうか。史料的根拠に乏しいので憶測でしかないが、飛驒が当時の大和政権の勢力が及ぶ一つの東限であったことと関係するのではなかろうか。飛驒（および美濃）の東隣信濃は関東に勢力を振るった毛野族（上毛野君）の本拠地の西隣でもある。地理的条件からすれば、大和政権よりも毛野政権の影響の方が大きかったと思われる。

飛驒が征討の対象地域となっていることも、ヤマトタケルとの関係が考えられなくもないように思う。ヤマトタケルが東国からの帰途で、『記』では科野之坂神を言向《ことむ》け、『紀』では信濃（信濃坂）でヤマトタケルを苦しめようとして白鹿に化した山神を殺したとある。信濃以東が平定されたというわけであるが、一方、ヤマトタケルは近江と美濃との境にある伊吹山の神によって、最後は伊勢国鈴鹿郡付近の能煩（褒）野で死んだとあり、美濃から伊勢は平定し得なかったとしているようでもある。しからば、飛驒はヤマトタケルが東山道において制圧し得た西端地域ということになる。継体段階で飛驒平定説話が造作されていたかどうかは不明であるとしても、飛驒の土豪征討説話はヤマトタケル伝承と何らかの関係があるとみられる。宿儺は顔が二つあるなど特異な人とされているが、このような記述は蝦夷との関係も窺わせるところがあると思う。

むすびにかえて

以上、地方平定に関する伝承について考えてみた。要するに、欽明～敏達段階の和珥氏によって形成された王統譜の段階では、ヤマトタケルの西征・東征の後にそれと関わる地域に親征や将軍派遣が行われたとされ、丹波はそれより前にヒコユムスミが遣わされたとされていたということである。ヒコユムスミは垂仁と同世代、ヤマトタケルは父による派遣とされていることから、両者は垂仁朝での派遣とされていたとみるのが良いであろう。ヤマトタケルより後の者は、ヒコイサセリヒコが開化の原型の一つヒコオホヒヒの子で[19]、オホタラシヒコの子と同世代であることを除けば、すべてオホタラシヒコの世代である。したがって、まとめると図10-fのようになる。

このような説話が改作されて結果的に『記』『紀』の如きものになったのであるが、前述のように、本来蝦夷征討に派遣されたとされていたのがヒコサシマではなくミモロワケとみられることからしても、このような説話が元来のものとも考え難い。継体段階で王統譜が形成された頃には、説話の原型は成立していたとみられる。その詳細は不明としなければならないが、若干の推測は可能であるように思う。想定し得るところを述べて、むすびにかえることにしたい。

ヒコユムスミとタケヌナカハワケの原型ヌナカハミミとは垂仁と同世代に位置付けられるのであり[20]、ヤマトタケルと同世代ないしそれ以前に設定されていたとみることはできる。ヌナカハミミの東海への派遣は、他者の大和より東方への派遣とともに、造作されていてしかるべきようにも思われるが、ヤマトタケルの東征で実際に征討の対象となっているのは、『記』で相武・蝦夷、『紀』では駿河・蝦夷である。東海を経て蝦夷を討ったと言うのである。相模と駿河は毛野政権と密接に関係する武蔵の南隣・西隣である。ヌナカハミミが東海を制し、その後にヤマトタケルがその東部から蝦夷を討伐したというのは一貫した説話と言い得るように思う。ともに垂仁朝のこととされていたとしても、前後関係があったとみることができる。

ヒコユムスミとヌナカハミミ以外では、ワカタケルヒコ・ヒコイサセリヒコ・オホヒコ・タケフルクマは、王統譜に位置付けられていたとすれば、ヤマトタケルの子ないしそれと同世代とみても問題はなさそうであり、ミモロワケも同様である。ミモロワケはヤマトタケルの東征後に派遣され、その後裔が土着したというのは自然である。皇族が地方に土着したことでは吉備も同様であり、ワカタケルヒコの派遣も可能性がある。ヒコイサセリヒコ・オホヒコ・タケフルクマも、世代からすれば可能性がないわけではないが、今のところ不詳としなければならない。オホタラシヒコは父系では垂仁と同世代であるが、母系ではヤマトタケルと同世代である。[21] 垂仁朝におけるヤマトタケルの西征後、自ら九州再征を行ったとされていた可能性はあるように思うが、これも未詳とせざるを得ない。

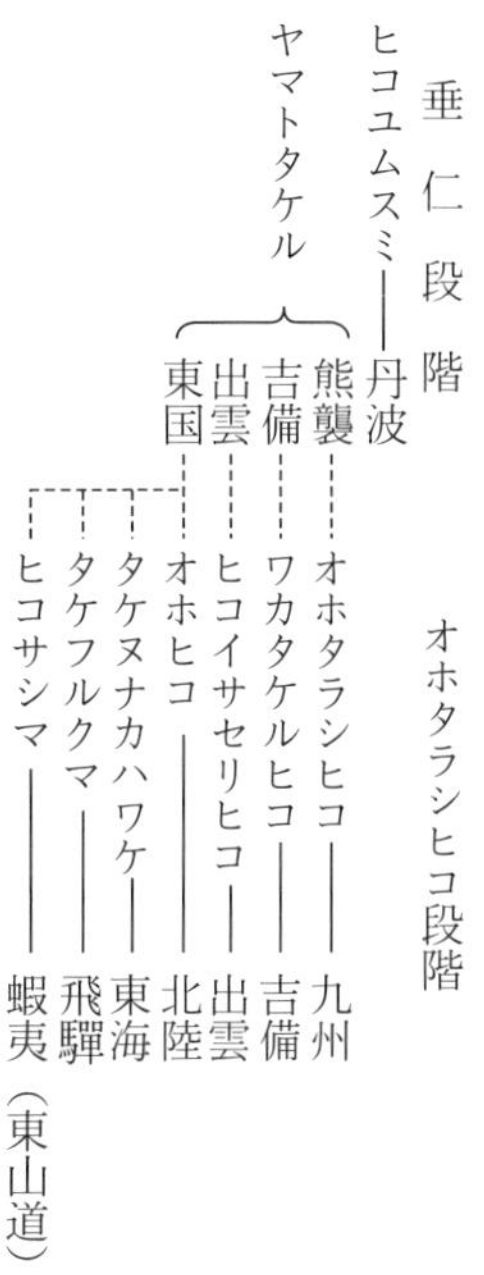

図 10-f　欽明～敏達段階での地方平定説話

要するに、現段階で地方平定説話の原初的なものと推測されるのは、垂仁朝でヒコユムスミ・ヌナカハミミの丹波・東海派遣、次いでヤマトタケルの西征・東征が行われ、その後に毛野（東山道）や吉備にその地を支配するためにミモロワケやワカタケルヒコが派遣され、それぞれの後裔はその地に土着したということである。ミモロワケ・ワカタケルヒコの派遣は、前者が仁徳紀の田道説話と関係し、応神紀には稲依別等の分封が見えることから、応神・仁徳の原型（ホムタノ）オシロワケの段階とされていたことが考えられる。また、ヤマトタケルは『常陸国風土記』に「天皇」と記されているが、景行・仲哀の親征がヤマトタケルの西征と関係すること、死亡場所や神名は異なるが、ヤマトタケルと仲哀はともに神の怒りに触れて死んでいることからすれば、ヤマトタケルが「天皇記」以前に天皇（大王）とされていた時期があったことも充分推測可能である。

〔補説〕稲荷山鉄剣銘の「乎獲居臣」

乎獲居臣については、中央系の豪族とする考えと北武蔵地域の豪族とする説との二つに大きく分かれていることは周知のところである。ここでは次のヲワケ臣の父祖系譜（ルビはほぼ一般的に認められていると考えられるもの）より、ヲワケ臣の出自を考える素材となるとみられるものを三点ほど挙げるにとどめておくことにしたい。

意冨比垝《オホヒコ》―多加利足尼《タカリスクネ》―弖已加利獲居《テヨカリワケ》―多加披次獲居《タカハシワケ》―多沙鬼獲居《タサキワケ》―半弖比《ハテヒ》―加差披余《カサハヨ》―乎獲居臣

上祖オホヒコは『記』『紀』では阿倍氏・膳氏などの祖とされているが、第二節で述べているように、本来膳氏の祖であった。このオホヒコを祖とする杖（丈）部造（『新撰姓氏録』右京皇別上）と関係する丈部が東国に多く分布していることから、ヲワケ臣を地方豪族とみることは可能であり、丈部直不破麻呂が神護景雲元（七六七）年十二月に武蔵宿禰を賜姓され武蔵国造とされている（『続日本紀』）ことは、正しくそのことを証するとみられるかもしれない。しかし、阿倍氏・膳氏の同族を多く記す『紀』にその名が見えないことは、同族関係の形成がかなり遅い段階であったとみるべきであることを示すものではなかろうか。また、「国造本紀」では、対蝦夷の関係でとらえられる那須国造を除いて、関東地域の国造に阿倍氏・膳氏系のものは知られないのであり、阿倍氏・膳氏系はそれほどの勢力ではなかったように思われる。

次に、第二世代タカリスクネと第三世代テヨカリワケとが「カリ」を共有することについてである。この「カリ」で想起されるのは景行紀五十三年十月条や『新撰姓氏録』および「高橋氏文」に見える膳臣遠祖の磐鹿六鴈である。『新撰姓氏録』によればイハカムツカリはオホヒコの孫となっているが[22]、この世代的位置付けはともかく、「カリ」と膳氏との関係が窺われる[23]。また、タカハシワケの「タカハシ」を地名とするならば、大和国における膳氏の本拠とみられ、後にその名に改姓した高橋との関係が考えられる。

三点目は人名の敬称が、ヒコ→スクネ→ワケと変遷していることである。このような変遷は伝えられる諸氏の系譜に見られないものであり、このことは少なくともオホヒコ—タカリスクネ—テヨカリワケという三世代の系譜が実在したものではないことを示しているかのようである。しかし、息長氏の復元系譜では、オキナガヒコ—オキナガスクネ—オキナガタワケというヲワケの祖先系譜と同様の敬称の変遷が認められる[24]。息長氏は、元来は近江国坂田郡に本拠を有し、和珥氏と密接な関係を示す系譜を伝えている。オホヒコを祖とする膳氏は近江の北隣若狭に密接に関わったが、若狭の西隣丹後は息長氏や和珥氏と結びついた地域である。また、「ワケ」を称する豪族に地方に関わる者が多いことは事実であるが、阿倍氏は元来伊賀国を本拠としており、膳氏も若狭など北陸を本拠としていたことは想定し得る。

ヲワケ臣は膳氏出自という可能性が大きいと思われるが、その系譜の検討も含めて、いずれ稿を改めて本格的に論じる予定である[25]。

注

(1) 山尾幸久『日本国家の形成』(岩波書店、一九七六年)。

(2) 第二章で和珥氏と物部氏との同族とも言い得る密接な関係について述べた。

(3) 第三章で蘇我氏と大伴氏との上下関係について述べた。

(4) 甘粕健「武蔵国造の反乱」(『古代の日本』第七巻、角川書店、一九七〇年)。

(5) 舒明紀九年条に上毛野君形名を将軍として蝦夷を討たせたことが見える。また『先代旧事本紀』国造本紀では東北の浮田国造を上毛野君系としている。

(6) 門脇禎二『出雲の古代史』(日本放送出版協会、一九七六年)。

(7) 門脇禎二氏も吉備制圧との関係で注目されている(『吉備の古代史』、日本放送出版協会、一九九二年)。

(8) 拙著『古代の天皇と系譜』(校倉書房、一九九〇年、「前著」と表わす)第二章二。

(9) 「ヒコ+某」形式の人名と和珥氏とが関係することは、拙稿「『ヒコ+某』形式の人・神名とその特徴」(大阪府立工業高等専門学校『研究紀要』二五、一九九一年)で指摘した。

(10) 拙稿「多氏と王統譜」(大阪府立工業高等専門学校『研究紀要』三〇、一九九六年)。

(11) 新編日本古典文学全集『日本書紀』1頭注。

(12) 拙稿「蘇我氏関係系譜の原型をめぐって」(大阪府立工業高等専門学校『研究紀要』二九、一九九五年)で、ヤヌシタゴコロを景行紀が武内宿禰の父とする屋主忍男武雄心(一云武猪心)命と同一人、タケヌナカハワケと元来の蘇我氏系の祖タケヰ(ヲ)ゴコロとが合体されたものとし、合体の事情をタケヰ(ヲ)ゴコロとタケヌナカハワケとが同母兄弟とされていたことに求めた。しかし、ヤヌシタゴコロはヒコイナコシワケの子であるから、タケヰ(ヲ)ゴコロとタケヌナカハワケとを同母兄弟と推定したことは訂正しなければならない。タケヰ(ヲ)ゴコロとヤヌシオシヲとの合体は膳氏系譜が蘇我氏系系譜に組み込まれたことを意味すると思う。北陸を本拠とする蘇我氏系氏族として『記』に江野財臣が見えるが、「国造本紀」は三国国造・江沼国造・伊彌頭国造を蘇我氏と同祖とする。北陸経営に関わった膳氏の祖を吸収することによって、北陸の豪族を組織したのではなかろうか。

(13) 前掲注(9)拙稿。

（14）現系譜ではヒコユムスミは開化皇子で崇神の異母兄弟とされているが、元は崇神の兄弟ヒコフツオシノマコトの子とされていたとみられることは、拙稿「和珥氏関係系譜についての再検討」（『日本書紀研究』第二〇冊所収、塙書房、一九九六年）で述べた。
（15）前掲注（14）拙稿。
（16）前掲注（9）拙稿。
（17）三品彰英「神功皇后の系譜と伝承――イヅシ氏と息長氏――」、塚口義信「大帯日売考――神功皇后伝説の史的分析――」（いずれも『日本書紀研究』第五冊所収、塙書房、一九七一年）。
（18）ただし、タケハニヤスヒコの乱は『記』『紀』編纂段階での改作であり、「天皇記」段階ではサホヒコの乱であったとみられることは本章Ⅰで、タケハニヤスヒコが蘇我氏系と関係する者であることは前掲注（12）拙稿で、それぞれ指摘した。
（19）前掲注（14）拙稿。
（20）前掲注（10）（14）拙稿。
（21）拙稿「『タラシ』関係系譜についての再検討」（大阪府立工業高等専門学校『研究紀要』三二、一九九八年）など。
（22）左京皇別上膳大伴部条・右京皇別上若桜部朝臣条。
（23）小林敏男「一一五文字の銘文が語る古代東国とヤマト王権」（『稲荷山古墳の鉄剣を見直す』所収、学生社、二〇〇一年）でも「カリ」が注目されているが、必ずしも膳氏との関係においてではない。
（24）拙稿「『息長』を冠する王族の系譜をめぐって」（大阪府立工業高等専門学校『研究紀要』三四、二〇〇〇年）。
（25）「古代関東と中央有力氏族――「ヨワケ臣」系譜との関係で――」と題して、その一部を論ずる予定である。

Ⅲ　木梨軽皇子伝承

はじめに

允恭の太子として『記』『紀』に伝えられるキナシノカル（木梨之軽王・太子、木梨軽皇子）に、同母妹カルノオホイラツメ（軽大郎女、軽大娘皇女）と相姦し、そのために群臣がアナホ（穴穂命、穴穂天皇）を支持することになり、結局配流されたり、自殺したという特異な伝承があることは周知のところである。この伝承を史実とみることはまず不可能であるが、このような説話が造作された理由については如何であろうか。

安康によるキナシノカルからの皇位継承権簒奪を正当化するための作為と見做すのは容易であるが、何故そのような作為が必要とされたのか、これが問題であろう。本稿では、キナシノカルの系譜的問題を含めて検討し、この伝承の有する意味について考えることにしたい。

一　木梨軽皇子の関係系譜

キナシノカルに関係する『紀』の系譜は図10－gの通りである。『記』の系譜も、用字の相違を除けば、これとほとんど同じである。安康がナカシヒメを妃としたとあるのに対して『記』がナガタノオホイラツメを妃としたとしているのが異なるが、『紀』はナカシヒメの更名としてナガタノオホイラツメを記しているので、同じ系譜を伝えていると言い得る。しかし、このような系譜や、安康が叔父オホクサカを殺してその妻を自分の妃としたという説話が本来のものではなく、オホクサカの妻が安康の姉ナガタノオホイラツメであり、ナカシヒメが安康妃とされていたことはすでに述べたところである（本章I）。また、応神・仁徳は本来同一人であり、履中・反正・允恭も同母兄弟とみられないのみならず、允恭・オシサカノオホナカツヒメは実在しなかったと考えられるが、それはともかく、現系譜に従って、ナガタノオホイラツメとナカシヒメとを分離して略記すれば、図10-hのようになる。

　キナシノカルの伝承を考える場合、先ず注意しなければならないのは物部氏との関係である。キナシノカルは『記』では大前小前宿禰大臣の家に逃げたが安康に貢進されたとあり、『紀』では物部大前宿禰の家に匿れたが大前宿禰の議によって自殺した（本文）と伝えられているからである。太

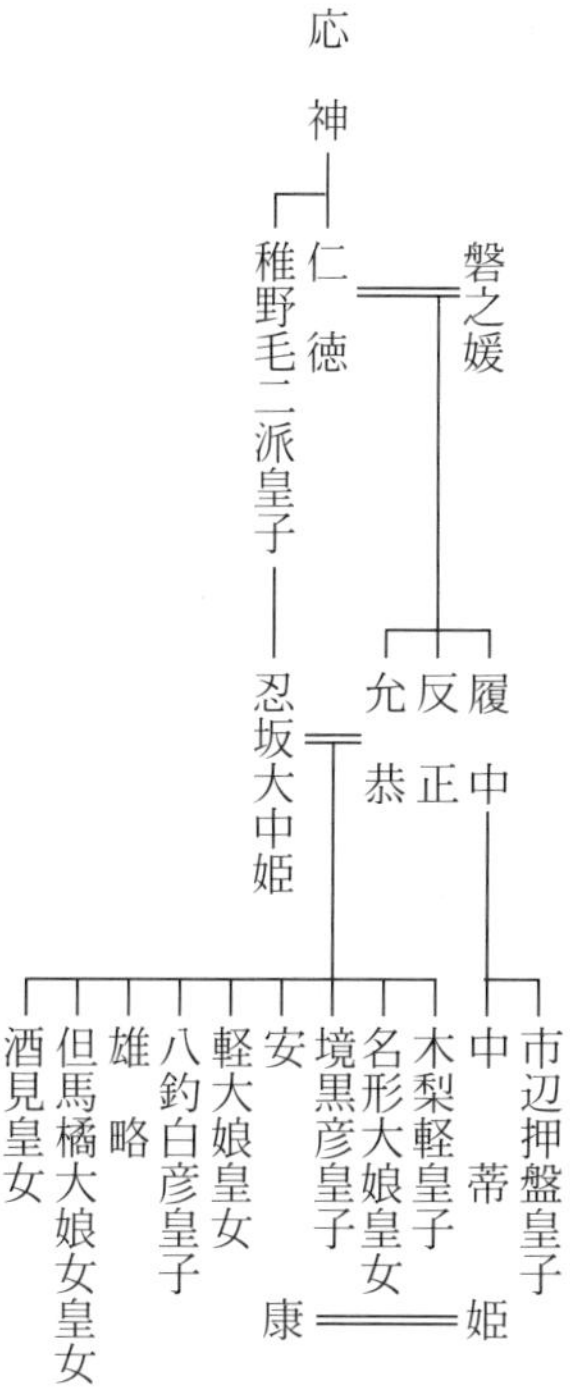

図10-g　木梨軽皇子関係系譜

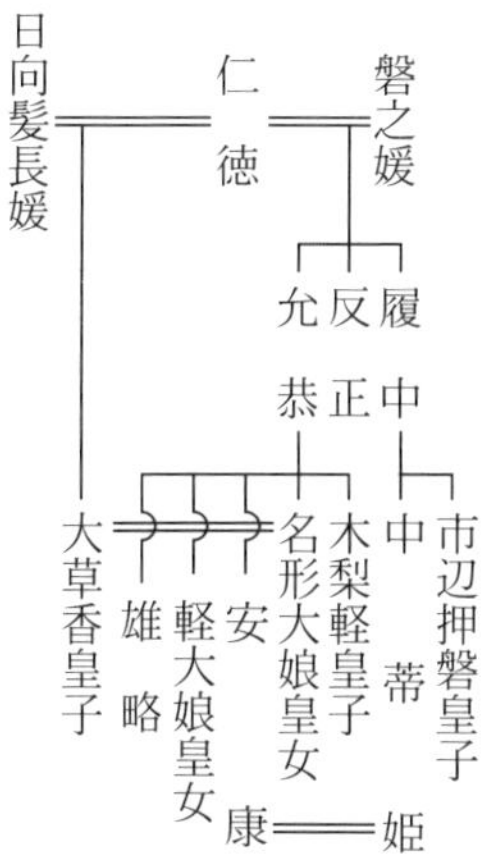

図10-h　木梨軽皇子関係
修正系譜

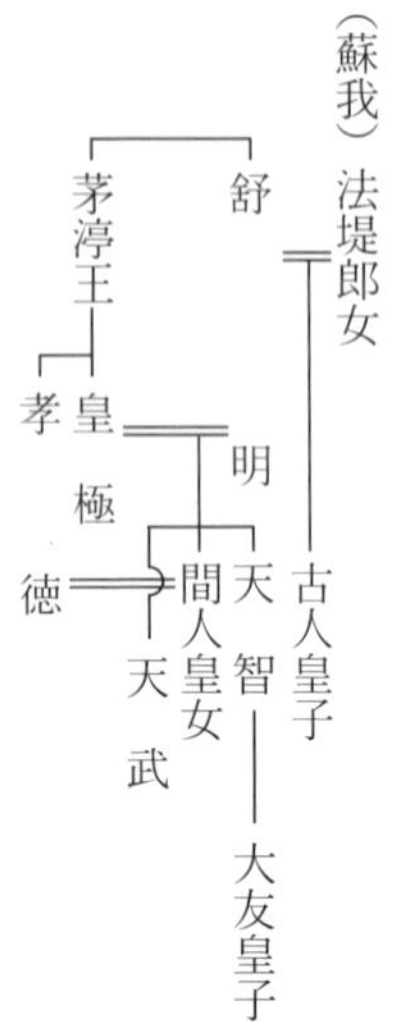

図10-i　大友皇子関係系譜

子の最期に物部氏が関係していることで想起されるのは、壬申の乱で大友皇子の自殺に際して物部麻呂のみが付き従っていたという天武紀即位前条の記述である。両伝承に類似性があることは明らかであろう。図10-iは大友皇子に関係する系譜であるが、この系譜もキナシノカルと関係するものと思われる。

允恭皇子女として伝えられている者で、雄略以外でいまだ触れていない者についても見ておこう。

境黒彦皇子
「境」は地名とみられるが、特定できない。次子であるにもかかわらず、弟（三子）の穴穂皇子の方が皇位継承者として登場しているのは問題である。

八釣白彦皇子
「八釣」は大和国高市郡（明日香村）の地名であり、『紀』は顕宗の宮を近飛鳥八釣宮としているが、「白彦」は「黒彦」と対をなすもので、いずれも実在したとは考え難い。

但馬橘大娘女皇女
『記』は「橘大郎女」とし、「但馬」を冠していない。欽明〜敏達段階で雄略后は『紀』が草香幡梭姫皇女に注記する橘姫皇女であり、これは反正皇女の財に当たるが、橘姫が雄略后から外されたことによって、雄略の妹とされたと考えられる。[1]

酒見皇女
不明。

なお、キナシノカルの「軽」は大和国高市郡（現橿原市大軽町）に関係する地名であるが、「木梨」も播磨国賀茂郡に木梨神社がある（兵庫県加東市）ので地名の可能性がある。また、穴穂・名形（長田）も地名であろう。

キナシノカルの弟妹で、実在したか否かはともかく、キナシノカルと関係するカルノオホイラツメと全く手がかりのないサカミとを除けば、かなり古い段階から王統譜に登場していたとみられるのは、安康・雄略とナガタノオホイラツメであると思われる。ナガタノオホイラツメはオホクサカの妻であるからこれを除くと、安康・雄略と男女の「軽」が残ることになる。これら四人と大友皇子関係の系譜とを比較してみよう。

「軽」という名は孝徳の諱でもあるが、孝徳は間人皇女を后としている。このことからすれば、間人はカルノオホイラツメに当たり、したがって、間人の兄天智と弟天武はそれぞれ安康と雄略に相当する。

また、天智の異母兄古人皇子（大兄）は、『紀』には「太子」などとは記されてはいないが、おそらくは蘇我政権下の皇極朝において最も有力な皇位継承候補者であり、山背大兄王が襲われて自殺に追い込まれた後、蘇我蝦夷・入鹿によって天皇（大王）に擁立されたことが想定し得る者である（第九章）。『紀』の記述では、乙巳の変の直後に古人が吉野へ隠棲し、「太子」の地位が葛城皇子（中大兄）に移った如くである。このような記述は、「太子」と「天皇」との相違はあるが、キナシノカルが排され、安康が即位したという所伝と類似すると言えるのではなかろうか。

以上より、キナシノカルは、物部氏との関係で大友皇子と、人名の共通性からは孝徳と、また、「太子」や天皇という地位との関わりでは古人大兄と、それぞれ相通ずる者ということになる。

古人・天智・間人・天武は、舒明皇子女という父系でみるならば、舒明の兄弟である茅渟王の子である孝徳と従兄弟姉妹になる。系譜上の関係からすれば、キナシノカル・安康・カルノオホイラツメ・雄略は古人・天智・間人・天武に近似する位置にあるが、同様に、履中皇子イチノヘノオシハは孝徳と対応するかの如くである。イチノヘノオシハの姉妹ナカシヒメは安康妃であるが、このことは孝徳の姉皇極が舒明后であることと関係するようにもみえる。しかし、舒明と皇極とは叔（伯）父・姪婚であり、安康とナカシヒメとは従兄弟姉妹であるので、舒明と皇極の関係に基づいて安康とナカシヒメの系譜が造作されたとは考え難い。その一方で、舒明〜大友関係の系譜と近似していること

表 10-1　継体以後と以前とで同一の人名

同一人名	出　　　　　自
倭彦	仲哀五世孫（継体紀），崇神皇子
稚綾（屋）	宣化皇女（倉～，宣化紀），継体皇女，孝霊皇女（倭迹迹～）
春日山田	欽明皇女，仁賢皇女
大俣	敏達皇子，開化皇子彦坐王の子（開化記）
彦人大兄	敏達皇子（押坂～），景行皇子
宝・財・橘	敏達皇女（敏達記），仁賢皇女，允恭皇女，反正皇女，雄略后（雄略紀），履中孫・市辺押磐子女（顕宗紀）
太姫	敏達皇女，履中妃（履中紀）
軽	敏達曾孫（孝徳），允恭皇子（木梨～）
倭姫	舒明孫・古人女（天智后），垂仁皇女，崇神皇女（千千衝～）

も否定し得ないのである。履中―イチノヘノオシハ・ナカシヒメ、允恭―安康・雄略、および安康妃をナカシヒメとする系譜が先ず存在し、この系譜に舒明～大友関係のそれが反映されたと考えるべきではなかろうか。

この想定についていま少し具体的に考えることにしよう。

先ず、キナシノカルとカルノオホイラツメとが『記』『紀』編纂段階より前の王統譜に位置付けられていたかどうかについてである。『記』『紀』系譜には同一の人名で位置付けを異にする者が少なからず現われている。管見では、通称的なものを除いて、『記』で十二類、『紀』で二十一類、両書で計二十六類となる（前著第二章一）が、これらのうち、継体以後とそれよりも前に位置付けられている者は表10-1に掲げた九類である（『紀』の用字で表現）。

オホマタ・ヒコヒトノオホエ・カスガノヤマダ・ワカヤは、それぞれ敏達皇子・敏達皇子・欽明皇女・継体皇女であった者が複数に分立されたことが想定されるものである（前著第二章一）。

仲哀五世孫の倭彦王は『紀』にのみ見える者で、大伴金村が、継体を探し出す前に、丹波から天皇として迎えようとしたが、迎えの軍勢を見て遁走したという人物であり、その名が「ヤマトヒコ」である理由はあらためて検討する必要もあるが、実在性が疑われる者としなければならない。懿徳の原型と本来同一である崇神皇子のヤマトヒコは、継体段階の王統譜に位置付けられていたとみられる。[2]仲哀五世孫との相互関係は考え難いが、あったとしても、仲哀五世孫の方が後出的と思われる。崇神皇女・垂仁皇女の二人のヤマトヒメは前者が本来的位置付けであり、ヤマトヒコ妃に対応する者とされていたとみられる（前著第一章六）。天智后の倭姫とは関係を有さないのである。

履中妃の太姫郎姫は『紀』のみ、しかも説話のところで妹高鶴郎姫とともに妃に迎えられたなどと見えるだけである。敏達皇女の太姫はヒコヒトノオホエの妃で舒明の生母であるヌカテヒメ（糠代比売王、糠手姫皇女）の同母姉であることからすれば、これが履中妃の名として架上されたことも考えられる。しかし、履中妃の太姫は履中妃クロヒメが葛城襲津彦孫・葦田宿禰女とされる前の欽明～敏達段階の王統譜に位置付けられていた可能性が見出される者である。[3]また、「太」は「フト」ではなく和珥氏＝石上神宮に関わる「フツ」と訓むべきものである可能性もあるので、敏達皇女とは関係しないと思われる。

敏達皇女の宝は、ヌカテヒメの本名として『記』に記されているものであるが、『紀』には見えないことからすれば、ヌカテヒメの別名として『記』『紀』ともに記す田村の誤伝かも知れない。仁賢皇女の財（『記』）・橘（『紀』）は宣化后（橘之中比売命、橘仲皇女）であり、反正皇女の財は雄略后橘姫と一致する（前著第一章七）。雄略后としては反正皇女は、安康妃が履中皇女であるのと同様、相応しい。しかし、雄略后タチバナヒメは宣化后が架上されたものと考えられる。[4]

以上のように、ヤマトヒコ・ヤマトヒメとフトヒメとを除いて、継体以後とそれ以前とで共通する人名は、前者を基に後者が作為されたことが考えられるのである。このことからすれば、キナシノカルおよびカルノオホイラツメも孝徳の名が架上されたものである可能性が大きいように思われる。孝徳は、父系で見れば、天智・天武らの従兄である。この関係に従えば、キナシノカルは、カルノオホイラツメを允恭皇女で安康妹・雄略姉として位置付けるならば、履中皇子ないし反正皇子とされてしかるべきであった。しかるに、キナシノカルは允恭皇子とされている。その理由としては、キナシノカルについて古人・天智・間人・天武の兄弟姉妹関係も反映されたことが考えられる。カルノオホイラツメは、孝徳と間人との関係に基づいて、キナシノカルに対応する者として造作され、安康と雄略との間に位置付けられたのであろう。

大友とキナシノカルとの関係については如何であろうか。系譜上は両者は直接には関係しない。皇位の継承予定者ではあったが、非業の死を遂げたこと、物部氏が関係していることで共通するだけである。そこで次に、物部氏の伝承について見ておくことにしよう。

二　物部氏の伝承の位置付け

物部氏の伝承は、『記』では神武・崇神・允恭・継体の各条で、邇芸速日命・伊迦賀色許男命（ただし、物部氏とは明記していない）・大前小前宿禰大臣（同上）・物部荒甲之大連にそれぞれ関わって記されているだけであるが、『紀』には表10-2のように多くのものが記されている。天皇名の前の数字は『記』『紀』に載せる天皇の代数である。所伝の概要も記したが、若干省略したものもある。これらの伝承の崇峻までの位置付けは図10-1のように図式化できる。

私見によれば、この物部氏に関係する伝承の位置付けもかなりの計画性を有するもののように思われる。第三十二代崇峻の即位前の争乱で物部氏が没落したという所伝は改作されたもので、元来は和珥氏に関わるものであり、物部氏は和珥氏に従属していたと考えられる（第三章）が、それはともかく、この崇峻を起点とすれば、各伝承の位置付け

表 10-2 『紀』に見える物部氏の伝承

条	登場者ほか
神代	経津主神（国譲り）
1 神武	饒速日命（東征）
10 崇神	伊香色雄命（大物主神・倭大国魂神の祭祀）
11 垂仁	物部十千根大連（五大夫の一人，出雲の神宝・石上管掌）
14 仲哀	物部膽咋連（四大夫の一人）
17 履中	物部大前宿禰（住吉仲皇子の乱に際し太子を救助） 物部伊莒弗大連（四人の執政者の一人） 物部長真膽連（稚桜部造に改姓）
20 安康	物部大前宿禰（木梨軽皇子説話）
21 雄略	物部目大連（大連叙任，春日大娘を皇女と天皇に認めさせる，歯田根命討伐） 物部目連（伊勢朝日郎討伐） 物部菟代宿禰（伊勢朝日郎討伐）
25 武烈	物部麁鹿火大連（平群臣鮪討伐説話）
26 継体	物部麁鹿火大連（大連叙任，任那四県割譲説話，筑紫国造磐井討伐）
27 安閑	物部麁鹿火大連（大連叙任） 物部木蓮子大連（安閑妃の父）
28 宣化	物部麁鹿火大連（大連叙任，新家連に新家屯家の穀を筑紫に運ばせる）
29 欽明	物部御輿大連（大連叙任，大伴金村失脚，崇仏論争）
30 敏達	物部弓削守屋大連（大連叙任，崇仏論争，敏達の殯で蘇我馬子と互いに怨みを生ずる）
31 用明	物部弓削守屋大連（大連叙任，崇仏論争）
32 崇峻	物部守屋大連（「物部戦争」）
38 天智	物部連熊（百済救援将軍の一人）
39 天武	物部連麻呂（大友皇子の最期に従う）＝石上朝臣麻呂
40 持統	石上朝臣麻呂

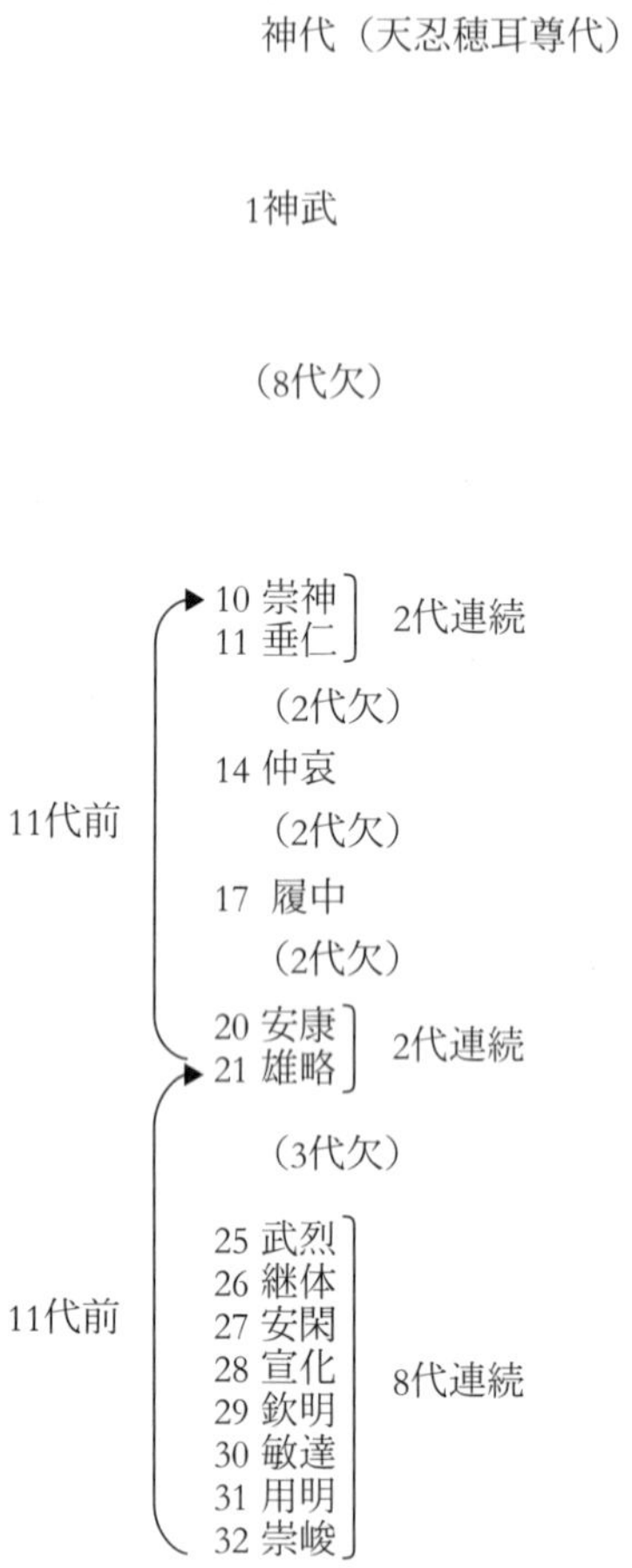

図 10-j　物部氏の伝承の位置付け

には次のような特徴が見られる。

㈠ 崇峻から十一代前の第二十一代雄略以前と第二十二代清寧以後とに区分され、いずれも八代に伝承が位置付けられている。

㈡ 清寧以後では最初の清寧から第二十四代仁賢まで三代伝承が欠けているが、雄略以前では天忍穂耳尊の後三代伝承を欠く。

㈢ 清寧以後では第二十五代武烈から第三十二代崇峻まで八代連続して所伝が位置付けられているが、雄略以前では初代神武の後八代伝承が欠け、雄略から十一代遡った第十代崇神から、二代連続↓二代欠↓一代↓二代欠↓一代↓二代欠↓二代連続、と規則的な配置になっている。

これらのほか、「大連」とされている者の位置付けや人数も、第一・三章で述べたように、作為的である。物部氏の伝承の位置付けには計画的・作為的なところが見られるのである。なお、「十一」という数は、讖緯説の辛酉革命説での一蔀＝二十二元[5]の「二十二」の半分である。

物部氏の伝承については第二章や第三章などで検討しているが、いまだ触れていない神武記・紀と神代紀の所伝についてここで述べておくことにしたい。

神武記・紀のニギハヤヒ（邇芸速日命、饒速日命）がナガスネヒコ（登美能那賀須泥毘古、長髄彦）を殺して神武に帰順したことについてであるが、無論この所伝自体は史実ではない。しかし、神武が磐余で即位したとされていることは継体朝の成立との関係を考えさせる[6]。和珥氏は雄略とつながる継体と対立していたが、武烈の死没後、継体を、タシラカを正妃とすることで、天皇（大王）として承認した（第九章）。殺したかどうかの違いおよび和珥氏と物部氏との違いはあるが、ニギハヤヒがナガスネヒコとの関係から神武とのそれに替わったことは、和珥氏が武烈の後に継体を支持したことと対応すると言えるのではなかろうか。継体朝の成立がニギハヤヒ伝承に関係していると考えられるのである。

「国譲り」神話に登場する経津主神（神代紀第九段本文、一書の第一）は石上の霊剣「フツノミタマ（布都御魂、韴霊）」を彷彿とさせる神名であり、物部氏のみならず和珥氏とも関係するものである。「国譲り」を実現した神（平定神）として、『紀』はこのフツヌシと中臣氏の祖タケミカヅチとを挙げ、『記』はタケミカヅチのみを記す。しかも『紀』は、本文ではフツヌシにタケミカヅチを配《そ》えて派遣したと記すが、一書では「遣武甕槌神及経津主神」として両神の主客が逆になっているかのようである。また、神武紀即位前条では、タケミカヅチが平定した時の剣をフツノミタマとしており、タケミカヅチのみが平定した如き記述になっている。平定神については要するに、①フツヌシとタケミカヅチ、②タケミカヅチとフツヌシ、③タケミカヅチのみ、という三種の伝承があることになるが、神代紀本文にタケミカヅチはフツヌシの派遣が決定されたのに対抗して自分から名乗りを上げたとあることからすれば、元来はフツヌシのみであったのが、フツヌシ・タケミカヅチ→タケミカヅチと、フツヌシ→タケミカヅチと、平定神が変更されていったことが想定される。このような平定神の変遷は、中臣氏―藤原氏の勢力拡大と関係するものであろう。フツヌシによる平定説話は、「天孫降臨」の前提をなすものであることは言うまでもないが、ニギハヤヒ伝承の前提でもなかろうか。天神であるニギハヤヒが神武の前に大和にいたというのは、伝えられる『記』『紀』伝承ではどうしても解し難いのである。フツヌシが天降っていてこそ、ニギハヤヒ伝承が理解し得るように思う。このことは、フツヌシによる平定の後、ニギハヤヒが大和を支配していたという伝承の存在を推測させる。和珥氏系が大王を出した時期があったことは、巨大古墳の分布状況および復元系譜から充分考えられるところである。「国譲り」神話は全体としては問題があるが、天神が地祇に替わって秋津島を支配し、それが和珥氏と関わるフツヌシ・ニギハヤヒであるという説話は古くからあったとしても疑問ではないと思われる。

物部氏関係の伝承は、全体として、元来和珥氏に関わっていたとみられるものが多く、『紀』における伝承の位置付けは計画的になされているとみられるが、史実そのものでは無論あり得ないが、何らかの史実を背景にしていると考えられる。キナシノカルに関わる物部氏の伝承にも史実が反映されていると考えることができると思われる。

三　木梨軽皇子と孝徳天皇・大友皇子

キナシノカルが物部大前宿禰や大前小前宿禰大臣の宅で自殺したり捕らえられたという伝承が史実の反映であると

すれば、それはどのような史実を背景にしているのであろうか。

物部氏が皇族の死に関わっている伝承は、キナシノカルと大友のほかに、仲哀についても見られるが、この場合は、仲哀が神の怒りに触れて死んだ後の宮中守護の問題で現われているにすぎない。したがって、『記』『紀』に見える伝承で、直接に関わっているのはキナシノカルと大友だけということになるが、用明紀に敏達の殯宮を守護していた三輪逆を物部守屋が殺したと記される事件が用明が殺されたことの改作とみられることも考慮に入れるべきであろう。[7]この事件は和珥氏が主導したと考えるべきものである（第三章）が、この事件を物部守屋が三輪逆を殺したことに変改するとともに、キナシノカルの説話に反映したことも考えられなくもないからである。

キナシノカルは物部大前宿禰の宅に逃げ込み、そこでアナホの軍勢に備えている。逃げ込むこと自体がキナシノカルと物部氏との関係を示しているが、アナホに備えるために大前宿禰宅へ逃げ込んだということは、両者が極めて密接な関係にあったことを意味するものである。『紀』はキナシノカルが自殺したとし、『記』は大前小前宿禰大臣が捕らえたとするが、いずれにせよ、物部氏がキナシノカルを見限り、アナホ方についたことを示すということは言い得る。アナホと結びついていた勢力については伝えられていない。かろうじて、雄略紀で平群真鳥が大臣、大伴室屋・物部目が大連として現われていることから、平群・大伴両氏あたりがアナホ支持勢力の中心とされているとも憶測し得るにすぎない。これに従えば、平群氏は蘇我氏と同じ葛城系であり、大伴氏は蘇我氏に従属していたことが想定される氏族（第二章）であるから、キナシノカル―物部（和珥）氏系、アナホ―蘇我氏系という関係になる。

用明は蘇我氏系の最初の天皇（大王）であり、和珥氏―物部氏とは直接にはつながらない。また、用明は天皇であり、キナシノカルは太子であるという相違もある。ただし、岸雅裕氏は用明は天皇ではなく、臨朝したのみとされる。[8]たしかにこの可能性も否定し得ないので、天皇と太子との違いはさほど問題とはし得ないかも知れないが、用明と和珥氏との関係は、キナシノカルと用明とを対応させるには大きな問題となる。私見では、敏達死後、用明―蘇我氏派とヒコヒトノオホエ―和珥氏派とが対立していたと考えられる。なお、敏達朝は息長氏・和珥氏系の敏達が天皇、「太子」的な用明が蘇我氏系という両派の妥協的形態であった。用明の「暗殺」というような事件はこのような状況下で起った(以上第三章)。蘇我氏系と和珥(物部)氏系との対立ということではキナシノカルの場合と共通するとも言い得る。しかし、殺された(排除された)ことにおいては、用明はキナシノカルに対応するのであり、用明と関係していたのは蘇我氏、キナシノカルとつながっていたのは物部氏であるから、逆の関係になる。

大友(近江朝)に対して大海人方が反乱を起こした壬申の乱は、群臣が大友に反したというものではなく、大友方には左大臣蘇我赤兄、右大臣中臣金、御史大夫蘇我果安・巨勢人・紀大人という有力者がおり、大海人方には有力氏族としては大伴氏が付いただけであるが、大友の自殺の際に付き従っていたのは物部麻呂ただ一人であった。物部麻呂は、その後石上麻呂として、持統朝から中納言→大納言→右大臣→左大臣と昇進し、大伴氏も御行が大納言、安麻呂が中納言→大納言となった。雄略朝で大伴室屋と物部目が大連となったとされていることと対応しているように思われる。キナシノカルの伝承には大友が反映しているとみて良いのではなかろうか。

ところで、孝徳が太子(中大兄)の難波から飛鳥への遷都要請を拒否したために、太子は、天皇を残して、先帝・皇后・群臣を率いて飛鳥へ還ったと言う。この孝徳紀の記述は、孝徳(難波)と中大兄(飛鳥)との「二朝並立」を示すとみるのが良いと思うが、それはともかく、群臣が孝徳に反したことを意味している。継体以降で群臣に背かれたことが伝えられているのは、天皇・皇子を通じて、この孝徳だけである。また、『記』『紀』全体でも、孝徳とキナシノカルだけが群臣に背かれた、ないしはそのことに準ずる伝承を有している。孝徳は、自殺したり、配流されたというようなわけではないが、キナシノカルと、名のみでなく、状況も相似しているとみられる。群臣がキナシノカルに反したという所伝は、孝徳の最期についての『紀』に記すような状況が反映されたものと考えられる。したがって、キナシノカルについての説話は、群臣に背かれたという孝徳の最期と、物部氏が付き添ったという大友の最期とが合体されたようなものになっていると考えられる。

キナシノカルが孝徳や大友を基に造作された存在であるとするならば、そのような者が造作されたことの理由、しかも安康・雄略の兄として位置付けられた理由が問題となる。雄略の登場に先立って大和政権内で紛争があったことは、『記』『紀』の伝承のみでなく、『宋書』倭国伝の倭王武の上表文中の「奄喪父兄」という記述からも推測し得るところであるが、安康即位前に紛争があったことまではわからない。

継体朝成立以前の先帝死後の皇位をめぐる紛争（図10−k）は、前著第一章一で指摘したように、『紀』で計画的に位置付けられていると思われる。応神から武烈に至るまでは、応神・仁徳・履中と三代連続し、履中から三代目の安康から雄略・清寧と三代連続し、清寧から三代目の武烈という紛争の位置付けがなされている。[9] この類の紛争の最初は、天皇ではないが天皇の祖であるヒコホホデミ（日子穂穂手見命、彦火火出見尊）と兄のホデリ（火照命、『記』）またはホノスセリ（火闌降命、『紀』本文）・ホノスセリ（火酢芹命、『紀』一書）とのそれである。「皇位」の如きものをめぐる争いとは記されていないが、これに

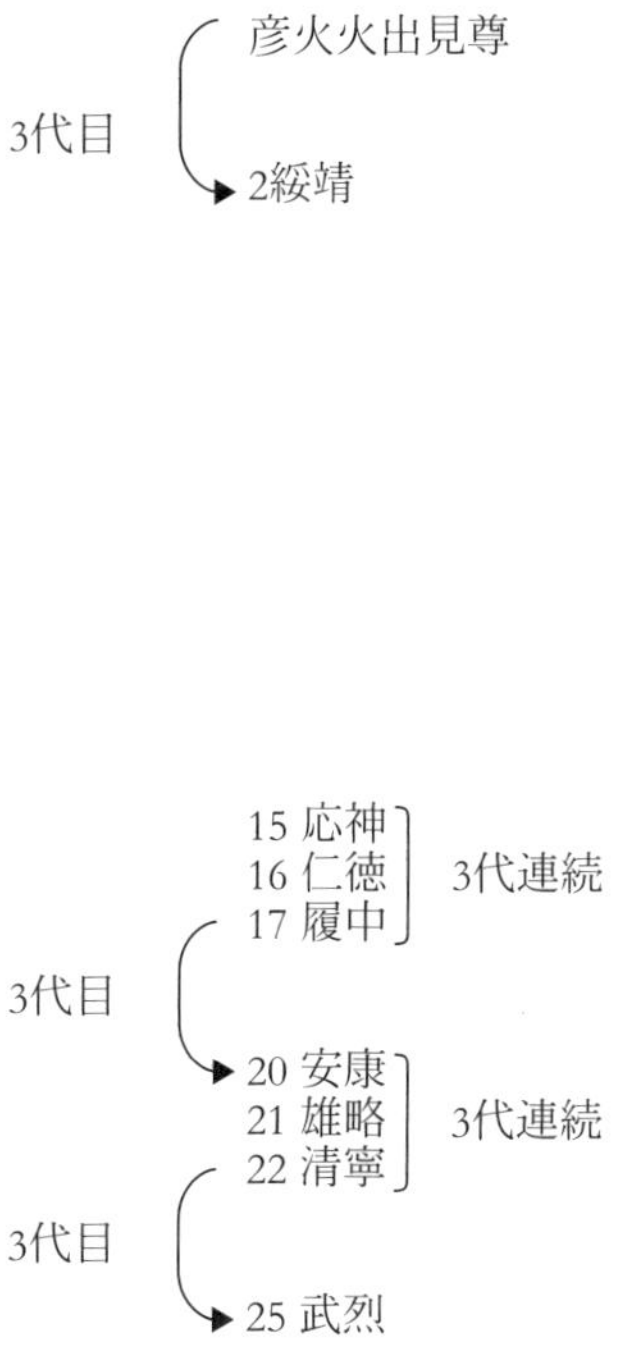

図 10-k　先帝死後の皇位をめぐる紛争

より兄は弟ヒコホホデミに忠誠を誓い、降臨したヒコホノニニギ（日子番能邇邇芸命、彦火瓊瓊杵尊）のあとをヒコホホデミが継ぐことになったのであるから同類の紛争とみられる。応神に先立つ紛争は、このヒコホホデミの他に綏靖に関わって記されているが、綏靖はヒコホホデミから三代目である。

安康即位前の紛争は、このような後継争いの位置付けとの関係で作為されたものではなかろうか。安康の兄として位置付けられている者がいなかったために、孝徳らをモデルとしてキナシノカルが造作されたと思われる。ここに物部氏が登場しているのは、前述の物部氏の伝承の位置付けとも関わることであろうが、他に、さらに積極的な理由が想定されてしかるべきである。このことは、言うまでもなく、大友の最期がキナシノカルのそれに反映されていることの理由とも関係する。

物部目は雄略紀で大連として現われる。同時に大臣・大連に平群真鳥・大伴室屋が任じられているが、物部・平群両氏は履中朝で執政者となったとされている。平群氏は雄略紀より前では、いずれも木菟宿禰についてであるが、仁徳紀即位前条での仁徳（オホサザキ）と名を交換したという説話、履中紀での執政記事と、スミノエノナカの乱に際しての太子（履中）救出説話だけに現われる。大伴氏の場合は、允恭紀に室屋が藤原部を設置したことが見える。「執政者」の如き有力者と明記されているわけではないが（そもそも允恭紀には「執政者」的な者は現われていない）、雄略朝で大連とされる伏線と考えられる。

履中紀での物部氏に関する記述は、太子救出説話も含めて、平群氏と同様に、雄略紀の前提ととらえることが可能である。応神紀から安康紀にかけて、平群氏と大伴氏はともに天皇一代に一人が現われるにすぎない。しかるに、物部氏の場合は、履中紀に、太子を救った大前宿禰と執政者伊莒弗大連というように、二人が見える。履中紀に二人の名が記されていることは問題とすべきである。平群木菟宿禰のように、太子を助けた者が執政者になったとするのが自然と思われるからである。

履中紀の執政者についての記述は雄略派の平群・蘇我両氏と、反雄略派の物部（和珥）・葛城両氏がまとめられたものとみられる（第九章）が、反雄略派の物部氏が雄略朝で大連となったとされていることに注意したい。大前宿禰と伊莒弗は同じ物部連とされているが、物部氏と和珥氏との二人が履中紀に現われているとみるのである。大前宿禰が履中紀と安康紀とに見えること、太子を助けた者が履中朝の執政者となったというのが自然と思われることから、大前宿禰が本来執政者とされていたことが考えられる。「宿禰」という称号は、例外は伝えられているが、蘇我・平群・紀・巨勢各氏や和珥氏など臣姓中央有力豪族に多く見られるものである。また、『記』は物部氏とは明記せず、「大前小前宿禰大臣」と記すのみである。大前宿禰は和珥氏、伊莒弗は物部氏の祖として伝えられていた人名であり、大前宿禰に替わって伊莒弗が執政者として記されたと思われる。

キナシノカルは孝徳等をモデルとして架上された者であることからして、その造作時期としては『記』『紀』編纂段階が想定される。したがって、キナシノカルが逃げ込んだ宅が和珥氏から物部氏に変改されたとは考え得ない。当初から物部氏の宅に逃げ込んだとされていたとみるべきである。しかし、その一方で、大前宿禰が和珥氏出自から物部氏出自に変改されたことも推測されるのである。キナシノカルが架上される前に大前宿禰に関係する伝承が存在し、この伝承に関わるかたちでキナシノカルの説話が作為されたのではなかろうか。しからば、允恭（もしくは系譜上允恭にあたる者）の死没の前後に和珥氏が倒されたというような伝承が本来のものであったと思われる。

物部（石上）氏は大前宿禰を自氏出自として変改した際、それが倒されたというのが不都合であったために、孝徳や大友らに関わる史実を基にキナシノカルを架上して伝承を変改したと考えられる。孝徳や大友についての事実が基になったことについては、『記』『紀』編纂段階の左大臣石上麻呂が大友に仕えたこと、その父宇麻乃が孝徳朝の「衛部」

であったことと関係するように思われる。また、前述のように、大前宿禰の後、雄略朝で目が大連として現われているることと、石上麻呂が大友の死の後、最終的には左大臣まで昇進したことが対応する如くであるが、麻呂についての事実の過去への投影も同時に行われたとみることができるかも知れない。

むすび

以上、キナシノカルの伝承について縷々考えてきた。決め手となる史料に乏しいため、推測に推測を重ねることにならざるを得ず、一つの推論にすぎないものになったが、一応の結論に達したと思う。それをまとめると次のようになる。

(一) キナシノカルの「軽」は孝徳の諱が架上されたものである。

(二) 群臣が背いたという伝承も、孝徳を難波に残して中大兄が先帝・皇后や群臣らを率いて飛鳥へ還ったという『紀』の記述と対応するものであり、その反映が想定される。

(三) 物部大前宿禰(大前小前宿禰大臣)が結果的にキナシノカルを見限ったという伝承は、壬申の乱で大友が自殺した際に唯一従っていたのが物部(石上)麻呂であったことを基にしたことが考えられる。

(四) 物部氏は和珥氏の伝承を自氏のものとして取り込んでいるが、安康即位の前後に自氏が勢力を失ったなどと記すわけにいかず、キナシノカル説話が造作されたと思われる。

キナシノカルの系譜関係から始まって以上の如き結論に至ったのであるが、最後にキナシノカルの系譜の形成についてまとめて述べておくことにしたい。

孝徳は天智・天武の母方の叔父であるが、父方では従兄に当たり、しかも、天智の妹・天武の姉である間人を后とした。この孝徳が架上されたキナシノカルは、安康・雄略の兄よりはイチノヘノオシハの如き従兄弟として位置付けられてしかるべきであった。しかるに、キナシノカルは安康・雄略の兄とされている。ここに天智・天武の異母兄である古人との関係が反映されていると考えざるを得ない。イチノヘノオシハは雄略に殺されているので、その兄弟としてキナシノカルを位置付けることができなかったこと、古人も非業の死を遂げており、孝徳らと共通することがキナシノカルが安康・雄略の兄とされた理由ではなかろうか。また、孝徳は間人を后としたが、この関係に基づいて、カルノオホイラツメを造作してキナシノカルの同母妹とし、同母兄妹相姦説話を作為すれば、キナシノカルが排除される正当な理由となることも考えられる。

キナシノカルについては、允恭皇子女とされている者全体の中で検討しなければならないところもあると思われるが、本稿では『記』『紀』の系譜・説話と七世紀中葉から後半にかけての史実との関係が想定されるということで終えておくことにしたい。

注

(1) 拙著『古代の天皇と系譜』(校倉書房、一九九〇年、以下「前著」)第一章七。
(2) 拙稿「多氏と王統譜」(大阪府立工業高等専門学校『研究紀要』三〇、一九九六年)。
(3) 拙稿「葛城氏系后妃についての再検討」(『日本国家の史的特質』古代・中世編所収、思文閣出版、一九九七年)。
(4) 注(3)拙稿。
(5) 原島礼二『神武天皇の誕生』(新人物往来社、一九七五年)。

（6）直木孝次郎「継体朝の動乱と神武伝説」（『日本古代国家の構造』所収、青木書店、一九五八年）。
（7）岸雅裕「用明・崇峻期の政治過程」（『日本史研究』一四八、一九七五年）。
（8）岸雅裕、注（7）論文。
（9）武烈の場合は相手は皇族ではないが、平群真鳥について「専擅国政、欲王日本。」と記されている。

終章　「大臣制」の形成とその変遷

はじめに

以上の諸章において、いくつかの視点から、一般に「大臣・大連制」と言われる執政体制が存在しなかったと考えるべきこと、これに替わって想定できるのは「大臣制」あるいは「大臣（オホマヘツキミ）—臣（マヘツキミ）制」と称すべき権力集中体制であり、それは朝鮮三国の権力形態と相通ずるものであること、また、「大臣」は中国の三品官以上の官職にある官人の身分的総称としての「大臣」、および高句麗の大臣（＝大対盧）と関係する最高執政官名であるが、「大連」は喪礼に関わるもので執政官の名称とは言い得ないことを論じてきた。

朝鮮三国の権力形態と相通ずるものの制度的成立は、大臣が中国の正四品以下の品階に対応する冠位十二階を超越する存在であり、マヘツキミが第一位大徳・第二位小徳の官人であったことからして、冠位十二階制の成立以降と考えるべきであろう。しかし、それ以前の段階において、たとえ「大臣」という文字が用いられていなかったとしても、

「大臣」に相当する位置付けにあった職が存在し、制度的「大臣―マヘツキミ制」につながる権力形態がすでに形成されていたことは推測に難くない。また、孝徳朝において、大臣もそれまでの一人から二人に増員されるというような変更が行われたことが伝えられている。

そこで、制度的「大臣制」の形成とその変遷とについて概観して、本書のむすびにかえることにしたい。

一 「大臣制」の形成

蘇我政権成立の直接の契機はいわゆる「物部戦争」である。崇峻紀即位前条の物部守屋討伐軍から和珥（春日）氏系を除いた者が実際の蘇我氏派であったとみられるが、それは紀・許勢（巨勢）・葛城・平群・坂本のタケシウチノスクネ系（以下「葛城系」と記す）とされる諸氏と、『記』『紀』系譜でそれらと同様に孝元に始祖が結ばれている阿倍・膳両氏、および蘇我氏と密接な関係にあった大伴氏、本拠が蘇我氏のそれと関わる忌部氏などである。これに対して、和珥氏と結びついたものとしては、同族である大宅・粟田・小野・柿本・壱比韋（櫟井）諸氏のほかに、物部・中臣・三輪・尾張各氏などを挙げることができる。

このような二大勢力はどのようにして形成されたのであろうか。和珥氏の同族については、上記の諸氏のほかに地方豪族も伝えられているが、中央系諸氏は一族としての密接なつながりを有していたと考えられている(1)。これに対し、葛城系諸氏はそれぞれの間で敵対や反目、勢力の交替などが見られる。しかし、それらが葛城山麓およびそこから紀ノ川を下った地域を勢力基盤としていることは、祖先伝承に見られるように、全体として地縁的関係による一体性・結びつきを有していたことを推測させる。雄略即位前から安閑朝段階に至る、葛城氏↓「平群」氏↓許勢氏という権力者の交替・盛衰は、それら地縁的関係を有していた諸氏族相互の主導権・盟主権の変遷と考えることができるのではなかろうか。すなわち、蘇我氏派の原型となるものは五世紀段階で形成されていたとみられるのである。

阿倍氏は宣化朝前後から有力な中央系氏族として『紀』に現われるが、本来は伊賀を本拠とするものであり、後に大和に本拠を移したとみられる。阿倍氏が蘇我氏派であったにもかかわらず葛城系とされなかったのは、孝元につながる系譜が形成される前に、ヤマトタケルにその始祖を結んでいたことと関係することは考えられるところである。[2]しかし、地方豪族である生江臣・江野財臣が葛城系とされていたことからすれば、単にそれだけの理由にとどまらず、蘇我氏などとの関係の形成が遅れたことにもよると思われる。大和政権内で独自の勢力を形成していたのではなく、二大勢力の対抗関係のなかで、葛城系（＝蘇我氏系）とのつながりを求めていったのであろう。

葛城系と和珥氏系以外の中央系有力氏族として残るのは多氏である。多氏は伝説的時代の伝承も含めて有力氏族であったことを示す史料は存在しない。しかし、同族として、ほとんどが地方豪族ではあるが、多くの氏族を伝えていること、本来、和珥氏系や葛城系とともに、始祖が神武の原型の子として位置付けられるとともに、「イリ」とも密接な関係で多氏系の「ミミ」系譜が位置付けられていたことからして、有力氏族であったことは疑い得ないものと思う。[3]この多氏の本拠は、和珥氏の大和国添上郡〜山辺郡を中心とする地域や、葛城周辺地域ともまた異なり、大和国十市郡飫富郷（現田原本町太）周辺にあったとみられる。

中央系氏族が以上のように三大別されるとすれば、「大臣―マヘツキミ制」の如き有力氏族の代表者からなる合議制を基盤とし、その上にそれらの代表者をいただくという体制が存在したとは考え難いのではなかろうか。各集団の代表者が政権の中枢を構成するという「三頭（ないし二頭・四頭）政治」的なもの、いくつかの有力氏族がそれぞれ数氏を従えながら、政権を構成するという形態が想定されるのである。

葛城系では、雄略即位以前で葛城氏が、雄略～清寧朝では「平群」氏が、仁賢～継体朝では許勢氏が、それぞれ中心氏族として葛城系を統轄しながら政権を構成したと思われる。和珥氏系も、墳墓が造営されている地域が移動していることから、本宗から枝族へという勢力の交替が考えられぬわけではなく[4]、また、傍系の実質的分立もあったであろうが、同族としてのまとまり（団結）を有していたことにより、葛城系のように、対立する王家を支持するような分裂は起こらなかったとみられる。

継体が唯一の天皇（大王）として承認された段階で大和政権を構成したとみられる中央系の有力氏族は、和珥氏・許勢氏・蘇我氏・多氏などである（三頭ないし四頭体制）。許勢氏と多氏は安閑を支持したことによって六世紀前半に勢力を失い、和珥氏も用明死後の戦乱で没落した。和珥氏の同族は、小野妹子のように外交による行賞とみられる一部の例外を除き、七世紀末に至るまでほとんど有力者が現われず、多氏の場合は、伝説的時代の伝承も含めて、有力であったことが伝えられていない。これに対し、許勢氏は勢力の回復を果たしている。

許勢氏の勢力回復は、葛城系としての相互の結びつきによるところが大きいのではなかろうか。和珥氏や多氏にはそのような葛城系諸氏とのつながりがなかったことが、勢力を回復しにくかった理由であるように思われる。しかし、葛城系氏族でも、元来の本宗たる葛城氏は、六世紀以降それほどの勢力ではなかった。これは蘇我氏が葛城に進出したこととの関係が考えられる。蘇我氏が、葛城氏の没落後、その勢力圏に進出し、雄略死後の王権分裂期に一時期そこを手放したとしても、継体の大和入りによって旧領を回復したことによるとみるのである。多氏が全く勢力を回復し得なかったことについても、勢力基盤との関係が考えられるのではなかろうか。阿倍氏の大和における基盤は十市郡阿倍とみられるが、阿倍氏が多氏の本拠地の東南部に本拠を移したことと関係するように思われるのである。

継体朝段階では蘇我氏は必ずしも葛城系の中心ではなく、それと関係を有しながら、直接には渡来系氏族をその下に従えていたのではなかろうか。また、雄略朝で渡来人を組織することを中心にしてトモ制が整備されたこと[5]、そのトモ制を代表する存在が大伴氏であることから、大伴氏もその配下にあったことが充分推測できる。

許勢氏と多氏の没落後、和珥氏と蘇我氏の二頭体制となったみられるが、蘇我氏は同時に葛城系をも従えるようになったと考えられる。蘇我氏が葛城系氏族であると主張し、またその中心となり得たのは、葛城氏没落後にその勢力圏に進出し、葛城北部勢力（「平群」氏）とも雄略朝以降に密接な関係を有したことによるのであろう[6]。

和珥氏の没落後に二元的体制が払拭され、蘇我氏のみを頂点とする体制になったが、これが「大臣―マヘツキミ制」に直接つながる権力形態であろう。その中心が蘇我氏の傘下にあった葛城系諸氏、阿倍氏・大伴氏や渡来系諸氏であったことは言うまでもない。中臣氏も、蘇我政権下で、一定の地位を確保したようである[7]。中臣氏は元来和珥氏傘下の氏族であるから、極めて異例のことと言い得るのではなかろうか。この理由として考えられるのは、中臣氏が「祭官」として天神の祭祀を掌るという重要な職にあったことである。ただし、「崇仏論争」に登場する鎌子や勝海は『中臣氏系図延喜本系』など中臣氏・藤原氏関係系譜には伝えられていないのであるから、本宗は替わったとみるべきである。

葛城系諸氏は、和珥氏系の場合とは異なり、同族としての結びつきはかなり弱く、地縁的関係によるものであったとみられる。宗家たるべきものが存在せず、地縁的関係でまとまっていたとすれば、それら諸氏の代表者からなる合議体の如きものが存在し、最有力者がその長の位置を占めたと考えるべきではなかろうか。この葛城系諸氏族間に形成されていた合議体を原型として、「物部戦争」後に新たな氏族の代表者を加えながら、朝廷全体の権力体制として整備されたものが「大臣―マヘツキミ制」と考えられる。

このように「大臣―マヘツキミ制」の形成過程を考えるならば、宣化紀元年二月壬申朔条の阿倍大（火）麻呂を大夫としたという記述は如何に解すべきものであろうか。継体朝において和珥・許勢・蘇我・多四氏が政権中枢を構成したが、それぞれの代表者が「マヘツキミ」として執政に関わったのではなかろうか。許勢・多両氏が安閑を支持して勢力を失ったことにより、それらに替わり、阿倍氏がマヘツキミの列に加えられたのが、この宣化朝のことと考えては如何であろうか。阿倍氏の中央氏族化がこの段階とほぼ同時期のこととみられることは言うまでもない。ただし、阿倍氏は、和珥・蘇我両氏と並んでマヘツキミとなったとはいえ、その勢力は両氏に比肩すべくもなかったであろう。その阿倍氏がマヘツキミとなったことについては、どのように考えることができるであろうか。阿倍氏が元来多氏と密接な関係にあり、多氏の始祖〔カム〕ヤヰミミの弟〔カム〕ヌナカハミミを始祖とする同族的系譜を有していたとみられること[8]、多氏はその同族に地方豪族が多いことから、地方経営に携わったことが想定されるが、阿倍氏も地方経営に当たったことは確かであるので、多氏に替わって地方経営の任についたことが考えられる[9]。

二　二員大臣制

孝徳紀元年六月庚戌条に、孝徳の即位と同日に阿倍内摩呂（倉梯麻呂）が左大臣、蘇我倉山田石川麻呂が右大臣に、それぞれ任じられたことが記されている。二員大臣制の成立とされるものであるが、この二員大臣制の創始については、『皇代記』皇極天皇条に、「四年乙巳、始置左右大臣。六月庚子、天皇譲位於軽太子。」とあるのをはじめ、いくつかの書籍に皇極朝で創始されたことが伝えられている。この所伝については、すでに原秀三郎氏が孝徳紀の記述に対して疑問を提起する史料として紹介されているが[10]、第九章第三節で述べた紀年を基にすれば、無視することができない所伝であるにとどまらず、重要な異伝と言わなければならない。それは「乙巳の変」の後に皇極が復位したとみられるという事情に関係するだけではない。以下、このことについて述べることにしよう。

孝徳への譲位に先立って左・右大臣が置かれたという伝承は、必ずしも左・右大臣が「乙巳の変」の前に置かれたということを示すわけではない。『紀』の伝においても、「乙巳の変」の直後、孝徳への譲位の直前に設置されたことも想定し得るからであるが、『歴代皇紀』には「四年始置左右大臣。六月中大兄皇子与中臣鎌子連謀殺蘇我入鹿。……」、『簾中抄』には「此御時はじめて左右大臣をなさる。豊浦大臣の子蘇我入鹿身づから国のまつりことをして大臣の位にもまされり。皇子等と乱をおこす。このゆへに中大兄皇子と中臣鎌子とはかりことをめぐらして入鹿をころしつ。……」とあり、『愚管抄』も、「但次代歟」と左・右大臣の設置を疑いながらも、左・右大臣の設置の次に「乙巳の変」を記している。このような記述に従えば、左・右大臣設置の後に「乙巳の変」が起こったという伝承があったことは認めるべきものと思われる。

しからば、この左・右大臣とは誰であろうか。阿倍倉梯麻呂や蘇我倉山田石川麻呂ではないことは、「豊浦大臣」の存在（『簾中抄』）からして、明らかと言うべきことであろう。単に左大臣・右大臣という官が置かれただけで、蝦夷のみがいずれかに任じられていたという解釈も不可能ではなかろうが、皇極紀二年十月壬子条の「蘇我大臣蝦夷、縁病不朝。私授紫冠於子入鹿、擬大臣位。……」という記述に注目される。

紫冠が大臣の冠であったかどうかは別としても[11]、また、蝦夷が「私」に「擬」えたとしても、蝦夷が大臣位を入鹿に譲ったわけではないのであるから、入鹿に紫冠が授けられた段階で、実質上、大臣は二人になったことになると思う。『皇代記』等に見える、皇極から孝徳への譲位の前に左・右大臣が置かれたという所伝は、この『紀』の記述に対応するものではなかろうか。それ以外に関係する記述は『紀』に見当たらないのである。そこで問題となるのは、『紀』では問題の記事が皇極二年にかけられているのに対し、『皇代記』や『歴代皇紀』『皇年代略記』等では皇極四年とされていることについてである。

この「皇極二年」と「皇極四年」という相違については、第九章第一節・第二節でみた継体の大和入りに関する『紀』本文の年次と注記のそれとの関係のように、同じ年次についての異伝とみては如何であろうか。同章第三節で述べているように、皇極朝を庚子（六四〇）〜癸卯（六四三）年と乙巳（六四五）〜己酉（六四九）年と考えられるとすれば、「乙巳の変」の前の皇極四年は癸卯年であるが、この年は、『紀』の紀年における皇極二年であり、蘇我蝦夷が入鹿に紫冠を授けた年に当たる。したがって、『皇代記』等の左・右大臣設置の所伝と『紀』の入鹿への授冠記事とは無関係とは思われないのである。あるいは逆に、『皇代記』等の左・右大臣設置の記述は、皇極紀の入鹿への授冠記事の如き伝承が基になっているのではないかともみられる。ともかく、『紀』も、正式の大臣任官ではないが、蝦夷とともに入鹿も大臣に就任したとしていることは疑いがないように思われる。『紀』が入鹿を正式の大臣としていないのは、入鹿を上宮王家を滅ぼすなどの行動をとった専制的悪者として描くことや、蝦夷が天皇を無視して専断で入鹿を大臣にしたとすることで、「乙巳の変」の正当性を主張していることと関係するであろう。

蘇我蝦夷と入鹿がともに大臣となったこと、および二員大臣制がこの段階で成立したことについての理由や原因は何に求められるであろうか。

皇極紀二年十月壬子条によれば、蝦夷は「縁病不朝。私授紫冠於子入鹿」とあるので、『紀』は蝦夷の病を理由としているとみられる。すなわち、入鹿への授冠は父蝦夷の代役を果たすためにすぎないというわけである。直接の契機は蝦夷の病であったかもしれない。しかし、しからば、むしろ入鹿に大臣の位を継承させてしかるべきであったとも思われる。二員大臣制がその後も引き続いて行われていることも、入鹿への授冠を便宜的方策とみることに問題があることを示しているのではなかろうか。『皇代記』等に左・右大臣と記されるような制度的改革が、入鹿の授冠に伴っていたと考えるべきであろう。

入鹿への授冠の翌月に上宮王家滅亡事件が起こっている。山背大兄を中心とする上宮王家が取るに足りぬ勢力であったのであれば、滅ぼされるようなことはなかったのではなかろうか。飛鳥の朝廷と対抗し得る組織力があったこと、対立が無視し得ない段階にまで深まっていたことが推測される。実際は大王ではなかったかとも考えられている廐戸皇子の子や孫などを討滅しなければならない状況が生じていたとみられるのであるが、如何に大きな権力を蘇我本宗家が有していたとしても、かつての境部臣摩理勢のように、蘇我氏一族の中からも、討滅問題を契機として、本宗家に対して敵対的行為に走る者が出ることも予想されたであろう。大臣を増員して二人とした理由はここに求められるのではなかろうか。すなわち、上宮王家討滅に備えての権力固めではなかったかと思われるのである。推古紀で蝦夷は「大夫」として現われているが、それはあくまで何人かのマヘツキミの中の一人というものであり、父馬子が大臣で、その地位の継承予定者であったとしても、身分的には他の「大夫」として現われる者と区別されるものではなかったであろう。入鹿を単なるマヘツキミとは区別される大臣とすることによって、本宗家が代々権力を掌握していくことが、従来よりはるかに明瞭になることも、大臣二員制創始の理由の一つであったとみられるかもしれない。

ところで、この頃の二人の大臣は、はたして左大臣・右大臣と呼ばれていたのであろうか。現在のところ、推測に頼るほかはないが、そうではなかった可能性の方が大きいように思う。天智朝の蘇我赤兄と中臣金の場合は例外なくそれぞれ左大臣・右大臣と明記されているのに対し、孝徳朝の阿倍倉梯麻呂・蘇我倉山田石川麻呂や巨勢徳陀古については単に「大臣」とのみ記しているところもあり、斉明朝〜天智称制期の蘇我連は「大臣」と記されているにすぎないからである。[12] 左・右大臣は唐の左僕射・右僕射に倣ったものともされているが、[13] 尚書都省の官制との関係で考えるならば、尚書令に相当する官がないことが問題として指摘し得る。左・右大臣は、尚書都省の官制をモデルとした天智朝末年の「太政官制」で、太政大臣とともに、初めて官職名として成立したのであり、それ以前に現われる左・

右大臣は、天智朝末年の官制や浄御原令官制・大宝令官制等の後世の知識によって、潤色されたものと考えるべきではなかろうか。

むすび

「大臣―マヘツキミ制」は五世紀段階ですでに形成されていた葛城系諸氏の間での連合体の形態を原型とする。六世紀前半の継体―宣化朝と安閑朝との対立、六世紀末の蘇我氏派と和珥氏派との抗争・争乱を経て、蘇我政権が成立するが、この段階で、蘇我氏派でなかった氏族も含めた、有力氏族の代表者によって構成される権力体制が整備された。位階制の導入により、朝鮮三国と同様に、「マヘツキミ」なる特殊身分の者は冠位の第一位・第二位である大徳・小徳を有する者となり、大臣はそれらの冠位を超越するものとして位置付けられることになった。

この大臣は、上宮王家討滅に際して、一員制から二員制になったが、二員制成立当初は一員制段階の大臣と実態は変わりがなく、「マヘツキミ」の代表＝統率者が二人になったことによって、蘇我本宗家による政権主導がさらに強化されたにすぎない――それが大臣二員制導入の目的であるが――と思われる。しかし、蘇我本宗家の滅亡によって、大臣の性格に変化が生ずることになったとみられる。

「大臣」はマヘツキミの「大」なるものという意味であり、したがって、当然のことながら、厳密な意味での官職名として元来設定されたものではなく、身分的呼称としての色彩が強いものである。このような性格は、わが大臣と通ずる高句麗の大対盧のほか、百済の大佐平および新羅の上大等、さらに源流とみられる中国の「大臣」とも共通する――ただし、中国の「大臣」が身分的呼称そのものであるという若干の相違もある――。また、「大臣」が厳密な意味での官職名として現われるのは、天智朝末年の太政大臣・左大臣・右大臣が最初とみられる。このようなことからすれば、蘇我本宗家滅亡直後の大臣は、マヘツキミの代表者という位置付けについては、本宗家政権時代と異なるところがないと言い得る。しかし、馬子・蝦夷・入鹿という蘇我本宗家の大臣が冠位を超越する存在であったのに対して、孝徳朝〜天智称制期の巨勢徳陀古・大伴長徳と蘇我連は冠位を有するのみならず、いずれも第五位である大紫であり、完全に冠位制に包摂されている。阿倍倉梯麻呂と蘇我倉山田石川麻呂については冠位を有したか否かは不明であるが、孝徳紀大化四年四月辛亥朔条に、「罷古冠。左右大臣、猶着古冠。」とある。大臣だけは他の官人とは異なり従来通りの紫冠をつけたと解するか、新制の冠を受けることを拒否して依然古冠を着したとみるかのいずれにせよ[14]、大臣の冠が他の官人のそれとは別格のもののようには記されていないので、大臣が冠位制に組み込まれつつあることを示す記述と考えられる。大臣位を世襲する形態から、伝統的大族であるとはいえ、世襲制ではなく冠位制に基づいた大臣の任官がなされるかたちへと変貌しはじめたのである。

「乙巳の変」の意義は、蘇我本宗家政権打倒という本来の目的とは異なるものであるかもしれないが、このような大臣の性格・位置付けの変化の契機となったことに求められる。この大臣の性格の変貌は、言うまでもなく相対的に王権の強化を意味するが、また、律令官制的な「大臣」への第一歩でもある。この意味において、『紀』編者が律令制への起点を蘇我本宗家滅亡に置いていることは由なきこととはし得ない。

注

（1）岸俊男「ワニ氏に関する基礎的考察」（『律令国家の基礎構造』所収、吉川弘文館、一九六〇年）。

（2）拙著『古代の天皇と系譜』（校倉書房、一九九〇年）第二章二。
（3）多氏と天皇関係系譜との関係については、「多氏と王統譜」（大阪府立工業高等専門学校『研究紀要』三〇、一九九六年）で検討し、「イリヒコ」「イリヒメ」との関係を指摘した。和珥氏系や葛城氏系とは異なり、多氏の本拠周辺には有力な古墳が見当たらない。このことは多氏を有力氏族とすることをためらわせるものである。しかし、和珥氏系・葛城氏系の勢力圏がかなり広い地域に及んでいたことからすれば、東方の三輪山麓周辺も勢力下にあったことも想像し得ること、四世紀中葉頃までの大王家と関係を有する氏族の可能性があることは、拙稿「県主系后妃と王統譜」（『日本書紀研究』第二二冊所収、塙書房、一九九九年）で指摘した。
（4）本書では『紀』の表記に従ってこれまで「和珥氏」と記してきたが、和珥氏が本宗化するのは雄略朝より後のことと思われる。雄略紀元年三月是月条に春日和珥臣深目が妃童女君の父として記されているが、このような氏名の表記は和珥氏が春日氏の枝族であったことを示しているように思う。雄略紀の後、春日という氏名が現われるのは欽明紀二年三月条の春日日抓臣であり、この後は和珥という氏名は見えない。和珥氏の遠祖と記されている者を除けば、和珥氏として現われるのは仁賢と継体の条だけであり、『記』も同様である。このことは、春日を名乗った（氏名とみるよりは地名とすべきものかもしれない）本宗の没落後に枝族であった和珥氏が有力化し、欽明朝頃に春日を名乗るようになったことを示しているのではなかろうか。
（5）平野邦雄『大化前代社会組織の研究』第二編（吉川弘文館、一九六九年）。
（6）拙稿「葛城氏系后妃についての再検討」（『日本国家の史的特質』古代・中世編所収、思文閣出版、一九九七年）。
（7）『中臣氏系図延喜本系』には、中臣御食子と国子の兄弟が小徳冠前事奏官兼祭官として、それぞれ推古・舒明朝と舒明朝に供奉したと記されている。「前事奏官」をマヘツキミとみることができるか、納言の如き侍奉官とすべきかということについては、いまだ検討し得ていない。
（8）前掲注（3）拙稿。
（9）多氏は『記』に火君・大分君・阿蘇君・筑紫三家連・伊余国造・科野国造・道奥石城国造・常道仲国造・長狭国造・伊勢船木直・尾張丹羽臣・島田臣を、阿倍氏は『紀』に筑紫国造・越国造をそれぞれ同族として伝えられているように、両氏とも東国・北九州等の地方豪族を同族としている。

（10）原秀三郎『日本古代国家史研究』第三篇（東京大学出版会、一九八〇年）。
（11）日本古典文學大系『日本書紀』下、頭注（坂本太郎氏執筆）は大臣の冠としている。
（12）孝徳朝の大伴長徳は、任官以後は実名では現われていない。
（13）日本古典文學大系『日本書紀』下、頭注（井上光貞氏執筆）。
（14）新制の冠を拒否したという解釈が正当であるとすれば、両大臣は新しい冠位制に組み込まれることに反発していることになり、旧来の蘇我本宗家的位置付けに固執していると言い得る。

あとがき

本書は、二〇〇一年に『日本古代大臣制史論』と題して京都大学に提出した学位論文を補訂・再構成・改題したものである。

この学位論文は、今から十数年前以前に取り組んでいた律令官制形成過程についての研究を基にして再検討・再構成するとともに、中国の「大臣」や、大伴氏の伝承、五世紀中葉から六世紀中葉にかけての政治過程のなかで「大臣」「大連」として『紀』に現われている者の位置付け、「大連」自体についての考察を新たに付け加えたものである（学位授与後に、下記の如く論文として公表）。

この十数年間に公にされた本書と関係する著書・論文はいくつか存在する。しかし、それらは、新しい解釈は当然見られるものの、基本的には十数年前以前の研究成果・論点を基にしたものであり、また私見に障害となるものは見られないため、参照はしたが、あえて引用はしていない。当時の私見・視角を発展させつつ再検討し、現段階でどのように自分として考えるかを論じた。

本書の基をなす論文は次のようなものである。

「『崇仏論争』についての一試論」（大阪府立工業高等専門学校『研究紀要』一五、一九八一年）
「新羅官位制についての若干の疑問」（大阪府立工業高等専門学校『研究紀要』一六、一九八二年）
「日本古代の『大臣』についての一試考」（大阪府立工業高等専門学校『研究紀要』一七、一九八三年）
「天武朝の官制についての一考察――納言を中心として――」（『日本政治社会史研究』上巻所収、塙書房、一九八四年）
「蘇我政権成立前史の一研究」（大阪府立工業高等専門学校『研究紀要』一八、一九八四年）
「朝鮮三国の官制と倭国の官制」（大阪府立工業高等専門学校『研究紀要』一九、一九八五年）
「百済の中央官制についての一試論――その源流をめぐって――」（『社会科』学研究」一〇、一九八六年）
「六世紀中葉前後の倭政権の権力体制――大王家・蘇我氏・和珥氏と藤ノ木古墳の被葬者をめぐって――」（『社会科』学研究一七、一九八九年）
「后妃伝承をめぐって――五世紀中葉～六世紀中葉の政治過程との関係で――」（大阪府立工業高等専門学校『研究紀要』二四、一九九〇年）
「舒明～斉明期の紀年について――七世紀中葉前後の権力構造・政治過程についての一試案――」（大阪府立工業高等専門学校『研究紀要』二六、一九九二年）
「木梨軽皇子伝承についての一考察――系譜論との関係で――」（大阪府立工業高等専門学校『研究紀要』二七、一九九三年）
「眉輪王の変とその関係系譜をめぐって」（『日本古代国家の展開』上巻所収、思文閣出版、一九九五年）
「地方平定伝承をめぐって」（『日本歴史』五八九、一九九七年）
「皇族反乱伝承と王統譜」（大阪府立工業高等専門学校『研究紀要』三一、一九九七年）

「中国古代の『大臣』をめぐって」（大阪府立工業高等専門学校『研究紀要』三七、二〇〇三年）
『「大臣・大連制」批判補論――大伴氏関係伝承、「大連」の実態、及び大臣・大連の『日本書紀』における位置付け――」（大阪府立工業高等専門学校『研究紀要』三八、二〇〇四年）

「大臣・大連制」なるものの存在に疑問を覚えるようになったのは三十年近く前の大学院生時代に溯るが、その契機となったのは、第一章で述べたように、「大臣」の古訓がほとんど「オホマヘツキミ」系統であり、「オホオミ」という訓は、少なくとも官職ないし官職的なものには見られないということに気付いたことである。そこから、一方では、大連として権力を有したとされている物部氏・大伴氏の伝承の検討を通じて、両氏が蘇我氏に比肩するほどの有力氏族ではなかったという結論に達し、他方では「大臣」なる語の源流として中国の「大臣」を調査するとともに、高句麗・百済・新羅の制（権力集中形態）と、わが「大臣―マヘツキミ制」との関係の比較検討を通じて、朝鮮三国の制と日本の冠位十二階制期の制（権力集中形態）とが相互に類似性を有し、中国の「大臣」が高句麗の大対盧やわが大臣の源流であり、中国の官品制がわが冠位十二階制のみではなく、高句麗・百済・新羅の官位制にも影響を及ぼしているという結論に達した。

「大臣・大連制」に替わって措定すべき蘇我政権成立前の権力形態については、物部氏と多くの共通性を和珥氏が有したことが明らかになったことにより、蘇我氏と和珥氏の権力分有を想定した。一九八五年頃から『記』『紀』系譜形成過程の検討に取り組みはじめ、そのなかで、和珥氏系による王統譜形成と、蘇我氏系によるその変改が想定されるようになったが、このことは蘇我政権成立前において蘇我・和珥両氏が権力を分有していたという想定を支持するものである。なお、多氏系による王統譜の形成、しかも和珥氏系のものに先行してそれが想定されるようにもなっているが、多氏の大和政権内での位置付けや役割についてはほとんど明らかにし得ていず、今後の政治史の検討課題として残されている。

本書では、「大臣・大連制」の存在が疑問であること、蘇我政権下で朝鮮三国の制と関係を有しつつ「大臣―マヘツキミ制」が形成されたこと、朝鮮三国の制は中国と関係を持っていること、天武朝前後の官制にも朝鮮の制がかなり色濃く残っていることを明らかにしようとした。しかし、具体的にどのようにして朝鮮三国が中国の制を導入し、また、わが国が如何にして朝鮮三国や中国の制を受容したかという肝心の問題については、ほとんど明らかにし得ていない。多氏についてと同様、今後の研究課題としたい。

古代東アジア史のなかで「大化前代」の支配体制（権力構造）を検討するという本書の課題については、当然、国内外の朝鮮史研究者・中国史研究者などとの研究交流や共同研究が必要である。本書には朝鮮史・中国史関係の専門論文的なものもいくつかある。これは、朝鮮・中国の研究者を含め、その分野の研究がほとんどないことによるが、とりわけ朝鮮三国の官位制と権力集中形態、中国の大臣と朝鮮の最高官との関係についての、朝鮮史研究・中国史研究の側からの研究、および国際学術交流の進展を期待したい。

また、『記』『紀』等の系譜研究とともに説話・伝承の研究（形成過程を含む）が「大化前代」の政治史研究の一方法たり得ることも第十章で示唆しているが、このことについてここで少し触れておきたい。

王統譜の復元研究は、かつては「万世一系」系譜の否定とともに政治・支配構造の頂点をなす大王家の性質の究明とも関係して行われた。このことは現在も復元研究の一つの大きな目的・課題であることに変わりはない。加えて、拙著『古代の天皇と系譜』（校倉書房、一九九〇年）と『五世紀以前の王統譜についての復原的研究』（平成十年度〜十二年度科学研究費補助金〔基盤研究（c）〕研究成果報告書、二〇〇一年）などで試みているが、王統譜形成の段階とそれぞれに関係した氏族の明確化、およびそれと結びつけての氏族始祖系譜の形成過程の究明は、当該期の権力構造を追究する手掛りとすることができる。一方、説話・伝承は、それ自体がそのまま史実ということはあり得ないことは言うまでもなく、総じては造作とみるべきものではあるが、反面、説話それ自体をとってみれば、全くの作為ではあっても、何の根拠もなく作られたとも考え難い。説話として造作ないし改作された事情・理由があるはずであり、それには核となる何らかの史実が存在したと思う。このような見方からすれば、核となる史実の追究とともに、史実改作・説話造作の事情・理由やその時期を明らかにすることは、史実と関係する氏族や人物、改作・造作に関わった氏族などの究明につながる。このことにより、説話・伝承に関する研究は、系譜研究と同様、権力構造を追究する方法となし得ると考える。

「大化前代」史の研究は、国内の文献史料では、史実性に大きな問題がある『記』『紀』（とりわけ『紀』）に多く頼らざるを得ないが、王統譜研究や説話・伝承研究を通じて、より直接的な研究史料が得られると思う。「研究のための研究」という地味な色彩も濃いが、この分野からの歴史（日本古代史）研究者による研究が活発化することも期待したい。

本書の刊行により、律令官制形成史研究の再高揚（とりわけ対外関係の視点からの）や、それに基づいた天皇制形成史研究の促進、および歴史学（日本古代史）の立場からの説話・伝承研究を通じての「大化前代」史研究の進展がはかられるならば、望外の喜びである。

さて、本書が成るにあたっては、一々お名前を挙げるのは差し控えさせていただくが、恩師の先生方をはじめ先輩・同級生・後輩の方々や、日本史研究会・歴史学研究会・歴史科学協議会・歴史教育者協議会・日本歴史学協会などの学協会で知遇を得た日本史・中国史・朝鮮史・考古学の研究者の方々から、数多くの学恩を受けている。ここに感謝申し上げたい。

本書の出版にあたっては、京都大学学術出版会の鈴木哲也氏からは執筆・構成などで懇切な助言をいただき、安井睦子氏・國方栄二氏には全般にわたっての校訂・校正などの労をお取りいただいた。心からお礼申し上げる次第である。

なお、本書の刊行にあたっては、独立行政法人日本学術振興会平成十八年度科学研究費補助金（研究成果公開促進費）の交付を得ている。

黒田達也

二〇〇六年十月二十日

人名索引

索　引（事項索引 / 人名索引）

事項索引

［著者紹介］
黒田達也（くろだ　たつや）

大阪府立工業高等専門学校・総合工学システム学科教授
1952年 兵庫県淡路島生まれ。1974年 京都大学文学部史学科（国史学）卒業、1980年 京都大学大学院文学研究科博士後期課程（国史学）退学、2003年 京都大学博士（文学）。

主要著書・論文
『古代の天皇と系譜』(校倉書房、1990年)、「雄略関係系譜についての再検討(Ⅰ)——その本来の父母を中心として」（大阪府立工業高等専門学校『研究紀要』36、2002年）、「継体祖先および息長氏始祖の系譜についての再考」（大阪府立工業高等専門学校『研究紀要』40、2006年）など。

朝鮮・中国と日本古代大臣制——「大臣・大連制」についての再検討

2007年2月15日　初版第一刷発行

著　者　　黒　田　達　也
発行人　　本　山　美　彦
発行所　京都大学学術出版会
京都市左京区吉田河原町15-9
京大会館内（〒606-8305）
電話（075）761-6182
FAX（075）761-6190
URL http://www.kyoto-up.or.jp
振替01000-8-64677

ISBN　978-4-87698-706-1
Printed in Japan

印刷・製本 ㈱クイックス東京
定価はカバーに表示してあります